はしか

日本にとって東南アジアとの付き合いは古い。城山三郎『黄金の日々』や遠藤周作『王国への道有名な呂宋助左衛門や山田長政などの日本人は，すで活躍していた。その後，太平洋戦争という不幸な時その関係はさらに深まっている。2017年時点で，東南ア留邦人の数は19万人，また旅行者として東南アジアを訪えている。一方，東南アジアからの来訪も，タイ，シンガインドネシア，ベトナム，フィリピンに限ってみても，年間る勢いだ。多くの日本人が東南アジアを体験し，多くの東南ア本を知る機会を得ている。

こうした状況を見れば，東南アジアが日本人にとってかなり関わ域であることは間違いないだろう。しかし，東南アジアと聞いて日本イメージは様々である。スカーフをまいたイスラーム教徒の女性たち，仏教寺院，浅瀬に並ぶ水上家屋など，思い浮かべる像は実は東南アジアか特定の地域の風景である。それぞれが東南アジアであることは確かだがれをバラバラな知識として理解しているというのではなく，もう少し包括的東南アジアを理解する手がかりを提供できないか。そうした思いで本書は作られることになった。

といっても，そのやり方は悩ましい。歴史を見る場合には，２つのアプローチが考えられる。１つは，国家単位で歴史の経過を見るものである。インドネシアの歴史，フィリピンの歴史，タイの歴史，といった国別の記述である。もう１つは，時代区分による見方である。20世紀初頭の植民地支配期，第2次世界大戦，戦後の独立，1960年代以降の権威主義の時代，1980年代からの民主化，といった区分が想定される。縦の軸を重視するか，横の軸を重視するかがこの２つのアプローチの違いを生み出しているが，いずれも歴史を理解するうえで

のである。
しかし，その2つとは異なる第3のアプローチをとっている。そ
建設，経済発展，政治体制，民族，宗教といったテーマで各章を
それぞれの視点から東南アジアの現代史を理解しようとするもので
ーマ重視のアプローチは，政治学，経済学，社会学といった社会科
見を活用することによって，東南アジアの政治，経済，社会，それぞ
域の変化を筋道立てて理解することに役立つ。すでに上記の2つの基
アプローチについては，歴史学者たちによるすぐれた教科書がいくつ
り，同じアプローチで私たちが加えることはそれほど多くはない。むし
政治学，経済学といった道具を使って東南アジアの歴史的な変化を提示
ることで新たに見えてくるものがある。本書はそうした考えのもと，政治
研究者を中心とし，経済学，外交史などの研究者を加えた執筆陣によって
かれている。

ということで，本書は，植民地支配とナショナリズム，国家建設，経済発展，民主主義と権威主義，法の支配，軍，民族，宗教，地方，社会階層・格差，メディア，ジェンダー，人の移動，国際関係，日本と東南アジアというテーマごとに章を設けている。こうしたテーマから歴史的な視点を軸に現代東南アジアを捉えようとするのが本書の構成である。なお，各章でテーマを見る前提として，序章で東南アジアのおおまかな歴史の流れを示した。テーマ別の章立てなので，序章で基本的な流れをおさえていただければ，その後は順番通りに読み進めなくとも問題はない。興味を持った章から順次読んでいただければと思う。

また，国名については，記述されている時代に合わせた表記にした。シャムとタイ，ビルマとミャンマーが出てくるがその使い分けは，その名称が使われていた時代を反映したもので，地理的には同じ国・地域を指している。

本書の刊行にあたっては，執筆者の方々にかなりの難題を申し上げた。それぞれの専門に関わってはいるものの各章の射程はそれなりに広く，それぞれのテーマで包括的に東南アジアの像を示すのはそれほど簡単な作業ではなかったと思う。編者たちのわがままにお付き合いいただいたことに感謝である。また，序章を含めると全部で16の章によって構成される本書全体を，アジア経済研究所の長田紀之氏には通読いただき，丁寧なコメントをいただいた。編者を

教養の東南アジア現代史

川中　豪／川村晃一
［編著］

ミネルヴァ書房

含めて歴史的なアプローチに慣れていない執筆者が多かったゆえ，忌憚のないご意見は大変ありがたかった。本書は2017〜18年度に実施した「東南アジア政治の比較研究」研究会（独立行政法人日本貿易振興機構アジア経済研究所）の成果の一部でもあり，研究会を遂行するのに際して協力してもらった同僚の方々にも大変お世話になった。最後にミネルヴァ書房の堀川健太郎氏には，本書の企画から研究会の実施，編集作業と一貫して大変お世話になった。たびたび直接，京都からアジア経済研究所まで足を運んでいただき貴重なご意見を伺うことがなかったら本書は空中分解していたかもしれない。感謝するばかりである。

2019年5月

川中　豪・川村晃一

教養の東南アジア現代史

目　次

日本
東シナ海
中華人民共和国
南西諸島
昆明
台北
台湾
香港
ミャンマー
(ビルマ)
ハノイ
ネーピードー
ラオス
海南島
フィリピン海
ビエンチャン
フィリピン
ダナン
ラングーン
(ヤンゴン)
タイ
南シナ海
マニラ
カンボジア
ベトナム
バンコク
セブ
ホーチミン
プノンペン
ミンダナオ島
ブルネイ
ペナン
マレーシア
ダバオ
バンダルスリ
ブガワン
サバ
メダン
マラッカ海峡
クアラルンプール
セレベス海
サラワク
シンガポール
カリマンタン
(ボルネオ)島
スマトラ島
モルッカ(マルク)諸島
スラウェシ島
マカッサル
ジャカルタ
バンダ海
ニューギニア島
インド洋
インドネシア
バリ島
ジャワ島
ディリ
アラフラ海
東ティモール
オーストラリア

東南アジア地図

序　章
東南アジア現代史を学ぶ

この章で学ぶこと

統一された地域秩序のなかった東南アジアにはもともと地域としてのまとまりはなく，伝統的に存在していた各地の政治権力も明確な国境をもって統治していたわけではなかった。19世紀以降に進んだヨーロッパ諸国による本格的な植民地化は，各領域の区画を確定し，独立後の国の単位を準備することになった。

1945年の第２次世界大戦終結後，順次独立を果たしていった各国は，国民としての統一アイデンティティを形成する国民統合や統治機構を整備していく国家建設，そして，モノカルチャー経済から脱却し，経済成長を果たすことを目的としてきた。この過程でインドネシア，フィリピン，マレーシア，シンガポール，ビルマでは民主主義が崩壊して権威主義体制が成立し，ベトナム，ラオス，カンボジアはベトナム戦争や内戦など長い戦乱の時代を経験することになった。

1980年代になって民主化と経済自由化の時代がこの地域にもたらされたが，1990年代以降にはグローバル化が進行し，社会経済の急速な変化が生まれている。これは政治の安定性にも影響を与えている。

1　東南アジアとは

地理的概念として

現代において，東南アジアという地域が存在することに疑いを抱く人はいないだろう。しかし，東南アジア全体を包括的にあらわすような特徴を示すのは難しい。海や山，大陸や島といった地理的な条件や自然の在り方が多様であるのは当然だとしても，文化や社会の在り方も多様である。

これは，この地域を広域に支配する権力が存在しなかったことに由来している。東アジアや南アジアと異なり，歴史的に見て，東南アジアを統一的に支配するような政治秩序はなかった。東南アジアとは，むしろ，中国文化圏を中心とする東アジアとインド文化圏を中心とする南アジアという２つの大きな地域から見て，それぞれの周縁に位置する地域であった。

この地域が東南アジアという概念でくくられるようになったのは20世紀に入ってからのことである。公式に東南アジアという言葉でこの地域を捉えるようになったのは，第２次世界大戦のさなか，1943年に，連合軍が日本軍によって占領された地域を奪還するために「東南アジア司令部」を設置したことに始まるといわれている。

いわば外から規定された東南アジアという地域ではあるが，第２次世界大戦が終了し，各地域が植民地支配から独立し，国民国家が形成されるようになると，この域内に住む人たちにとって東南アジアは積極的な意味を持つようになる。当初は５カ国に限定されていたが，1967年に東南アジア諸国連合（Association of Southeast Asian Nations, ASEAN）が創設されたことはそこに住む人々にとっても，国際社会においても，東南アジアが地域として認識されるうえで重要な意味を持った。ASEAN はその後，順次加盟国を増やし，1999年のカンボジア加盟で域内の10カ国が加盟する組織となった。

いまや東南アジア，あるいは ASEAN という言葉を日常的に目にすることが多い。多くの日系企業が活動し，日本との経済的な結びつきは強く，観光を含め，人々の行き来も多い。政治的にも，東南アジア諸国との関係は日本の国際的な立場に大きな意味を持つ。本書では，この東南アジアを，東南アジアとしての地域概念が確立した現代に焦点を当てて取り上げる。東南アジアとしての地域概念が確立したということは，実は，東南アジア内の諸地域が国民国家として独立したことと軌を一にしている。その意味で，東南アジアで国民国家が成立し，発展してきた過程を取り上げることになる。

国民国家形成と経済開発

東南アジアは，地理的な区分としては，島嶼部と大陸部に分けられる。島嶼部とはユーラシア大陸とオーストラリア大陸の間の海に浮かぶ島々と，ユーラシア大陸から突き出た半島部を指し，インドネシア，マレーシア，フィリピン，シンガポール，ブルネイ，東ティモールによって構成される。一方，大陸部はユーラシア大陸の一部であり，タイ，ベトナム，カンボジア，ラオス，ミャンマーが位置している。この11カ国，東南アジアに位置しているということ以外に共通する点は見当たらない。政治的に言えば，長期にわたって民主主義が確立されたと認められているのはインドネシアとフィリピンだけであり，シンガポールでは１つの政党が議会の議席を９割以上掌握する状況が独立以後，揺るがない。ベトナム，ラオスは共産主義政党の一党支配である。経済的な格差も大きい。１人当たりの所得（名目 GNI）で見た限り，最も豊かなシンガポールでは，最も所得の低いカンボジアのおよそ23倍の所得水準となっている。他の国々はその間に分散している。

その基層には熱帯の風土や小規模な共同体のネットワーク，コメ，精霊信仰など共通する部分があるものの，すでに述べたように，近代以降の東南アジアにはそれを貫く文化的，社会的共通性を見つけるのは難しい。しかし，現代史のなかで東南アジア一帯に共通した課題があった。それは，国民国家の形成，発展と経済開発である。

国民国家は，現代において当たり前の前提と思われるかもしれない。もちろん，近年はグローバル化が大きく進んでいるため，国民国家の在り方に変化が見られるが，しかし，一般に，１つの国が１つの国民によって成り立っていること，その国の領域において１つの国家が統治をしていることは，現代の政治秩序の大きな前提であり，この状態が国民国家と呼ばれる。植民地支配によって決められた領域を国の単位として独立した東南アジア諸国では，その領域に住む人々が国民となる。しかし，そこには様々な民族集団があり，人々のアイデンティティがその領域によって作られる国民とは必ずしも合致してはいなかった。そこでひとつの国民としての統合が図られていく。マギンダナオ族ではなくフィリピン人に，アチェ族ではなくインドネシア人にといった過程は，必ずしも円滑に進められたわけではなく，民族集団間の亀裂をかえって強く認識させることもあった。加えて，国家の統治とは，首都にその基盤を持つ政治権力が地方の隅々まで規制をかけ，課税をし，統制していくことである。しかし，地方には地方に基盤を持つ権力も存在し，国家の統治も簡単に確立されないことも多かった。国民国家の形成は，社会の亀裂を生み出しながらも，国際社会のなかで東南アジア諸国がそれぞれ独立国家として存在していくための前提であり，多大なエネルギーが注がれることになった。

また，独立直後は，それまでの植民地支配のなかで生み出された経済構造のなかで，東南アジア諸国は低い所得水準の状態にあった。すべての国々が独立後，発展途上国として出発したのである。植民地支配によって国際的な市場に組み込まれ，農産物や鉱物資源に特化したいわゆるモノカルチャー経済がこの地域のほとんどで見られた特徴だったが，こうした経済から脱却し，工業化を進めて経済成長することが，大きな課題となってきた。経済発展は，政府がになう開発戦略と密接に関連し，さらに，政治がどのように経済に介入するのかという問題にも発展していった。

振り返れば，ヨーロッパも歴史的に国民国家形成と産業革命を経験してきた。しかし，東南アジアはヨーロッパと異なって，その前提としての植民地支配があり，そのために独立とともにこの２つの課題に一気に直面することになったのである。

2　植民地支配と独立

植民地支配の進行

もともと東南アジアの政治秩序は，小さな権力が各地に散在する形態をとっており，確立された国境や統治の仕組みがあったわけではない。権力者の支配領域はその権力者の支配の力に応じて変化し，また，権力の重層性も認められるものであった。現在のような国境や，統治機構が確立されてはおらず，流動的な政治秩序であったといわれている。こうした政治秩序は，あたかも密教の図像である曼荼羅図に見られるようないくつもの円の重なりであるため，「マンダラ国家」と呼ばれている。

マレー半島で栄えていた港市マラッカを1511年にポルトガルが占領し，それからオランダ，スペイン，イギリス，フランスといったヨーロッパの国々がこの地域に進出した。主たる活動は交易であり，香辛料など熱帯農産物や中国産の絹，生糸，陶磁器などが扱われた。その後，18世紀から19世紀にかけてヨーロッパで起こった産業革命がヨーロッパ諸国の経済の在り方を大きく変え，その影響を受けて，19世紀に東南アジア地域の植民地支配が本格的に確立された。

図序－1　イギリス支配下クアラルンプールの商店街（1915～1925年）

（出所）　wellcomecollection.org.

交易が中心だった時代のヨーロッパ諸国による東南アジアへの関与は，港を中心とした点と線で構成されていた。そこでは，ヨーロッパの権力は，王やスルタンなど現地の権力者の支配とは棲み分けを行い，内陸の住民に対しては伝統的な権力者の支配が維持されていた。しかし，19世紀からはヨーロッパ諸国の支配は内陸にも及ぶことになり，間接統治が残った地域もあったが，基本的には伝統的な権力者は排除され，直接的な植民地支配が浸透することになった。

1824年，イギリスとオランダの間で，マラッカ海峡を境として東側をイギリス領，西側をオランダ領とする英蘭条約が結ばれた。その後，東南アジア地域は，ヨーロッパ諸国によって明確に分割され，支配地域が確立し，国境が画定することになる。島嶼部では，オランダ領東インド（現在のインドネシア），イギリス領マラヤ・ボルネオ（現在のマレーシア，シンガポール，ブルネイ），スペイン領（19世紀末からアメリカ領）フィリピンの３つの分割がなされた。一方，大陸部では一貫して独立してきたシャム（現在のタイ）を除き，フランス領インドシナ（現在のベトナム，カンボジア，ラオス）とイギリス領インドの一部としてのビルマ（現在のミャンマー）の植民地支配が確立されることになる。６つの地域への分割である。こうした分割は伝統的な社会的つながりをも分断することになった。ボルネオ島がイギリス領とオランダ領に分割され，歴史的に１つの社会を構成していたマラッカ海峡海域も同様に２つの領域に分断された。ラオスはより結びつきの強かったシャムから離されて，ベトナムの周縁としてインドシナに含められたのである。

伝統的な権力者が排除される過程は，現地権力者とヨーロッパ諸国との何回かの戦争の末進められた。オランダ領東インドでは，1825年から1830年のジャワ戦争でオランダのジャワでの統治が確立されてから，パドゥリ戦争，アチェ戦争を経て，1910年代に東インド全域の支配権が確立されている。ビルマにおいては，1824年以降３回にわたり，コウンバウン朝とイギリスの間での戦争が起こり，下ビルマ領有から始まって，最終的にビルマ全土がイギリスの植民地としての支配を受けることになる。ベトナムも1858年の阮朝に対するフランスのメコン・デルタ侵攻，占領に始まり，1883年までにフランスのベトナム全域の支配権が確立される。マレー半島では，他とは異なり間接統治が実施されたが，現地のスルタンの権限を保証したうえでイギリスが支配を確立した。1896年にマレー連合州の成立，1909年にはジョホールが実質的に支配され，シャムからの３つの州獲得を経て，海峡植民地，マレー連合州，そして５つの保護国からなるイギリス領マラヤの領域が確定された。なお，それに先立って，シンガポール，ペナン，マラッカは1826年にイギリス直轄の海峡植民地として統合されている。また，北ボルネオ，ブルネイ，サラワクの３つの保護国からなるイギリス領ボルネオもイギリスの支配下に置かれた。フィリピンは，米西戦争を経て，1898年，スペインからアメリカに譲渡された。1902年にアメリカのフィリピン平定が宣言されることで，現在のフィリピン（一部を除く）がアメリカ領として確立された。

政治的な統治の確立は，経済的な支配と対をなしていた。東南アジア植民地の経済が国際市場と密接に関係を持つようになり，需要の大きい商品作物が作られ，モノカルチャー経済が生みだされた。オランダ領東インドでは，コーヒー，サトウキビ，藍（インディゴ）などが生産されるようになる。これは強制栽培制度と呼ばれ，特定作物の栽培義務づけと輸出による利益のオランダ本国財政への繰り入れが行われた。イギリス領マラヤでは錫鉱山の開発が進み，また，プランテーションによるゴムの生産も拡大されていった。これによって労働力として華人やタミル人の流入が促され，複合社会を作るもととなった。フィリピンでも，ロープの材料となるマニラ麻（アバカ）やサトウキビの生産のため，プランテーションが設けられた。ビルマは，最初にイギリスの直接統治を受けた下ビルマを中心に，インドやマラヤ，ジャワ，スマトラなどへの輸出用のコメを供給する役割を担わされた。ベトナムも同様に，フランスの直接統治が行われた南部のコーチシナで輸出用のコメが生産され，ゴムのプランテーションも多く作られた。

政治・経済・社会の変容

植民地支配の強化は，国家の領域を確定し，商品作物に特化したモノカルチャー経済をもたらした。その背景には，蒸気船，鉄道，電信の発達といった輸送・コミュニケーションの緊密化と地域間分業の発達があった。しかし，植民地支配のもたらした影響はそれにとどまらない。統治機構の整備，社会変容（階層分化），国民としてのアイデンティティの確立（ナショナリズム），そして独立運動の思想的，人的準備も進められた。また，労働力の移動に伴い，諸民族によって構成される複合社会も各地に成立するようになった。

特定の領域を統治していくために必要な行政機構と法が用意されたが，こうした統治機構を担う人材も，宗主国本国出身者だけでは間に合わない。現地官僚を養成するために教育機関が設置されることになる。こうした学校は，植民地社会において植民地官僚という新しい中間層を形成し，これまでとは異なる社会階層の分化を生み出した。教育を受けることが社会的成功のルートとして認識されるようになり，新しいタイプの社会のエリートが出現することになった。一方，植民地官僚と宗主国官僚との溝は依然として埋めがたく，植民地出身で教育を受けた層が宗主国から自立する指向性を持つようになる。これが独立を指向する思想に結びつくことになった。

植民地支配を受けなかったシャムも同じ時期に同様の過程をとった。1851年に即位したモンクット王（ラーマ４世）はシャムの近代化を開始し，それを引き継ぎ1868年に即位したチュラーロンコーン王（ラーマ５世）は，官僚機構の整備，国政参議会（のちの立法議会）・枢密院の設置，勅書裁判所設置，官立学校の設置，官僚の養成，軍隊・地方行政・地方裁判所の整備と，近代国民国家を形成する作業を進めていったのである。

この過程で注目されるのは，新しい国民としてのアイデンティティの形成である。上述のように東南アジアが６つに分割されたことは，伝統的な社会のつながり，民族集団の分布を考慮したものではない。しかし，新しい領域確定が，その領域内に居住する者たちの共通の意識を生み出し，国民としてのアイデンティティが醸成されることにつながった。フィリピンでは，もともとスペインのフェリペ皇太子（のちのフェリペ２世）の名にちなんでつけられた地域の呼称を用い，この地域に住む人々がフィリピン人としてアイデンティティを主張し，スペイン本国人と同様の権利の要求，さらには独立に向けた運動が起こされることになった。オランダ領東インドでも，東インドという名称ではなく，もともとは「インドの島々」を意味するインドネシアという呼称が使われるようになり，そこに住むインドネシア人，そこで使われる共通の言語インドネシア語という意識が強まった。

植民地支配によって人為的に持ち込まれた領域区画が，国民の概念の基礎となることは興味深いが，こうしたナショナリズムを生み出し，主張していったのは，植民地支配において教育を受け，宗主国に留学経験のある知識人であった。フィリピンではホセ・リサールを含むスペイン留学組，ベトナム，カンボジアでも，ホー・チ・ミンなどフランス語で教育を受け，フランス滞在の経験のある人々，インドネシアではオランダ留学したハッタ，タン・マラカやバンドン工科大学に学んだスカルノ，ビルマではラングーン大学で教育を受けたアウン・サンなどである。

なお，先に触れたように，国際市場と結びついたモノカルチャー経済の進展は，多くの労働力を必要とし，イギリス領マラヤではタミル人や華人がゴムのプランテーションや錫鉱山で働くために流入し，現在に至る３つの民族集団が混合する社会が生み出された。ビルマでも，コメ生産のためイギリス領インドから労働者が流入し，これがビルマのナショナリズムを大きく刺激した。さらに，植民地支配のなかでの都市化，商業化が進展するとともに，商業部門に従事する華人も東南アジア各地に入り込むことになった。東南アジア各地で見られる華人実業家の源流である。

独立の時代

２つの世界大戦の戦間期では，世界規模でナショナリズムと共産主義が大きく盛り上がり，第２次世界大戦後の帝国解体と脱植民地化につながっていった。東南アジアもこうした流れと無縁ではなかった。

植民地支配のもとで生み出された国境，国民意識，モノカルチャー経済による生活困窮といった状況は，東南アジア各地で独立への機運を高めていった。そのなかで，東南アジア地域は，太平洋戦争に伴う日本軍の侵攻と軍政（1941～45年）を経験した。日本軍の撤退のあと，戦争，あるいは交渉によって，各地は独立を果たしていくことになる。

島嶼部で最も早く独立を果たしたのは，フィリピンである。スペイン統治期の19世紀末，スペイン留学を経験した知識人によるナショナリズムが隆盛し，それが民衆レベルで共有され，カティプーナン運動と呼ばれる独立運動が生まれた。しかし，独立運動のなかで社会階層を背景とした指導者の対立が起こり，また，スペインに代わってアメリカが軍事的に介入したことで，この独立運動は頓挫した。その後，アメリカ統治期には議会開設がされるなど自治が進み，1935年には，10年後の独立を準備する自治政府が設置される。日本軍の侵攻で予定されていた独立が中断されたが，日本軍政の終了に伴い，1946年に選挙の実施とともに平和裡に独立が果たされた。

これに対してインドネシアの独立は戦争を伴うものだった。1920年代のインドネシア共産党の蜂起が失敗した後，インドネシア国民党が独立運動を担うことになった。日本軍政下では，スカルノ，ハッタといった独立運動の指導者は軍政に協力したが，軍政終了とともに独立を宣言することになる。オランダは再び植民地支配を回復しようと「警察行動」と呼ばれる再侵攻を行い，戦闘が行われたが，1949年にハーグ協定が結ばれ，インドネシアは独立を果たすことになった。

一方，シンガポールを除くマレー半島のイギリス植民地は，1957年，マラヤ連邦として独立を果たす。マラヤ連邦の独立が進められるきっかけは，民族集団間の対立にあり，具体的には，1945年に明らかになったイギリスのマラヤ連合設立案に対するマレー人たちの反発だった。この案はシンガポールを切り離したうえで，民族集団に関係なく平等な権利を与えようとするものだった。マレー人たちは，こうした構想は華人にとって有利に働くとともに，マレー人たちがそれまでの特権を失い，事実上劣位に置かれるのではないかとおそれ，抵抗を始める。この抵抗運動として結成されたのが統一マレー人国民組織（UMNO）である。イギリスは1946年にマラヤ連合を発足させたものの，結局，1948年にはマレー人の特権を認めたマラヤ連邦に改編することになった。その

図序－2 人民党メンバー（陸軍）

（出所） King Prajadhipok Museum in Pom Prap Sattru Phai District, Bangkok, Thailand (public domain).

後，UMNO と財界有力者に指導されたマラヤ華人協会（MCA）の政治同盟が作られ，それにマラヤ・インド人会議（MIC）が加わり，民族集団間の調整が制度化され，３党の連合として連盟党が結成された。1955年の議会選挙で８割の議席を獲得し，1957年の独立を実現することになった。

イギリス植民地で残されたシンガポール，ボルネオのサラワクとサバは，1963年，マラヤ連邦に加わる形で独立を果たし，マレーシアが成立する。しかし，華人が多数派を占めるシンガポールがマレーシアに加わったことで，華人とマレー人の人口バランスが拮抗することになり，マレー人の優位を確保するために，1965年にシンガポールはマラヤ連邦から追い出され，シンガポールとして独立することになった。これで現代のマレーシアとシンガポールが確立した。なお，マレーシアに参加しなかったブルネイは1984年にイギリスから独立する。さらに，東ティモールは，1975年にポルトガルから独立したものの，インドネシアに併合され，インドネシアの民主化のあと，2002年に独立することになる。

島嶼部に対し，大陸部には，植民地支配をそもそも受けなかったシャムがある。しかし，シャムにとっても，他国の独立と同様に大きな転換となる事件があった。それは1932年の立憲革命である。立憲革命を用意したのは，それ以前から進められていたモンクット王，チュラーロンコーン王らによる近代化であった。近代化の過程で近代的な教育を受け登場してきた官僚，専門職，軍人などの新しいエリート（人民党）が，王族支配に対抗して起こしたクーデタが立憲革命である。ただ，人民党は権力を掌握したものの，経済政策をめぐって内部対立が起こり，混乱状態が生まれることになる。その過程で，軍がクーデタにより事態の安定化を進め，これ以降，軍の政治的地位が強くなった。なお，それまでの国名だったシャムは，立憲革命後の1939年にタイに変更された。太平洋戦争中は，日本軍と関係を深めるものの，自由タイ運動など抗日運動も展開された。

大陸部で比較的早く独立を達成したのはビルマである。ビルマでのナショナリズムの高まりの背景には，他の国々と同様，イギリスが導入した近代的教育制度によって育てられた中間層の台頭が重要である。その後，組織の分裂，再編があり，そこから登場したタキン党が植民地支配への抵抗を担っていくことになる。タキン党のメンバーは，日本に接近し，ビルマ独立義勇軍（BIA）を結成して，1942年の日本軍のビルマ侵攻とともにビルマに進軍した。1943年に名目的な独立がビルマに与えられるものの日本軍支配への反発が生まれ，タキン党は抗日運動に関与することとなって，1944年にパサパラと呼ばれる抗日統一組織を結成した。日本軍の敗退後，パサパラの運動家たちがイギリスと独立交渉をしていくことになる。1947年，パサパラとイギリスの協議，少数民族代表とイギリスの協議，そして，制憲議会選挙でのパサパラの勝利を経て，1948年に独立を果たすことになった。

大陸部でも，フランス領インドシナを構成するベトナム，カンボジア，ラオスの独立は，その後の戦乱へと続く厳しいものだった。ベトナム，ラオスは1975年，カンボジアは1993年に国家としての統一を果たすことになる。

ベトナムには1920年代後半，労働運動の政治化とともに国際共産主義運動が入り，1930年にベトナム共産党（その後，インドシナ共産党に改名）が結成された。その後の弾圧を受け，勢力を落としたものの，1941年には独立のための統一戦線としてベトナム独立同盟（ベトミン）を組織，フランスおよび進駐してきた日本に対し抵抗運動を進めていった。1945年，日本の敗戦が決定的となると，ホー・チ・ミンの指導のもと人民蜂起が発生し，フランスの庇護を受けていた阮朝のバオ・ダイが退位して阮朝は消滅する。この一連の事件は８月革命と呼ばれている。そして同年９月にベトナム民主共和国の独立が宣言された。しかし，第２次世界大戦の終結とともに，フランスは再びインドシナに復帰し，1946年にはベトナム軍とフランス軍の戦闘が開始され，第１次インドシナ戦争が発生する。1954年に結ばれたジュネーブ協定によって戦争は終結したが，南部ベトナムにフランスの支援を受けたベトナム共和国が樹立され，南北が分断されることになった。その後，フランスに代わってアメリカが介入し，第２次インドシナ戦争，いわゆるベトナム戦争が始まる。アメリカ軍の撤退と北ベトナムによる南部の制圧により統一された国家としてベトナムが成立するのは，1975年になってからだった。

一方，同じフランス領インドシナに含まれていたカンボジアは，フランスの保護国として王制を維持してきた。太平洋戦争期には日本軍によって名目的な独立がもたらされたが，1945年に日本軍が撤退すると再びフランスの支配が戻り，独立運動が展開されることなった。第１次インドシナ戦争のさなかの1953年，シハヌーク国王がカンボジアの独立を宣言し，1954年のジュネーブ会議で独立が承認された。しかし，1970年のクーデタでシハヌークが政権を失うと内戦が発生した。クメール・ルージュ（ポル・ポト派）による大量虐殺，ベトナム軍の侵攻，３派連合政府（シハヌーク派，ポル・ポト派，ソン・サン派）と親ベトナムのヘン・サムリン政権との内戦など長い混乱の時代を経て，ようやく1993年にカンボジア王国として統一されることになった。

ラオスは，一足早く，1949年に，北部ルアンパバーンの国王シーサワンウォンのもとにフランス連合内での協同国として独立することになる。しかし，共産主義勢力のパテート・ラーオとの内戦が継続する。1973年に停戦が成立し，王国政府とパテート・ラーオが解体され，暫定国民政府が設置された。その後，1975年のベトナム戦争終結に際し，ビエンチャンで大規模なデモが起こり，王制が廃止され，パテート・ラーオを主導してきたラオス人民革命党の一党独裁となるラオス人民民主主義共和国が成立した。

3　国民統合，国家建設，経済発展

独立の論理と帰結

ヨーロッパにおいて，時間をかけて国民国家が形成され，民主主義が発展していく過程とは異なり，植民地からの独立という過程は，国民国家の形成と民主主義の導入を一気に行うことだった。そこにはおのずとヨーロッパとは異なる帰結が生まれることになる。

そもそも独立が民主主義と親和性が高いのは直観的に理解しやすい。独立への希求の根底にあるのは，宗主国と植民地で享受できる権利の違いへの不満であり，自らの社会を自らの手で運営したいという思いだった。こうした独立を求める論理は，人々が自ら統治の在り方を決める民主主義の論理と同じである。実際，独立に際しては，いずれの国でも選挙が実施され，民主主義の手続きが取られた。立憲革命以降のタイも同様である。

しかし，民主主義が成立するためにはいくつかの条件が必要であった。なかでも重要なのは，国家機構が十分な統治の能力を持つこと，もう１つは，民族集団などによる社会の亀裂が安定的に調整される仕組みが確立されることである。

しかし，東南アジアのなかでこうした条件を整えている国はなかった。独立とともに，人々の政治参加は広く認められ，政治に対する要求が一気に噴き出したが，様々な要求を満たす調整機能を提供する制度も，要求に対応する国家の能力もなかったために，政治的混乱がもたらされることになった。インドネシアでは独立直後には地方の反乱を経験し，フィリピンやマレーシア，タイなどでは農村での共産党による反乱を経験した。シンガポール，マレーシアでは民族集団間の対立により暴動が発生し，ビルマでは少数民族や共産党の抵抗が続いたのである。

軍が独立（立憲革命も含めて）やその直後の政治的安定化に大きく貢献した国，すなわち，インドネシアやビルマ，タイなどにおいては，軍の政治的な発言力が大きくなる。これらの国では，政治的混乱を収拾するために軍が政治に介入した。一方，マレーシア，シンガポールでは，独立運動を推進したナショナリスト政党が，独立後も政権を担い，選挙を実施しながらも与党が負けない選挙システムのなかで権威主義的な支配を確立した。ベトナムではフランスからの独立，そして，その後のインドシナ戦争のなかでベトナムの統一を果たしたのが共産党であったため，共産党による支配がゆるぎないものとなった。共産党の支配はマレーシア，シンガポールの与党支配とは異なり，一党独裁を明示的に制度化させたものだった。

権威主義の時代

フィリピン，インドネシア，マレーシア，ビルマの独立からしばらく経ち，シンガポールが独立を果たす1960年代から1970年代は，国際的にも，そして東南アジアにおいても，民主主義が崩壊し，権威主義体制が確立された時代だった。この時期は冷戦が深まっていった時代でもある。冷戦によってアメリカは反共の旗印を掲げた権威主義体制を支援することになり，また，インドシナ半島での戦争，内戦は東西陣営の代理戦争としての様相を呈していた。インドネシアでは，1955年に実施した議会選挙において，世俗派や宗教派など４つの政治勢力が拮抗することになった（インドネシア国民党，インドネシア共産党，ナフダトゥル・ウラマー，マシュミ党)。こうした勢力の拮抗のなかで議会運営が不安定化し，地方での反乱も発生したことから，スカルノは1957年に戒厳令を布告，1959年には議会を解散し，「指導される民主主義」と呼ばれる権威主義体制を導入する。その後，スカルノは，インドネシア共産党とインドネシア国軍の２つの勢力を政治基盤として権威主義体制を運営していった。そして，その支配の正統性を維持するためにナショナリズムの高まりを生み出そうとする。1961年にニューギニア島西部の併合を行い，1963年には，マレーシア連邦成立に北ボルネオが含まれることに反対して，「コンフロンタシ」と呼ばれるマレーシアへの対決政策を宣言，ボルネオ島全域の領有を主張して軍事行動をとった。しかし，経済政策の失敗から支持を失い，1965年に９月30日事件と呼ばれるクーデタ未遂事件をきっかけに失脚し，代わって陸軍戦略予備軍司令官のスハルトが権力を握ることになった。その後，1998年に民主化するまで，今度はスハルトによる権威主義体制が続くことになる。この間，国軍のライバルだった共産党は徹底的に弾圧され，壊滅した。

フィリピンでは，アメリカ統治期から選挙が導入され，議会が設置されて民主主義制度の運用がなされていた。しかしながら，そうした民主主義制度は結局のところ，地方エリートが国家権力に接近し，それを利用する形で私的利益を拡充することに使われ，統治能力の高い国家機構が確立されることはなかった。そうした事情は独立後も同様で，大土地所有者に代表される社会経済的なエリートによる支配が継続していた。この支配のシステムは，商業化，都市化に伴う社会階層間の亀裂深化に対応することができず，農村を中心に共産主義勢力の武装闘争が継続していた。フィリピン共産党は1968年に党を再建し，武装ゲリラによる闘争を激化させることになる。また，フィリピン南部では，現地に居住するイスラーム教徒と開拓民として移民したキリスト教徒との衝突が頻発しており，1970年代にはイスラーム勢力が分離独立を主張して武装闘争を開始した。こうした社会不安のなか，自らの政治キャリアの延命を狙って，フェルディナンド・マルコス大統領は1972年に戒厳令を布告，1986年の民主化まで権威主義体制を維持することになった。

この他，ビルマでも共産党の武装蜂起や少数民族の抵抗に対抗して，国軍が平定作戦を展開し，影響力を強めていた。こうしたなか，与党パサパラが内部の対立や私的利益の追求などによって信頼を失い，1958年には選挙管理内閣として国軍のネ・ウィン司令官が政権を運営することになった。これは軍に政権運営の経験を与えることになった。その後，1962年にクーデタによって文民政府が倒され，ネ・ウィンと軍による権威主義体制が開始されることになった。国軍主体でビルマ社会主義計画党（BSPP）が設立され，その独裁のもと，ビルマ式社会主義が掲げられて，閉鎖的な経済政策がとられた。

タイでも，共産主義運動の高まりとともに，1957年の選挙での与党のあからさまな選挙不正が政治に対する不信を高め，この年，立憲革命の立役者であったピブーンを追放するクーデタが陸軍司令官のサリット元帥によって起こされた。その後，1963年にサリットの死去とともにタノーム国軍司令官が政権を引き継ぎ，この権威主義政権が1973年の学生革命まで続く。

一方，マレーシア，シンガポールでは，政党主体の権威主義体制が確立された。マレーシアでは，独立以来，最も重大な課題は，民族集団という社会の亀裂，特に，マレー人と華人の間のバランスのとり方だった。人口のうえで多数派のマレー人は主に農村部に住み，比較的所得が低く，華人は少数派でありながら，都市部で比較的所得の高い社会的地位を得ていた。この微妙な関係に対して，独立当初は民族融和政策でバランスがとられていた。しかし，1969年の議会選挙で，当初の予想より多く華人政党で野党の民主行動党（DAP）が議席数を伸ばす見込みとなったことが引き金になり，首都クアラルンプールでDAP 支持の華人たちと与党連盟党支持のマレー人が衝突，数百人が死亡する事件が発生した。政府は非常事態を宣言し，議会は停止された。ラーマンから

図序－3　シンガポールの公共住宅地域を訪問するリー・クアンユー首相（1965年）

（出所）*Third World to First: The Singapore Story 1965-2000 Memoirs of Lee Kuan Yew,* Singapore: Times Editions: Singapore Press Holdings. 2000.

ラザクに首相が交代し，その後，マレー人を優遇するブミプトラ政策が実施されることになる。資源配分，選挙制度，言論統制などを通じてUMNO が負けないシステムが作り上げられ，政党主体の権威主義体制が生まれた。

シンガポールでは，華人が人口の上で圧倒的な多数派を占めていたが，そのなかには，英語教育を受けたエリートたちと華語教育を受けた一般民衆の亀裂が生まれていた。英語教育エリートだったリー・クアンユーに率いられた人民行動党（PAP）は，当初，支持基盤の大きい華語グループと共闘し，自治政府において政権獲得を果たした。しかし，左派の華語グループはマレーシアとの統合に反対し，PAP を離脱，新たに社会主義戦線（BS）を結成した。1963年に BS はその指導者が逮捕されるなど弾圧を受け，政党としての勢力を失う。競争相手を抑え込んで，1965年の独立以降，PAP は議会議席をほぼ独占することになった。そこではさらに，選挙システムの改編などを通じて与党 PAP が圧倒的な議席をとる仕組みが整備された。メディアも統制され，今日まで一貫して権威主義体制を維持している。

開発の時代

島嶼部が権威主義体制に傾斜していった1960年代から1980年代にかけて，大陸部ではインドシナ戦争，カンボジア内戦と戦乱が続いていた。ベトナムは，1975年に国家統一を果たした後，共産党の指導のもとで農業の集団化などを進めるが，経済的には停滞をきたす。一方，ビルマでは，閉鎖的な経済政策によって経済は低迷するとともに，カレン族，シャン族，カチン族などの少数民族や共産党との内戦が長引いていった。混乱と停滞の時代である。

これに対して島嶼部では，インドネシア，フィリピン，マレーシア，シンガポールが，権威主義体制のもと経済開発を進めていた。また，大陸部でも，タイだけはこうした島嶼部諸国と同様に開発が進行した。もともと比較的所得の高かったシンガポールは1970年代から大きく経済成長を果たし，続いてタイ，マレーシアが1980年代に経済成長をすることになった。タイ，マレーシアほどではないが，フィリピン，インドネシアも1980年代に成長を経験している。

独立に際して東南アジアの国々には，植民地支配によって作り上げられた特定の農業作物に特化したモノカルチャー経済が残されていた。このモノカルチャー経済から脱却し，工業化を進めることで経済成長を果たす，というのが開発の目標とされた。この工業化の路線として，当初は，ほとんどの国々が輸入代替工業化という戦略をとった。これは，それまで国外で生産され輸入されてきた工業製品に様々な規制をかけ，国内市場への流入を制限し，代わりに国内で同様の製品を生産し，国内市場に供給する，というものである。しかし，この輸入代替工業化はいずれの国においても失敗する。いくつかの理由が指摘されているが，国内市場での需要にそもそも限界があり，またコスト高になって市場拡大を阻害するなどの問題があった。

輸入代替工業化の問題に直面し，国内市場頼みの工業化から，対外的な市場への輸出に目標を転換する動きが出てきた。輸出志向工業化と呼ばれる戦略である。シンガポールは1965年に追い出される形でマレーシアの市場から締め出されたため，独立当初から輸出志向性が高かったが，それを追う形で，マレーシアやタイが輸出志向を強めていった。こうした輸出志向工業化を後押ししたのは，日本からの直接投資の増加である。財政と貿易の双子の赤字に悩まされていたアメリカの要請に応える形で，為替相場を円高ドル安に誘導することが1985年に合意された。いわゆるプラザ合意である。その影響で円高が進行し，日本からの輸出が不利になったため，日本の企業が新たな生産拠点を求めて東南アジアに進出した。タイ，シンガポール，マレーシア，そしてインドネシアに日本からの投資が増えたことで，各国の製造業が成長することになった。

こうした開発戦略を進めていくうえで，国家の経済への介入がこの地域で顕著に見られた。外国からの投資促進の法整備，経済計画を作成する専門家たちを擁した官庁，工業団地の開設，さらには官製労働組合の設置による労働運動の統制，国営企業の設置などである。このような国家の経済介入は，権威主義体制によって推し進められた。

4　民主化と経済自由化

民主化の第三の波

1980年代後半に入ってから，東南アジアは新たな時代を迎えることになる。すでにベトナム戦争は終結していたが，東西冷戦が終わり，国際的な対立構造を背景としたアメリカとソ連の介入，中国の関与が大きく変化することになる。それは，この地域の政治体制，経済構造にも大きく影響を与えることになる。

最も顕著に見られた現象は，民主化の第三の波が東南アジアにも波及したことであった。1974年のポルトガルの民主化に始まると言われる国際的な民主化の潮流は，1986年のフィリピンの民主化でアジアにまで広がることになった。1992年のタイの民政移管，1998年のインドネシアの民主化，また，成功はしなかったものの1988年のビルマの民主化運動もこうした流れのなかに位置づけることができるだろう。

フィリピンでは，1972年から続いていたマルコス権威主義体制が1980年代に入って行き詰まりを見せていた。石油を輸入に頼っていたなかで２度にわたるオイルショックはフィリピン経済にダメージを与えた。また，マルコス大統領が個人的に親しいとりまきに権益をばらまくシステムは，結果として対外債務を拡大していくことになる。1983年，マルコスの最大の政敵，ベニグノ・アキノ Jr. 前上院議員がマニラ国際空港で暗殺された事件は国際的に大きな衝撃を与えたとともに，国内においても広範な反マルコス運動を巻き起こすことになった。政治的な混乱もあいまって1985年にはマイナス成長を記録するほど経済の停滞を経験して，マルコスは起死回生のための大統領選挙を実施した。しかし，国軍内の反乱グループがクーデタを計画し，それが引き金となって，多くの市民がマニラの街頭に繰り出し，マルコスはハワイに亡命することになった。アキノの妻コラソン・アキノが大統領に就任し，1987年には民主主義を復活させる新憲法が制定された。

1973年，ベトナム戦争への反対とタイ国内の民主化要求を掲げた学生・市民デモが軍によって暴力的に鎮圧された事件をきっかけに，国王の介入でタノーム権威主義体制が崩壊したタイでは，その後も，再び軍政の成立を経験した。軍出身のプレーム首相による，「半分の民主主義」と呼ばれる選挙とは関係なくプレームが権力を掌握する政治体制が1980年から8年ほど続いたあと，1988年に議会第1党の党首が首相になる政治が始まった。しかし，政権内部での汚職が明らかになり，政治不信が強まるなかで，1991年にスチンダ陸軍司令官によるクーデタが発生し，軍のコントロールが復活することになった。スチンダ司令官が当初の約束を反故にして自ら首相に就任すると，それに対する抗議運動が生まれ，1992年5月には大規模な反政府運動に展開していった。軍による発砲で多くの反政府デモ参加者が犠牲になり，国王の調停のもと首相が辞任し，民主化がもたらされた。1997年にそれまでの憲法を大幅に変更した新憲法が制定され，2001年にはタクシンを党首とするタイラックタイ党が政権を獲得することになった。しかし，その後，2006年にタクシン，2014年にタクシンの妹インラックを追放するクーデタが発生し，軍政が再び敷かれることになる。

この間，1997年にはタイから始まる通貨暴落，すなわちアジア金融危機が発生した。東南アジア，東アジアに流入していた短期資金が一気に引き上げられたことが原因とみられる。東南アジアで最も深刻な打撃を受けたのはタイとインドネシアだった。タイではその直後に新しい憲法が制定された。インドネシアでは30年以上にわたって継続してきたスハルト権威主義体制が崩壊することになった。インドネシアでは，政府，民間ともドル建ての債務が多く，通貨ルピアの暴落は債務不履行を引き起こした。スハルトと近かったことで様々な便益を受けてきた華人企業家やスハルトの家族が経営する企業も経営危機に陥った。経済危機のなかで物価が高騰し，失業率も跳ね上がり，学生を中心とする抗議デモが発生するようになった。学生デモに治安部隊が発砲して騒乱状態となるなか，1998年，スハルトは大統領を辞任し，ハビビ副大統領が大統領に昇格した。ハビビは1955年以来，44年ぶりに自由な議会選挙を実施，また，地方分権を進めるなど，民主化を進めることで政治的な危機を乗り切ろうとした。1999年にハビビは大統領選出馬を断念し，アブドゥルラフマン・ワヒドが大統領に就任した。その後，2002年までの間に4回憲法が改正され，自由な選挙のもと民主主義体制が確立されていった。

ビルマは，閉鎖的な経済体制のもと生活の困窮が激しく，人権抑圧も強かったため，1988年に民主化運動が高まった。ネ・ウィンは BSPP 議長職から引退したが，国軍は治安維持を掲げて再び全権を掌握，国家法秩序回復評議会（SLORC）を設立し，新たな支配を開始した。1989年には国名がミャンマーに変更される。1990年に総選挙が実施され，野党・国民民主連盟（NLD）が圧勝するも，軍は結果を無視し，民主化を約束しながら長い期間軍政を継続させた。1992年にタン・シュエが議長に就任してから，市場経済導入，SLORC 解散と国家平和開発評議会（SPDC）設立などを経て，2007年の燃料価格の値上げをきっかけとして反政府デモが発生，2008年の新憲法制定で民主化が進められることが決められた。2010年の軍コントロールのもとでの総選挙を経験したあと，2015年の総選挙で独立の英雄アウン・サンの娘アウン・サン・スー・チーが率いる NLD が選挙議席の4分の3以上を獲得し，翌年には NLD による新政権が誕生することになった。憲法の規定により大統領就任を阻まれたスー・チーは，国家顧問として実質的に権力を掌握することとなった。

市場開放政策

民主化の進んだ上記の国々と比べ，ベトナム，ラオスは，一党独裁体制を維持した。しかし，その経済政策には，1980年代後半から大きな変化を認めることができる。それは経済の自由化である。

1975年の国家統一後もベトナムは戦乱から無縁ではなかった。1978年には隣国のカンボジアに侵攻し，ポル・ポト派と戦い，それに対する制裁として中国がベトナムに圧力をかけたため，今度は中国との間で戦闘が発生した。同時に，国内の社会主義システムがうまく機能せず，経済停滞に陥ることになった。そうしたなかで，1986年，共産党の第6回党大会でドイモイ（刷新）と呼ばれる路線が採択され，市場経済への移行，対外開放に大きく経済戦略を転換させた。結果として，外国からの直接投資が拡大し，また，政府開発援助も増えて，急速に経済成長を果たすことになった。集団農業も解体され，農業生産性の向上が果たされた。それまで食料危機に悩まされていたベトナムは，逆にコメの輸出国に転換することができた。

ラオスもベトナム同様，1975年のラオス人民民主共和国樹立以降，生産性の低下に悩んでいた。1986年の人民革命党第4回党大会でチンタナカーン・マイ（新思考）政策を掲げ，ドイモイ政策と同様，市場の開放を進めることになった。1975年以降進められた農業集団化の強制に対する農民の反発は激しかったが，1979年にはその緩和が図られていた。その後，1980年になって国有企業の自主的な経営などを含む新経済管理メカニズムが制度化され，それが1986年の新思考政策というスローガンとなった。

グローバル化のなかで

冷戦が終結し，社会主義体制の国々も市場開放を進めていくなかで，東南アジア諸国は地域としてのまとまりを深める方向に進んできている。ASEAN 加盟国も当初のインドネシア，マレーシア，タイ，フィリピン，シンガポールの原加盟国に加え，ブルネイ，ベトナム，ラオス，ミャンマー，カンボジアと順次加盟国が増え，東ティモールを除く10カ国の国際組織としてその存在感を増している。

この間，外国投資の拡大による経済成長が進むことと相まって，東南アジア諸国はグローバル化の影響を大きく受けるようになった。人の移動，資本の移動，情報の移動が拡大し，経済の自由化がこの地域を大きく席巻している。それは先にみた社会主義体制における経済市場化だけではなく，資本主義体制を取ってきた他の国々をも含む，より大きな経済自由化として立ち現れている。フィリピンやインドネシアでは，権威主義体制期に構築された権力者のとりまき（クローニー）たちによる経済支配を，民主化とともに打ち破るために政治の経済への介入度合いを低め，民活・民営化が進められた。財政赤字を解消するとともに，規制緩和を進めて，民間部門主体の経済活動を活性化させる政策が，国によって濃淡はあるものの，東南アジア地域全体を覆っている。

こうした自由主義的な経済改革と経済成長によって生みだされた社会の変化は，これまでの社会の在り方を前提として作り上げられてきた政治制度の機能低下という問題も引き起こしている。例えば，タイでは，都市部と農村部の亀裂が拡大し，政治権力をめぐる競争が激化し，軍の政治介入を招いている。

フィリピンでは，庶民派を標榜したジョセフ・エストラーダや過激な麻薬撲滅政策を進めるロドリゴ・ドゥテルテが大統領に就任し，統治劣化や法の支配に疑問が呈される状況が生まれた。マレーシアでは，ナジブ首相による汚職が批判され，2018年の総選挙で初めて与党 UMNO が政権を失う結果となった。シンガポールでも，多くの外国人労働者の流入をめぐり，国内の不満が高まり，2011年の選挙では与党 PAP への支持が大きく揺らいだ。内戦が終結し，国民国家の確立と民主主義への道を歩み始めたカンボジアでは，与党カンボジア人民党による野党弾圧が進み，民主主義が後退する状況が生まれている。ミャンマーの民主化は大きな進展を見せつつも，国軍と少数民族武装組織の対立は解消されておらず，一方で，ロヒンギャ族への迫害も発生し，国際的な批判を浴びることになった。

21世紀の東南アジアは，グローバル化のなか，経済自由化がもたらす社会の亀裂や社会構造の変化に対し，統治の安定性をどのように確保し，諸利益をどう調整するのかといった課題に直面するようになっている。

参考文献

池端雪浦編『新版世界各国史６　東南アジア史Ⅱ　島嶼部』山川出版社，1999年。

石井米雄・桜井由躬雄編『新版世界各国史５　東南アジア史Ⅰ　大陸部』山川出版社，1999年。

岩崎育夫『入門東南アジア近現代史』講談社現代新書，2017年。

加納啓良『東大講義東南アジア近現代史』めこん，2012年。

白石隆『海の帝国――アジアをどう考えるか』中公新書，2000年。

末廣昭編『岩波講座東南アジア史９　「開発の時代」と「模索」の時代　1960年代～現在』岩波書店，2002年。

増原綾子・鈴木絢女・片岡樹・宮脇聡史・古屋博子『はじめての東南アジア政治』有斐閣，2018年。

Norman G. Owen ed., *The Emergence of Modern Southeast Asia : A New History*, Honolulu : University of Hawai'i Press, 2005.

基本文献

石井米雄・桜井由躬雄編『新版世界各国史５　東南アジア史Ⅰ　大陸部』山川出版社，1999年。

＊東南アジア大陸部（タイ，ベトナム，カンボジア，ラオス，ビルマ）の通史を叙述

したもの。各国を専門とする歴史学者による執筆で，標準的で信頼のおける教科書。
池端雪浦編『新版世界各国史６　東南アジア史Ⅱ　島嶼部』山川出版社，1999年。
＊東南アジア島嶼部（フィリピン，インドネシア，マレーシア，シンガポール，ブルネイ，東ティモール）に関する歴史教科書。こちらも各国の歴史を専門とする代表的な研究者による信頼できる教科書。
岩崎育夫『入門東南アジア近現代史』講談社現代新書，2017年。
＊新書の形態であるため，記述が平易で，分量もそれほど多くないため読みやすい。東南アジア全体の動きを大づかみに理解するのに適している。
加納啓良『東大講義東南アジア近現代史』めこん，2012年。
＊単著による東南アジア全体をカバーする歴史教科書。単著ならではの一貫した視点，まとまりが読者の理解を助け，著者の専門性を生かした経済史の記述が厚い。

（川中　豪）

第1章
植民地支配とナショナリズム

この章で学ぶこと

ナショナリズム研究の多くは，アーネスト・ゲルナーの有名な定義を参照して，ナショナリズムを，政治的な単位とナショナルな単位を一致させようとする政治原理であるとする。ただし，ナショナルな単位の意味は単純ではない。というのも，英語のネイションは，国民と民族という２つの意味を併せ持つためである。国民は，特定の領域を持つ国家の構成員を指す一方，民族の場合には言語，宗教，歴史や血統などを共有すると考える人間集団を指す。また，民族の範囲を固定的に捉える立場もあれば，時代状況に応じて可変的に捉える立場もあり，後者の立場に立つ人々の間では民族よりもエスニシティという言葉が多く使われる。ナショナリズムの訳語として国民主義と民族主義の両方が使われており，その違いに無自覚でいると，読者は一層混乱してしまう。

本章では，民族についての考察は第７章に任せ，東南アジアにおける国民主義としてのナショナリズムの起源を明らかにする。ナショナリズム研究では，出版資本主義に加え，教育制度と官僚制度が国民主義の起源となったことが知られている。タイを除く東南アジアにおいて，教育制度を最初に整備したのは植民地宗主国であった。東南アジアは，欧米主要国のほとんどが植民地を持った地域であり，植民地支配の在り方も場所と時代によって異なる。本章では，植民地期に作られた教育制度に注目しながら，東南アジア各地の国民主義の起源とその特徴を具体的に明らかにしていく。

1　反植民地ナショナリズムの起源

出版資本主義・教育制度・官僚制度

ナショナリズム研究の古典となったベネディクト・アンダーソンの『想像の

共同体』によれば，国民主義としてのナショナリズムは，出版資本主義，植民地期に整備された教育制度と官僚制度のなかから生まれた。

出版資本主義を象徴する新聞市場が成立したことは，印刷業の拡大に大きな意味があった。当時の印刷業者にとって，新聞印刷は最も儲かる仕事であった。そして，新聞が広まることによって，「今日のニュース」を共有する人々からなる社会が成立した。さらに，新聞に使われる言語である出版語の登場は，正しい国語とそうでない表現の区別につながった。言語学の発展ともに，国語と方言の差異はより明示的になり，国語を共有する人々の間に同胞意識が醸成されることになった。

しかし，スペイン語を駆使しながらスペインからの独立を主張したフィリピン・ナショナリストの事例に明らかなように，言語の共有だけでナショナリズムを説明することはできない。そこでアンダーソンが注目するのが教育制度と官僚制度である。いずれの制度も，勉強や仕事のため，人を家族や生まれた村や町から引き離す。「自分はなぜ見ず知らずの人々と机を並べているのか」「そもそも，自分たちとは何者なのか」，学生たちは，教室でこう自問しながら学校に通う。ここでのポイントは，こうした疑問を抱く学友たちとの出会いである。「自分たちは何者なのか」という疑問が，集団的アイデンティティとしてのナショナリズムの萌芽となる。さらに，場合によっては，海外への留学を経験するものもいる。海外の生活を経験することで，植民地は当然の現実ではなく異質な何かとして立ち現れることがある。留学を通して，自分のなかに比較の視座を宿すこともナショナリズムが生まれる契機となる。

他方，植民地官僚機構に職を得ると，首都での勤務と地方勤務を繰り返すようになる。いずれの職場においても，宗主国出身者が上司として派遣されており，自分がそのような立場に立つことはほとんどない。植民地では，植民地で生まれたヨーロッパ人（クレオールと呼ばれる）も官僚機構の中に職を得るが，そうした人々も，宗主国で出世する機会には恵まれない。こうした差別を感じ取った人々が初期のナショナリズムの担い手となった。

国民主義としてのナショナリズム

アンダーソンは，こうしたナショナリストたちを「クレオールの先駆者たち」と呼んだ。クレオールの存在が重要なのは，ナショナリズムが人種主義や民族主義と異なることを示唆するからである。同じスペイン語話者でありながら，フィリピンで生まれたという事実のみによって差別されることに対する異議申し立てが，クレオールを国民主義としてのナショナリズムの先駆者とした。

19世紀には，東南アジア各地で教育機会が広がった。ただし，教育制度の発達は場所ごとに大きく異なっていた。表1-1は，東南アジアにおける主要な高等教育機関の設立年をまとめたものである。

この表から2つのことが読み取れる。第1に，フィリピンのサント・トマス大学を除くすべての高等教育機関が19世紀以降に整備された。サント・トマス大学の開設は例外的に早いが，当初は神学が中心であり，医学や法学などの教育が始まるのは19世紀末からである。19世紀は，植民地支配が大きく変容した時代である。この時代，植民地経済は，それまでの自給自足経済から，特定一次産品の生産と輸出に特化し，完成品の輸入なしには成立しない植民地経済に再編された。さらに，イギリス領となったマラヤやビルマでは，経済再編に必要な労働力として，中国人やインド人の移民が労働者として移入された。このような植民地経済を経営していくため，植民地官僚制が徐々に整備され，それに必要な人材育成のための教育制度が整備されていった。また，経済活動の活性化は，港湾労働や港での輸出入業務にまつわる事務仕事など，新しい就業機会を生み出し，そのための教育需要を高めた。その結果，各地で民間の教育施設の整備も始まった。

第2に，教育機会の普及には，地域ごとに大きな差異がある。第2次世界大戦以前の時期に限ると，大学があったのは，スペイン領（後にアメリカ領）フィリピン，フランス領インドシナ，イギリス領ビルマのみである。その他の地域では，大学予科としての役割を果たしたカレッジ（イギリス領）やリセ（フランス領やポルトガル領）の設置にとどまっていた。また，フランス植民地では，ハノイのインドシナ大学が植民地全体の教育の中核と位置づけられた一方，カンボジアとラオスでは教育制度がほとんど拡充しなかった。実際，古

表1-1　東南アジアにおける主要な高等教育機関の設立

設立年	所在地	名　称	備　考
1611	マニラ（フィリピン）	サント・トマス・カレッジ	1645年に大学に改組。当初は神学中心であったが，1865年以降，医学等を開講
1816	ペナン（マレーシア）	ペナン・フリースクール	
1851	バタビア（現ジャカルタ）（インドネシア）	ジャワ医学校	1898年に原住民医師養成学校（STOVIA）に改組，1950年にインドネシア大学医学部に再編
1865	マニラ（フィリピン）	アテネオ・ムニシパル	1959年にアテネオ・デ・マニラ大学に改組
1873	バンドン，マグラン，プロボリンゴ（インドネシア）	首長学校	1900年に原住民官吏養成学校に改組
1878	ラングーン（現ヤンゴン）（ミャンマー）	ラングーン・カレッジ	カルカッタ大学の分校として開設後，1920年に単独の大学に改組
1893	クアラルンプール（マレーシア）	ヴィクトリア・インスティテューション	
1899	バンコク（タイ）	文官養成学校	1917年にチュラーロンコーン大学に改組
1905	クアラ・カンサル（マレーシア）	マレー・カレッジ	
1905	シンガポール	キング・エドワードⅦ医学校	
1906	ハノイ（ベトナム）	インドシナ大学	1945年にベトナム国立大学に改組
1908	マニラ（フィリピン）	フィリピン大学	
1920	バンドン（インドネシア）	バンドン高等工業学校	独立後，一時，インドネシア大学に編入されたものの，1959年にバンドン工科大学として独立
1922	ペラ（マレーシア）	スルタン・イズリス師範学校	
1928	シンガポール	ラッフルズ・カレッジ	1949年，キング・エドワードⅦ医学校と合併し，マラヤ大学に改組。1959年にクアラルンプール校を設置。1962年にシンガポール校がシンガポール大学に改称
1960	ブルネイ	高等学校	この年，大学予科が開設（それ以前，ブルネイ出身者はスルタン・イズリス師範学校に進学していた）
1963	ディリ（東ティモール）	リセ	この年，大学進学のための課程を設置。

（出所）各校ホームページ，および根本（2014），松野（2002），下元（1986），池端・生田（1977）より筆者作成。

田元夫の調査によれば，インドシナ大学の教育機会はベトナム人にほぼ独占されており，1937年ごろの学生数631名のうち，547名がベトナム人であるのに対し，カンボジア人とラオス人はそれぞれ4名と2名に過ぎなかった。また，ポルトガル領東ティモールの教育機会は，カトリック教会に付設するセミナリオに限定されていた。なお，現在のマレーシア，シンガポール，ミャンマーそしてブルネイとなる地域を実質的に支配していたイギリスの場合，独立後に一国となる地域内部においてすら，各地でかなり異なる支配形態を採用していたことに留意が必要である。

図1-1　フィリピンで出版されている『想像の共同体』（民族衣装ではなく洋装である点に注意）
（出所）筆者撮影。

2　大学の設置された植民地

知識人とナショナリズム――フィリピン

アジアで最初の共和国樹立の宣言は，中華民国設立の10年以上前，3世紀以上に渡ってスペインに植民地化されたフィリピンでなされた。やがてフィリピン革命と呼ばれるこの運動の最初の担い手は，スペイン語で教育を受けた一群の知識人たちであった。19世紀，スペイン政庁はフィリピン各地の港を次々に開港していった。その結果，フィリピン経済はアジア間交易に組み込まれることとなり，増大する貿易業務をこなすため，識字教育が広まっていった。この教育機会の増大は，もともとあったカトリック教会による教育と重なりながらフィリピン国内の識字層を増やしていくことになった。特に，表1-1にあるように，サント・トマス大学は，フィリピン人司祭の教育を行うなど，フィリピンにおける教育の中核となっていた。さらに，アビナレスらの言うように，1863年の教育令により村レベルの基礎教育の普及が促進され，2年後に師範学校が設置された。1886年には，フィリピン全土で2,143校の小学校が設置され，女子教育を担う師範学校も設立されるなど，フィリピンは当時の東南アジアで最も教育機会の充実した植民地となった。

フィリピン史では，19世紀末，スペイン支配の不正を糾弾する言論活動であるプロパガンダ運動を始めた知識人のことを，開明派知識人（イルストラード）と呼ぶ。プロパガンダ運動の指導者となるマルセロ・デル・ピラールは，当時のアジア間交易の拠点の１つマロロスに生まれ，首都マニラのサント・トマス大学で法学を修め，地元のマロロスで新聞社に就職した。その後，法律家として植民地支配の不正に立ち向かった。フィリピン総督が保守派の人物に代わると，デル・ピラールはスペインに渡り，そこでプロパガンダ運動を組織した。

プロパガンダ運動の結果，フィリピン生まれのスペイン人，すなわちクレオールのみを指す言葉だったフィリピン人が，フィリピンで生まれたすべての人を指す言葉として再定義されていった。プロパガンダ運動に参加し，最も著名なイルストラードとなったのがホセ・リサールである。リサールは，サント・トマス大学で医学を学び，スペインに留学した。その過程で，フィリピン生まれのスペイン人であるクレオールや，中華系や日系を含む混血のメスティーソ，そしてマレー人などと交流しつつ，自分たちはフィリピン人であるという自覚を持つに至った。さらに，リサールは，国民形成のために歴史を重視して歴史学を学び，スペインによる植民地化以前のフィリピンの歴史を研究した。1887年には，主著となる『ノリ・メ・タンヘレ（我に触れるな）』をベルリンで出版，続いてスペインによる植民地化以前のフィリピンの歴史を探求すべく，スペイン人のアントニオ・デ・モルガが出版した『フィリピン群島史』を再版，さらには『エル・フィリブステリスモ（反乱）』を出版し，フィリピン・ナショナリズムを結晶化させた。

フィリピン革命の歴史は，ナショナリズムを考えるうえで民族や階級ではなく，フィリピンで生まれたか否かが重要だったことを示す。フィリピンには，タガログ人やイロカノ人など，主に言語に基づく民族区分があるが，フィリピン革命において，こうした民族性よりもフィリピン国民であることが重視された。フィリピン・ナショナリズムは国民主義の典型例と言えるだろう。

中華世界から西洋近代へ――ベトナム，ラオスとカンボジア

東南アジアの国境の多くは，欧米列強による植民地支配の過程で確定していった。インドネシアに関しては，オランダに植民地化された以外にインドネシアをひとつにまとめるものは何もないとまでいわれるほどである。仮にそうだとすれば，アンダーソンが問いかけたように，フランス領インドシナは，インドシナという単一国家になってもおかしくはない。表1-1にあるように，フランスはハノイのインドシナ大学を中心とする官吏養成を計画し，インドシナの集権的な支配を目指した。フランスは，カンボジアやラオスを支配するため，ベトナム人を下級官僚として採用しており，ベトナム人のなかでインドシナ・ナショナリズムが生まれる可能性はあった。実際，ベトナムで最初に組織された共産党の名称はインドシナ共産党であった。

しかし，現実にはベトナム，ラオス，カンボジアの3カ国に分かれて独立した。フランス領インドシナが，インドシナ一体として独立しなかった背景には，フランスによる植民地支配の短さのほか，植民地化以前の歴史がある。植民地化される以前，現在のベトナムには，阮朝という王朝があり，王朝に仕える科挙官僚のような知識人が存在し，王族以外にもベトナムを1つの社会として認識する人々が存在した。フランスによる軍事侵攻に対し，各地でゲリラ戦を戦ったのはこうした知識人であった。

ただし，後の時代に明らかなように，こうした知識人はその後のベトナム国家建設の主役とはならず，次世代の指導者たちがベトナム・ナショナリズムの旗手となったことを古田の研究は明らかにしている。平定作戦の一方，フランス当局は，徐々に植民地統治機構を整備していった。フランス支配に抵抗するか非協力の態度を貫いた従来の知識人の影響力をそぐ意味もあり，科挙制度を廃止した。その後，従来の知識人たちの知の媒体だった漢字ではなく，フランス語と，ローマ字化されたベトナム語を使って官僚制を整備していった。

こうして，1920年代には，漢字に依拠する知識人の時代は黄昏を迎え，新しい知識人が台頭した。フランス流の知識人が科挙官僚を圧倒した背景として，フランス流の教育機会のほうがより広く民衆に開かれていたことが重要である。ローマ字表記のベトナム語の意義を高く評価した代表的知識人がチュオン・ヴィン・キーである。キーは，ローマ字表記をクオック・グー（国語）と呼び，

科挙官僚よりもより広い民衆全体の知識の向上を目指した。1920年代には，人口の約５％だった識字人口が，1939年には約10％と倍増したという。

もう１つ，ベトナムのナショナリズム運動を特徴づけたのは，運動のタイミングである。フィリピン革命当時，革命のモデルは，アメリカ，フランスあるいはキューバであった。他方，1920年代の革命運動にはソ連による社会主義革命という新しいモデルがあった。後にホー・チ・ミンの名で知られるようになるグエン・アイ・クォックは，漢字世代とクォック・グー世代の橋渡しをした世代である。彼の組織した運動もこうした過渡期の特徴を備えていたが，彼の国民主義が常にベトナム政治の主流となったわけではない。1929年には，より急進的に共産主義を信奉する人々が中心となって，ラオスやカンボジアを含むフランス領インドシナ全体の革命を目指してインドシナ共産党が結党された。当時，世界革命を目指していたモスクワも，ベトナム，ラオスとカンボジアを一体としてインドシナ共産党設立を指示したという。

しかしながら，ラオスやカンボジアではインドシナ共産党を支えるような組織を作る事が出来なかった。インドシナを支配したフランス植民地当局は，最終的にはプノンペンにリセ（高等学校）を設置した一方，ラオス支配に関しては，ベトナム人官僚を派遣し，ラオスにおける教育制度の普及にはほとんど関心を示さなかった。その結果，ラオスやカンボジアでは，ベトナムに比して教育制度が未発達で識字層が十分に存在しなかった。例えば，ベトナムでは，19世紀末にはクォック・グーの新聞が発行されていたのに対し，カンボジア語紙は1936年，ラオス語紙は1941年にそれぞれ創刊された。第２次世界大戦が本格化し，タイによる領土拡張の危機が迫るに至ってようやく，フランスはラオスとカンボジアにおける教育機会を拡充する政策を開始した。官吏養成はすぐには実現せず，カンボジアではシハヌーク国王，ラオスではペサラート親王など王族を中心にした統治機構の整備を試みるにとどまった。他方，こうした状況でも，フランス植民地当局の取り締まりは厳しく，カンボジアやラオスは独自の共産党組織の設立に至らなかった。

インドシナ共産党が，国民革命路線に転換するのは，1941年以降である。この頃までに，世界革命の司令塔とされたモスクワのコミンテルンが解散し，より現地の情勢を踏まえた党の運営が可能になった。1941年５月の党中央委員会では，ベトナム，カンボジアとラオスの3民族は独自の歴史と文化を有するとしつつ，ベトナムではベトナム独立同盟（ベトミン）を組織することが決定された。その後，フランスとの独立戦争が続く1951年，中華人民共和国成立に影響を受けたインドシナ共産党は，国民共産党としてベトナム労働党に改組し，現在まで続く共産党国家の礎を築いた。他方，ラオスとカンボジアはそれぞれ別の途を辿って独立に至った。

複合社会とナショナリズム――ビルマ

根本の研究を参照すると，イギリス領ビルマでも，教育制度とナショナリズムの関連が明瞭に見て取れる。ただし，イギリスによるビルマ支配には2つの特徴がある。1つは，植民地化当初，ビルマがイギリス領インドの1州となった経緯もあり，ビルマ領内に多くのインド人が流入したことである。もうひとつ，イギリスによるビルマ支配は，ラングーン（現在のヤンゴン）を中心とする管区ビルマと，山岳地域を含む辺境ビルマに分割されていたことに注意が必要である。こうしたことから，イギリス領ビルマでの勤務経験のある歴史家J・S・ファーニバルは，植民地社会は，多様な民族が交わることなく同居している複合社会であると論じた。

ビルマ・ナショナリズムの活動家たちは，時代が下るごとに新しい組織の立ち上げを繰り返した。1920年10月，路線対立が激化した仏教青年会（YMBA）から数人の会員が分裂し，YMBA と同じく中間層を中心にビルマ人団体総評議会（GCBA）が組織化された。GCBA 設立の2カ月後，1920年12月にはラングーン大学が開学し，ナショナリズム運動がさらに展開していくことになった。同大学では，開校わずか3日後に全学ストライキが発生した。このストライキは，イギリス領ビルマ各地に国民学校の設立運動を広げるきっかけにもなった。この国民学校を出てラングーン大学に進学し，学生運動の指導者となったのが，独立の立役者，アウン・サンであった。

ただし，GCBA が全てのナショナリストを糾合できていたわけではない。議会活動に飽き足らない世代が台頭し，新しい団体が組織化された。1930年，ラングーン大学英語科翻訳助手であったタキン・バ・タウンを中心に，我らビルマ協会（通称タキン党）が組織され，アウン・サン，ウー・ヌやネ・ウィンら後のビルマ政界の指導者たちが参加した。タキン党は，GCBA が文語のミャンマーを組織名に使ったのに対し，口語のビルマをあえて選択した。根本によれば，それは，シャン族やカレン族などの少数民族を含むイギリス領に住む被支配民族全てを含む国民全体の呼称としてビルマを再定義したことの反映であったという。

ラングーン大学ストライキやラングーン大学助手のタキン・バ・タウンによるタキン党設立に見られるように，ビルマ・ナショナリズムは，大学を１つの起点として拡大していった。他方で，辺境ビルマ地域など，ラングーンでの教育機会に恵まれなかった地域において，ビルマ・ナショナリズムが醸成されたとは考えにくく，独立後の国民統合に大きな課題を残すことになった。

3　大学の設置されなかった植民地

民族主義から国民主義へ——インドネシア

国民主義としてのナショナリズムが成立するためには，特定の民族を超えた連帯が必要になる。ジャワ語ではなくバハサ・インドネシアを国語としたインドネシア・ナショナリズムは，民族主義から国民主義へと展開していった典型例といえよう。永積の古典的研究を参照にして，この点を考えてみよう。

19世紀末は，将来のインドネシアとなる地域を支配していたオランダの植民地政策に変化がみられた時期であった。特に，植民地官僚制が拡充し，その人員を補充するため，教育機会が拡充し，ジャワ全土に３つの官吏養成学校が整備された。一方，首都であるバタビア（現ジャカルタ）では，原住民医師養成学校（STOVIA）が優秀な学生を集めることに成功した。さらに，1901年，オランダにおける新女王の帝冠を期して，倫理政策が公表され，より一層の教育機会の拡充をみるようになる。

ただし，こうした教育機会を享受した人々が最初に組織した団体は，インドネシア・ナショナリズムというよりも，ジャワ族の伝統を強調する団体となった。1908年５月20日，ブディ・ウトモが結成された。ブディ・ウトモの創設者ストモもまた，植民地宗主国の言語，オランダ語で教育を受けた学生であり，ブディ・ウトモの最初の集会は，STOVIA 校舎内で開催された。その後，ブディ・ウトモの活動は教育の普及に限定され，次第にジャワ民族のための教育・文化団体としての色彩を濃くしていった。ブディ・ウトモがインドネシア最初の民族主義団体と呼ばれるゆえんである。

ジャワ島に留まらないインドネシア全体の独立を意識する運動は，オランダに留学中の学生たちを中心に組織された。ブディ・ウトモが結成されたのと同じ年，オランダに留学中の23名が，「オランダで学ぶ東インド人の一体感の促進とオランダ領東インドとの接触の保持」を掲げて東インド協会を設立した。東インド協会は，従来使われていた「原住民」という語に替えて「東インド人」の語を選択した。これは，スペイン領フィリピンでイルストラードたちがフィリピン人意識を確立したように，オランダ領東インドの人々がジャワ族であれ，スンダ族であれ，皆が東インド人であるという意識を持ちつつあったことを示している。1923年には，東インド協会がインドネシア協会に改称，自由インドネシアを意味する『インドネシア・ムルデカ』を発行し，さらにムラユ語をバハサ・インドネシア（インドネシア語）と呼ぶようになった。インドネシアから離れたオランダにおいて，多様な民族を包摂する国民主義が醸成され，インドネシアという想像の共同体が誕生した。

イギリス領マラヤのナショナリズム――マレーシアとシンガポール

イギリスによるマレー半島の支配は，複数の異なる仕組みからなる。アンダーソンのいうように，教育制度と官僚制度がナショナリズムを生み出すとすれば，異なる官僚制度の存在は，統一したナショナリズムの形成を阻害することが考えられる。表1－1に見られるように，イギリス領マラヤでも教育制度はその他の東南アジア諸国と同じ時期に始まったものの，教授言語の違いや統治構造の多様性により，植民地期にはイギリス領マラヤ全体を包括するようなナショナリズムは形成されなかった。

イギリスの植民地支配の仕組みは，3つに大別できる。まず，ペナン，マラッカとシンガポールは海峡植民地と呼ばれ，交易の中心として他の地域とは異なる統治が行われた。その他のマレー半島部では，特にスズ鉱山の開発が本格化するなかで，イギリス人理事官を押し付けられたスルタンの王国が連合州と呼ばれ，連合州に加わらなかったところは非連合州と呼ばれた。また，ボルネオ島北部は，サバとサラワクが別々に支配されていた。

池端らがまとめているように，イギリスは，これらを集権的に支配しようとはせず，教育制度や官僚制度も別々に整備していった。特に，官僚制度の整備のためにインド人と中国人を活用しており，教育制度も英語教育が中心となった。海峡植民地では，ペナン・フリースクール設立後，シンガポールとマラッカにも同様の学校が設置された。これらのフリースクールは下級官吏養成を目指し，当初はマレー語，中国語やタミル語のクラスも設けられたが，希望者が少なく，ほどなく廃止された。その後，1893年にクアラルンプールにヴィクトリア・インスティテューションが開校した。いずれにおいても学生の多数は華人で，インド人などがこれに続き，マレー人が多数となることはなかった。

他方，マレー語教育を受けた人々も留学の機会がなかったわけではないが，その行先は大きく異なっていた。1905年，イギリス植民地政府は，クアラ・カンサルにマレー・カレッジを開設した。ただし，マレー・カレッジは，基本的に王族や貴族を中心とする名望家の子弟を優遇しており，一般のマレー人が入学を許可されるのは1920年以降のことであった。また，マレー人の多くは，コーランの教育が導入されるまで，マレー・カレッジに関心を持たなかった。マレー語教育を受けたマレー人の教育にとって重要だったのは，カイロのアズハル大学やベイルートへの留学であり，西洋に留学した英語教育層とは異なる経験を積むことになった。

イギリス支配期，エリート教育は行われたものの，イギリス領マラヤ全体を包み込むようなナショナリズムは形成されなかった。マラヤ連邦は1957年に独立したものの，1965年にはシンガポールが分離独立した。

留学とナショナリズム——東ティモール

松野の研究を参照すれば，独立と解放が20世紀後半になった東ティモールにおいても，留学とナショナリズムとの関係が明瞭に読み取れる。1975年，ポルトガルにおける権威主義体制の崩壊は，モザンビークやアンゴラなどのポルトガル領植民地の独立につながった。1975年は，サイゴンが解放された（西側から見れば「陥落した」）年であった。そうしたなか，左派とみられた東ティモール独立革命戦線（フレテリン）に主導された東ティモールの誕生は，アメリカから見て好ましいものではなかった。また，ティモール海にあると想定された油田は，インドネシア政府にとって極めて魅力的であった。結果として，スハルト政権は，軍事侵攻，住民虐殺さらには数万人規模の住民の再定住を伴う占領政策を断行した。

ただし，この時にはすでに東ティモールで政党が組織され，ナショナリストたちも活動していた。宗主国ポルトガルは，住民教育に関心を示しておらず，1955年当時にあった中等教育施設はカトリックのセミナリオひとつであった。1950年代末，この東ティモールに生まれ，マカオのセミナリオに学んだマルティニョ・ダ・コスタ・ロペスは，1950年代後半にポルトガル本国で国会議員となり，東ティモールの開発問題をしばしば取り上げていた。

1950年代後半，ポルトガル本国が好景気に沸くなかで，東ティモールにおいても，通信，道路，港湾や空港などのインフラ開発が進んだ。また，この時期には教育制度が整備され，1950年には3,429名しかいなかった小学生が，1960年には6,076名に，1970年には3万2,937名に増加した。東ティモールのナショナリズムを考えるうえで重要なのは，1963年に後の首都となるディリに，高校に相当する課程が開設されたことである。これにより，東ティモール人がポルトガルの大学に進学する機会を得た。

1975年11月，ポルトガル留学組を中心に，東ティモール民主共和国設立が宣言されたが，インドネシアは治安回復を名目にして侵攻し併合を宣言した。その後，フレテリンを中心とする勢力はゲリラ戦を継続した。最終的に，東ティモールからインドネシア軍が撤収したのは，スハルト退陣後の1999年10月だったが，1950年代の教育機会の拡充は，軍事侵攻によっても消えない東ティモール・ナショナリズムを生み出していた。

4　制度の中の国民主義

近代化改革とナショナリズム——タイ

東南アジアで唯一植民地化を免れたシャム（現在のタイ）においても，近代化改革が徐々にナショナリズムを涵養した。パースックらの研究を参照して，タイの事例をまとめる。

近隣の諸王国が相次いで植民地化されるなか，シャムでは，映画にもなった『王様と私』のモデルであるモンクット王（ラーマ４世）と，その子チュラーロンコーン王（ラーマ５世）が近代化を進めた。1899年には内務省管轄の学校を設置し，世襲諸侯の次世代を，バンコクでの教育を受けた官僚候補生に変貌させた。これに加え，過酷な課税等に反対する千年王国運動に対処する意味もあり，チュラーロンコーン王の弟ワチラヤーンをタンマユット派の宗派長に任じ，仏教組織の中央集権化を進めた。タンマユット派は，寺院のネットワークを学校教育のネットワークとして再編し，仏教のみならず数学やタイ語を教授した。1898年からの３年間で330の学校が設立され，１万2,000人の学生が学んだという。

一連の近代化改革は，西欧列強からの圧力が強まっていくなか，生き残りを模索する王室の生存戦略という側面もあった。例えば，19世紀は，王室内帑局（PPB）による投資活動が活発化したことにみられるように，貴族に対して王室の存在感が相対的に高まった時代である。実際，チュラーロンコーン王は，1870年代以降に財政改革を断行し，統治後半の30年間で，王室財政は35倍以上の拡大をみた。チュラーロンコーン王の後継者であるワチラーウット王が即位したとき，内閣にあたる大臣評議会のメンバー12名のうち，実に11名が王族であった。また，国軍や最高裁判所にも王族が任命されていた。モンクット，チュラーロンコーンの両王を合わせると158人の子がおり，こうした王族が次々に枢要な職位を占めていった。

19世紀の経済大変動は社会全体の変化にもつながった。19世紀末以降，徐々に新聞が発行されるようになり，王族の浪費や近代化の遅れを批判するようになった。1932年には，改革派が行動を起こし，立憲革命が実現した。この革命を主導したのは1920年代にパリ留学中に人民党を結党した若手官僚（文官と武官）であった。近代教育を受け，官僚機構のなかで働く新世代は，実力ではなくコネに基づく昇進などを批判し，王ではなく法と理に基づく行政を提唱するようになっていった。そのなかには，後に首相となるルアン・ピブーンソンクラーム（通称ピブーン）のように平民出身ながら教育機会をつかみ取り，官僚機構を駆け上がった人もいた。人民党は，王族が高位を占め続けることなどに不満を持つ軍からの支持も取り付け，王族40名を逮捕し，絶対王政の転覆を宣言した。その後，王による巻き返しがあったものの，1932年には，軍部を押さえたピブーンが首相となり，軍を中心とする改革が進むことになった。

ピブーン政権は，ドイツ，イタリアや日本といった枢軸国の動きに感化され，「タイ民族のためのタイ経済」というスローガンの下，国家による統制を強めようと画策した。また，華僑や華人に対する批判を展開する一方，国籍法を改定してタイ国籍の取得を容易にし，華人のタイ人化を進めた。さらに，タイ民族を強調し，1939年には国名をシャムからタイ国に変更した。植民地化を免れたシャムにおいても，教育制度と官僚制度の整備に象徴される近代化のなかで，タイ・ナショナリズムが醸成されていった。

批判と省察から生まれた国民主義

19世紀，植民地経済の再編が起こり，教育を受けた官僚に支えられた植民地経営の必要が増した。そのため，各地で教育制度が整えられ，青年たちが近代教育を受けることになった。欧米諸国のほとんどが植民地を持った東南アジア地域では，教育制度や官僚制度が一様に普及したわけではない。特に，教育に使う言語が一律に決まったスペイン領やオランダ領と，バラバラに整備されたイギリス領とでは，ナショナリズムが広まる時期に大きな違いが生まれた。

いずれの植民地においても共通しているのは，教育を受けた青年たちの多くが単に植民地官僚となることで満足しなかったことである。むしろ，自分たちの社会と宗主国の社会との違いを批判的に見つめ，独自の国民として立ち現れた。宗教や言語に基づく一体感のみがナショナリズムの起爆剤となったのではなく，教育制度と官僚制度のなかから自省する個人が立ち現れ，国民主義としてのナショナリズムを醸成した。また，各国のナショナリズム運動において，タガログ人やジャワ族の民族性よりも，フィリピンやインドネシアという国民共同体についての想像力が求心力を持った。国民主義としてのナショナリズムは，現状に対する批判的な省察と想像力のなかから生まれた。

参考文献

アンダーソン，ベネディクト（白石さや・白石隆訳）『想像の共同体――ナショナリズムの起源と流行』NTT 出版，1997年。

池端雪浦・生田滋『東南アジア現代史Ⅱ　フィリピン・マレーシア・シンガポール』山川出版社，1977年。

ゲルナー，アーネスト（加藤節監訳）『民族とナショナリズム』岩波書店，2000年。
下元豊『もっと知りたいブルネイ』弘文堂，1986年。
永積昭『インドネシア民族意識の形成』東京大学出版会，1980年。
パースック・ポンパイチート，クリス・ベイカー（日タイセミナー訳）『タイ国――近現代の経済と政治』刀水書房，2006年。
根本敬『物語 ビルマの歴史――王朝時代から現代まで』中央公論新社，2014年。
古田元夫『ベトナム人共産主義者の民族政策史――革命の中のエスニシティ』大月書店，1991年。
松野明久『東ティモール独立史』早稲田大学出版部，2002年。
Abinales, P. N. and Donna Amoroso, *State and Society in the Philippines,* 2nd ed. Lanham: Rowman & Littlefield, 2017.

本章を学ぶための基本書

アンダーソン，ベネディクト（白石さや・白石隆訳）『想像の共同体――ナショナリズムの起源と流行』NTT 出版，1997年。

＊20世紀を戦争の時代としたナショナリズムについて，それは想像の共同体であると喝破した。西欧由来と思われていたナショナリズムの起源は，南北アメリカにあるという議論を展開するなど，知的な刺激に満ちた書籍。

根本敬『物語 ビルマの歴史――王朝時代から現代まで』中央公論新社，2014年。

＊ビルマ／ミャンマーの通史であり，植民地化，独立，軍政と民政移管までを概観できる。多民族国家といわれるビルマの歴史を通じて，国民形成の課題を具体的に理解できる。

古田元夫『ベトナム人共産主義者の民族政策史――革命の中のエスニシティ』大月書店，1991年。

＊戦争や共産主義が強調されるベトナムの歴史について，民族に注目して論じている。ベトナムのみならず，カンボジアとラオスについての基本的な史実，民族やエスニシティ概念についての理解を深められる点もよい。

（高木佑輔）

Column① ラッフルズ上陸200年

2019年はイギリス東インド会社のスタンフォード・トーマス・ラッフルズがシンガポールに上陸してからちょうど200年にあたり，政府は「シンガポール200年(Singapore Bicentennial)」と称して様々なイベントを行った。ただその祝い方はこれまでと異なり，ラッフルズの評価が多様化し，またラッフルズ以前の中世シンガポールの歴史に焦点をあてたものになった。

シンガポール政府は最近まで「シンガポールの歴史はラッフルズの上陸，それに続くイギリス植民地化とともに始まる」として，シンガポールが中継貿易港として発展する礎を築いた彼を「近代シンガポールの建設者」と讃え，上陸地点には大きな銅像を建てるなど，高く評価してきた。一方で，マレー王朝の年代記や中国の歴史書には，中世のシンガポールがマレー王朝の一部として域内および中国との交易で栄えたことが書かれてあるものの，政府はそれらを「信頼に足る歴史ではない」とほとんど無視してきた。

その理由は，シンガポールは新連邦マレーシアの１州として1963年に独立したものの，連邦中央政府との確執の末に1965年に分離・独立，その後は近隣のマレー世界との関係よりも欧米との関係を重視したからである。さらに，シンガポールのルーツをマレー世界や中国と関連づけて考えることは周辺の国々にシンガポールへの介入の口実を与えることになるから，中世のシンガポールがマレー世界の一部だった歴史を意図的に避けてきたからでもある。

ただ，シンガポールが驚異的な経済発展を遂げ，近隣諸国との関係が改善される2000年代になると，まず歴史教科書の記述が変わり始めた。2007年には歴史教科書が大きく改訂され，それまでほとんど記述のなかった中世の歴史にかなりのスペースが割かれるようになった。もはや周辺諸国からシンガポールのルーツを理由に介入されることはないと判断したからである。

交易港として発展させた王子の像
（白い砂浜の島で見つけたライオンに似た動物に感動して，島をシンガプラ〔獅子の街〕と名付けた）
（出所） 筆者撮影。

そして上陸から200年の2019年，19世紀のシンガポールの発展に重要な役割を担った華人とインド人，マレー人，さらに13世紀にシンガポールを偶然発見して交易港として発展するきっかけを作ったマレー人王子の銅像が，ラッフルズの銅像と並んで建てられた。2019年３月の国際シンポジウム「ラッフルズ再考」では，ラッフルズがマレー王朝の貴重な史資料を力づくで奪ったこと，彼が考える「文明の基準」で人々の分類や評価を行ったことがその後の東南アジア史にどのような影響を与えたかなど，多面的なラッフルズの報告や議論が交わされた。

このような変化が意味するものは何か？

第１は，シンガポールが移民国家としての自らの歴史を東南アジア史のなかに位置づけ，近隣諸国との友好関係を重視していることを内外にアピールすること。第２は，強まる中国の経済的・政治的圧力に対抗して，国民とくに華人に「華人が多数を占めていても，シンガポールは中世から繁栄した歴史を持つ誇り高い移民国家で，かつ多民族・多言語・多文化国家であるというアイデンティティ」を持たせることであろう。

（田村慶子）

第2章
国家建設

この章で学ぶこと

本章では，中央集権的な官僚機構を備えた統治の主体という意味での「近代国家」（以下では単に「国家」）を次の３点から検討する。第１に，最近の東南アジア諸国における国家の「強さ」がどの程度なのかを確認する。第２に，第１点で確認した国家の強さ・弱さの起源を，植民地統治時代に遡って検討する。ここでは，間接的な植民地統治よりも直接統治の方が強い国家がつくられるという既存の理論を東南アジアに応用する形で分析を進める。植民地統治下である程度強い国家がつくられたのはシンガポール，マレーシアで，その他では官僚制度そのものを構築する努力が弱かったり，政治家の政治資源として利用されるなどの理由で弱い国家しか形成されなかった。こうした分析をもとに，東南アジアの場合には，直接・間接という統治形態の違いはそれほど重要ではなく，官僚機構の制度設計，脱植民地化過程での継続性・非継続性の違いが重要であることを指摘する。

第３の検討課題は，第２次世界大戦後の東南アジア諸国共通の課題である「開発」に国家がどのように対応してきたのか，という問題である。ここでは，「開発国家」のモデルに照らし合わせて東南アジアの特徴をつかむことを目指す。開発国家モデルの３要素は，国家による開発の重視（開発主義），産業政策の実施，官僚主導，である。東南アジア諸国の場合，どの時期に開発主義が掲げられたのか，産業政策は主要な政策手段であったのか，官僚主導の政策実施だったのか，という点を手掛かりに検討を進める。一般的な傾向として判明したことは，独立時点である程度強い国家の場合には，国家主導で市場に介入して経済発展を目指す「開発国家」型の戦略が採られたが，「弱い国家」の場合には，キャリア官僚ではない外部人材を重要ポストに登用したり，市場主導または国外からの援助や資本に頼る形での発展戦略がとられていたことである。本章の最後の部分では，グローバル化が飛躍的に進むなかで東南アジアの国家が直面している課題を指摘する。

1　東南アジアにおける国家建設問題

「国家」の「建設」とは何か

「国家」は非常に捉えにくい概念である。一般的な辞書の定義では「一定の領土とそこに居住する人々からなり，統治組織をもつ政治的共同体。または，その組織・制度。主権・領土・人民がその3要素」（広辞苑）とされる。本章では，「近代国家」の構成要素の1つである，中央集権的な行政機構およびそこで働く官僚集団を指す概念として使用する。近代国家には，この用法の他に，法制度の整備（第5章），軍による暴力装置の独占（第6章），領域の一元的支配（第9章）という意味で使用されることもあるが，これらは本章の検討対象外である。

では，本章のタイトルである「国家建設」とは何だろうか。一般的には，国家建設は「弱い国家」から「強い国家」への移行を意味する。強い国家とは，具体的には，社会の諸勢力（圧力団体）から独立して政策立案・執行ができる能力の高い官僚機構，整備された法制度，高い徴税能力，軍事力の国家による独占が存在すること，そして，国家指導者や官僚の間で汚職がないことなどを指す。逆の場合が弱い国家となる。

図2-1は，最近の東南アジア諸国における国家の強さをおおまかに捉えている。これは，世界銀行が作成した2017年時点の「政府の能力」指数を値の高い順に並べたものである。この指数は，行政のサービスの質，政治的圧力からの独立，政策立案・実施の質と実行能力などの項目に関して，各国の専門家や経営者を対象としたアンケート調査に基づいて作成されている。100点満点が最も能力が高いことを意味し，これは「強い国家」とほぼ同じ意味と考えてよい。100点満点のシンガポールが最も強く，次に強いといえるのが84点のブルネイと76点のマレーシアであることがわかる。66点のタイ，54点のインドネシア，52点のベトナム，51点のフィリピンは，弱い国家といえるだろう。国家が非常に弱い状況にとどまっているのが，38点のラオス，25点のカンボジア，15点の東ティモール，13点のミャンマーである。

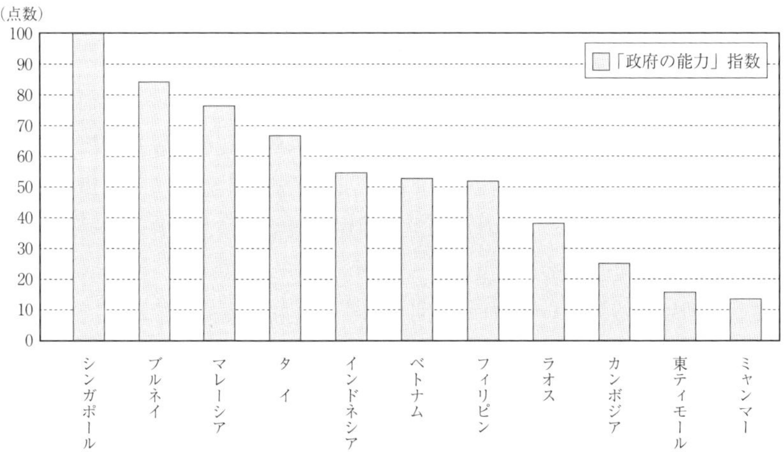

図２－１　東南アジア諸国の「国家の強さ」を示す指標（2017年）

（出所）　https://datacatalog.worldbank.org/dataset/worldwide-governance-indicators より筆者作成。

東南アジアの国家建設を見る視点

図２－１で示した国家の強弱はどのような要因が左右しているのだろうか。また，国家の強弱は政策過程においてどのような影響があるのだろうか。本章のこれ以降では，これらの問題を政治学で提示されてきた理論を参照しながら検討してゆく。国家建設に関するおそらく最も有名な理論は，チャールズ・ティリーが提唱した「戦争が国家をつくる」という主張であろう。ティリーによれば，ヨーロッパでは，封建制や都市国家などの国家形態から，18世紀から19世紀半ばになると集権化された国家機構を持つ近代国家が形成されるようになった。その主要な理由が国家間の戦争である。なぜなら，16世紀以降の戦争は，全国民からの徴兵や徴税を必要とし，そのための国家機構――法体系の整備，徴税や治安維持のための官僚機構など――を形成する必要が生まれたからである。だが東南アジアの国家建設の歴史をみると，ヨーロッパでみられたような対外全面戦争の要請を原動力とはしていない。それとは異なり国家建設を促進したのは，西欧列強による植民地化である。

このため，本章で援用する第１の理論は，植民地化と国家建設に関係するものである。これまでの研究では，主にイギリス植民地に関してであるが，直接統治が敷かれていた植民地の方が間接統治の場合よりも独立後に官僚機構が発達し，汚職の程度も低い傾向があること，要するに強い国家が形成されることが一般的傾向として知られている。直接統治とは，土着の制度とは別個に宗主国によってつくられた植民地統治機構のもとで集権的に統治される場合を，間接統治とは，土着の統治制度を温存する形で統治が行われることを指す。東南アジア諸国はタイを除きいずれも西欧の植民地統治下におかれ，間接統治と直接統治という点でも様々なヴァリエーションがあった。

本章で利用する第２の理論は，「開発国家」に関するものである。この概念は政治学者のチャルマーズ・ジョンソンが提唱したもので，戦後日本の驚異的な経済成長の一因として国家（特に当時の通産省）の果たした役割をモデル化している。開発国家のモデル（理念型）はいくつかの要素から構成される。第１は，政府が経済発展・開発を政府活動の主要な目標に掲げるもので，「開発主義」と呼ぶことができる。第２は開発主義の時代の政府政策で，開発国家に特徴的であるのは「産業政策」と呼ばれる一連の政策である。これは，市場に対する政府の介入を基本とし，具体的には，成長潜在力のある産業に対して財政インセンティブや輸出に関連する優遇を与えることなどである。第３が，産業政策などの調整・実施にあたる，汚職の少ない優秀な官僚の存在である。本章では，これらの３要素について東南アジアの場合を見てゆく。

表２-１は，上記２点の理論を概観したものである。植民地統治下の国家建設に関しては，宗主国，統治形態，有能な現地人エリート官僚の養成があったかどうかという観点で「強い国家」が形成されたかどうか，の３点を整理している。開発国家に関連する３要素に関しては，各国で開発主義が唱えられた時期とその主唱者，産業政策の有無および主な具体的政策手段，有能な官僚集団・機構の有無および開発政策の主な担い手を示した。以下ではこの表に沿って各国の状況を検討する。なお，これらの分類はあくまでわかりやすさを重視した単純化されたものであることに留意されたい。

表2-1 東南アジア諸国の国家の特徴

		インドネシア	カンボジア	シンガポール	タイ	フィリピン	ベトナム	マレーシア	ミャンマー	ラオス
植民地統治と国家建設	宗主国（統治期間）	オランダ*（1824～1949）	フランス（1863～1953）	イギリス（1819～1957）	—	アメリカ（1898～1946）	フランス（1862～1954）	イギリス*（1824～1957）	イギリス**（1886～1948）	フランス（1893～1953）
	統治形態	直接統治／間接支配	直接統治／間接支配	直接統治	—	直接統治	直接統治／間接支配	直接統治／間接支配	直接統治／間接支配	直接統治／間接支配
	「強い国家」の形成	無	無	有	無	無	無	有	やや有	無
開発と国家	開発主義の時代（主唱者）	1966～1998（スハルト）	1998～現在（フン・セン）	1965～1998（リー・クアンユー）	1958～1973（サリット／タノーム）	1972～1986（マルコス）	1986～現在（共産党）	1950年代～2003（ラーマン／マハティール）	1988～2015（SLORC/SPDC）	1986～現在（人民革命党）
	産業政策の有無（主な開発政策）	無（外資導入／国営企業）	無（外資導入）	無（準国営企業／外資導入）	無（外資導入）	無（農地改革／外資導入）	無（市場原理導入／外資導入）	有（公営企業／外資導入）	無（市場原理導入）	無（市場原理導入／外資導入）
	有能な官僚の有無（開発政策の担い手）***	無（聖域化されたテクノクラート）	無（党＝国家／中国および国際機関）	有（官僚と与党）	無（聖域化されたテクノクラート）	無（聖域化されたテクノクラート）	無（党＝国家）	有（官僚と与党）	無（軍／中国）	無（党＝国家）

（注）＊イギリスとオランダの勢力範囲を確定した英蘭条約の締結を植民地統治開始年とした。＊＊第3次英緬戦争後に領土全体が植民地化された年とした。
＊＊＊一部のテクノクラートに対してではなく，官僚機構全体に対しての評価を示す。

（出所）筆者作成。

2　植民地統治と国家建設

イギリス植民地――マレーシア，シンガポール，ミャンマー

マレーシアにおいては，間接統治と直接統治の両方が使い分けられた。後述するシンガポール，および，ペナンとマラッカは海峡植民地として直接統治が敷かれた地域である。マレー半島南部のスルタンが統治していた小王国に対しては，宗教と伝統的慣習に関わる問題についてはスルタンの権限を保持する一方，それ以外はイギリス人理事官の権限とする条約を結んで間接統治を敷いた。

だが，マレーシアの「間接統治」は，行政機構の面では実際には直接統治とほぼ同じであったといえる。イギリス植民地下のマレー半島ではマレー人を高級官僚として採用する「マレー人行政官制度（Malay Administrative Service：MAS)」が1910年に導入され，イギリス人エリートが構成するマラヤ文官制度（Malayan Civil Service：MCS）の官僚を徐々に減らしていった。MAS として行政を担ったマレー人官僚は試験によって選抜されてはいたが，王族や貴族の子弟で英語教育を受けたものが多かった。その背景には，現地人のための英語を使用言語とした教育制度の普及があり，例えば1905年にはペラ州に「マラヤのイートン校」と呼ばれた全寮制のマレー・カレッジが開校した。

植民地期に育成された高級官僚は独立後の政府でも要職に就いた。初代首相のラーマン，その後継者ラザクもいずれも貴族であると同時にMASの出身である。マレーシアにおける植民地統治は，直接統治・間接統治を問わず，ある程度「強い国家」の基盤を形成し，また独立前後の継続性も高かったといえる。

1867年から直轄植民地（クラウンコロニー）となったシンガポールの場合では，海峡植民地行政官制度（Straits Settlements Civil Service：SSCS）が行政機構として導入され，1930年代からは，徐々にではあるがそれまでイギリス人エリートが占めていた高級官僚の地位を現地人が占めるようになった。また現地人の教育という点では，1823年にはすでにイギリス式の中学・高校レベルの教育をほどこす全寮制のラッフルズ学院（Raffles Institution：RI）が設けられ，マレー系・中華系・インド系の人種を問わず現地人子弟の英語によるエリート教育が開始された。RI は初代首相リー・クアンユーをはじめ，設立当

初から今日に至るまで多くの官僚，政治家，プロフェッショナルを輩出している。

シンガポールの官僚機構整備が特に進むのは，第2次世界大戦後のイギリスによる再植民地化の時代である。1951年には人事委員会を設置して試験選抜と業績主義を徹底させ，有能な現地人のリクルートにつとめた。また1952年には官僚の汚職を取り締まる機関として汚職監視庁を独立機関として設置した。これらの制度は独立後にも引き継がれ，シンガポールにおける国家の強さの礎となっている。

図2-2　ラッフルズ学院
（出所）　en.wikipedia.org.

ミャンマーは1886年まで段階的にイギリス領インド帝国の一部となった。イギリスは，ビルマ族が主に居住するイラワジ河流域の平野部は「管区ビルマ」として直接統治を敷く一方で，それ以外の，北部シャン高原の約30の藩王国やカチン，チン，カレンなどの少数民族に対しては一定程度の自治を認める間接統治とした。

管区ビルマでは，植民地統治が開始された当初はビルマ人の官僚登用は進まなかった。なぜなら，英語教育を受けたビルマ人が少ないことに加え，先にイギリス統治下に入り行政官として採用されていたインド人が同じイギリス帝国の臣民としてビルマで同等の権利をもっていたので，移民してきたインド人が中・下級官僚ポストの多くを占めたからである。また，警察官としては，インド人と並んで，キリスト教宣教師から英語を習得していた少数民族の1つであるカレン族が多く採用されていた。

20世紀に入ると官僚のビルマ人化が徐々に進んだ。その背景には，インドのカルカッタ大学の一部であった1878年設立のラングーン・カレッジが1920年には独自の総合大学であるラングーン大学となってビルマ人の間での高等教育の普及が進んだこと，1937年にイギリス領インドからビルマとして分離したことなどがある。だが，藩王国が存在する地域では近代的な官僚機構は整備されず，藩王による伝統的支配が継続した。

ミャンマーはマレーシアやシンガポールと比べると植民地期に強い国家が形成されたとはいえないが，その差をさらに大きくしたのが，脱植民地化過程でのエリートの継続性の違いである。マレーシアやシンガポールでは独立後に国家エリートとなった集団が植民地期末期のエリート集団とほぼ同じで高い継続性があった一方で，ミャンマーの独立後のエリートは，植民地統治下で育ちつつあった国家エリートとは大きく異なっていた。ミャンマーで独立後のエリートとなったのは，1942年から1945年の日本軍政期に急速に勢力を伸ばした民族独立運動の活動家たちだった。「建国の父」と呼ばれるアウン・サンや，1962年軍事クーデタのリーダーであったネ・ウィンらがこれにあたる。日本軍政下では，当時のビルマの民族独立運動を母体にビルマ独立義勇軍（BIA）が組織されたが，日本の敗戦後，BIA の流れを汲む政党である反ファシスト人民自由連盟（AFPFL，通称パサパラ）が独立後の政権与党となったために，このような断絶が生じた。

フランスの植民地——ベトナム，ラオス，カンボジア

フランスのインドシナ統治においても，直接支配と間接支配の両方があった。1862年にはまずベトナム南部（コーチシナ）が直轄植民地となり，1863年にはカンボジアを保護国，1887年にはベトナム北部（トンキン）を保護領，中部（アンナン）を保護国にし，1893年にラオスを保護国とした。また阮朝皇帝からハノイ，ハイフォン，ダナンの領土権を奪って直接統治下におき，これらとコーチシナ以外では間接統治を敷くという形をとった。なぜなら，保護国・保護領となった地域には土着の王朝権力が存在していたためである。すなわち，アンナンとトンキンには阮朝とそのもとで発達した中国式の科挙制度による官僚制があり，またカンボジアにはノロドム王家の，ラオスにはルアンパバーン王家の統治機構が存在していた。

しかし，実態としてはフランスの統治は直接統治・間接統治両方の要素がどの植民地領域にも存在した。ベトナムの場合，トンキンとアンナンは間接統治となったとはいえ，フランス式の官僚制度はこれらの地域でも導入された。インドシナ連邦の首都ハノイには19世紀末に行政官学校が，1906年にはインドシ

ナ大学が設立され，また1919年以降は科挙の試験が廃止されたことで，フランス式の官僚機構はベトナム全土で漸進的に広がった。

カンボジアは公式には保護国という位置づけではあったが，実質的にはほとんどの地域で直接統治が敷かれた。フランスは王都周辺以外を５つの理事官区とし，それぞれの理事官区にフランス人理事官をおいて王国の支配を排除したからである。官僚養成に関しては，1870年代からは主に王族の子弟をフランス語で教育する学校が設けられ，1917年には官僚養成機関である「カンボジア行政学院」が設立されて，王族以外の平民が官僚になる道も開かれた。その一方で，フランスはカンボジアにおける上中級官吏の多くをベトナム人に任せて徴税や治安維持にあたらせたので，現在まで続くカンボジア人の間での反ベトナム感情をもたらした。

ラオスはインドシナ連邦のなかでは最も統治機構が発達しなかった地域である。ルアンパバーン王国の領域は間接統治領域として伝統的な行政が維持され，それ以外（10省のうちの９省）はフランス人理事官が行政を指揮した。しかし，フランス人官吏の数は非常に少なく，遠隔地の省では数人が配置されたのみで，実質的にはフランスの影響はほとんど及ばなかった。現地人官僚の養成もラオスではほとんど進まず，フランス式の中等教育学校が初めてビエンチャンに作られたのは1921年で，それ以上の高等教育を受けるにはベトナムにある高等教育機関に留学するより他なかった。またカンボジアと同じく，上中級官吏はほとんどがベトナム人であった。ラオス人による近代国家の建設が実質的に始まるのは，内戦が終わった1970年代半ば以降である。

イギリス・フランス以外の植民地――インドネシアとフィリピン

19世紀から本格化するオランダによるインドネシア統治は，ジャワ島では直接統治，それ以外の「外島」（カリマンタン島，スマトラ島，スラウェシ島など）ではイスラーム小王国を通じた間接統治であった。ジャワ島で直接統治が敷かれた背景には，「強制栽培制度」の導入がある。これは政府が農民に輸出用換金作物を低い栽培賃金で栽培・製品化することを強制してその収益を政府の歳入とする制度で，その運用のための行政機構が必要とされたのである。

だが，オランダのジャワ島支配は，イギリスがイギリス領インドやマラヤで導入したようなメリット・システムにもとづくエリート官僚を中心にした統治とは大きく異なっていた。イギリスがオックスフォード大学やケンブリッジ大学を卒業した選りすぐりの人材を植民地に派遣したことに比べると，インドネシアに送り込まれたオランダ人官僚は本国社会のエリートとはいえない層が多かった。また現地人の高級官僚への登用も非常に少なく，1930年代の統計では高級官僚のうち３％程度であった（マラヤの場合は1940年代で約14％で，1957年独立の直前には約50％まで上昇した）。さらに現地人官僚の採用は試験ではなく縁故によるもので，各地方の貴族の出身者や名望家によって占められた。これはオランダ植民地期末期に約25万人に膨れ上がった中・下級の現地人官僚もほぼ同様で，縁故採用・情実人事の慣行は独立後のスカルノ大統領時代にも継承された。要するに，オランダ統治は間接・直接の違いを問わず「弱い国家」をもたらしたといえる。

フィリピンはスペインとアメリカの植民地であったが，スペイン統治期（16世紀から19世紀末）には近代国家構築はほとんど進まなかった。この時代にはサトウキビなどを栽培する大規模農園が発達したが，オランダ領東インドでの栽培制度のような行政介入は行われなかったので，植民地経済を運営するための官僚制度のニーズが小さかったのである。

1898年から始まるアメリカによる直接統治のもとで，官僚機構の整備が始まった。植民地統括機関である「フィリピン行政委員会」は，当時のアメリカにおいても進みつつあった競争試験による官僚の採用や業績による昇進などのメリット・システムを設け，現地人の登用を進めた。また1908年には国立フィリピン大学を設置するなど，英語での教育にも力を入れた。

しかし，この動きが植民地期フィリピンでの「強い国家」の建設につながったとは言い難い。アメリカ統治の早い時期（1907年）に議会が設置されて行政委員会にもフィリピン人政治家が参加し，官僚人事を政治的に利用したこと，また1935年の独立準備政府形成後はフィリピン人大統領が広範な人事権をもつことになり，官僚の任用は議会と大統領の間での駆け引きの道具として両者の利権の草刈り場となったからである。アメリカ統治期に形成された，選挙で選ばれた政治家の優位と官僚の政治への従属は，独立後現在に至るまでのフィリピン政治の特徴となっている。

植民地化を免れたタイ

タイは，イギリスとフランスの緩衝国として植民地化を回避したので，他の東南アジア諸国のように外国勢力が官僚制度の構築を進めたわけではない。しかし，植民地化の脅威という国際的情勢を受け，他の東南アジアとほぼ同時期に近代的な官僚制度の構築が王室主導で行われた。チュラーロンコーン王（ラーマ５世）のもとでの，一連の「チャクリー改革」である。この時期に，外国人顧問を招いたり王族を国外留学させて近代国家の制度を移植した結果，州・県・郡・町・村からなる政府区画，軍の近代化，義務教育制度などが導入され，中央集権的な政府の基礎がつくられた。

また，プラチャーティポック王（ラーマ７世）の時代には，統一競争試験に基づく官僚の採用制度である1929年文官規則法が制定された。これは，アメリカとイギリスの外交顧問の進言を受け，独立国として存続するためには効率的で優秀な官僚が必要であると考えた国王の判断によるものである。しかしこのメリット・システムには反対する勢力も多かったため，1930年代の後半からは形骸化が進み，1970年代に再び統一競争試験が再開して制度整備が進むまでは縁故採用・情実人事，すなわちパトロネージ・システムが継続した。

ここまでの検討をまとめると，次の点が指摘できる。まず，図２-１で確認した現在の東南アジア諸国の「国家の強さ」は，概ね植民地期末期に形成された国家の能力の延長線上にあるといえる。しかし，既存研究で論点とされてきた「直接統治」と「間接統治」の効果に関しては，その境界自体がそもそも曖昧であり，また，両者の違いが独立後の官僚制の質に体系的な違いを与えるという主張は東南アジアの場合では該当しない。東南アジアの植民地時代の国家建設を理解する上では，間接・直接統治にかかわらず，宗主国がメリット・システムにもとづく官僚制度を構築しようとしたかどうかという点に加え，立法府・行政府関係をどう形成したか，植民地期エリートとの継続性が高い形で独立したかどうか，という点を考慮することが重要であろう。次節では，植民地期につくられた官僚機構の強弱という初期条件を踏まえ，独立後に東南アジア諸国でおしなべてみられた「開発主義」と国家との関連をみてゆく。

3　開発主義と国家

「強い国家」と開発主義――シンガポールとマレーシア

独立後いち早く開発主義路線を明確にしたのが，人民行動党（PAP）のリー・クアンユー首相が率いた時期のシンガポールである。前節でみたように，シンガポールでは植民地期末期にメリット・システムが確立され，有能な人材を官僚にする基礎ができていた。独立後も，人民行動党政府はそれを強化する仕組みを作った。例えば海外留学を伴う政府奨学金を優秀な学生に給与し，その条件として大学卒業後に一定の年数（6年から8年程度）を政府機関で働く制度などである。また，閣僚と高級公務員の給与は，銀行家や外資系企業経営者などの民間セクター高額所得者の所得に匹敵する額が支給されている。このようなエリート官僚は，独立以来の与党である人民行動党への人材の供給源ともなっている。

有能な官僚の存在から，日本，韓国，台湾に並んで「開発国家」と呼ばれることが多いシンガポールであるが，政策内容でみると日本のような産業政策はあまり採られなかった。中心的な政策は，外資の導入と，日本での特殊法人にあたる準公営企業の活用である。例えば1960年代には，外資を誘致した経済開発庁，大規模な公共住宅プロジェクトを実施した住宅開発庁，社会開発資金の財源となった中央積立基金庁などが設立された。これらはいずれも，植民地政府が設立した機構を前身としていたことから，シンガポールの「開発国家」は，植民地時代にすでに輪郭を整えていた強い国家の延長線上に人民行動党がさらに改善を加えていったものと考えることができる。

マレーシアにおける開発主義の標榜は，マハティール首相時代（1981～2003年）といわれることが多いが，それはラザク首相の時代からの開発路線の延長線上で捉えられるべきであろう。独立当初に目指されていたのは，1971年の「新経済政策（NEP)」で強調されるようになったマレー人の貧困解消と中国系住民との間での民族間経済格差の解消であった。この目標に加えて経済成長を掲げたのがマハティールである。また，マハティール期に開発政策の立案・実施を担った総理府内の経済計画局，実施・経済局，国家開発委員会などは

1950年代に設置されたものであるし，様々な産業分野での許認可権の設置や公企業を設立する基盤を提供したのもラーマン時代の NEP であった。

産業政策という点では，シンガポールよりもマレーシアの方が「開発国家」の理念型に近い。マハティール政権下では重化学工業分野を中心に，マレー人の進出を手助けするための鉄鋼・セメント・自動車などの産業を政府主導で推進する産業政策が実施された。また，国内産業への介入と並行して外資導入も進められた。例えば1968年投資奨励法よりも規制を緩和した投資促進法を1986年に成立させたことなどである。

シンガポールと同様，マレーシアにおいても開発政策の重要な担い手は高級官僚であった。これは，植民地期以来の伝統として官僚機構が優秀なマレー人の受け皿になっていたことだけでなく，NEP開始と前後して，マレー人を中心とする官僚を海外の大学に留学させて専門知識を習得させるというテクノクラートの養成も進んだからである。だがその一方で，汚職の少ないシンガポールとは異なり，与党政治家と高級官僚との間での癒着・汚職関係が指摘されてもいる。

「弱い国家」と開発主義――タイ，インドネシア，フィリピン

タイで「開発」が国家目標に掲げられるようになるのは，1957年の軍事クーデタで政権を握ったサリットと，彼の1963年の病死後に後継者となった同じく軍人出身のタノーム首相の時代（1963～1973年）である。タイでの官僚の役割もシンガポールと同様に，特定産業の育成に力を入れるといった産業政策実施ではなく，外資導入のための調整が主なものであった。1959年には，外資導入促進のための投資委員会，経済開発計画策定のための国家経済開発庁（1972年に国家経済社会開発庁に改組）が設置された。またサリットは，アメリカ留学から戻った人材を経済官僚として迎え，これらの省庁や中央銀行，財務省などの重要ポストに登用して，いわゆる「経済テクノクラートの聖域」をつくってマクロ経済政策の安定とインフラ整備に力を入れた。これは，官僚選抜試験を通じて「生え抜き」の官僚を登用する日本やシンガポール，マレーシアとは異なるモデルであり，後述するインドネシア，フィリピンとは共通している。この違いは，開発主義の時代が始まる前に優秀な人材を抱える官僚機構が整備さ

れていたかどうかに起因すると考えられる。

一方で，サリット・タノーム時代は汚職が横行したことでも知られている。経済テクノクラートは個々の案件への予算配分や執行には権限がなかったために汚職は少なかったといわれているが，個別案件を担当する工業省，商業省，運輸通信省などの管轄領域では，軍幹部や官僚と民間企業との間での癒着が指摘されている。

インドネシアで開発主義が国家目標として強く標榜された時期は，1965年のクーデタで実権を握り1968年から1998年まで大統領であったスハルトの時代である。ここでの国家の役割は，次のような点でタイと類似していた。第1に，特定産業に的を絞った産業政策という形での介入はほとんどなく，経済自由化と外資活用のためのマクロ経済安定政策を基本路線としていた。スハルトは，クーデタ翌年の1966年には，スカルノ時代の閉鎖経済から一転，経済自由化と外国投資への門戸解放，インフレ抑制と財政均衡を軸とする開発政策の基本枠組みを定め，1967年には開発政策の立案・調整・実施を担当する国家開発企画庁（バペナス）を設立している。第2に，官僚生え抜きではない人材を登用して「経済テクノクラートの聖域」をつくったことである。スハルトはまた，アメリカの大学に留学した経済学者たち（その多くがカリフォルニア大学バークレー校に留学していたため「バークレー・マフィア」と呼ばれた）を大統領経済顧問やバペナス，財務省，中央銀行などの要職に抜擢した。

その一方で，これもタイと同様，スハルト政権下では汚職が蔓延した。各省庁の有する許認可権や，政府プロジェクトの発注にあたって企業との間に発生する便宜供与と見返りの関係は，1980年代前半までは政府，軍，華人系企業との間で行われていたが，1980年代以降は政府とスハルトの実子や姻戚者を中心とするプリブミ（土着）系企業との間での癒着にシフトした。

フィリピンにおける開発主義の時代は，マルコス大統領が戒厳令を布告する1972年から，1986年の「ピープル・パワー」で政権交代が起こるまでと捉えられる。マルコスが掲げた目標は，経済的な発展だけでなく，既存のエリート支配を打破する社会経済改革であった。このため，外資導入や輸出志向の経済政策が採られただけでなく，再分配を目指す農地改革も行われた。とはいえフィリピンの開発主義も既存の官僚機構に頼るものではなく，「経済テクノクラートの聖域」を作ったという点ではタイ，インドネシアと同様であった。マルコスは戒厳令布告後すぐに大統領令を発布して行政機構改革を行い，それまで経済関係省庁の閣僚会議という位置づけであった経済審議委員会を改組して国家経済開発庁（NEDA）を設置し，経済政策の立案・調整・実施機関とした。NEDA をはじめ，財務省や中央銀行において国立フィリピン大学やアメリカの大学で学位を取得した経済学者などを大統領任命で多く登用した。

その一方で，インドネシアと同様，大統領による国家資源の私物化が進んだ。例えばイメルダ夫人をマニラ首都圏知事や居住環境省の大臣に任命したり，マルコスの地元（イロコス州）出身の官僚や軍人を優遇した。また，大統領のとりまき（クローニー）企業家たちにビジネス上の便宜を図って彼らのビジネスの成長を助ける見返りに，多額の賄賂を受け取った。

党＝国家体制と開発主義——ベトナム，ラオス，カンボジア，ミャンマー

ベトナムとラオスが開発主義の時代に入るのは，ともに1980年代半ば以降である。ベトナムでは「ドイモイ（刷新）」，ラオスでは「チンタナカーン・マイ（新思考）」を新路線として採用し，現在まで継続している。これは，基本的には市場原理と外国資本を受け入れる志向である。具体的には，農業分野ではそれまでの集団農業から個別農家による生産に移行すること，工業分野では民間企業の解禁，国営企業の市場原理に基づく経営へのシフト，外国企業による直接投資や世界銀行などの国際機関による援助でのインフラの建設などである。

ベトナムでは共産党が，ラオスでは人民革命党がこの新路線を主導し，「党＝国家体制」のもとで開発を進めている。党＝国家体制とは，党組織と国家機関が機能的にも実体的にもかなりの程度パラレルに存在し，党中枢の政策決定を国家機構が忠実に実施するシステムである。

だが，官僚機構の能力という点では，図2-1が示すように両国とも「弱い」。その背景には，そもそもフランス植民地統治期に（特にラオスにおいては）国家建設が進まなかったこと，また，ベトナムでは1945年以降，ラオスでは1975年以降に共産主義政党による党＝国家体制への国家機構の再編が起こったことで，わずかながらでも形成されていた植民地期の官僚機構の継承がなかったことなどが挙げられる。また，先述したティリーの「戦争が国家をつくる」とい

う理論をベトナム戦争やラオス内戦に照らし合せても，これらの紛争は共産主義政党の結束強化を促したとしても，国家機構の強化につながったとは言い難い。

カンボジアにおける開発主義の時期は，1998年選挙でフン・センが（それまでの共同首相の１人としてではなく）単独で首相になって以降現在まで続いている。2004年には「四辺形戦略」という開発のグランド・プランが公表され，現在もこれが開発の指針となっている。その主な内容は，グッドガバナンスを中核に，農業部門推進，インフラ整備，民間部門開発，人的資源開発を４つの柱とするもので，基本的には市場原理と外資導入による開発路線といえる。

開発主義を主導するフン・セン首相を支えるのが，カンボジア人民党（以下，人民党）のもとでの党＝国家体制である。同党はベトナムやラオスの現政権党のようにマルクス・レーニン主義を党是の１つとして掲げる政党ではないが，党と国家との関係はベトナムやラオスに似ている。各省庁内には人民党の中央委員を務める党員が党組織の序列と同様に配置され，公務員の多くが党員である。このような組織形成は，人民党の母体が，1979年にポル・ポト政権を追いやったカンプチア救国民族統一戦線（ポル・ポト政権から分裂した組織）で，その後はカンプチア人民革命党として1979年から1993年の制憲議会選挙まで一党独裁を敷いていたマルクス・レーニン主義政党であったことに影響を受けている。

だが，カンボジアで開発を担う国家官僚の能力は，図２－１で見たように非常に低い状況にある。植民地期に国家建設が進まなかったことに加え，ポル・ポト時代に近代的な制度や知識人層が徹底的に破壊されてしまったことがその背景にある。現在の弱い国家の補完をしているのが，中国を中心とする諸外国や国際機関からの技術的・資金的支援である。1991年の内戦終結以降現在まで，カンボジアの国家予算の約半分は２国間・多国間支援機関からの ODA に頼っている。

ミャンマーが開発主義の時代を迎えるのは，1988年に国家法秩序回復評議会（SLORC）が政権に就いてからである。それ以前のネ・ウィン体制で目指されていた社会主義経済構築の失敗を受け，SLORC 政権は外国資本の誘致、貿易の拡大、民間部門の育成など、市場経済化のための改革に積極的に取り組んだ。

SLORC，さらに，1997年にそれが改組されてできた国家平和発展評議会（SPDC）のもとで開発路線の担い手となったのは，軍人である。1962年から始まる軍政のもとでは，イギリス植民地期に形成された官僚機構の制度的遺産はほとんど失われ，軍人が閣僚ポストや国家機構の要職を占めるようになったからである。また，SLORC／SPDC は必要に迫られる形でネ・ウィン時代には良好でなかった中国との結びつきを強め，経済開発やインフラ建設に要するリソースの多くを中国からの投資や借款で賄った。

ここまで，東南アジア諸国における開発主義という理念の標榜がいつ頃からどのような内容でどのような担い手によって進められてきたのかを概観した。時期的には，1960年代に開発主義の時代に突入したシンガポール，マレーシア，タイ，インドネシア，1970年代からのフィリピン，1980年代以降のベトナム，ラオス，カンボジア，ミャンマーという形で違いがある。開発主義の内容としては，開発国家の典型的な政策である産業政策が重要であったのはマレーシアのみで，それ以外の国では中心的な政策とはなっていなかった。共通するのは，市場原理重視と外資導入という点である。また，開発国家の構成要素である有能な官僚の有無に関しては，シンガポールとマレーシアには存在したが，他の国では「強い国家」不在のままで開発努力がなされた。弱い国家の補完として，タイ，インドネシア，フィリピンでは「経済テクノクラートの聖域」が設けられたり，カンボジアやミャンマーでのように外国からの支援があてられた。

4　未完の国家建設

西ヨーロッパにおける国家の在り方を国家建設の「完成型」とみなす考え方をとるとすれば，東南アジアの国家は主に３つの意味で「未完」であるといえる。第１は，シンガポールを除き，いまだに弱い国家が継続している点である。優秀な人材の不足に加え，政治家や官僚の汚職や経済・社会インフラの不備は，ほとんどの国が抱える課題である。第２は，中央政府を正統な権威とみなしていない人々が一定数まとまって存在する点である。ミャンマー各地の少数民族，タイ南部とフィリピンのミンダナオ島南部のイスラーム教徒などは，最近まで国家に抗する勢力として存在する。第３は，福祉国家の形成である。ヨーロッパでは第２次世界大戦後に国家による福祉の提供が拡充した。その背景には，ヨーロッパが経済的に豊かになっただけでなく，民主主義体制のもとで政治参加が進み，労働者の利益を代表する政党が影響力を持ったことなどがある。東南アジアの場合には，ある程度豊かになった国が増えているとはいえ，ヨーロッパにおける社会民主主義政党のような福祉の拡充を推進する政治勢力はほとんどない。タイやシンガポールなど高齢化のスピードが速い国を中心に，老齢年金や医療などの社会保障に対する対応が迫られている。

東南アジアの国家は「未完」であると同時に，グローバル化とテクノロジーの進化という最近の国際環境の変化を受けて起こっている複雑な問題への対処も新たに求められている。経済活動や人の移動の多様化，国境を越えて起こる環境問題や感染症，伝統的な武力面での安全保障だけでなく情報防衛といった新しい安全保障問題などへの対応である。こうした展開を受け，国家運営にはより多くの優れた人材が必要とされている。その一方で，グローバル化が進んで東南アジア諸国での外資系企業の操業が増えることは，給与の高い民間部門の広がりを意味し，優秀な人材を官庁に集めることをますます難しくしている。東南アジア諸国は，このような環境変化や新しい制約のもとで国家建設を進めていかなければならないという困難な状況におかれている。

参考文献

岩崎育夫編『開発と政治――ASEAN 諸国の開発体制』アジア経済研究所，1994年。

岩崎育夫・萩原宜之編『ASEAN 諸国の官僚制』アジア経済研究所，1996年。

池端雪浦・生田滋『東南アジア現代史Ⅱ　フィリピン・マレーシア・シンガポール』山川出版社，1977年。

片山裕・大西裕編『アジアの政治経済・入門』有斐閣ブックス，2006年。

桜井由躬雄・石澤良昭『東南アジア現代史Ⅲ　ヴェトナム・カンボジア・ラオス』山川出版社，1977年。

東京大学社会科学研究所編『20世紀システム４　開発主義』東京大学出版会，1998年。

萩原弘明・和田久徳・生田滋『東南アジア現代史Ⅳ　ビルマ・タイ』山川出版社，1983年。

根本敬『物語 ビルマの歴史――王朝時代から現代まで』中公新書，2014年。

和田久徳，森弘之，鈴木恒之『東南アジア現代史Ⅰ　総説・インドネシア』山川出版社，1977年。

本章を学ぶための基本書

岩崎育夫『入門東南アジア近現代史』講談社現代新書，2017年。

＊本章でカバーしている時代の東南アジア諸国全体の政治経済動向を概観している。

岩崎育夫・萩原宜之編『ASEAN 諸国の官僚制』アジア経済研究所，1996年。

＊ASEAN 諸国の官僚制が歴史的にどのように成立したのかと，現在どのような構成になっているのかについて国ごとにまとめている。

岩崎育夫編『開発と政治——ASEAN 諸国の開発体制』アジア経済研究所，1994年。

＊ASEAN 諸国で「開発体制」と呼ばれる体制（リーダーの志向，政治組織，政策運用）がどのような実態なのかを国ごとにまとめている。

（粕谷祐子）

Column② 創られた国民食パッタイ

日本ではラーメンが国民食といわれることがあるが，東南アジアにも国民食と呼べる麺料理が沢山ある。インドネシアのミーゴレン，フィリピンのパンシット，ベトナムのフォー，マレーシアのラクサ，ミャンマーのモヒンガーなど，現地に滞在したら一度は目にするのではないだろうか。

タイにおける国民食的麺料理といえば，パッタイであろう。日本を含め世界各国にあるタイ料理レストランでもほぼ必ずメニューに載っている，よく知られた料理である。しかし，この料理が歴史的伝統のなかで培われたものではなく，近現代に入ってから政治的に「創られた」ものであることはあまり知られていないかもしれない。

パッタイの起源は，1930年代末に当時のピブーン首相が名前をつけて政策的に支援したことに遡る。コメの麺を野菜・肉などと炒めた料理は，アユタヤ朝時代に中国からの移民がタイ人の間にすでに広めていたといわれている。しかし，これにパッタイ（正式にはクイティアオ・パッタイ，「タイ式の炒めた米麺」の意味）という名前をつけ，行商に便利な車輪付き屋台で売るよう推奨し，標準的な使用食材と調理法を屋台オーナーに配布し，さらには公務員にこれをランチとして食べるよう勧めたのがピブーンである。ちなみに，パッタイのレシピは，ピブーン家で雇われていた料理人が作っていた麺料理を首相が気に入り，それが元になっているらしい。

ピブーンがパッタイを国策として広めた背景には，いくつかの理由があった。その1つは，栄養価が高い食事を国民に広めるためである。当時の一般大衆の典型的な食事はコメとチリペーストを中心としたもので，タンパク質やビタミン，ミネラルが不足していた。パッタイには卵，エビ，豆腐，もやしなどが入っているので，栄養バランス上すぐれた料理だったのである。また，当時はコメ不足が深刻だったため，コメを麺の形で食べた方が米粒そのものを調理したものの1食分よりも消費量が少なくすむので経済的にも都合がよかった。

しかし，パッタイ普及のより重要な理由は，政治的なものだったといわれている。すなわち，国家権力を使っての上からのナショナリズム（想像の共同体）形成である。「タイ式」という名前の麺料理を広めることは，ピブーン政権下での一連のナショナリズム政策の一部だったのである。

パッタイは，2つの意味での「タイ化」を体現していた。1つめは，華僑の影響を排除するという意味である。当時のタイ経済は華僑に牛耳られていたため，ピブーンはタイ産の物品を愛用するよう人々に呼びかけた。また「タイ米穀会社」の設立など，多くの基幹産業の国営化がなされたのもこの頃である。このような政策の一環で，政府機関や公立学校の敷地内で営業できる屋台は華僑ではなくタイ人所有のものに限定された。パッタイは，タイ人が食べるだけでなくタイ人によって作られるべきだとしたのである。

パッタイ
（出所） stern.de.

もう１つの「タイ化」の意味は，王室ではなく国民をネイションの中心に据えることであった。これは，ピブーンが1932年の立憲革命を契機に権力の座に就いたことを反映している。立憲革命は，絶対王政を倒し国民を主権者とする政治体制の形成を目指したものであった。タイ王室は19世紀後半にチャクリー改革と呼ばれる一連の政治改革を実施して近代国家を形成したが，それは見方によっては王室権限の絶対化と国王への権力集中であった。チャクリー改革には，全ての国民を平等に扱う文化の形成を目指す志向はほとんどなかった。なぜなら，王室文化と一般庶民の文化を隔て，王室が神聖視されていた方が国王による統治には都合が良かったからである。

立憲革命を正当化するため，ピブーンは国王崇拝を弱めるタイ化政策を次々と打ち出した。例えば国歌制定にあたっては国王への言及を避けたり，王室の伝統に基づいた４月１日を新年とする暦を廃止して太陽暦を採用したことなどである。また，シャムからタイへの国名の変更も，この新しい暦制度を導入する契機にしたかったからだといわれている。さらに，それまでチャクリー王朝創設記念日の４月６日だった国民の日（ナショナル・デー）を立憲革命が起こった６月24日に改めたのもピブーンである。彼が広めようとしたパッタイが，宮廷料理の流れを汲むものではなく，安価で国民が等しく共有できる料理であることは，王室色の排除という意味での「タイ化」目的にかなったものだったのである。

パッタイは現在まで国民食としての地位を保っているが，ピブーンが構想したナショナリズム，すなわち，国王を頂点とする共同体から平等な国民による共同体への移行の試みは，彼の失脚後色褪せてゆく。ピブーンは王党派勢力と結託したサリット将軍によって1957年に政権の座を追われ，その後は再び王室崇拝の流れが作られていった。1960年には国民の日が立憲革命の日から国王の誕生日に変更された。料理面では，1970年代頃からバンコクの中間層の間で「宮廷風タイ料理」が小説やレシピ本を通じて人気を集めるようになっていくのである。

（粕谷祐子）

第3章
経済発展

この章で学ぶこと

東南アジアの現代史を経済発展の観点から鳥瞰する。この地域は19世紀初頭に欧米の植民地として，欧米との間や域内での貿易が本格化することで市場経済に組み込まれる。20世紀への変わり目の頃には運輸・通信の技術革新や一次産品の開発によって貿易は爆発的に拡大し，かなりの経済成長が起きた。それに伴って，中国，インドからの労働力の移動，中国人商人の台頭などの社会変容が起きてきた。

第2次世界大戦後，各地域は国民国家として自立し，一次産品輸出の経済構造の変革を出発点として経済発展を模索する。1960年代には経済発展をイデオロギーの基盤とする政権が登場し，一次産品輸出から輸入代替・輸出志向の工業化を目指した政策が推進されて，経済発展が一定の軌道に乗る。その後の東南アジアの経済は常に世界経済の環境変化に強く影響されてきた。1970年代末からの第2次オイルショックでは，資源価格の乱高下のなかでマクロ経済の不安定化に苦しみ，逆に1980年代後半には円高の影響で海外展開する日系多国籍製造業の直接投資の受け皿となることで高成長を実現する。そして1990年代末には活発化した国際資本フローの管理の失敗から未曾有の経済混乱に見舞われる。そうした混乱を経て，2000年代に深化した輸出中心の工業化によって，各国はようやく安定した経常黒字と対外資産を蓄積し，世界経済への脆弱性を克服して「中進国」の成熟に至る。

1　経済発展の長期趨勢

近現代東南アジアの成長率と所得水準

本章では，東南アジアの経済発展の足取りの全体像を捉える試みとして，植民地期（1820～1940年）を植民地支配の中で進んだ対外経済関係，特に貿易発展の視点から，戦後期（1950～2010年代）を独立後の国家主導での工業化を軸

表３－１　東南アジア３カ国の実質成長率の長期趨勢　（単位：％）

	1820～70年	1870～1900年	1901～29年	1930～38年	1939～49年	1950～76年	1977～92年
インドネシア	1.45	2.26	2.90	0.85	−0.68	4.83	5.44
タ　イ		0.44	1.89	3.27	2.69	6.38	7.60
フィリピン			4.39	2.04	0.73	5.05	2.55

（出所）Maddison（1995）.

とした主要国の経済発展戦略の比較分析の視点から，辿っていきたい。

最初に長期趨勢を見ておこう。表３－１はアンガス・マディソンの研究グループの成果（Maddison 1995）を利用して，時期ごとの平均年成長率をまとめたものであり，図３－１は，同様に１人あたり実質 GDP の成長の軌跡を示したものである。最も包括的な推計がされているインドネシアを見ると，1870年代から1920年代まで年平均２％台と比較的高い成長が実現されている。1929年の世界大恐慌のあと貿易が縮小する1930年代には成長率が低下し，第２次世界大戦を挟む1940年代はマイナス成長に陥っている。戦後の1950年代以降は４％以上の成長率と比較的高いことがわかる。図３－１によって，１人あたり GDP の水準を見ると，戦前のピークは1929年と1941年の２つがあり，戦後インドネシアがこの水準を超えるには1965年まで時間を要していることもわかる。

タイとフィリピンの植民地期の情報は不完全だが，タイでは初期の成長が非常に緩慢な一方，戦後の経済成長が速やかで，しかも1970年代から加速していることが読み取れる。植民地期のフィリピンは戦後期と比べても成長率が高く，むしろ戦後の1980年代に所得水準が低下している。東南アジアで近代的な経済成長がはじまるのは大まかには1960年代半ば頃からといえそうであるが，植民地型の自由貿易体制のもとで一次産品貿易が独自の拡大を見せた19世紀から20世紀初頭の時期にも，かなりの成長が生じていたことはいえそうである。

経済成長のトレンド

次に戦後の経済成長のトレンドを確認しておきたい。図３－２は，アジア開発銀行の統計から上記３カ国の実質成長率の推移を描いたものである。政府による公式な所得推計値があるのは概ね1960年以降についてである。その頃からの動きを見ると，インドネシアとタイは動きがかなり似かよっていることがわ

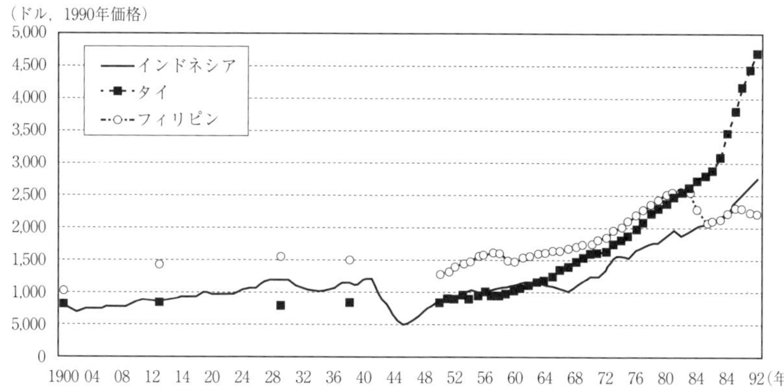

図3－1　東南アジア3カ国の1人あたり GDP の長期趨勢

（出所）　Maddison （1995）.

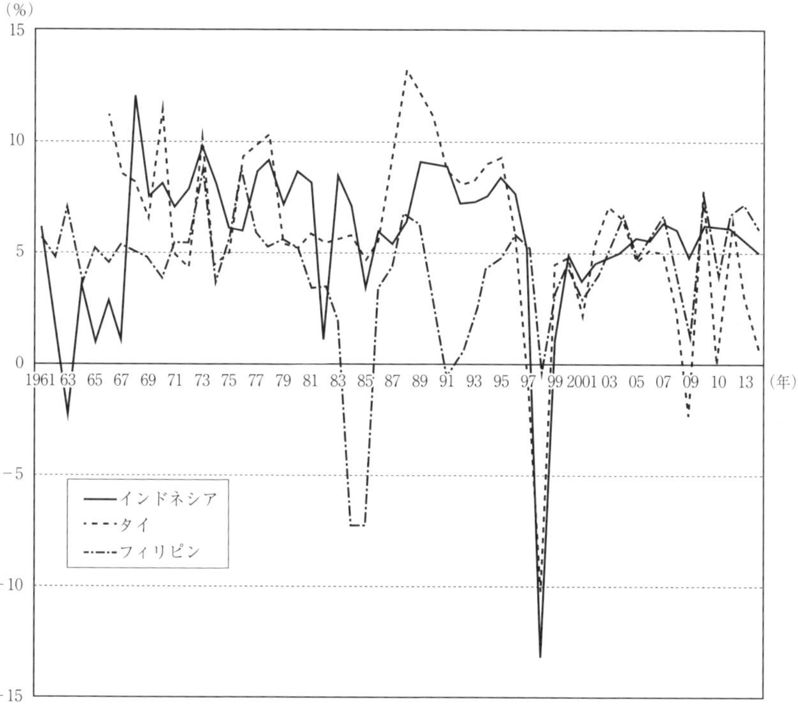

図3－2　東南アジア3カ国の戦後の経済成長率

（出所）　Asian Development Bank, *Key Indicators,* （various years）.

かる。「開発体制」下での開発政策が動き出す1960年代後半から10％にも届くほどの高成長の時期が続き，第２次オイルショック後の1980年代初めに５％ほどに落ち込む，その後，プラザ合意による円高の結果として，直接投資の流入が本格化する1980年代後半から10年ほどは10％前後の高成長を見せる。1998年の急激な落ち込みはいわゆるアジア金融危機直後であり，トレンドと比較することで，この時のダメージの大きさが理解できる。2009年の落ち込みは2008年の世界金融危機の一時的な影響である。

フィリピンは，1980年代初めから1990年代にかけて外れ値のように低い成長率に落ち込んでいる。1984年のマイナス成長はマルコス政権末期の政治・経済混乱の時期に対応し，これによる経済政策の転換の遅れの結果，その後10年の低成長に甘んじることになる。しかし，この点をのぞけば，基本トレンドはインドネシア，タイと同じである。

2　植民地化の始動と貿易の再編

植民地分割と貿易構造の変容

古くから東南アジアの社会経済の発展に貿易は重要な役割を果たし，19世紀以降も東南アジア経済にとって成長のエンジンだった。ただ，西洋植民地化とともに進行した貿易成長は，それ以前とは規模と構造が異なっていた。

1816年，ナポレオン戦争後のウィーン協定により，イギリスが一時的に占領していたジャワとマラッカの統治にオランダが復帰した。その後，1819年のシンガポール設立を経て，1824年には英蘭条約の締結により，マラッカ海峡以北がイギリス勢力圏，以南がオランダ勢力圏に設定された。ここに17世紀からフィリピンのマニラを拠点としたスペインや，ベトナムに進出したフランスも加わり，東南アジア各国の植民地化が進んだ。西欧諸国は東アジアに進出する上で中継地となる東南アジアの重要性に注目するとともに，熱帯産物にも経済的価値を見出し，宗主国と東南アジア植民地との間の遠隔地貿易にも取り組んだ。

イギリスは海峡植民地（ペナン，マラッカ，シンガポール）を拠点として，東南アジアと本国との間の貿易拡大を進めていった。当時，植民地化したインドを拠点に中国への進出を目指し，ペナン，シンガポールといった自由港を設置して，インドのアヘンを中国に輸出するルートを確保した。さらには，産業革命を経て誕生したイギリス綿工業品が海峡植民地を介して東南アジアに流通し始め，その対価として錫，胡椒，砂糖，林産物など多様な東南アジア産品がイギリスへ輸出された。海峡植民地の役割はイギリスと東南アジア各地を結ぶ中継港として，遠隔地貿易の拡大に貢献していった。

1816年にオランダ統治が再開されたジャワでは，ジャワ戦争を経て1830年に全域がオランダ統治下におさめられた。そして，オランダは度重なる戦費により逼迫した本国の財政危機を乗り越えるため，ジャワにおいて強制栽培制度を実施した。それによりジャワの農民はコーヒー，サトウキビ，藍（インディゴ）を植民地政庁へ供出することを強いられ，商品作物の生産体制に組み込まれていった。強制栽培制度は農民の貧困，飢饉，森林破壊といった悪影響をもたらした一方で，市場経済化や貨幣流通の浸透などももたらした。こうして，強制栽培制度の実施により，ジャワからオランダへの商品作物輸出が急成長していった。

17世紀からマニラを拠点にスペインが植民地化したフィリピンでは，19世紀初頭以降に貿易自由化が進んだ。東南アジアに進出してきたイギリスからの圧力を受けて，1834年にマニラにおける外国籍船舶の貿易が開放され，その結果，マニラにはイギリス綿工業品が流入した。また，元来マニラはアメリカ大陸から太平洋を越えてアジアにスペイン銀貨を運ぶガレオン貿易の拠点であるとともに，古くからコメや海産物の中国への輸出拠点であった。19世紀初頭には中南米諸国の独立によって銀貨の供給が激減することで，マニラは前者の機能を失うが，後者のアジアとの交易関係は19世紀中葉も維持された。これが19世紀後半になると，フィリピンはマニラ麻，砂糖，タバコといった一次産品を欧米へ大規模に輸出し始め，植民地型の貿易構造に変容していった。

19世紀前半には大陸部東南アジアでも貿易は拡大した。第1次英緬戦争（1824～26年）の結果，ビルマ沿岸部がイギリス植民地となり，コメ輸出を中心に貿易が拡大した。その後，第2次英緬戦争（1852～53年）の勝利によってイギリスは下ビルマを平定し，商都ラングーンを拠点とする貿易が本格化した。当時のビルマ米輸出は，長期の海上輸送に耐えうるが食味は悪い品種が中心で

図3-3 19世紀シンガポールの華人コンプラドール・陳金声（Tan Kim Seng 1805～64年）

（マラッカから移住した福建系華人一族の系譜に属し，政府の役職に就きながら西欧商人との商業関係を構築したシンガポール屈指の富豪華人であった。また陳金声は福建省永春出身の集団のリーダーとしてシンガポールの華人社会にも絶大な影響力を持っていたとされる。1882年には彼の功績をたたえた噴水（Tan Kim Seng Fountain）が作られた）。

（出所） https://www.picswe.com/pics/tan-kim-seng-c5.html

あり，主に工業原料として西欧へ輸出された。また，19世紀前半にはシャムでも砂糖やコメの輸出が増加し，それらはシンガポールを経由して西欧やアジア各地に運ばれた。また同時期，ベトナムでは阮朝が貿易を厳しく管理していたが，中国ジャンク船による密輸は活発で，コメや塩が中国や東南アジア域内に輸出されていた。

工業品の流通拡大と華人商人の台頭

19世紀前半から中葉の東南アジア貿易の活性化には共通点もあった。それは消費財流通の変化に見られた。19世紀初頭以降，イギリスの綿工業品が東南アジアへ運ばれ，古くから流通していたインド綿製品を駆逐しながら流通規模と範囲を拡大させた。インドの手織り綿布に比べ，機械製造されたイギリス綿製品は圧倒的に廉価であり，都市部にとどまらず，地方農村の大衆の購入を刺激した。安価なイギリス綿製品の流入は東南アジアの生産者の購買力を高め，消費財を中心に東南アジアの貿易が活性化したのである。

またイギリス綿製品の流入は中継港としてのシンガポールの重要性を高めた。イギリス商人は綿製品をシンガポールに輸入したが，ローカルな市場でそれを売りさばく経験や知識を欠いた。そこで彼らは古くから現地で西欧商人と取引していた華人コンプラドール（中国系仲介商人）に綿製品を引き渡した（図3-3）。華人コンプラドールは仲介商として綿製品を現地の商人たちに売り，その対価として得た東南アジア産品をイギリス商人に渡した。さらには，シンガポールに輸入された東南アジア産品のなかには，コメ，塩，サゴ，ココナッツ油といった現地の消費財もあり，それらがシンガポールから東南アジア各地に再輸出された。このようにしてイギリス綿製品の流入拠点のシンガポールでは，東南アジア各地と多角的につながる域内交易が成長し，それが広範囲にわたる東南アジア貿易の活性化に貢献した。

3　一次産品輸出の成長と多角的貿易の発達

交通インフラの発達と移民流入

19世紀の西洋植民地化は，東南アジアに新たな技術による交通・通信インフラの拡充をもたらした。1840年代から蒸気船の定期航路が欧州からペナン，シンガポール，バタビアに敷かれ，さらに1869年に地中海と紅海をつなぐエジプトのスエズ運河開通によって，それまで喜望峰経由で６カ月以上を要した西欧までの海上輸送期間が３カ月に短縮し，蒸気船による大規模輸送と相まって，西欧への一次産品輸出が未曽有の成長を始めた。

19世紀末には各地で鉄道建設が進んだ。マレー半島では1885年に錫鉱山のタイピンから沿岸の港まで最初の鉄道が敷設され，その後，拡張されたマレー鉄道は大量の錫を運搬した。また，シャムにおいてはバンコクとアユタヤ間の鉄道開設（1897年）を皮切りに，北部から南部まで鉄道網が延伸し，内陸の稲作地帯からバンコクまでコメが鉄道で運搬された。内陸の鉄道建設によって，重量級の一次産品の陸上大量輸送が可能となり，海外輸出の成長を促した。

東南アジアは豊かな資源を有し原料供給の潜在力は高かったが，古くから人口希少であり，労働力不足であった。そこで1870年代以降，中国南部から東南アジアへの移民が急増し，1891～1900年の10年間には190万人が到来した。中国移民はブローカーとの長期契約によって，シンガポール経由で錫鉱山やプランテーションに送りだされた。彼らの多くは出稼ぎ労働者で，一定期間働いたのち中国に帰ったが，東南アジアに定住した者もいた。またインド人移民もビルマやマレー半島に渡り，コメやゴムの一次産業に従事した。1891～1900年にはおよそ140万人のインド移民が東南アジアに到来し，自前で渡航費を賄った自由移民に加え，カンガーニやメイストリという出身地別の移民リクルート制による移民も多かった。彼らの多くは出稼ぎ労働者として，インドに帰国した。

加えて，ジャワ島からスマトラの農園へ，ベトナム北部から南部の稲作デルタへ，そして上ビルマから下ビルマの稲作デルタへ，という域内労働力移動もみられた。こうして，輸出経済の発展や移民の流入を背景に，東南アジアの人口は，1800年の推計3,300万人から1900年の推計8,300万人に，さらに1930年には１億1,100万人に増加した。

主要な一次産品輸出の成長

代表的な一次産品輸出の１つが錫であった。1870年代以降にイギリスで缶詰用のブリキの製造が活況を呈し，そこにマレー半島の錫が輸出された。それ以前は現地のマレー人支配層が経営していた錫鉱山は，中国人商人の主導下で，中国出稼ぎ労働者を用いた開発が主体となった。19世紀の間は労働力を確保した中国人商人が錫鉱山を牛耳ったが，20世紀以降に大規模精錬技術（ドレッジ方式）が導入されると，資本力を有する西欧企業が有利になった。また1920年代以降，マレー半島の錫の輸出先はイギリスから産業成長の著しいアメリカに代わりながらも，世界最大の輸出規模を維持した。

20世紀に入り顕著な成長をみせたのがゴム生産だった。19世紀の末に南米産パラゴムの木がマレー半島に持ち込まれ，ゴム農園の開発が始動した。同時期の自動車産業の発達は，タイヤ原料となるゴムの需要拡大を引き起こし，東南アジア島嶼部では西欧企業によるゴム農園が拡大するとともに，現地の農民による小規模なゴム生産も増加した。こうして，自動車産業の発展に牽引されて，ゴム価格は1910年代まで堅調に上昇したが，過剰生産と第１次世界大戦後の不況もあって，1920年代以降，価格変動が激しくなった。ゴム産業の崩壊を避けるため，各地域の生産割当を取り決めたスティーブンソン計画（1922年）は，多国間の協調に至らず失敗した。

19世紀末以降も砂糖は東南アジアの主力輸出品だった。オランダ領東インドのジャワでは1870年代初頭に強制栽培制度が終了し，その後，砂糖生産と輸出は民間企業の主導で成長した。しかし，西欧で甜菜の糖業が拡大し，世界的な砂糖の供給過剰は価格暴落につながった。この砂糖危機のなか，ジャワでは砂糖企業の統廃合や生産技術の刷新が進むとともに，主な輸出先も西欧からアジアへ転換した。アジアでは貿易成長と工業化によって消費拡大が進んでおり，ジャワの糖業はアジア市場の需要に対応することで，困難な状況を切り抜けていった。同様に砂糖産業が盛んであったフィリピンでは，20世紀初頭以降はアメリカ植民地体制下の保護貿易によって，アメリカ市場向けを中心に砂糖輸出が発展していった。

アジア域内の貿易成長

一方，大陸部東南アジアの主力輸出品はアジア市場向けのコメだった。イギリス領ビルマ，フランス領コーチシナ，そしてシャムでは19世紀の後半以降，河口デルタの土地開発が政府主導で進み，そこで他地域から移住した農民が稲作を拡大した。ビルマ米の輸出は1880年代以降，従来の西欧向けに加えて，インドと東南アジアが重要な輸出先に浮上した。安価なビルマ米はインドや東南アジア島嶼部の工業原料生産者に供給された。また，コーチシナ米は19世紀の間は香港経由で中国や日本に，またシンガポール経由で東南アジア島嶼部に輸出され，20世紀にはいると直接フィリピンやオランダ領東インドに輸出された。シャム米についても香港とシンガポール経由でアジア各地に輸出された。東南アジア大陸部のコメは安価な食料として欧米向け工業原料生産者や工場労働者の食糧需要を満たすとともに，シャム米の一部は上等米としてアジア市場で消費された。また20世紀初頭以降，コメの劣化を防ぐ精米技術の発展により，東南アジアのコメは西欧，アフリカ，アメリカへも食糧として輸出された。なお，デルタの開発は沿岸漁業の発達を誘発し，シャムやコーチシナから塩干し魚が近隣地域へ輸出され，工業原料生産者に消費された。

さらに，アジアの工業品も東南アジアの需要拡大を捉えた。19世紀末以降，インドや日本の機械製綿糸を用いた綿製品が東南アジアに輸入されたが，当時は西欧産の綿製品が市場を支配していた。しかし，第1次世界大戦により西欧から東南アジアへの工業品輸入が停滞したことを機に，日本から東南アジア諸国に綿製品が流入し，1920年代以降，欧米植民地政府との貿易摩擦を繰り広げながら，日本綿製品は東南アジア全域に流通するようになった。棉花の品種の違いから，細糸で織られる西欧綿製品は薄地の高級品，太糸の日本綿製品は安価な厚地布という品質の違いが市場の棲み分けにもつながった。

20世紀にはいり，東南アジアがアジア域内の多角的な貿易関係を再構築して

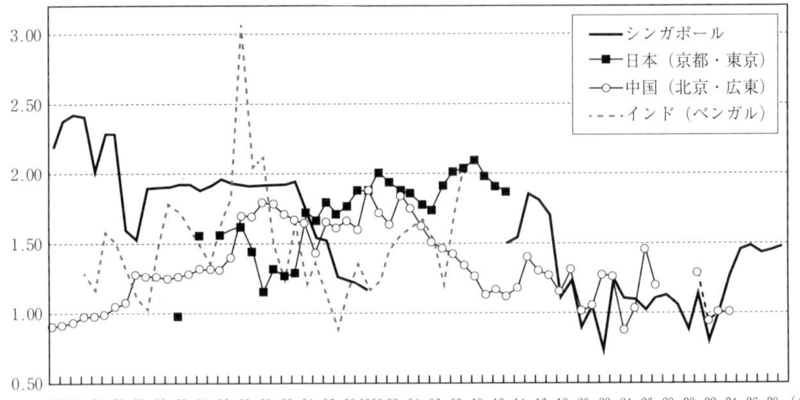

図3－4　アジア各地の非熟練労働者の生存水準倍率（1870～1939年）

（出所）　シンガポールは Choy, K. M., and I. Sugimoto, "Staple Trade, Real Wages, and Living Standards in Singapore, 1870–1939," *Economic History of Developing Regions,* 33（1）, 2018, 18–50．その他，アジア各地は the Global Price and Income History Website（http://gpih.ucdavis.edu/index.html 2018年9月2日アクセス）。

いく中で，1929年の世界大恐慌は東南アジア経済にもダメージを与えた。不況による一次産品価格の下落は，その生産者の実質賃金の低下と困窮に至り，彼らに食糧を供給した近隣地域の経済不況にも連鎖した。東南アジアの一次産品輸出地域では，移民の入国規制や送還を実施することで失業率を抑え，治安を安定させた。また，1934年の国際ゴム協定によりゴム価格が上昇したことで，アメリカ向けを中心に東南アジアの輸出は回復した。こうして再び東南アジアに出稼ぎ労働者が流入し，彼らの消費財として大陸部の食糧や日本の綿製品の流通が回復したことで，1930年代後半には東南アジア諸国の貿易は，他地域に比べ早期に成長力を取り戻した。しかし，1941年に太平洋戦争が勃発し，日本軍が東南アジア各地を占領すると，東南アジアは原料供給地域として日本の戦時経済体制に組み込まれた。

生活水準の変化

本節の最後に，植民地期の経済発展による現地の生活水準の変化を確認しよう。図3－4はアジア各国の非熟練労働者の生活水準を指数化したグラフである。東南アジアのシンガポールを見ると，1880年代までは他のアジア地域より生活水準が高かった。この要因に，当時の一次産品ブームによる希少な労働力の高賃金が挙げられる。しかし，その後の生活水準はインドと日本よりも低くなり，中国と同程度の水準となった。この時期，出稼ぎ労働者の流入による低賃金化とともに，一次産品価格の上昇が域内消費財の価格上昇も誘発したことで，実質賃金が下落した。また，出稼ぎ労働者は蓄財のため貧困生活を送り，貯めたお金を故郷に送金したため，最低限以上の消費活動が高まらず，東南アジア内の生活水準を押し下げた。このように，出稼ぎ移民は一次産品経済の成長を支えた一方で，現地大衆の生活がより豊かになる可能性にブレーキをかける要因でもあった。

4　戦後経済成長の開始

国民経済の形成

第2次世界大戦後，東南アジアの主要地域は概ね1950年代半ばまでに独立を果たし，1960年頃まで植民地的な経済構造を脱却して国民経済形成の時期を迎える。この時期の各国経済の基調は，2種類のベクトルに沿って整理するとわかりやすい。

第1は，対外的なナショナリズムの強弱と世界市場への態度である。フィリピンとマラヤは旧宗主国との協調的な関係を維持しながら，早期に海外市場へのアクセスを回復した。フィリピンではアメリカ資本に内国待遇を付与すると同時に，アメリカ市場へのアクセスを確保して，砂糖，マニラ麻などの植民地期からの一次産品輸出による回復が図られた。マラヤでは独立する1957年まで，イギリス主導のもとで世界市場へのアクセスを維持し，ゴム，錫の輸出振興が図られた。一方，タイとインドネシアではナショナリズムに支えられて国営企業を主体とする経済運営が指向された。インドネシアでは石油企業，ゴム農園などで欧米資本の接収と国有化が積極的に進められた。

第2は，工業化への指向の度合いである。マラヤではこの時期，工業化よりは錫，ゴムの一次産品輸出の回復に重点がおかれた。特にゴムへの補助金政策は朝鮮戦争の特需もあって功を奏し，1960年代まで世界最大の輸出量を維持した。インドネシアでは，消費財や工業原料の輸入代替工業化が政策目標とされた。ただ，具体的な進捗は少なく，ゴム・石油などの一次産品の輸出の伸びもあって経済は停滞する。他方，タイとフィリピンでは，輸入代替型の工業化がはっきりと指向された。フィリピンでは，戦後すぐにアメリカに対する特恵関税と米国企業の内国待遇が災いして外貨危機に陥ったことに対処して，1949年に輸入・為替の制限措置のもとで輸入代替工業化が指向され始める。タイでは，国営企業によってマッチなどの労働集約型の消費財の国産化が試みられる。タイの場合，コメの輸出が急増するなど一次産品の競争力の強みもあった。

開発体制下の経済成長

1960年前後に東南アジアは大きな転期をむかえる。タイのサリット政権（1957年），インドネシアのスハルト政権（1966年），フィリピンのマルコス政権（1965年）の登場，シンガポールの分離独立（1965年）とその後のマレーシアのアブドゥル・ラザク政権（1970年）の登場は，経済開発をイデオロギーの基盤とし，強いリーダシップのもとで輸出志向工業化を目指して経済発展計画を主導する，「開発体制」という新しい経済体制の発足を意味した。

また，この時期には，現在に至る各国の経済システムの多様性が形作られていく。この時期に選択された経済政策の違いが，もともと初期条件の違いに規定されてきたそれぞれの経済の方向性の違いをはっきりさせていく。1970年代末までには，輸出志向工業化の移行をある程度成し遂げたタイ，マレーシアと，輸入代替工業化の中で行き詰まるフィリピン，インドネシアの間で大きな違いが現れてくることになる。

タイでは，1959年に国家経済開発庁と投資委員会が設置され，数次の「国家経済社会開発計画」のもとに，国内民間資本と製造業部門の外資誘致による輸入代替型の産業育成が進められる。1970年代はじめの第3次計画では，軽工業品の輸出を重視する方向に舵を切る。またコメの輸出競争力を背景に，コメ輸出税（ライス・プレミアム制度）を工業化の原資とした。

マレーシアでは，1958年の創始産業条例によって製造業部門の海外投資の誘致がはじまり，1960年代にはそれが輸出特区による輸出製造業の育成戦略に進化した。この国の発展戦略には，輸入代替型戦略への志向が希薄で，1950年代までの一次産品輸出依存から一足飛びに輸出工業化戦略に転換していることに特徴がある。マレーシアには多民族複合社会への配慮という優先課題が常にあり，マレー人を中核としつつ華人系・インド系住民との政治勢力のバランスの上で維持されていたラーマン政権は，民族間の経済格差の広がりを抑制する必要から，非マレー系住民の多い都市近代部門に利する輸入代替型の工業化には，控えめにならざるを得なかった。

1971年にラザク政権は，2種類のナショナリズムのバランスに配慮した独特の経済政策（新経済政策：NEP）に踏み出す。その1つの側面は，マレーシアの国民主義であり，植民地期からの鉱業部門などの欧米系外資の買収・接収を進め，多くの公企業を設立した。もう1つの側面は，マレー人の民族主義にもとづくマレー人優遇政策，「ブミプトラ政策」である。マレー人の所得水準の改善が優先課題とされ，社会保障制度を整備し，その基金を原資に公企業のブミプトラ株主を形成して，資産・所有面での民族間格差の是正を目指した。その結果，公的所有の比重の高い独特の経済システムが形成されていく。

一方，スハルト政権下のインドネシアでは，従来の輸入代替工業化からの転換が曖昧で，非効率な製造業部門が温存される。政権の初期には外資誘致によって製造業の高成長が実現されたが，それも輸入代替化政策の推進に重点があった。1973年の第1次オイルショック以降は，石油輸出への依存を急速に高めることになる。石油収入を原資とする国営企業や華人系の輸入代替部門への補助金が非効率な製造業を温存させ，輸出製造業への転換を遅らせることとなってしまう。1970年代の石油輸出収入への依存は，また，ゴム，コーヒーなどの伝統的な一次産品の輸出競争力の阻害要素ともなった（オランダ病）。

フィリピンでも，この時期には結果的に輸入代替工業化が強化される。1965年に登場したマルコス政権は，輸入代替化政策が行き詰まりを見せるなかで，外国資本の投資と輸出振興を重視した政策を導入する。大規模な財政拡大によって道路や農業インフラの整備が進められ，1970年代半ばまで成長率が回復する。しかし，こうした政策には実態として輸入代替からの転換の要素は小さかった。国内資本向けの保護政策によって台頭した新しい産業家は，大土地所有に基盤を持つ伝統的支配層（オリガーキ）に対峙するマルコス政権の支持母体として影響力を強め，その結果，保護政策が彼らのレント・シーキングの場と化していく。1970年代後半には財政拡大が行き詰まり，財政赤字と国際収支の赤字という脆弱なマクロ経済が構造化してしまう。

5　第2次オイルショック不況から輸出成長へ

国際環境の変化と成長戦略の見直し

1970年代末から1990年半ばまでの時期に，東南アジアは2つの大きな世界経済環境の変化を経験する。1979年に始まる第2次オイルショックによって迫られたマクロ経済調整と，1985年のプラザ合意後の日本企業を中心とする製造業外資の本格進出である。これらの環境変化に対する各国それぞれの政策対応は，いずれもやがて1990年代には直接投資をベースとする輸出志向工業化型の成長戦略に収束していく。その結果，主要4カ国は初期条件の違いによる相違を残しつつも，低賃金による軽工業品の輸出国として，世界の国際分業のなかでは似かよった役割を担う新興工業化経済として存在感を高めるのである（表3-2）。

第2次オイルショックによって，資源輸出国，非資源輸出国の双方とも，それまでの成長構造の調整を余儀なくされた。資源輸出への依存が比較的低いタイとフィリピンでは，石油価格の高騰の局面ではインフレと財政悪化を招き，また1982年からの価格収束の局面では一次産品の価格低迷が成長率を押し下げた。石油輸出への依存が大きいインドネシアでは収束期に深刻な財政悪化とインフレに直面した。3カ国では，世界銀行の構造調整融資のもとでのマクロ経済構造の調整を余儀なくされる。マレーシアだけは，天然ガスの輸出と輸出製造業のバランスを維持して経済を安定的に保ちながらこの時期を乗り切っている。

ところが，1980年代後半に入ると別の外的環境変化が生じてくる。1985年の日・米・欧のプラザ合意によってドル安・円高が誘導され，それに対応して日本の製造業が生産拠点の海外移転を進め，東南アジア各国がその格好の受け皿となるのである。タイ，マレーシアはすみやかに外資による輸出製造業の育成を成長戦略の中核に据え，続いてインドネシアも同様の成長戦略に舵を切る。この時期，フィリピンだけは，レント構造のなかで動きがとれないマルコス政権が崩壊してコラソン・アキノ政権（1986～92年）に移行する混乱期にあり，

表3-2　開発政策の変遷（第2次オイルショックから1990年代）

<table>
<tr><th></th><th>天然資源賦与</th><th>第2次オイルショックの影響</th><th>構造調整プログラム</th><th>開発戦略：1970～80年代半ば</th><th>開発戦略：プラザ合意以降</th></tr>
<tr><td>タイ</td><td>非資源国</td><td>エネルギー価格の高騰</td><td>受け入れ</td><td rowspan="2">国営企業主導の重工業化の試みと挫折</td><td rowspan="3">直接投資の本格導入による輸出志向工業化</td></tr>
<tr><td>マレーシア</td><td>資源国（石油・天然ガス）</td><td>影響を制御</td><td></td></tr>
<tr><td>インドネシア</td><td>資源国（石油・石炭）</td><td>価格下落期に財政危機</td><td>受け入れ</td><td>石油収入依存からの脱却と輸入代替工業化の推進</td></tr>
<tr><td>フィリピン</td><td>非資源国</td><td>エネルギー価格の高騰によるインフレと輸出の低迷</td><td>受け入れ</td><td colspan="2">マルコス政権後期の政治混乱と輸入代替からの転換の遅れ</td></tr>
</table>

（出所）　著者作成（原資料は三重野・深川 2017, 219)。

成長戦略の転換が遅れてしまう。

各国の政策対応の違い

タイでは，第2次オイルショックによって，輸入インフレと国際収支が深刻化し，金融機関の経営不安も顕在化した。1982年に世界銀行の構造調整融資を受けて財政を引き締め，為替調整によって輸出の振興を図るものの，対外債務の拡大は止まらなかった。ところが，1980年代後半になると，プラザ合意後の円高を背景に，日本からの直接投資が急増する。政府主導の重化学工業化も視野に進められてきた東部臨海地域のインフラ環境を直接投資の受け皿に転用できたこともあって，経済は外資が主導する軽工業品の輸出によって急回復し，その後，電機・自動車などの集積が進んでいく。これに伴って金融部門も回復し，規制緩和とともに1990年代前半には不動産部門など国内セクターがバブル的な過熱を呈するようになる。

インドネシアでは，オイルショックの悪影響は石油価格の高騰が収束する局面で現れた。1970年代初頭から輸出と財政収支を石油輸出に著しく依存するようになっていたため，石油収入の減収は貿易赤字の拡大と財政収入の減少を招き，深刻な国際収支危機に陥る。1983年に世界銀行の構造調整融資を受け，1980年代には付加価値税の導入，為替レートの切り下げ，広汎な金融・資本自由化によってマクロ経済構造の根本的な改革が進められる。これによってようやく輸入代替工業化型の政策体系に決別し，輸出製造業を基礎とする工業化がはじまることになる。直接投資の増加によって1989年ころには高成長を回復し，1990年代前半にはタイに類似した景気過熱の様相を呈するようになる。

フィリピンでもマクロ経済ショックをうけ，構造調整プログラムのなかで為替レート調整や財政圧縮を試みられた。しかし，伝統的エリート層と輸入代替部門を基盤とする新興資本家の双方の抵抗のために実効為替レートは十分には切り下がらず，財政圧縮も議会の抵抗によって行き詰まり，1983年には債務返済のモラトリアムを宣言するに至ってしまう。経済の停滞の中でマルコス政権は1986年に瓦解し，伝統的エリート層と市民運動の支持を受けてコラソン・アキノ政権が発足する。しかし，この政権も２つの支持基盤の制約下で，輸出志向工業化への政策転換やインフラ開発に踏む込むことが難しかった。輸入代替型保護関税が本格的に撤廃されるのは，1992年に強権色の濃いラモス政権が発足して以降である。1980年代の経済混乱の傷が響いて，直接投資による輸出志向工業化は近隣国より大きく遅れた。

マレーシアは，ASEAN 主要国の中で唯一，オイルショックの影響を制御し得た。石油・天然ガスなどの一次産品輸出と直接投資による輸出工業化とのバランスのとれた輸出構造を形成し，資源価格のショックに対して中立的な構造にあったことが大きい。1980年代前半には，政府・公企業主導の重工業部門の輸入代替工業化にも乗り出した。1982年以降のマハティール政権でもこの政策はしばらく維持されたが，1980年代後半の直接投資の加速を背景に，重工業部門でも外資の直接投資を中核に据える政策転換が進む。1990年代には「国民開発政策」(NDP) が打ち出され，民間主導による成長構造へのシフトが強まり，大筋で直接投資と輸出製造業を基礎とする工業化戦略が定着していく。こうしたなかでも「ブミプトラ政策」は，政策に入れ込まれて維持されてきた。

6　アジア金融危機と東南アジア経済の構造変化

アジア金融危機

日本などの多国籍企業の進出を契機に，東南アジアは高度成長の段階に入るが，この時期には，1980年代の構造調整が主導した規制緩和も効果を示しはじめる。特に，タイやインドネシアでは，金融自由化によって海外からの資本流入が急拡大し，海外からのポートフォリオ投資などの流動性の高い資金が国内の建設・不動産など非貿易部門に流入して，景気が過熱気味に推移した。金融自由化の過程で，政府は資本取引の規制緩和を積極的に推進した一方で，為替制度の面では，固定的な相場制度を維持し，伸縮的な為替調整ができる制度への改革が遅れてきた。1990年代半ばになって実物経済の退潮が見られたとき，このことによる価格調整の遅れが深刻化していた。

例えば，タイでは，1980年代半ばから1ドル＝27バーツ程度のレートが維持されてきた。1980年代半ばからの資本流入の増加と高成長の中では均衡水準に近かったと考えられるが，1990年代半ばに成長が減速すると，実勢レートの下落にもかかわらず，中央銀行はバーツを買い支えることで高めの固定的なレートを維持した。資本流入による投資と，それによって国内の景気を維持するために，安定した高めのレートが望ましいと認識されてきたからである。

1997年７月のタイの金融危機は，このギャップがある水準に至った段階で，投機マネーがバーツ売りの形で殺到し，バーツを買ってこれを支える中央銀行が外貨準備を使い果たして，管理不能な形で変動相場制への移行に押し切られたことからはじまる。急速な為替レート調整は，タイの金融セクターを壊滅させ，それを通じて実物経済に深刻な影響を及ぼした。外貨建ての借入を増やしていた大手企業や金融会社の多くが，外貨建て負債の急激な増加によって債務超過に陥る事態となった。タイでは1998年の成長率はマイナス10.5%にまで落ち込んだ。

この危機は同様の資本・通貨管理の制度を採っていた近隣国にも飛び火した。直後にフィリピンもドル・ペッグを放棄し，ペソは減価しつつ変動相場制に移行した。インドネシアでも同様の事態が起こり，数多くの商業銀行が破綻し，タイと同規模のマイナス成長を経験した。ただ，マレーシアは，これに対して，むしろ資本移動の徹底的な制限を行い，国際資本フローの動きから国内金融システムを遮断した。

このような事態を受けてアメリカ，日本さらに IMF，世界銀行などの国際機関が，強いイニシアティブで危機の収拾に乗り出す。タイ，インドネシアでは，IMF・世界銀行が資金支援の条件としてとりまとめた政策協定に基づいて，商業銀行の再建や不良債権の処理，マクロ経済構造の調整が進められた。さらにはこの危機を契機として，企業ガバナンスや金融システムの未熟さが改革の課題として指摘されるようになる。2000年代初めまで，会計制度の改善，情報開示やファミリー統治の抑制などの企業ガバナンス改革や，証券市場の育成などの金融システム改革も同時に進められた。

金融危機を起点とする大きな景気後退のあと，各国では不良債権処理と商業銀行の再編を模索し，経済の立て直しを図っていく。傷の深かったタイでは金融部門の大幅な再編を経験し，インドネシアではスハルト体制の崩壊と国民国家の統合の危機にまで波及した。

新しい成長経路

東南アジア経済は，混乱の収拾に時間を要し，2000年代半ばからようやく新たな高成長の過程に入る。この回復過程で経済構造は重要な変化を遂げた。生産と貿易の面では，各国とも直接投資による技術移転を基礎とした輸出工業化を一段と深化させていく。これはタイを典型例としてインドネシアとフィリピンがこうした動きをとるが，輸出工業化が先行していたマレーシアだけは，この時期には資源輸出への回帰やサービス部門の成長といった次段階の変容もみせている。

マクロ経済の面では，輸出製造業の成長による経済の回復によって，国際収支の構造が大きく変容した。1990年代には各国では高い投資率が成長を牽引してはいたが，貿易収支はマイナスだった。アジア金融危機の後，投資率が低下する一方で成長は輸出によって牽引されるようになり，貿易黒字の構造が定着した。通貨の下落により輸出競争力が強まっただけでなく，輸出製品の中間財の生産の現地化が進んだからである。その結果，各国は経常取引で安定的に外貨が流入し，外貨準備が積み上がる経済構造に転換した。そして，このことが資本取引の側の変化をもたらした。2004年頃から銀行信用やポートフォリオ投資の流入も再開する一方で，潤沢になる外貨資産を背景に，2000年代後半以降，東南アジアから海外に向けての対外投資が活発化しはじめるのである。

中進国としての成熟と新しい課題

2008年にアメリカの金融市場の混乱を震源に世界金融危機が発生した。このとき東南アジアは輸出に依存した回復が軌道に乗っている段階にあった。このため，この危機によって実物の貿易面で一時的に大きな影響を受けたが，すでに十分な対外資産と外貨準備の蓄積のために金融面での影響は限定的にとどまった。2014年の段階で，シンガポールを除く先行 ASEAN 4 カ国の 1 人あたり GDP は，7,300ドル（マレーシア）から2,000ドル弱（フィリピン）の範囲にあり，先進 ASEAN 諸国は概ね「中進国」のレベルに到達したか，到達しつつある。そうしたなかで，将来に向けて新しい課題が現れはじめている。

その 1 つは直接投資に依存した成長構造の限界とそれに代わる成長メカニズムの模索である。直接投資の技術波及と模倣を通じた成長は限界に達し，また賃金上昇より生産基地としての比較優位が失われつつある。成長を維持するために，模倣による技術習得を超えた，革新性に富んだ産業への転換の必要に迫られている。

もう 1 つは社会保障などの所得再分配の課題の登場である。すでに「中進国」の成熟に近づく一方，少子高齢化など人口動態上の変化も見込まれている。そうしたなかで，分配の公正性や社会的セーフティーネットへの要望が強まっており，それに対応するため，経済体制の大きな組み替えが求められている。

タイでは，2001年に成立したタクシン政権が，「デュアル・トラック政策」と銘打って，輸出工業化の一層の振興とならび，地方・農村振興や社会保障を重視した再分配政策を導入した。2006年以降のあらゆる政権でも，この時期に作られた再分配政策の骨格は踏襲されている。2010年代初めまでは輸出製造業の順調な成長ゆえに，財源面での対立が表面化することはなかったが，2011年のインラック政権以降，従来型成長の限界が見えるなかで，再分配をめぐる対立が都市と農村との間で顕在化し，政治混乱を生み出している。

インドネシア経済の回復が本格化するのは，2004年にはじまるユドヨノ政権のころからである。アジア金融危機後には外資の撤退もあって，輸出製造業の回復はゆるやかだったものの，資源価格の高騰によって石炭など一次産品輸出が好調で，2000年代後半は比較的好調な成長を遂げてきた。しかし，2010年代に入ると，いくつかの課題が現れ始めている。2012年以降の資源価格の下落は，成長を支えてき石炭輸出による外貨収入の限界をもたらし，最近では，純輸入に転じた原油輸入が増加して，たびたび貿易赤字に陥るようになっている。一方で，2010年代には，経済格差への対処として，社会保障制度の整備が求められる段階に入っている。2011年に社会保障法制が抜本改正され，2014年には社会保障庁が活動を開始している。

マレーシアでは，順調な成長が続いた2000年代にいくつかの際だった特徴が現れる。この時期の輸出成長は必ずしも輸出製造業だけが中心ではなく，原油・天然ガス，パームオイルといった一次産品の輸出がもう１つの柱として成長した。一方で，貿易黒字の定着をもとにした資本輸出国化の傾向が著しく，国内企業の国外への直接投資，金融投資が大きく拡大している。2010年代に入るとナジブ政権のもとで民族に配慮した伝統的な再分配政策が見直されて，ブミプトラ企業家育成政策の廃止やブミプトラ基金の証券市場への上場も進められてきた。マレーシアでは1970年代から構築されてきた再分配政策が，むしろその再調整の局面に入ってきた。

フィリピンでは，アジア金融危機への対処は，ラモス，エストラーダ政権によって担われた。2001年のアロヨ政権のもとで，直接投資による輸出製造業を主導する工業化が徐々に動き出すことになる。2010年にベニグノ・アキノ３世政権が登場すると，工業化が本格的に始動し，2010年代半ばには高成長の局面に入りつつある。フィリピンでは，製造業の比重が相対的に小さく，事務のアウトソーシングなど新しいタイプのサービス業の比重が大きいことが１つの特徴となっている。そして，アロヨ政権時代の後期から，医療保険制度など社会保障制度整備に関する法案も議会で提出されるようになり，東南アジアに共通した再分配についての政策課題が浮かび上がりつつある。

このように，東南アジアは2000年代半ばになって，比較優位を獲得した輸出製造業を中心にようやく安定的な貿易黒字の構造を定着させ，世界経済の環境変化への脆弱性を克服するに至った。先進 ASEAN 諸国はいまや「中進国」としての成熟に達し，そして，それゆえに次の成長を担う経済構造の構築や所得再分配制度の充実といった，新しい課題に向き合いはじめているのである。

参考文献

加納啓良編『岩波講座東南アジア史6　植民地経済の繁栄と凋落』岩波書店，2001年。

杉原薫『アジア間貿易の形成と構造』ミネルヴァ書房，1996年。

原洋之介『東南アジア諸国の経済発展――開発主義的政策体系と社会の反応』東京大学東洋文化研究所，1994年。

三重野文晴・深川由起子編『現代東アジア経済論』ミネルヴァ書房，2017年。

Elson, R. E., *The End of the Peasantry in Southeast Asia : A Social and Economic History of Peasant Livelihood, 1800-1990s,* London : Macmillan Press, 1997.

Maddison, Angus, *Monitoring the World Economy : 1920-1992,* Development Center of the Organisation for Economic Co-Operation and Development, 1995.

本章を学ぶための基本書

加納啓良編『岩波講座東南アジア史6　植民地経済の繁栄と凋落』岩波書店，2001年。

＊植民地期の東南アジア経済をプランテーション経済と稲作経済という枠組みから地域別に解説し，さらに欧米にとどまらない世界各地との多面的な経済関係を提示している。

原洋之介『東南アジア諸国の経済発展――開発主義的政策体系と社会の反応』東京大学東洋文化研究所，1994年。

＊戦後の東南アジアの経済発展を，東南アジアの地域の文脈から展望した意欲的な研究書である。東南アジアを全体としての地域と捉え，その特徴と経済発展との関係を本格的に考察する研究は，ありそうでなかなかない。研究の対象は1980年代まで。

三重野文晴・深川由起子編『現代東アジア経済論』ミネルヴァ書房，2017年。

＊輸出工業化が進行する1980年代以降の東南アジア経済の構造と諸論点に焦点をあて，経済学の視点を重視しつつ，過去の時間軸や地域の多様性と共通性にも配慮しながらまとめられたアジア経済の教科書である。先進 ASEAN 諸国のみならず北東アジアやインドシナ諸国も対象に含まれている。

（三重野文晴・小林篤史）

Column③ 鉄道の盛衰

バンコク，ジャカルタ，マニラなど東南アジアの大都市では，深夜早朝を除きいつも道路が渋滞しているイメージがある。これらの都市の渋滞は世界最悪レベルともいわれている。ハノイ，ホーチミン，ヤンゴンといったASEAN後発国の都市でも，交通渋滞が深刻化している。

その原因の1つは，公共交通機関が整備されないまま都市化が急速に進み，移動手段が自動車に限られているためである。公共交通もバスやタクシーが主体であるため，道路はますます自動車で溢れることになる。政府も道路の整備・拡張や自家用車の乗入れ規制など諸々の対策をとってきたが，どれも根本的な解決にはなっていない。渋滞による経済的損失は甚大になり，排気ガスや粉塵による大気汚染も深刻化しつつある。

そこで，渋滞対策の切り札として注目されるようになったのが鉄道である。郊外から都心へ通じる既存の路線を改良して輸送量を増大させたり，都心に地下鉄を建設したりする動きが各都市で始まった。かつてのジャカルタの通勤電車は，屋根の上にまで乗客が鈴なりになることで悪名高かったが，2000年以降に冷房つきの日本製中古車両が大量に導入されたことで，その風景も過去のものになった。1987年に開業したシンガポールの地下鉄を皮切りに，大量高速鉄道（MRT）やライトレールトランジット（LRT）といった新しい都市鉄道も，クアラルンプール，バンコク，ジャカルタなどで運行されるようになった。新線の建設計画も目白押しである。

ようやく交通手段としての地位を見直されつつある鉄道であるが，東南アジアにおけるその歴史は古い。19世紀前半に欧米諸国では鉄道建設がブームを迎えたが，その西洋列強が東南アジアで植民地支配を拡大させる際に，近代的陸上交通機関として鉄道を持ち込んだのである。

東南アジアで最初に鉄道が走り始めたのはオランダ領東インドで，1867年のことであった。これは日本で新橋・横浜間に鉄道が開業する5年前のことである。つづいて1877年にイギリス領ビルマで，1885年にはイギリス領マラヤ，フランス領インドシナのサイゴンで，そして1892年にアメリカ領フィリピンでも鉄道が開業するなど，東南アジアの各植民地に次々と鉄道が建設されていった。

当初の鉄道は，植民地支配を拡大していく手段として建設された。しかし，植民地支配が確定していくと，鉄道の目的は内陸の後背地と輸出港を結ぶ貨物輸送へと主軸が移っていく。各植民地における鉄道建設は必ずしも順調に進んだわけではないが，第2次世界大戦開戦までにイギリス領ビルマ，フランス領インドシナにおける総延長は3,000キロを超えた。鉄道網が最も発達したオランダ領東インドでは，総延長が7,000キロを超えている。

独立を維持したタイでは，当初は鉄道建設に慎重であったが，国土統一という政治目的から鉄道建設が進められるようになる。1893年にバンコクで同国初の鉄道が開通したのを皮切りに，バンコクから放射状に延びる鉄道が建設されていき，1941年までに総延長は3,000キロを超えた。

ジャカルタ首都圏の通勤路線で活躍する日本製中古電車
（出所）筆者撮影。

太平洋戦争の開戦とともに東南アジアに進出した日本は，鉄道を軍事輸送に利用することを目論み，各植民地内で孤立していた鉄道を接続して大東亜縦貫鉄道を建設しようとした。その１つが，タイとビルマの間に建設された泰緬鉄道である。山岳地帯の難所に鉄道を建設するにあたって，連合軍捕虜やアジア人労務者が劣悪な労働環境の下で働かせられたために多くの犠牲者が出た。のちに「死の鉄道」とも呼ばれ，映画『戦場にかける橋』の題材にもなった。

太平洋戦争や独立戦争の中で甚大な被害を受けた各地の鉄道は，徐々に復旧が進められたが，1960年代にはモータリゼーションの波が押し寄せ，交通政策の中心は道路と自動車へ移っていった。鉄道の需要は低下する一方，低い予算配分，運賃の抑制といった政府の政策もあって車両や設備の更新がなされず，いつしか鉄道には「古い，汚い，不便」といったイメージが定着してしまった。都市鉄道の開業によってそれも徐々に変化しつつあるが，鉄道全般が「清潔で便利」というイメージを獲得するには，運行主体のさらなる努力が必要だろう。

都市鉄道の必要性から鉄道の意義が見直されるようになると，都市間を結ぶ高速鉄道を建設しようとする動きも出てきた。シンガポールとクアラルンプールを結ぶ高速鉄道計画を始め，ベトナムの南北高速鉄道計画，タイにおける３本の高速鉄道計画，インドネシアのジャワ島高速鉄道計画などの構想が浮上している。

ただし，その実現性は必ずしも高くはない。資金調達や土地収用，採算性などの問題を先送りにしたまま，政治的な思惑が先行しているからである。さらには，高速鉄道建設に必要な技術や資金を提供しようと諸外国がこれらの計画に群がり，問題を複雑にしている。とくに東南アジアでは，新幹線を誇る日本と世界最大の高速鉄道国の中国が建設受注をめぐってしのぎを削っており，高速鉄道が覇権争いの道具となっている。鉄道が真に市民の移動手段となる日は来るだろうか。

（川村晃一）

第4章
民主主義と権威主義

この章で学ぶこと

国家と社会を結びつける政治制度，そして，そうした政治制度の組み合わされたシステムとしての政治体制は，東南アジア各国の政治の推移をみるうえで極めて重要である。一党独裁が成立したベトナムやラオス，国王の権力が強かったカンボジアやブルネイでは，政治的自由が抑圧される権威主義が成立したが，フィリピン，インドネシア，マレーシア，シンガポール，ビルマでは比較的自由で公正な選挙が実施される民主主義がもたらされた。しかし，こうした民主主義を採用した国々では，国民国家が十分確立されていないなかで，エスニシティなどの社会の亀裂が深まった。一方，独立とともに整備された政治制度は，社会の亀裂に基づく様々な要求を調整するまでに成熟しておらず，結果として民主主義が崩壊していった。1980年代になり，国際的な冷戦が終結するのと軌を一にする形で，フィリピン，タイ，インドネシアなどで民主化が起こり，ミャンマーでもその動きが進められている。しかし，社会の亀裂の変化と深化も経済成長やグローバル化のなかで進行しており，政治的に不安定な状況も起こっている。権威主義体制が確立されてきたマレーシア，シンガポールも同様に社会の亀裂の変化の影響を受けている。

1　民主主義とは，権威主義とは

政治体制の区分

独立後の東南アジア諸国にとって重要な課題である国民国家の建設，経済開発の推進は，国家と社会の関係の在り方に大きく依存するものだった。国家と社会の関係に注目することは，東南アジアにおける政治の流れを理解するうえで重要な意味を持つ。そしてその中心にあるのが政治体制である。

国家とは，その領域内を統治し，社会で行われる様々な活動，例えばモノの生産や取引，教育や医療などの活動を促進したり，統制したりする。特に，国家を代表して統治する機関である政府は，政策を作り，それを実施することで国家の統治を進めていく。

こうした統治の対象となる社会は，国家の統治する領域に住む人々によって成り立っている。そこでは民族や居住する地方，あるいは所得や職業といった属性によって社会集団が構成されており，そうした区別が政治的な意味を持つことが多い。こうした社会にある区別，あるいは分断を社会の亀裂と呼ぶ。

国家と社会をつなぐのは政治制度である。政治制度は統治の仕組みとともに（国家から社会への働きかけ），国家を運営する権力者の決め方やその統制の仕方（社会から国家への働きかけ）をも規定する。具体的には，議院内閣制や大統領制，一院制や二院制の議会など政府の形態を定めるものや，政府機構や官僚の在り方に関わる制度，権力者を決定する仕組みである選挙制度など多くのものがある。政党の在り方（政党システムと呼ばれる）もこうした政治制度に含まれる。それぞれの国でこのような政治制度が組み合わさった全体のシステムが政治体制と呼ばれるものである。

政治制度にいろいろなタイプがあるのを反映して，政治体制にもいくつかの分類の仕方がなされてきた。その中でも代表的な分類の仕方が民主主義と権威主義である。

民主主義には様々な定義があり，それ自体が大きな論争のもととなるが，定義の最大公約数となっているのは，その領域内の社会に属する人々が包括的に参加する自由で公正な選出手続きによって権力者が決定される，というものであろう。そこには，意見の異なる政治勢力が競争できる状況（多元性と呼ばれる）が保障されていることも加えられる。

一方，権威主義には積極的な定義はなかなか見当たらない。どちらかといえば消極的な定義，つまり，民主主義でないものが権威主義とみなされる。具体的には，人々が選挙に参加できない，選挙が自由公正でない，あるいは，特定の政治勢力しか権力を握ることが許されていない，といった政治体制が権威主義と理解されている。王権の強い王政，軍が政権をコントロールする軍政，特定の政党が独裁的な支配をするヘゲモニー政党支配，あるいは選挙は実施するものの与党が常に圧勝する仕組みができている一党優位支配などが権威主義に含まれる。

民主主義であるのか，権威主義であるのかでは，国民国家の形成の仕方に大きな相違が生まれる。民主主義であれば，国民としての統一や国家の統治機構の整備を，人々の支持を取りつけつつ進めていくことが求められる。一旦合意が形成されれば，国民国家形成は比較的順調に進むと予想されるが，しかし，合意を形成する過程には時間と労力がかかることも明白であろう。一方，権威主義体制では，権力者の決定によってこうした作業が進められるために，民主主義で予想されるような合意形成の手間は不要である。しかし，合意のないまま進められる国民国家建設は，そこで不利益を受ける人々からの反発を生み，もしそれでも反発を抑圧して国民国家を作ろうとすれば，権力者は抑圧するためのコスト（警察や軍の維持など）を引き受けなければならない。あるいは，反対派の蜂起によって権力の座から永久に放逐される可能性もある。

政治体制の変動と安定

そもそも植民地支配のもとで東南アジアの人々が経験していた状況は，権威主義体制と変わらない。権力者は宗主国の官僚であり，人々には権力者を決める権利は与えられなかった。独立を維持したタイでも，1932年の立憲革命までは国王による直接的な支配が続いていた。植民地支配の末期になって，現在のマレーシア，シンガポール，フィリピンなどいくつかの地域では，一定程度の自治権が与えられ，議会の開設が認められたことはあったが，限定的な権限しか持ち得なかった。

独立によって，東南アジア諸国は自ら政治体制を決めることができるようになる。しかし，多くの国は安定的な政治体制を築き上げるのに苦労してきた。ブルネイのような強力な王政，あるいはベトナムやラオスのように共産党や人民革命党の独裁が確立されたあとの社会主義圏以外の国々では，政治体制の変動を少なからず経験している。図4－1は東南アジア島嶼部の4カ国，図4－2は東南アジア大陸部の5カ国の政治体制の推移を，Varieties of Democracyというデータセットに基づき，特にそのなかでも選挙民主主義の度合いという指標を使って表したものである。ここで選挙民主主義とは，選挙の公正さ，参加の包括性などの度合いを基準としたものである。

島嶼部では，フィリピン，インドネシアが独立直後（それぞれ1946年と1949年）に民主主義の度合いを高めているのが特徴的である。しかし，その後，1960年代から1970年代にかけてこの２つの国では，権威主義への揺り戻しがあった。そして，1980年代以降になって，再び民主主義の度合いを高めている。

マレーシアでも1957年の独立直後にやや民主主義のレベルが高まった。しかし，その後，一旦，権威主義の方向に振れがあり，徐々に民主主義の方向に動きつつも，低いまま現在に至っている。これに対して，シンガポールでは自治政府を擁していた独立直前に民主主義のレベルが下がっているが，1970年代からは少しずつ民主主義が高まる傾向を見せつつ，中位のレベルで現在に至っている。

一方，大陸部では，ビルマが1948年の独立に際して，民主主義のレベルを高めている。しかし，1962年の軍政開始で大きく権威主義に傾いた。その後，長期間にわたって極めて強い権威主義体制が継続したが，2010年の選挙後に再び民主主義のレベルを高めている。タイは1980年代から民主主義のレベルが大幅に高まったが，1992年に一度落ち込み，その後，再び民主主義が回復した。しかし，2006年と2014年のクーデタを反映して，それ以降は権威主義となった。なお，ベトナム，ラオスは，比較的自由な選挙を経験してはいるものの，1975年のベトナム戦争とラオス内戦の終結後はベトナム共産党やラオス人民革命党といったヘゲモニー政党による支配のもとで一貫して権威主義の傾向が強い。カンボジアは，1993年に国連監視下で選挙が実施されたことを反映し，1990年代に民主主義の傾向を強めたが，その後徐々に権威主義体制への傾斜を見せている。2018年の総選挙では野党が弾圧され，与党の議席独占が生まれて，権威主義体制の傾向を一層強めたといえる。

島嶼部と比べて，相対的に大陸部の選挙民主主義の度合いは低い。また，その進みゆく方向としても，島嶼部が民主主義の特徴を高める傾向を見せているのに対し，大陸部ではミャンマーを除いて，そうした傾向は顕著には見られない。

民主主義から権威主義へ，権威主義から民主主義へと変動する動きは，国民国家形成の過程で社会の亀裂をどのように扱うのか，という問題と密接に関わっている。社会の亀裂をうまく調整することが国民国家を形成して安定化さ

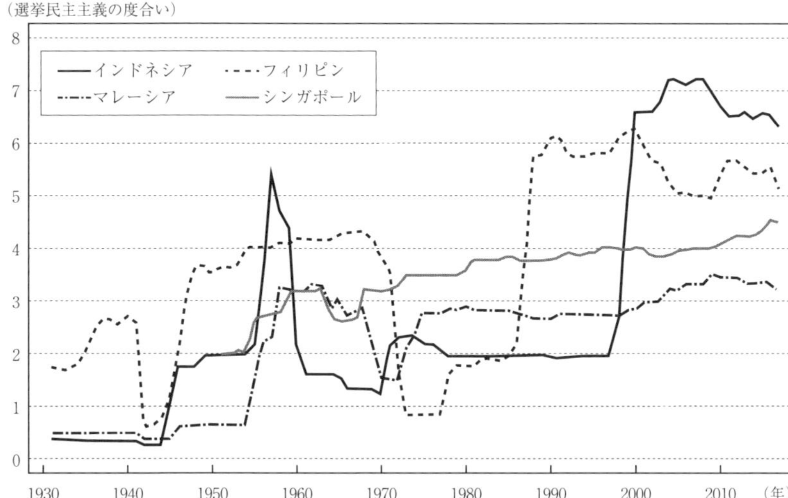

図4-1　東南アジア島嶼部4カ国の選挙民主主義の度合いの推移

(出所)　Varieties of Democracy Dataset 2018 から筆者作成。

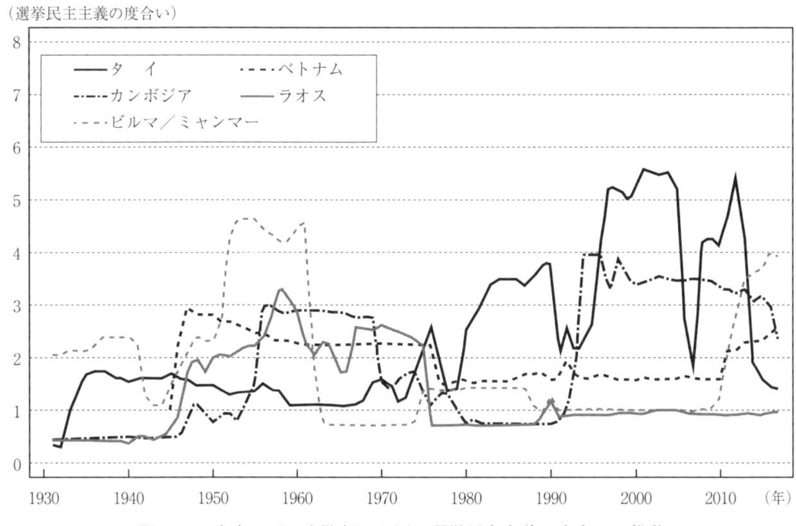

図4-2　東南アジア大陸部5カ国の選挙民主主義の度合いの推移

(出所)　Varieties of Democracy Dataset 2018 から筆者作成。

せていくために不可欠であり，政治体制がその役割を担うことができなくなったときに，その政治体制が崩壊することになる。

東南アジアで社会的亀裂として表出したものには，宗教，民族集団，社会階層，地域などがある。例えば，マレーシアでは一貫してマレー系，華人系，インド系といった民族集団が重要な意味を持ち，タイ，フィリピンでは所得による社会階層，インドネシアでは宗教と世俗の対立（政治に宗教を持ち込むか，切り離すか）などが重要な意味を持ってきた。そして，そうした亀裂の深化が政治体制の変動に大きな影響を与えてきた。こうした社会的亀裂の深化が，さらには新たな社会的亀裂の登場が，政治体制の変動を引き起こしてきたのである。

2　独立と民主主義

独立の論理と民主主義

植民地支配は権威主義体制と変わらなかったと述べたが，植民地支配を否定し，独立を進めようとする考え方は，民主主義を獲得しようとする考え方と親和性が高い。生まれながらにして政治への参加の道が閉ざされた東南アジアの植民地の人々が，自分たちの住んでいる地域について，自らが決めていきたいと考えるのは自然な成り行きだった。こうした思いが独立運動の基盤になっていた。

その意味で，東南アジアの人々は独立には民主化と同じ効果を期待した。すなわち，独立は，宗主国官僚という権力者を排除し，その地域に住む人々に支持された権力者が統治を行うことを意味し，それは，本質的には，権威主義的な強権的支配者から権力を奪い，民主主義制度のもとで政治を行う体制を持ち込むことに他ならなかったのである。そのため，多くの国が独立とともに民主主義を政治体制として選択した。

独立直後の政治体制

独立直後の個々の政治体制は以下のようなものだった。フィリピンは，植民地支配期の1935年から自治権を獲得し，独立に向けた移行の過程が始まっていた。そこでは選挙によって選出される議会が開設され，自治政府の大統領も直接選挙で選ばれていた。日本軍政期を経て1946年に独立したが，独立にあたってはアメリカの政治制度を参考とした自治政府時代の憲法が引き続き用いられ，民主主義を基本とした政治体制が確立されていた。大統領を直接選挙で選び，全国区選出の上院と地方小選挙区選出の下院の二院によって構成される議会を持つ形態をとった。

1949年に独立したインドネシアは，独立戦争，地方反乱への対処など，独立と国民国家形成に多大なエネルギーを必要とした。そうしたなか，1955年に議会選挙が実施され，民主主義体制による統治が進められることになる。独立間もない1950年代は一院制の議院内閣制のもと内閣が組織され，民主的な統治が行われた。

マレーシアでは，1957年の独立に先立って1955年に議会選挙が実施された。独立後も1959年に議会選挙が実施されている。与党連合である連盟党が圧倒的な議席割合を掌握していたとはいえ，少なくとも1969年の選挙直後にマレー系と華人系が街頭で衝突する事件が発生するまでは民主主義といって差支えない政治体制を有していた。イギリスの制度をモデルとし，小選挙区制によって選出される下院が強い権限を有する二院制の議院内閣制が採用された。

シンガポールでも植民地支配下の1955年に初めての議会総選挙が実施され，その後，1959年，1963年と総選挙が実施され，1965年の独立に至る。この頃までは野党も議席を有しており，民主主義的な政治体制だったといってよい。議会は一院制を採用したものの，イギリスをモデルとした議院内閣制に基づき，議会で組閣された内閣が統治を行った。

大陸部で最初に独立を果たしたビルマは，1948年の独立に際し，象徴的な大統領の下に実質的権限を持つ首相を置く議院内閣制を採用した。その後，1951年，1956年，1960年と総選挙を実施して，政党を中心とした民主主義が維持されていた。

一方，インドシナ3国では，他の国々とは異なり，民主主義が採用されることはなかった。カンボジアでは，野党の政党活動に制限が加えられたため，民主主義の度合いは高くなく，選挙は実施されていたものの，実質的にシハヌークの独裁に近い政治が行われた。サンクムと呼ばれる政党を基盤とした支配であったが，1960年代にサンクム内部で対立が生まれ，1970年のロン・ノルによるクーデタによってシハヌーク政権が倒れ，その後内戦に突入することになる。

ベトナム，ラオスは1975年までベトナム戦争，ラオス内戦に直面し，安定的な政治体制を作るのに時間がかかった。また，1975年以降は，それぞれの国の支配政党であるベトナム共産党，ラオス人民革命党という共産主義政党の一党独裁が確立され，現在に至るまで非民主的な政治体制を継続させてきた。

なお，他の東南アジア諸国とは異なり，独立を一貫して維持していたタイでは，立憲革命により絶対王政が解体され，国王中心の権威主義支配は崩壊した。二院制の議院内閣制を採用し，下院では公選制を導入したが，1945年の太平洋戦争終戦以降，軍の政治支配が続いた。1947年のクーデタ以降は軍人のピブーンが首相に就任し，1957年のクーデタでサリット，そしてタノームと権威主義体制が継続したのである。これは1973年の学生革命まで続いた。タイにおいて民主化は，こうした軍の支配への対抗として意識されるようになった。

3　民主主義の崩壊，権威主義の強化

経路の重要性

独立に際し選挙を実施して民主主義的な制度を導入したものの，戦争，内戦に突入したベトナム，ラオスは，1975年の戦乱の終結後は一党独裁の道を進んだ。カンボジアはシハヌーク独裁からクメール・ルージュによる独裁，そして内戦と混乱の時代を経験することになった。一方，フィリピン，インドネシア，マレーシア，シンガポール，ビルマは，独立に際して民主主義を採用した。しかしながら，こうした民主主義はいずれも崩壊することになった。そこには，制度形成の時間，順番といったものが重要な意味を持っている。それは，そうした時間や順番が社会の亀裂を調整する政治制度の能力の程度を決めているからにほかならない。

欧米における民主主義の発展は，長い時間をかけ段階的に達成されてきた。17世紀後半のイギリス名誉革命，さらに18世紀のアメリカ独立やフランス革命によってもたらされた民主主義は，当初限定された人々が参加する限られた民主主義であった。その後，徐々に参政権が拡大し，選挙制度が整備され，それにともなって政党も発展してきた。こうした漸進的な民主主義の発展は，政治制度が社会の在り方に合わせて段階的に調整されることを可能にし，安定した

民主主義の成立をもたらした。政党システムも安定的に確立され，制度化されていった。さらに，民主主義の拡大の前提として，国民国家の確立も進められていた。

一方，東南アジア諸国では，段階的な政治参加の拡大や制度の整備ではなく，独立とともに多くの人々が一斉に参加する民主主義が突然もたらされた。加えて，国民国家はまだ強固に確立されているわけではなく，民族集団，地方，社会階層，宗教など様々な社会の亀裂が根強く存在していた。

こうした状況において，新しく導入された民主主義の制度は，社会の亀裂によって引き起こされる利害対立を調整する能力を持っていなかった。異なる社会集団はそれぞれの利益を強く主張し，民主主義の制度はその要求それぞれに十分に応えることができず，混乱が生まれた。そうした状況を収拾するために，強権的な支配が生まれることになったのである。

民主主義が壊れるとき

具体的に見てみよう。インドネシアではアリランと呼ばれる社会宗教的な亀裂が重要な意味を持ってきた。政治に関しては，世俗派と宗教派（イスラーム派）の間に大きな分断があり，また，世俗派のなかでもナショナリズムと共産主義，イスラーム派のなかでも伝統派と近代派といった亀裂が生じていた。1955年の議会選挙によって明らかになったのは，こうした亀裂に基づいた政党間の勢力拮抗であり，その対立のなかで議会が秩序立って機能することができなかった。インドネシアの民主主義制度は，根深い社会の亀裂の間の利益調整を行うことに失敗したのである。政治の停滞を打破するために，1959年にはスカルノの権威主義体制（指導される民主主義）が始められ，その後，経済政策の失敗などから政治の不安定化が進むと，1966年以降にはスハルトの権威主義体制（新秩序）が成立した。新秩序においては，政治の安定が何より重視され，社会の亀裂に基づく対立が強権的に封殺されたのである。

フィリピンにおいて最も重要な社会の亀裂は社会階層だった。そして異なる社会階層の間をつなぐものとして，大土地所有者と農民の間の互酬関係に代表されるパトロン・クライアント関係が利益調整を行っていた。所得の高い者がその影響力や資産を背景に物質的利益や保護を所得の低い者に与え，所得の低い者は労務や政治的なものを含めた様々な支持を所得の高い者に与える交換関係が，このパトロン・クライアント関係と呼ばれるものである。伝統的な社会で都市化や商業化が進むなかで変容し，パトロン・クライアント関係が崩れてくると，社会が不安定化してくる。最も顕著な例は，共産主義ゲリラに代表されるような暴力的な反乱である。また，社会階層の他にも，民族集団間の対立と理解される南部フィリピンにおけるキリスト教徒とイスラーム教徒の土地をめぐる対立も発生し，イスラーム教徒は分離独立運動を開始した。社会の分断が進むなか，マルコス大統領自身の永続的な権力掌握の欲望が直接的な契機となって，1972年には戒厳令布告とともに権威主義体制が生まれることになった。

マレーシアでは民族集団間の亀裂が一貫して重要な意味を持ち続けてきた。植民地支配において労働力として華人やインド系住民が流入し，複合社会ができあがっていたなか，人口のうえで多数派のマレー人と所得が比較的高い少数派の華人の間のバランスは，独立当初は民主主義のもとで微妙なバランスで保たれていた。しかし，1969年の選挙をきっかけに双方の対立が激化し，クアラルンプールにおいて死者が出る暴動が発生するに至った。こうした混乱を収拾するため，マレー系政党である統一マレー人国民組織（UMNO）によるマレー人優先の権威主義体制がもたらされ，エスニック集団間の対立は抑え込まれることになった。

シンガポールでは，独立以前，自治政府時代には自由で公正な選挙が行われ，複数の政党が存在していた。しかし，住民の圧倒的多数を占める華人の内部で，英語教育を受けたエリートたちと華語教育を受けた労働者中心の左派グループの対立が深まる。これは言語とともにイデオロギー的な亀裂が深まっていった状況と理解できる。こうしたイデオロギー的な社会の亀裂の深化に対し，英語教育エリートの政党であった人民行動党（PAP）が与党の立場から政府機構を使って左派華語教育グループの弾圧を行い，英語教育エリートが独占する政権運営を確立することになった。そして，1968年の独立後初めての選挙以降，議会全議席を独占し，メディアや労働運動を統制するなど権威主義的な支配を確立していった。

ビルマにおける重要な社会の亀裂は民族集団であり，また中央と地方の亀裂であった。ビルマはそもそもシャン族，カレン族，カチン族といった有力な少数民族を抱えていたが，加えて藩王制度の流れから地方で権力を確立した権力者たちも割拠しており，中央政府の統治から比較的自由であった。こうした状況のなかで与党パサパラの分裂が発生し，社会の諸集団の利益を民主主義の制度のなかで調整することが困難になった。そうした中，1962年には軍事クーデタにより軍政による権威主義体制が成立することになった。

権威主義体制の構造

権威主義体制は民主主義でないという定義でしかないと述べたが，その意味では，その統治は多様である。いくつかの分類の仕方があるなかで，権力者の属性に注目してみると，個人支配か集団支配かの区別があり，さらに後者の集団支配は政党支配と軍支配に分けることができる。ただし，集団支配に見えて，リーダーの個人支配の性格が強いものなど，複数の特徴を合わせたものが存在することもある。

個人支配の典型的な例は王政であり，東南アジアではブルネイがそれに該当しよう。1984年の独立以来，国王が首相を兼任する絶対王政となっている。また，議会である立法評議会のメンバーは国王が任命している。

一方，王政によらない個人支配は，軍事クーデタによって政権を掌握した軍の指導者が個人的な権力を強化させる，あるいは，選挙によって選出された権力者が強権的な支配を強め権威主義体制を強化させていくパターンである。

軍の支配が指導者による個人支配に転化した代表例として，インドネシアのスハルトを挙げることができる。スハルトは，1965年のクーデタ未遂事件を契機に軍の指導者としてスカルノから権力を奪取し，その後，個人的な権力基盤を強化させていった。政治基盤として軍を活用するとともに，ゴルカルと呼ばれる政治集団を組織して国民協議会（議会であり，大統領の選出も行う組織）を掌握し，大統領としての地位を揺るがないものにした。政権後期になるに従い，権力者としてのスハルト個人の存在が肥大化し，また，スハルトと関係の深いとりまき（クローニー）の存在が目立つようになった。

ビルマのネ・ウィンは，スハルトとの比較では個人の色彩がやや薄いが，軍がネ・ウィンの強い影響力のもと統治を行ったという点で個人支配の要素は有していたとみられる。1988年にネ・ウィンがビルマ社会主義計画党（BSPP）

表4－1　東南アジアにおける権威主義体制のタイプ

個人支配		集団支配		
国　王	軍人・政治家	軍	一党独裁	優位政党
ブルネイ	インドネシア（スカルノ，スハルト） ビルマ（ネ・ウィン） フィリピン（マルコス）	タ　イ ミャンマー	ベトナム（共産党） ラオス（人民革命党）	マレーシア（国民戦線） シンガポール（人民行動党）

（出所）筆者作成。

の議長職から引退した後は，軍が集団としてビルマの権威主義体制を担ったが，1990年代以降は軍事政権の指導者についたタン・シュエの個人独裁の傾向が再び濃くなったといわれる。

政治家として個人支配を確立した代表例はフィリピンのフェルディナンド・マルコスである。下院議員，上院議員と地方から全国レベルに選挙によって駆け上ってきたマルコスは，1965年の大統領選挙で当選，1969年に再選された。しかし，1972年に戒厳令を布告，1973年には憲法改正を行い，強権的な権威主義体制をフィリピンにもたらした。軍，新社会運動（KBL）という政党，官僚などを権力の基盤に据えたが，基本的には，マルコス個人およびマルコスと特に関係の深かったとりまきによる統治だった。

インドネシア，フィリピンの個人支配に対し，集団支配として軍の役割が大きかったのはタイである。もちろん，サリット，タノーム，プレーム，スチンダといった軍の指導者たちが権力者として表舞台に立ち現れてはいるが，統治の根幹は軍による権力掌握であり，集団支配として理解することができよう。

一方で，政党を主体とした集団支配には2つのタイプがある。1つは，ベトナム，ラオスで見られるように，強制的に一党独裁を確立したタイプ。もう1つは，選挙を実施するものの，与党が圧倒的な勝利を獲得するような制度を運用しているマレーシア，シンガポールの政党支配である。

ベトナムでは1945年の独立宣言以降，南北分断期においても定期的に議会選挙が実施されてきたが，議会の機能は形式的なものであり，基本的にはベトナム共産党の決定がそのまま政策となってきた。その状態は1975年の統一以降も変わらない。ラオスでは，内戦の後1975年のラオス人民革命党による支配の開始にあたって最高人民議会が設立されたが，最高人民議会は実質的な活動を行わず，憲法も1991年まで制定されなかった。ベトナム同様，法律，政策はラオス人民革命党の文書や政府の命令として実施されていった。憲法制定後も人民革命党の一党独裁は継続している。そして，ベトナムにしてもラオスにしても，地方レベルまで共産党の支配が行きわたっている。

一党独裁が憲法によって定められているわけではないマレーシアでは，マレー系政党 UMNO を中心として結成された与党連合・国民戦線（BN）が，下院議席の3分の2以上を獲得する時代が長く続いた。得票率では6割前後しか獲得できていないものの，与党連合に有利な選挙区割（ゲリマンダリング），一票の格差といった選挙制度による与党勢力の増幅効果によって，BN の圧倒的な優位がもたらされたのである。合わせて治安維持法の行使など野党勢力を抑え込む強制的な手段も採られてきた。UMNO は政府機構と一体化し，利益分配のシステムを活用して，人々からの UMNO に対する支持を確保してきたのである。

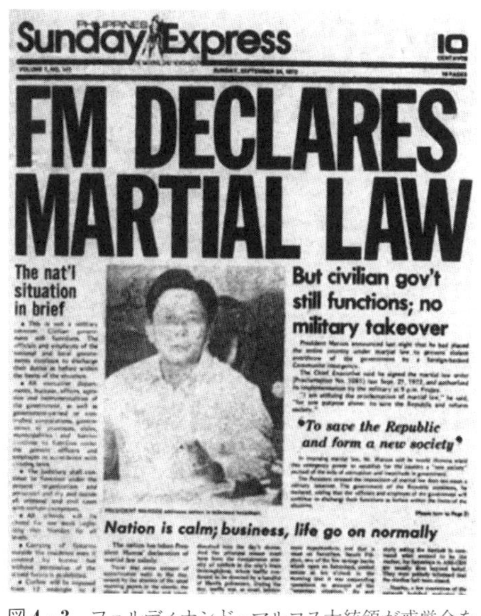

Sunday Express　10

FM DECLARES MARTIAL LAW

The nat'l situation in brief

But civilian gov't still functions; no military takeover

•To save the Republic and form a new society•

Nation is calm; business, life go on normally

図4－3　フェルディナンド・マルコス大統領が戒厳令を布告したことを伝える新聞（1972年9月24日）
（出所）　Philippines Daily Express.

同様にシンガポールにおいても選挙自体は公正に実施されてきたが，政府がメディアを統制し，労働組合の管理も徹底されていて反対勢力の出現が実質的に抑え込まれてきた。また，選挙制度は当初は小選挙区制だったが，1980年代に野党が議席を獲得してからは，グループ選挙区制という得票率以上に与党の議席割合が大きくなる選挙制度を導入し，また，選挙直前に選挙区割を変更して与党に有利なゲリマンダリングを行使するなどして，議会の9割以上の議席を与党 PAP が一貫して獲得してきた。

マレーシアにしても，シンガポールにしても，マハティールやリー・クアンユーといった個性の強い指導者が首相として政権を担ってきたが，スハルトやマルコスのような個人支配とは異なり，UMNO や PAP など強力な与党による支配という性格が強かった。

4　民主化，権威主義の継続

民主化の流れ

大陸部ではベトナム戦争やラオス内戦，カンボジア内戦が継続し，島嶼部では次々と民主主義が崩壊し，1960年代後半からは，東南アジアにおいて民主主義国を見出すことができない状況が生まれた。こうした国々で強権的な支配が継続した背景として，国際的な冷戦の深まりとともに，冷戦の最前線が東南アジアにあったということも重要である。東南アジアが東西にわかれ，大陸部の共産主義勢力は東側の後押しを受け，また，島嶼部の権威主義的な政権は西側の支援を受けた。特に西側に属する国々の権威主義体制の維持にアメリカの後ろ盾が果たした役割は大きい。

その後，冷戦の終結と軌を一にするように，東南アジア諸国において民主化が進展する。民主化の流れのなかで，完全な民主化を果たしたのはフィリピンとインドネシアであり，民主化の途上にあるのがビルマから国名を変えたミャンマーである。マレーシアも政権交代が民主化と評価され得る。フィリピンは1986年に突如実施された大統領選挙をめぐり，軍の反乱部隊のクーデタ未遂が発生し，それに呼応したマニラ首都圏での大規模な街頭デモによってマルコスが政権の座から引きずり降ろされた。インドネシアでは，1997年のアジア金融危機による経済危機が引き金となって学生を中心としたデモが起こり，軍の発砲に伴う騒乱状態から，スハルトが辞任することになった。タイは，1992年に民主化を果たし，もはや権威主義体制への逆戻りはないだろうと見られるまで至った。ただ，民主主義下で大きな勢力を誇ったタクシン政権への都市部中間層からの反発を背景に，2014年のクーデタ以降，再び軍政に逆戻りした。

一方，一党独裁の継続するベトナム，ラオスは依然として権威主義体制を維持しており，シンガポールも一党優位支配を維持している。マレーシアは2018年の政権交代まで UMNO の支配が長期間にわたって継続してきた。なお，ブルネイは頑強な王政を維持し，カンボジアは，内戦終結後の選挙で民主化への道を歩み始めたが，フン・センが率いる与党カンボジア人民党によるメディアや野党の弾圧により，権威主義的な傾向を深めている。カンボジアでは，2018年に実施された総選挙で議会議席を与党が独占することになった。

民主化を果たした国々と権威主義的傾向が継続している国々を比較してみると，権力者のタイプの違いが大きな意味を持っているように思われる。個人支配だったフィリピンとインドネシアは，権力者が国家権力を私的利益のために使い，あたかも個人の財産として国家を扱っていた（「家産制国家」と呼ばれる)。権力者本人ととりまきのために財政や権限が利用されていくなかで，不健全な国家の財政運営を生み，これが結果として経済危機につながった。この経済危機が引き金となって権力者の退場と民主化が起こっている。フィリピンでは1979年の第２次オイルショックの影響を引きずりながら，1985年はマイナス成長を記録し，1986年に民主化した。インドネシアは，1997年アジア金融危機による経済危機が契機となって，1998年に民主化している。

維持される権威主義

一方，集団支配，特に政党支配の権威主義体制は比較的強靭である。野党を許容しないベトナム，ラオスはその顕著な例であるが，シンガポールにしても，マレーシアにしても，与党の圧倒的な優位は長期間にわたって維持されてきた。政党支配では，有能な人材のリクルート，自党への支持調達のための効果的な資源の分配，対抗勢力の懐柔，国民の生活満足度の情報の集約など，長期的に権力を維持するための機能を政党が果たすことができると考えらえる。

なお，軍支配は一般に短命だといわれる。軍そのものは治安維持を行うことができても，行政的な意味で統治を担う組織でないため，いずれかの時点で権力から撤退し「兵舎」に戻ると考えられるためである。例外はあるものの，タイの軍政は概ねその傾向を持っている。軍事クーデタで権力を掌握しても，比較的短期間に民政移管を行ってきた。2014年のクーデタ以降，2018年現在まで軍政が続いており，軍政が比較的長く続いているが，民政移管を目指すところは変わらない。一方，ビルマ（ミャンマー）では，軍部が実質的な権力を掌握した期間が長い。ここでは，軍によって結成されたBSPPという政党の活用，行政機構への軍人の出向など，軍の統治機能の獲得ともいえる現象を見ることができる。内戦の慢性化のなかでこうした状況が正当化され，軍政の長期化につながった。

5　民主主義の安定，民主主義の後退

社会の亀裂の深化と民主主義の後退

一党独裁のベトナムやラオスのように大きく政治制度が変化しない国がある。また，カンボジアのように権威主義的傾向を徐々に深めていく国，ミャンマーのように漸進的に民主主義の拡大が進められている国がある。一方，いくつかの国では，社会の亀裂の深まりによって引き起こされた政治体制の揺らぎが見てとれる。

1980年代以降民主化した国々，特にフィリピンやインドネシア，そして1992年から2014年までのタイは，民主主義のレベルが高いと考えられている。しかし，これらの民主主義は必ずしも安定的に維持されているわけではない。フィリピン，タイはいずれも社会階層という社会の亀裂が深まるなかで，政治制度が階層間の調整をうまく行うことができず，政治の不安定化が発生している。

フィリピンでは，民主化直後から軍によるクーデタ未遂が頻発した。様々な勢力が民主化に参加したことで，それぞれが民主化後の政治において権力を求め，その中で生まれた混乱だった。1992年にフィデル・ラモスが大統領に就任する頃になると，こうした政治的混乱は収束することになった。しかし，グローバル化の流れの中，国際的にも最も高いレベルに入るフィリピンの所得格差は依然として減少することはなかった。政治的には民主化によって平等となった（はず）にも関わらず，社会経済的には格差が継続していくことに所得の低い層は不満を募らせていった。こうしたなかで生まれてきたのがポピュリズムであった。1998年の大統領選挙に際しては，貧困層のための政治を標榜するジョセフ・エストラーダが大統領に当選した。これまでの社会経済エリート支配を批判し，大学中退の映画俳優というキャリアを武器に，旧来の政治動員のネットワーク（集票のための政治マシンと呼ばれる）を超えて，直接票を獲得することに成功した。しかし，その後，汚職，違法賭博関与などのスキャン

ダルで弾劾裁判にかけられ，弾劾裁判が終結する前に，マニラ首都圏での中間層を中心とした街頭デモによって権力の座を追われることになった。所得格差という社会の亀裂が深化した結果と見られる。

一方，1992年の民主化以降，タイは民主主義の定着を進めようとしていた。アジア金融危機直後の1997年には新しい憲法を制定した。この憲法では首相の地位を強化し，あわせて選挙制度改革によって比例代表制とともに小選挙区制も導入し，政党の集約が進むようにして，議会の過半数を１つの政党が獲得して単独で内閣が組閣できるような仕組みを作った。いわゆる多数決型と呼ばれる政治制度の導入である。その目指すところは決められる政治，強いリーダーシップに基づく政策遂行である。結果として，タクシンが台頭し，タクシンの政党，タイ愛国党（TRT）は，2005年の選挙にいたっては下院議席の４分の３を獲得するまでに勢力を伸ばした。しかし，タクシンの圧倒的な勝利はタイ東北部を中心とした低所得者層によって支えられていて，タクシン政権の誕生とともに，社会階層間の対立が深まることになった。その支持者の数から，選挙を行えば必ずタクシンが勝利する状況は，都市中間層や王室関係者，軍などの反発を招き，2006年のクーデタによってタクシンは追放された。その後再び民政が行われたが，タクシンに代わって妹のインラックが政権を担うことになると，再び軍は2014年にクーデタを起こして，軍政を復活させた。タイの多数決型の選挙制度は勝者の固定化と社会階層間の亀裂を深化させ，民主主義の定着にマイナスの効果をもたらしのである。

フィリピン，タイと比べインドネシアの民主主義は比較的安定している。1998年のスハルト退陣後，副大統領だったハビビが大統領に就任し，民主化の漸進的な進展が見られた。スハルトの支配を支えていた制度的枠組みの変更が，憲法改正とともに進められ，基本的には権力の集中を防ぎ，諸勢力のバランスを取ったうえで政権運営が進められるようなものに変えられた。大統領の立法権限は縮小し，議会も比例代表制のため政党の規模と数という点では多党システムが生み出された。一方，2004年から大統領直接選挙が導入されているが，議会で一定程度の議席割合を持った政党のみ大統領候補を擁立することができるシステムを維持したことで，議会勢力と大統領の乖離が極端に進むということが防がれた。タイのような多数決型とは異なり，合意型と呼ばれる権力分有が可能なインドネシアの制度が，実は安定的な政治を生み出しているのである。しかしながら，インドネシアにおいても急速に所得格差が拡大しており，社会階層という社会的亀裂の深化が，フィリピンやタイと同様にポピュリスト的な政治を誕生させる素地を作っている。

図4－4　インドネシア総選挙での投票風景（2009年7月8日）
（出所）Josh Estey/AusAID.

権威主義の揺らぎ

マレーシアにおいては，民主主義ではなく，権威主義の揺らぎという形で，社会の亀裂の変化が政治体制に影響を与えている。1997年のアジア金融危機への対応をめぐりマハティールと対立して政権外に放り出されたアンワルは，これまで相互に対立してきた野党同士を結びつけ，UMNO を中心とした与党連合 BN に対抗する勢力を生み出した。これは民族集団という社会の亀裂ではなく，異なる亀裂が政治対立の軸になる可能性を生んだ。2003年のマハティール引退後，アブドゥラ，そしてナジブと UMNO の党首が首相をつとめたが，ナジブに関しては政府の運営する投資会社 1MDB の資金不正流用という汚職疑惑が持ち上がった。引退していたマハティールが獄中のアンワルと共同し，野党連合である希望同盟（PH）として2018年選挙に臨んだ。結果，BN の惨敗で独立以来政権を担ってきた UMNO が初めて政権から離れる結果となった。これは社会階層という亀裂の顕在化，あるいは，汚職を忌避する政治価値の生成などが，従来の民族的な亀裂を前提とした統治システムの弱体化を進めた結果とも見られる。

マレーシアと比べればシンガポールでは支配政党 PAP が依然として安定的な統治を続けている。しかし，2006年，2011年の総選挙では，実際の得票率が低下する傾向が見られる。PAP への支持低下の原因として，生活コストの上昇，社会的流動性の低下，外国人労働者（熟練，非熟練双方）の流入，そして公共交通の問題などに対処できない政府への批判が指摘される。また，シンガポールにとって新たな社会の亀裂として，所得や教育とともに，世代間の亀裂の重要度が増している。独立以前の世代に比べ，独立後に誕生した世代は，PAP 支配の現状よりも多元的な政党システムを好む傾向を見せている。2015年選挙は独立50周年と建国の立役者リー・クアンユーの死去という PAP にとっては過去の業績を思い起こさせる追い風のなかで戦われたため，得票率を高めたが，新たな亀裂の効果がどのように影響していくかは注目されるところである。

国家と社会の相互関係を構成する政治制度，その総体としての政治体制は，社会の亀裂によって生じる利益の相違を調整する役割を期待される。政治体制がそうした調整に成功した場合，政治体制は安定するが，社会の亀裂や利益の相違の在り方が変化し，調整が難しくなると，政治体制は変化せざるとを得ない。そうした動きを東南アジアの歴史は明確に示している。

参考文献

岩崎育夫『物語シンガポールの歴史――エリート開発主義国家の200年』中央公論新社，2013年。

片山裕・大西裕編『アジアの政治経済・入門［新版］』有斐閣，2010年。

中村正志編『東南アジアの比較政治学』アジア経済研究所，2012年。

清水一史・田村慶子・横山豪志編『東南アジア現代政治入門［改訂版］』ミネルヴァ書房，2018年。

末廣昭『タイ――開発と民主主義』岩波新書，1993年。

増原綾子・鈴木絢女・片岡樹・宮脇聡史・古屋博子『はじめての東南アジア政治』有斐閣，2018年。

本書を学ぶための基本書

片山裕・大西裕編『アジアの政治経済・入門［新版］』有斐閣ブックス，2010年。

＊東南アジアを含むアジア各国の政治経済の変遷を紹介した基本書。政治がどのように経済に関わっているのかに焦点を当てて記述したもの。

中村正志編『東南アジアの比較政治学』アジア経済研究所，2012年。

＊東南アジア５カ国（フィリピン，インドネシア，マレーシア，シンガポール，タイ）を対象として，横並びで政治制度ごとに比較した教科書。比較政治学の視点か

ら東南アジアを理解することに適している。

清水一史・田村慶子・横山豪志編『東南アジア現代政治入門［改訂版］』ミネルヴァ書房，2018年。

＊東南アジア諸国すべてをカバーした各国別の政治の紹介。国別の基本情報を整理して理解するのに役立つ。

（川中　豪）

Column④　デモの舞台裏

東南アジアには集会の自由が制限されている国も多いが，近年のインドネシアやマレーシアでの政治集会，タイの「黄シャツ」「赤シャツ」によるデモなどは，日本でも報道され，記憶に新しい。

東南アジアのデモに特徴的にみられるのは，エンタテイメント感あふれるステージ演目，充実した屋台・行商，そしてデモ隊が自前で用意する警備員などである。日本のデモとは比べものにならない華やかなデモの裏側はどうなっているのだろうか。

アメリカには，政治家をプロデュースする企業のほか，市民集会に必要となるあらゆる設備を貸し出す企業がいくつも存在する。ステージや音響設備，スクリーンとプロジェクタ，ワイヤレスマイクなどはもちろん，報道陣のためのプレスワッペンまで用意する。最近では，ネットでライブ中継を行うサービスもある。

東南アジア諸国にも類似の企業は存在し，資金力のある政党や候補者の政治集会を請け負っている。潤沢な予算さえあれば，プロの司会や人気歌手の出演を手配してもらうことも可能である。

しかし，財源が限られている野党や市民団体のデモは，個人的人脈に頼った手作り感あふれるものとなる。ステージは４トントラックの荷台を活用する。音響設備やマイクはどこかの大学かＮＧＯから借りてくる。ステージで軽やかな司会やコントを披露したり，踊ったり，民族音楽を披露したりするのは大学生サークルや売り出し中のアーティストの卵たちであることが多い。

大規模デモが開催されるたびに，「主催者側が日当や無料の食事を提供して，無職の貧困層を動員しているのではないか」という批判が起こるのは万国共通である。実際，多くの企業や政治家が，デモ会場までのバス，食事，テントなどを無償で提供している。食券やミネラルウォーターのボトル，テント，横断幕などに，それを寄付した政治家の名前が刻み込まれていることもしばしばである。数日におよぶ大規模集会では，仮設トイレ，仮設シャワー，テント，救護所，自家発電装置，携帯電話の充電サービスなどが必要となり，それぞれにスポンサーがつくことになる。資金力が続かなければ，集会を数日間にわたって運営していくことは難しい。

同時に，デモ会場が重要な「市場」となっており，そこで活発な消費活動が行われている現実も見逃せない。デモの開催情報が流れると，デモ主催者が呼びかけなくとも，どこからともなく行商人が集結し，会場を練り歩いては水，軽食，日蔭をつくるための傘，座り込み用のビニールシート，テントなどを売りさばく。まるでお祭りのように飲食屋台が立ち並ぶ。数日におよぶデモの場合は，宗教書を貸し出す業者や，キッズルームを提供する業者まで現れる。タイでは有料マッサージブー

「赤シャツ」デモに設置された無料屋台（2014年クーデターの直前，2014年5月17日）
（出所）筆者撮影。

スが設置される。

一昔前は，政党や政治家，あるいは政治信条の刻まれたリストバンド，ペン，ピンバッヂ，うちわ，カレンダー，Tシャツなどのグッズは，無料で配布されるものであった。日本の公職選挙法が有権者への金品・サービスの供与を厳しく制限しているのに対して，東南アジア諸国では規制が緩い。

しかし近年，特に中間層が参加するデモでは，ファッション性の高い政党グッズやデモ・グッズが有料で取引される光景が散見される。2006年以降のタイでは，デモが盛り上がるたびに，政治家を模った貯金箱，市民団体の主張をモチーフにしたアクセサリー，デモの風景を叙情的に描いた画集や詩集，写真集などが高額で販売されてきた。

2016年のフィリピン大統領選挙では，幾通りものドゥテルテ大統領の似顔絵をその場でTシャツにプリントするサービスや，有権者を政治家の「顔ハメ」とともに撮影して SNS にアップするサービス（いずれも有償）が登場した。背景には，著作権に関する規制の緩さがある。時流に乗った商品やサービスが，次々と作られては消費されていく。

最後に特記したいのは，デモ隊や市民団体が自前で準備する警備員の存在である。日本のデモにおいては市民団体と警察が対峙するが，東南アジアでは，デモ主催者の側が警備員を用意することが珍しくない。雇われる警備員は，地域の自警団で活動していたり，民間警備会社に勤務していたりする人々である。これは決して，警察が信用できないという理由からだけではない。デモ隊の警備員らが警察と仲良く談笑している光景も頻繁に見られる。彼らに話をきいてみると，公共の秩序の維持は警察の仕事であるという理解は一致しているが，ステージに近づく際の手荷物検査や，通行ルートの規制，会場付近の交通整理などはデモ隊警備員の仕事であると考えられているようであった。たしかに東南アジア諸国では，日常的に，ショッピングモールでの手荷物検査や住宅地周辺の警備を担う民間の警備員の数が，日本よりはるかに多い。デモ会場に限らず，警察と民間警備員との間で役割分担がなされることは自然な流れなのかもしれない。

（木場紗綾）

第5章
法の支配

この章で学ぶこと

今日，「法の支配」は，どのような政治体制であれ，統治の正統性を獲得するために欠かせない要素になっている。東南アジア諸国では，法の支配がどのように導入され，展開してきたのだろうか。

法の支配の基礎となる近代法は，東南アジアでは植民地支配とともに西洋からもたらされた。しかし，それ以前から存在していた慣習法や宗教法は近代法によって完全に置き換えられることはなかった。法体系の多元性は独立後も引き継がれ，現在でも慣習法や宗教法が適用される分野が残っている。

独立を果たした各国は，憲法を制定して近代法体系の導入を進めた。独立直後に制定された憲法の多くは，宗主国の憲法を模倣して民主主義の統治構造や人権規定を盛り込んだ。しかし，1960年代以降権威主義体制が各国で成立すると，憲法は権力の抑制ではなく権力の行使を正当化するものへと変わっていった。人権も，権威主義体制下では制限が加えられ，西洋的人権概念とは異なるアジア的人権論が唱えられた。1980年代以降は，民主化のなかで各国の憲法も再び書き換えられ，権力分立や人権が規定されるようになった。

法の支配を確保するためには司法の役割が重要である。司法が法の支配の監視役を果たすためには，裁判所組織の独立性，権限，そして他の権力主体との関係の3つが重要であるが，時代によって，また国によって，これらの組み合わせは様々である。民主化後は違憲審査権を持った裁判所が執政府や議会を監視することが期待されている。

法の支配の確立に向けた動きは少しずつ進展してきたが，いまだに多くの問題も抱えている。民主主義の後退，汚職の蔓延，治安の維持を名目とした法の支配の侵害といった問題が発生している。

1　近代法の導入と慣習法

植民地化以前の法

ヨーロッパにおける市民社会の成立とともに生まれた近代法が東南アジアにもたらされたのは，西洋帝国主義による植民地化が契機である。しかし，それ以前のこの地域に法が存在しなかったわけではない。それぞれの社会は，自然や信仰する神との関係を定める法，社会のなかの人々の関係を律する法，他の社会との関係を規定する法を持っていた。それらの法は，文字に書かれず，口伝のものも多かったが，社会を構成する人々を拘束する規範としての役割を果たしていた。そのような法規範は，一般的に「慣習法」といわれる。

東南アジアにおける慣習法は，インドからヒンドゥー教や仏教がもたらされると，それぞれの宗教がもつ法規範と融合し，あらたな慣習法へと変化していった。さらに，14世紀以降にイスラームがもたらされると，個人の全生活にかかわる包括的な行為規範であるイスラーム法（シャリーア）が慣習法に大きな変化をもたらした。しかし，古来の慣習法はイスラーム法によって完全に置き換えられたわけではなく，イスラーム法と融合しながら，もしくは併存しながら徐々に変容していった。

近代法の導入

イスラームの次に東南アジアの法に大きなインパクトを与えたのが，西洋帝国主義である。植民地化により，各地にヨーロッパの近代法が導入されていった。しかし，植民地宗主国の法がそのまま移植され，既存の慣習法を完全に置き換えたわけではない。この地域を植民地支配したのは，大陸法を採用するフランス，オランダと，コモンロー（英米法）を採用するイギリスとアメリカという２つの異なる法体系を持つ宗主国だったが，植民地に宗主国の法体系がそのまま導入され，それまでに存在した法体系を完全に駆逐することはなかった。植民地支配に直接関係しない分野では，既存の慣習法をそのまま適用することが認められ，複数の法体系が併存する状況が生まれた。植民地支配下で法体系が１つに統合されなかったために，慣習法は消滅することなく生き残った。こうして近代法と慣習法がともに併存するという東南アジアに特徴的な法体系が生まれたのである。

近代法と慣習法の併存が最も顕著だったのはインドネシアである。この地域では，植民地化以前からヒンドゥーやイスラームの影響を受けた国家レベルの法と，村落レベルの法がまったく別個に併存するという状況だったが，この地域を植民地化したオランダも，以前からあった多元的な法体系を温存した。近代法はヨーロッパ人のみが適用対象とされた。原住民だけに関わる事項については，人種や地域別に慣習法――この地域では「アダット」と呼ばれる――がそのまま適用された。また，家族法の領域では各人が属する宗教に基づく法が適用された。そのため，同じ地域に，西洋からもたらされた近代法と，土着の慣習法や宗教法が併存する状況が生まれたのである。

イギリス植民地においても，直轄植民地であったシンガポール，マラッカ，ペナンでは，比較的早い段階からイギリス法とイギリスにならった裁判所制度が導入された一方で，マラヤでは，マレー人の宗教と慣習については現地権力に統治が委ねられた。ビルマにもイギリス法が積極的に導入されたが，原住民の宗教や家族といった事項については植民地化以前からあった仏教・ヒンドゥー教法典や村落の慣習の適用が認められた。フランスの植民地においても事情は同様で，フランス法の導入と適用はフランス人・外国人に限られており，原住民に対しては慣習法が適用された。

これに対して，例外的だったのがフィリピンである。スペインとアメリカという２つの西洋国家に植民地化されたフィリピンでは，法体系の近代化が全面的に進められた。16世紀に始まったスペイン統治の下では，フランスのナポレオン法典に影響された民法典，商法典などが導入されていった。その後のアメリカ統治の下で合衆国憲法やアメリカの制度に抵触するスペイン法，慣習などは無効とされ，法・司法制度のアメリカ化が急速に進行していった。ただし，スペイン法の影響が消えることはなく，大陸法とコモンローという２つの法体系の混交がみられるのがフィリピンの特徴である。

東南アジアのなかで唯一植民地化を免れたシャム（タイ）においては，西洋近代法の導入は，日本と同様，1855年の自由貿易体制への移行を契機とした近代化とともに始まった。ヨーロッパから招聘された法律顧問の指導の下，各国の法典を参照しながら諸法典の編纂が進められた。その結果，ドイツ法やフランス法など大陸法の影響が強くみられる一方で，一部ではイギリスやインドといったコモンロー法制も積極的に取り入れられた。

独立と多元的法体系の継承

このような多元的な法体系をもつ東南アジアの特徴は，第２次世界大戦後に各国が独立したのちも残されることになった。宗主国の法律や植民地下で制定された法律がそのまま独立後にも引き継がれる一方で，私的な領域においては慣習法や宗教法が，制定法や公式の裁判制度に組み入れられながら生き続けていくことになった。

オランダから独立したインドネシアでは，植民地期に定められた法令がそのまま有効であることが憲法で規定された。そのため，オランダ語で書かれた民法典や商法典が現在に至るまでそのまま使われている。一方で，相続や家族といった分野では，独立前のアダット法が独立後も適用された。土地基本法にみられるように，独立後に新たに制定された法律でも，アダットの法的原則が用いられているケースもある。婚姻，巡礼，喜捨などイスラーム教徒の宗教的行為についてはイスラーム法に基づく法律が制定され，それらを管轄する宗教裁判所が設置されている。制定法となったイスラーム法は，イスラーム法学者が出す法的見解（ファトワ）によって法解釈が加えられているのも特徴である。

独立後のマレーシアは，イギリスの法制度や裁判所制度を比較的忠実に受け継いだ。独立時のコモンローを継受しただけでなく，商法についてはイギリスの現行法を適用できるようにした。法廷では伝統的に英語が用いられ，判例集も英語で書かれている。一方で，イスラーム法およびマレー慣習法（アダット），華僑慣習法，ヒンドゥー慣習法，サバ・サラワクの原住民慣習法など多様な民族構成に応じた多元的な法源も併存している。婚姻，相続，宗教などについては，当事者の属する民族の慣習法が適用され，イスラーム法およびマレー慣習法がシャリーア裁判所により，原住民慣習法が原住民裁判所により運用されることになった。シンガポールでも，マレー系のイスラーム教徒に対しては「ムスリム法施行法」が制定され，婚姻などに関する分野ではシャリーア裁判所が管轄することになっている。

現代に生きる慣習法・宗教法

その後，政治変動や経済成長，グローバル化を経験するなかで，慣習法は植民地主義の遺産，前近代的なものとして排除されていく動きも強まった。他方，世界的なイスラーム復興の動きを反映して，イスラーム法の影響力が強まる傾向もみられる。金融分野においては，世界経済における中東マネーの重要性が高まるとともに，イスラーム法に則ったイスラーム金融のあり方を定める法律がシンガポール，マレーシア，インドネシアで制定されている。

また，民主化を経験したインドネシアでは，地方分権化が進められるなかで，慣習法が地方自治の土台として再評価されるといったことも起きている。集権化政策として中央政府によって設置された行政村を廃止して慣習村を復活させ，意志決定の方式としてアダットを取り入れようとする「アダットの復興」運動が発生した。また，特別自治を認められたアチェではイスラーム法が地方条例として公式に施行されることになったほか，他の地方自治体でもイスラーム法にもとづいた地方条例が次々と成立している。

2　憲　法

憲法と立憲主義

近代国家における憲法が1787年に初めてアメリカ合衆国で制定されてからわずか200有余年の間に，憲法は普遍的ともいえる存在となった。いまや，ほとんどの独立国家が，国家の統治体制の基礎を定める基本法としての憲法を有している。東南アジア11カ国においても，2019年現在，すべての国が憲法を持っている（表5-1）。

それでは，憲法とは何だろうか。憲法は，統治の仕組みを規定すると同時に，その統治システムのなかで政治的権力がどのように行使されるのかを規定する「国の基本法」である。近代的憲法を生み出した西洋諸国では，国家が権力を恣意的に行使することを抑制するため，統治機構に権力分立と独立した司法による権力チェックの仕組みを組み込むとともに，人間個人が生まれながらにして持っている権利と自由を「権利章典」として憲法に盛り込んだ。そのような成文憲法に基づいて国家の権力を制限し，人々の権利や自由を保護しようとす

表5-1　東南アジア各国の憲法

	~1920年代	1930年代	1940年代	1950年代	1960年代	1970年代	1980年代	1990年代	2000年代	2010年代
ブルネイ				**1959**		1971	1984		2004 2006	
カンボジア			**1947**	1956 1957 1958 1959	1964	1970 **1972** 1973 **1976**	**1981** **1989**	**1993** 1994 1999	2001 2005 2006 2008	2014
インドネシア			**1945** **1949**	**1950** **1959**				1999	2000 2001 2002	
ラオス			**1947**	1956 1957	1961 1965			**1991**	2003	2015
マレーシア				**1957**						
ミャンマー			**1947**	1951 1959	1961 **1962**	**1974**	1981		**2008**	2015
フィリピン	**1899**	**1935**	**1943** **1945** 1947			**1973** 1976	1980 1981 1984 1986 **1987**			
シンガポール					**1963** 1965					
タ　イ		**1932** **1932** 1939	1940 1942 **1946** **1947** 1948 **1949**	**1959**	**1960** **1968**	**1972** **1974** 1975 **1976** **1977** **1978**	1985 1989	**1991** **1991** 1992 1995 **1997**	**2006** **2007**	**2014** **2017**
東ティモール									**2002**	
ベトナム			**1946**	**1959**			**1980** 1988 1989	**1992**	2001	2013

（注）　太字は新憲法の制定，細字は憲法の改正。マレーシアとシンガポールにおける憲法改正と南ベトナムの憲法については省略。

（出所）　章末参考文献および Comparative Constitutions Project（www.comparativeconstitutionsproject.org）から筆者作成。

図5-1　フィリピンの「コモンウェルス憲法」に署名するアメリカ大統領のフランクリン・D・ローズベルト（前列中央）とコモンウェルス初代大統領のマニュエル・ケソン（前列右）

（出所）　commons.wikimedia.org.

る思想ないし実践を「立憲主義」と呼ぶ。

独立と憲法の制定

東南アジアで最も早く制定された憲法は，米西戦争の最中に独立を宣言したフィリピンの革命政府が制定した「マロロス憲法」（1899年）である。この憲法は，ラテンアメリカ諸国の憲法典やベルギー憲法を参照し，包括的な人権規定を含むなど，当時としては先進的な内容をもっていた。その後フィリピンはアメリカによる植民地支配下に入ったため，この憲法が日の目を見ることはなかった。

第2次世界大戦の終了とともに東南アジアの植民地が独立を果たしていくと，各国で新しい憲法が次々と制定され，東南アジアにも憲法の時代が到来した。これらの新憲法は，独立国を取り巻く国際環境の違いによって独自性に違いができた。つまり，宗主国の協力の下に制定された憲法は西洋の近代憲法をモデルとした統治機構や権利章典などの条項が盛り込まれた一方，宗主国との対立の下で制定された憲法には民族独立にかける決意表明や独自の統治機構が盛り込まれることになった。

植民地からの独立にあたって最初に憲法を制定したのもフィリピンである。アメリカ統治下で1945年の独立を前提に制定された「コモンウェルス憲法」（1935年）は，大統領制の下での三権分立制など合衆国憲法を全面的に導入した内容となった。この憲法は日本軍政下で一時的に停止されたが，フィリピンが1946年に独立を果たすと，若干の修正を経て1973年まで基本法として施行された。

マレーシアの憲法も，成文憲法であることや憲法の最高法規性を謳っている点などを除けば，ほぼ忠実にイギリスの統治構造を模倣している。1957年に独立を達成した際に制定されたマラヤ連邦憲法は，スルタン，マラヤ連邦政府首脳に，イギリス，オーストラリア，インド，パキスタンの憲法学者らが協力して起草したものだったことがその背景にある。1965年にマレーシアから分離独立したシンガポールの憲法も，マレーシア憲法と共通の規定も多く，イギリスの憲法体制を模倣したものとなった。イギリスとの交渉のなかで独立を果たしたビルマの憲法も，アイルランド，インド，ソ連，ユーゴスラビアの憲法などを参照しながら現地の独立運動の活動家から構成される制憲議会で独立前の1947年に起草・制定されたが，二院制の議院内閣制を採用するなどイギリスの統治構造を模倣したものになった。

一方で，宗主国との対立のなかで独立を目指したインドネシアの憲法は独自性の強いものとなった。日本敗戦の混乱に乗じて独立宣言した際に制定された憲法（1945年）は，日本軍政下で独立運動指導者たちが議論して起草したものであるが，インドネシアの伝統的価値観を取り込みながら作り上げられた。そのため，憲法前文に書き込まれた建国５原則「パンチャシラ」など，他国にはない独自のイデオロギーや制度が憲法に規定された。ただし，独立戦争後にオランダから主権を委譲されて正式に独立を果たした際に制定された憲法（1949年，1950年）は，議院内閣制を採用するなど，オランダの統治機構を模倣した内容だった。

ベトナムでは，1945年の「８月革命」で独立を宣言した後，フランスとの独立交渉がパリで続けられるなかで憲法が制定された（1946年）。この憲法は，共産主義指導者らが中心の制憲議会で制定されたことを反映して人民民主主義の体裁をとっているが，地主を独立運動に取り込むために財産所有権を認めるなど，妥協的な内容となった。一方で，同じフランス植民地でも，当初フランス連合内での独立を選択したカンボジアとラオスでは，フランスの指導の下，フランスの統治機構や民主主義的価値観を盛り込んだ憲法（両国とも1947年）が制定された。

独立を維持したシャムで初めて憲法が制定されたのは，1932年の立憲革命の時である。革命直後，クーデタを主導した人民党はフランス，中国，ソ連などの憲法を参考にして暫定憲法を制定した。しかし，同年末に恒久憲法として制定された「シャム王国憲法」は，人民党に対して巻き返しを図った王族が日本の明治憲法を模倣して起草した結果，王室の影響力を大きく残すことになった。

権威主義体制と憲法

独立直後の時期は旧宗主国の憲法や統治システムを模倣して民主主義が採用された国が多かった東南アジア諸国も，1960年代頃から権威主義化していった。それにともない，憲法は，権力の行使を抑制するものから正当化するものへ，人権を擁護するものから制限するものへと姿を変えていった。権威主義体制も憲法を捨て去ることはしなかったが，憲法は強権的支配を制度化・正当化するための道具として使われた。「立憲主義なき憲法」の時代が東南アジアに到来したのである。

インドネシアでは，1959年にスカルノ大統領が1950年暫定憲法の停止と1945年憲法への復帰を宣言して，1950年代の「議会制民主主義」と呼ばれた時代は終わった。この後，大統領に権限を集中させた1945年憲法の下でスカルノによる「指導される民主主義」，1966年からはスハルトによる「新体制」という権威主義的支配体制が続いた。フィリピンでも，２期目の任期に入っていたマルコス大統領が戒厳令を布告して３選を禁止していた憲法を停止し，憲法の規定を無視して1973年憲法を制定した。ただし，1981年の戒厳令解除の直後に憲法改正が行われ，1973年憲法で定められた議院内閣制は実質的に運用されることなく，大統領が国民に選ばれる一方で首相が議会から選出される半大統領制へと移行した。

タイでは，民選議会の設置や議院内閣制が規定された新憲法が1946年に制定された。しかし，その後は軍部によるクーデタ，憲法の制定，民政復帰，政治危機，そしてクーデタの再発，というサイクルが何度も繰り返され，その度に憲法が制定されるというパターンが常態化した。1946年から1997年までの間に制定された憲法の数は12にのぼる。いずれの憲法でも，争点となったのは執政府と議会の関係をどう構築するかという点だった。一方で，変わらなかったのは，王国の統一性，主権行使者としての国王，仏教の守護者としての国王など「国王を元首とする民主主義」に関する規定だった。

シンガポール，マレーシア，ブルネイでは，新しく憲法を制定するのではなく，憲法を改正して権威主義的支配を正当化する手段がとられた。シンガポールでは2016年までに39回，マレーシアでは2005年までに50回にわたり憲法が改正されていることから分かるように，憲法が権力者の手を縛るのではなく，権力者が自らの都合のいいように憲法を変えてきた。この背景には，両国とも，長期間にわたって一党優位体制が維持され，憲法を改正する権限が同じ政党（連合）の手に握られてきたことがある。ブルネイでも，1971年，1984年，2004年に大きな憲法改正が実施され，王権が強化されていった。

社会主義体制へ移行した国でも，憲法が置き換えられていった。ビルマでは，1962年に軍事クーデタでビルマ式社会主義体制へと移行した後，1974年にようやく新憲法が制定された。この憲法は，ビルマ社会主義計画党による一党独裁を規定した社会主義憲法であったが，包括的な人権規定をもっていたり，財産権を認めていたりするなど，社会主義憲法とは異なる規定もあった。しかし，1988年の軍政開始とともにこの憲法も停止され，その後20年にわたって憲法のない状態が続いた。

ベトナムでも，南北分断が固定化していくなか，1959年に北ベトナムで社会主義的色彩が強められた憲法が制定された。一方，南ベトナムでは1956年に憲法が制定された後，強権的政権が成立してはクーデタで倒される政変が続くなかで，7つの憲法が制定されては停止されることが繰り返された。1975年に南北ベトナムが統一されると，ソ連，東欧などの社会主義憲法の影響を強く受けた新憲法（1980年）が制定された。一方，ベトナムと同様に社会主義体制へと移行したラオスでは，憲法が制定されないまま国家運営が続けられた。クメール・ルージュによる恐怖政治，ベトナム軍の進駐，内戦と混乱が続いたカンボジアでも，いくつかの憲法が制定されたり改正されたりしたが，ほとんど実効性はなかった。

民主化と憲法

1980年代後半に東南アジアにも民主化の波が押し寄せると，各国の憲法も新しい民主政治の統治機構と人権を規定するために大幅に書き換えられることになった。大きな紛争が終焉した国でも，国連の監視下で新しい民主政治の基盤となる憲法が制定された。これらの民主的憲法の特徴は，独立時のように特定の国の憲法を模倣したというより，国際的なスタンダードに従いつつ各国に固有の問題の解決につながるような制度を選択したところにある。また，グローバルな資本主義経済に参加することを迫られた社会主義体制の国々も，一党独裁という統治機構は維持しつつも，経済体制を変革するために憲法の修正を迫られた。

東南アジアで最初に民主化を果たしたフィリピンでは，1986年の２月革命後に憲法委員会による起草と国民投票を経て新憲法（1987年）が制定された。1935年憲法と同様，アメリカ型の三権分立型統治機構が全面的に採用された。

次に民主化を果たしたタイでも，同国で最も民主的な内容を持った憲法（1997年）が制定された。地方代表や NGO 関係者を含む有識者からなる憲法起草委員会が作成したこの憲法には，首相の下院議員資格や，上院議員の民選，小選挙区制の導入，憲法裁判所の設置など，これまでの憲法で常に論争となってきた統治機構に関する問題に１つの答えを出す内容となった。

アジア金融危機を契機に32年間続いたスハルト体制が崩壊して民主化が実現したインドネシアでは，新しい憲法を制定するのではなく，既存の1945年憲法を改正する方法が選択された。草案は議会（国民協議会）で審議され，４次にわたる改正の結果，憲法の内容は大幅に刷新された。三権分立制の採用，大統領の直接選挙，議会の権限強化，憲法裁判所の設置など，権威主義的支配の復活を防ぐとともに，多様な利害を調整するための仕組みが整備された。

ミャンマーでは，1988年のクーデタ以降，憲法が制定されないまま国家運営がなされてきたが，軍政主導の憲法起草委員会で策定された憲法草案が2008年の国民投票で承認され，公布された。この憲法は，軍が政治に大きな影響力を行使できる内容だったが，この憲法の下で民政移管と政治的自由化が進められ，

2015年の選挙で勝利した民主化勢力への政権移譲が実現した。

日本を含む国際的調停によって内戦が終了したカンボジアでは，国連カンボジア暫定統治機構（UNTAC）の統治下で設置された制憲議会で憲法（1993年）が制定された。この憲法は，1975年から続いた社会主義憲法体制の影響を残しつつも，立憲君主制の下での民主政治の実現のため，議院内閣制や独立した司法が規定された。

2002年に独立した東ティモールでも，国連東ティモール暫定統治機構（UNTAET）による統治の下で設置された制憲議会で憲法が制定された。カンボジアにおける憲法草案審議は完全な非公開だったが，東ティモールにおける憲法草案審議では全国民に意見表明の機会が与えられ，市民社会組織が積極的に草案作りに参加した。統治機構については旧宗主国のポルトガルや旧ポルトガル植民地のモザンビークの憲法を参考にしたため，東南アジアでは唯一の半大統領制を採用する国となった。

社会主義体制を維持したベトナムでも，1980年代後半にドイモイ（刷新）政策が進められるようになると憲法改正の必要性が認識されるようになり，1980年憲法を改正する形で1992年に新憲法が制定された。1992年憲法は，政治的には社会主義体制を堅持しながら経済的には市場経済化を推し進めるため，私的所有権や民間の経済活動を規定する条文が置かれた。ラオスでも，ドイモイ政策と同様の経済開放政策が開始されたことで，ようやく憲法（1991年）が制定された。その後も，市場経済化に対応すべく，両国とも憲法を改正している。

3　法の支配と人権

法の支配

近代法を導入し，憲法を最高法規として制定するということは，国を統治するにあたって，権力者が好き勝手に支配する（人の支配）のではなく，権力者も市民も法によって拘束され，法に従って行動することを意図しているといえる。このような統治のあり方を「法の支配」という。

法の支配が機能するためには，まず，法の支配の基礎となる法律自体を恣意的に作ることができないように何らかの制限をかけることが必要である。その制限とは，例えば国内においては，憲法のなかで人権を何人によっても侵されない権利として規定しておくといったやり方である。憲法は一般的な法律に比べて改正に対するハードルが高く設定されているため，権力者が恣意的にそれを変更することが難しいからである。

憲法の人権規定とアジア的価値

独立当初に制定された東南アジア諸国の憲法は，宗主国の憲法をモデルにしたということもあって，人権に関する規定をもっているものが多かった。しかし，1960年代以降に多くの国が政治変動を経験するなかで，憲法が改正されて人権は擁護の対象というよりも制限の対象となっていった。法は権力者を縛る機能を失い，むしろ権力者が市民を抑圧することを正当化するための道具となった。この時期，「法の支配」は「法による支配」に置き換わってしまったのである。これに対して西洋諸国からは「人権無視」という批判が出されたが，国家主導で資本主義的経済開発を進めようと開発主義を掲げた国々からは，個人の人権よりも国家の安定が優先されるべきだという考え方が示され，アジアには独自の人権概念があるとして「アジア的価値」が主張された。

東南アジアで最初に制定されたフィリピンのマロロス憲法には包括的人権条項が含まれていた。合衆国憲法を範にして制定された1935年憲法にも広範な人権規定が盛り込まれた。イギリスから独立したビルマ，マレーシア，シンガポールにおいても，基本的な市民権や政治的権利などが独立時の憲法のなかで規定された。旧フランス植民地でも，ラオスの1947年憲法を除き，ベトナムの1946年憲法にもカンボジアの1947年憲法にも市民の権利に関する規定が盛り込まれている。植民地戦争を経てオランダから独立したインドネシアでも，主権委譲後に制定された1949年・1950年憲法では人権が包括的に規定されている。

しかし，その後に各国が権威主義化していくなかで，憲法の人権規定も変容を迫られた。インドネシアでの権威主義的支配を支えた1945年憲法には人権に関する規定がほとんど置かれていなかった。独立直前に独立運動家らによって起草されたこの憲法は，草案を審議するなかで西洋的な個人主義を否定し，個人の利益よりも国家全体の利益を重視することを明確にしていた。

個人の人権よりも国や共同体といった全体の安定を優先すべきという考え方

は，開発主義を掲げたマレーシアやシンガポールでも共有された。マレーシアでは，1969年の民族暴動後，マレー人の特別の地位，統治者の特別権限，市民権，国語としてのマレー語という項目については「敏感問題」として公的な議論を行うことを禁じる憲法改正が行われた。その他にも資産の押収，予防拘禁，国家緊急権など反体制派を抑圧することを可能にする条項が憲法改正を重ねながら規定されていった。

シンガポールでも，国家は個人と対峙する権力抑制の対象ではなく共同体の延長に存在するものであり，個人よりも共同体の利益を重視すべきであるとする「コミュニタリアニズム」が政府によって唱えられた。経済開発に必要な社会的安定を維持するためには，市民的・政治的自由は制限される必要があるという考えから，「政府は，公共的秩序や道徳のため意見表明の自由を制限することができる」という条項が憲法に盛り込まれた。

個人よりも全体の利益を優先するという両国政府の方針は，西洋諸国から人権無視との強い批判を浴びた。これに対して，マレーシアのマハティール首相やシンガポールのリー・クアンユー首相は「アジア的価値」「アジア的人権論」などの考え方を掲げて，アジアには独自の法の支配のあり方があることを主張した。彼らは，貧困こそが最も根本的な人権の侵害であり，人権を社会の発展と切り離して考えることはできないと述べて，人権擁護を唱える外国政府や人権団体を内政干渉だと批判した。

民主化と人権

1980年代以降の民主化のなかで，普遍的な概念としての人権が東南アジアでも徐々に受け入れられるようになった。権威主義体制下での人権抑圧を経験した国では，その反省から，再び人権が憲法で規定されるようになった。それだけでなく，この時期に制定された憲法は，社会権など新しい人権概念が多く導入され，国際的にみても進歩的な内容を含むものになった。一方，社会主義体制においても，市場経済化に対応して個人の所有権など経済的権利を憲法で規定する必要性に迫られた。

フィリピンの1987年憲法は，1935年憲法の人権規定を踏襲したうえで，さらにその内容を拡充し，社会権や経済的権利に関する条項が加えられた。インド

表5－2　国際的人権規約の批准状況

	署名国（年）	批准国（年）
拷問等禁止条約（CAT）	ブルネイ（2015）	カンボジア（1992） インドネシア（1998） ラオス（2012） フィリピン（1986） タイ（2007） 東ティモール（2003） ベトナム（2015）
自由権規約（CCPR）		カンボジア（1992） インドネシア（2006） ラオス（2009） フィリピン（1986） タイ（1996） 東ティモール（2003） ベトナム（1982）
強制失踪防止条約（CED）	インドネシア（2010） ラオス（2008） タ　イ（2012）	カンボジア（2013）
女子差別撤廃条約（CEDAW）		ブルネイ（2006） カンボジア（1992） インドネシア（1984） ラオス（1981） マレーシア（1995） ミャンマー（1997） フィリピン（1981） シンガポール（1995） タイ（1985） 東ティモール（2003） ベトナム（1982）
人種差別撤廃条約（CERD）		カンボジア（1983） インドネシア（1999） ラオス（1974） フィリピン（1967） シンガポール（2017） タイ（2003） 東ティモール（2003） ベトナム（1982）
社会権規約（CESCR）		カンボジア（1992） インドネシア（2006） ラオス（2007） ミャンマー（2017） フィリピン（1974） タイ（1999） 東ティモール（2003） ベトナム（1982）
移住労働者等権利保護条約（CMW）	カンボジア（2004）	インドネシア（2012） フィリピン（1995） 東ティモール（2004）
子どもの権利条約（CRC）		ブルネイ（1995） カンボジア（1992） インドネシア（1990） ラオス（1991） マレーシア（1995） ミャンマー（1991） フィリピン（1990） シンガポール（1995） タイ（1992） 東ティモール（2003） ベトナム（1990）
障害者権利条約（CRPD）		ブルネイ（2016） カンボジア（2012） インドネシア（2011） ラオス（2009） マレーシア（2010） ミャンマー（2011） フィリピン（2008） シンガポール（2013） タイ（2008） ベトナム（2015）

（出所）　国連人権高等弁務官事務所（OHCHR）ホームページ（https://www.ohchr.org/）から筆者作成。

ネシアでは，スハルト体制崩壊後に改正された1945年憲法のなかで，世界人権宣言の内容がほぼ全面的に踏襲されたうえ，社会権なども新たに盛り込まれたことで，人権規定のうえでは世界的にも先進的な内容のものに刷新された。タイの1997年憲法でも人権規定は大きく拡充された。

国連の暫定統治を経て新しい憲法を制定したカンボジアや東ティモールでも，包括的な人権規定が置かれた。カンボジアの1993年憲法は，国連憲章，世界人権宣言などを反映した人権規定になったし，東ティモールの憲法では，国際的に定められた人権はすべて適用されることまで規定されている。

一方で，ベトナムやラオスといった社会主義国の憲法には，市場経済化にともなって経済的な権利に関する規定が盛り込まれるようになった。ただし，一党独裁体制を維持するため言論や結社の自由といった政治的権利については引き続き制限が課されていたり，権利と義務が抱き合わされていたりといった特徴は変わらない。

国際社会からの人権保障を求める声を内政干渉と批判し，「アジア的人権論」を主張した東南アジアでも，1990年代以降，多くの国が国際的な人権条約を批准するようになった（表5-2）。主要な9つの国際的人権条約のうち，女子差別撤廃条約（CEDAW）と子どもの権利条約（CRC）については，すべての国が批准している。ただし，アジア的人権論を最も強く主張してきたマレーシアとシンガポールは，これら9つのうち半分以下の条約しか批准しておらず，いまだに国際的な人権概念を受け入れていないことが分かる。

4　法の支配と司法

司法の独立

憲法のなかで人権が規定されたり人権擁護を定めた国際条約が批准されたりするなど，法的に人権を擁護していく動きは東南アジアで強まりつつある。しかし，それが実際の国家運営に反映されているかは別の問題である。国際的な民主化支援活動を行っているフリーダム・ハウスの指標をみても，東南アジア各国における人権状況は必ずしも良好なものではない（表5-3）。人権が法的に確認されているにもかかわらず，現実には「法の支配」が貫徹されていない

表5-3　政治的権利と市民的自由

	1975年		1980年		1985年		1990年		1995年		2000年		2005年		2010年		2015年	
	PR	CL	PR	CL	PR	CL	PR	CL	PR	CL	PR	CL	PR	CL	PR	CL	PR	CL
ブルネイ	6	5	—	—	6	5	6	5	7	5	7	5	6	5	6	5	6	5
カンボジア	7	7	7	7	7	7	7	7	6	6	6	6	6	5	6	5	6	5
インドネシア	5	5	5	5	5	6	6	5	7	6	3	4	2	3	2	3	2	4
ラオス	6	6	7	7	7	7	6	7	7	6	7	6	7	6	7	6	7	6
マレーシア	3	4	3	4	3	5	5	4	4	5	5	5	4	4	4	4	4	4
ミャンマー	6	6	7	6	7	7	7	7	7	7	7	7	7	7	7	7	6	5
フィリピン	5	5	5	5	4	3	3	3	2	4	2	3	3	3	3	3	3	3
シンガポール	5	5	5	5	4	5	4	4	5	5	5	5	5	4	5	4	4	4
タ　イ	2	3	3	4	3	4	2	3	3	4	2	3	3	3	5	4	6	5
東ティモール											6	3	3	3	3	4	3	3
ベトナム	7	7	7	7	7	7	7	7	7	7	7	6	7	5	7	5	7	5

（注）PR：政治的権利，CL：市民的自由。値は1が最も自由，7が最も自由ではない状況を表す。
（出所）Freedom House, *Fredom in the World*（www.freedomhouse.org）から筆者作成。

のである。その原因のひとつは，法の支配を監督する機関の弱さに求められる。

権力者と市民が法に従っているかどうかは，誰かが常に監視していなければならない。しかし，取り締まられるべき権力者が取り締まる役を兼ねていたら，監視は機能しない。そこで考えられたのが権力の分立という制度である。つまり，権力を行使する組織とは別に，権力を監視するためのメカニズムを作るのである。そして，その役割を与えられたのが裁判所から構成される司法である。また，近年は，特定の分野に特化した独立の国家機関を設置し，そこに準司法的な役割を担わせることも多くなっている。

裁判所の組織と権限

独立後に民主主義を採用した東南アジアの国々では，裁判所に高い独立性と強い権限が与えられることが多かった。イギリスの司法制度を受け継いだシンガポールやマレーシア，ビルマでは，裁判所の制度的な独立性が確保されていた。アメリカの司法制度を移植したフィリピンの司法も同様である。また，いずれの国においても裁判所に違憲審査権が与えられており，制度的には執政府や議会による権力の乱用を監視する体制が整えられていた。オランダから主権委譲された直後のインドネシアの司法も，違憲審査権は付与されなかったが独立性は確保されていた。

しかし，これらの国々が権威主義体制へと移行していくと，司法の独立性は失われていった。マレーシアでは，与党の統一マレー人国民組織（UMNO）の内紛をめぐる訴訟でマハティール首相と対立した最高裁判所長官と２人の判事が罷免されるという事件（1988年の憲法危機）が発生し，その後は司法が執政府の意向に反した判断を下すことが難しくなった。フィリピンでも，マルコス体制の発足とともに司法の独立性が失われた。インドネシアでも，権威主義体制下で運用された1945年憲法には司法に関する規定がわずかしかなかったこともあり，司法は実質的に執政府や官庁の支配下に置かれた。タイやシンガポールでは，司法官僚が司法省と裁判所の間を往復しながら昇進するなど，司法と執政府の分離が不完全であった。まして社会主義体制の国では，裁判所も共産党一党支配の下に置かれた。王政のブルネイでも，2004年の憲法改正で，最高裁判所の違憲立法審査権が削除されている。

東南アジアの司法が独立性を取り戻したのは民主化後である。フィリピン，タイ，インドネシアの３カ国では，強権的な統治体制に対する反省から，執政府による権力の行使をコントロールする機関として司法制度の重要性が認識され，司法の独立性を確保する改革が実行された。また，人権，汚職取締り，行政の監視といった分野で政府から独立した国家機関が設置されて，権力の監視機能を高めることが目指された。

裁判所の権限についても，人権の保護と権力抑制の観点から，違憲審査権をはじめとする司法権の強化が図られた。フィリピンでは，伝統的に司法に大きな権限が与えられていたが，民主化にともなってその権限が十分に発揮できるような環境になった。一方タイやインドネシアでは，民主化後に司法の権限が強化されている。とくにこの２カ国で重要な変化は，法令の違憲審査を専門に担当する憲法裁判所が新たに設置されたことである。

憲法裁判所の役割

憲法裁判所は，最高裁判所を頂点とする一般裁判所とは別に，憲法判断を行う特別な裁判所である。タイでは，1946年憲法の制定以降，東南アジアで初めての憲法裁判機関である憲法裁判委員会が設置されていたが，地位も権限も弱く，権力抑制の機能は果たしていなかった。これに対して1997年憲法で設置された憲法裁判所は，恒久的な裁判所になるとともに，権限も大幅に強化された。インドネシアでは，民主化後の憲法改正によって2003年に憲法裁判所が新設され，同国では初めて違憲審査制が導入された。カンボジアでも，1993年憲法によって違憲審査権をもつ憲法院が1998年に設置されている。

図5－2　2003年に設立されたインドネシアの憲法裁判所
（出所）筆者撮影。

しかし，同じ憲法裁判所でも，これら3カ国では行動パターンに大きな違いがある。インドネシアの憲法裁判所は，執政府や議会の意向に左右されることなく，独自の憲法判断にもとづいて積極的に違憲判決を出す傾向にある。一方，タイやカンボジアの憲法裁判所は，政界の動向に行動が左右されがちで，そのときの政権の意向に沿った判断を下すことが多い。

この違いは，裁判所と他の権力主体との関係に原因がある。多数の権力主体が政策をめぐって競争している場合，裁判所はその競争に同等の立場で参加できるため，執政府にも議会にも気兼ねすることなく独自の判断を下せる。他方，政策をめぐる競争性が低い場合，裁判所も執政府や議会の意見と異なる判断は容易には下せないのである。

同じことは，最高裁判所が憲法判断を下す役割を与えられているフィリピン，マレーシア，シンガポールについてもいえる。政策過程における競争性の高いフィリピンでは，最高裁判所は積極的に独自の判断を下している。一方で，競争性の低いマレーシアとシンガポールでは，司法は執政府の政策に反するような判断は下せないのである。

表５－４　法

国	カンボジア	インドネシア	マレーシア	ミャンマー
法の支配指数（総合）	0.32	0.52	0.54	0.42
順位（調査対象国113カ国）	112	63	53	100
①国家権力の抑制	0.32	0.64	0.49	0.46
②汚職の不在	0.25	0.37	0.56	0.47
③開かれた政府	0.23	0.54	0.39	0.32
④基本的権利	0.38	0.51	0.47	0.31
⑤秩序と治安	0.66	0.74	0.77	0.70
⑥法の執行	0.27	0.53	0.50	0.46
⑦民事裁判の公正さ	0.20	0.45	0.56	0.37
⑧刑事裁判の公正さ	0.27	0.35	0.55	0.29

（注）　それぞれの指数は，最善の場合が１，最悪の場合が０となる。なお，ブルネイとラオスは
（出所）　World Justice Project, Rule of Law Index 2017-2018（www.worldjusticeproject.org）

5　法の支配への挑戦

道半ばの法の支配

民主化が着実に進展する国があらわれるなど，21世紀に入って東南アジアでは法の支配の確立に向けた動きが前進しているかにみえた。しかし，法の支配の確立の程度は，国によって大きな違いが存在するうえ，一国内でも分野によって大きな違いが残っている。

表５－４は，ワールド・ジャスティス・プロジェクトが発表している「法の支配指数」の状況である。シンガポールは調査対象国113カ国中13位に入るなど，先進国並みの評価を得ているのに対して，カンボジアは112位と法の支配に関しては世界でも最悪のレベルにあるという評価である。実際に，1990年代後半以降のカンボジアでは，民主的内容だった1993年憲法が2008年までの間に国民的な議論が行われることもなく7度も改正されるなど，法の支配が徐々に浸食されていった。民主主義が定着したかにみえたタイでも，2006年と2014年に軍事クーデタが発生し，法の支配が破壊された。

「民主化のモデル」といわれるようになったインドネシアも，法の支配の確立はいまだ道半ばである。国家権力の抑制や開かれた政府という要素では高い評価を得ているが，裁判の公正さや汚職の不在といった要素ではまだ多くの問

の支配指数

フィリピン	シンガポール	タ　イ	ベトナム	平　均	日　本
0.47	0.80	0.50	0.50	0.51	0.79
88	13	71	74	—	14
0.55	0.70	0.47	0.46	0.51	0.74
0.47	0.91	0.49	0.44	0.49	0.85
0.52	0.65	0.48	0.44	0.45	0.70
0.42	0.70	0.47	0.50	0.47	0.76
0.51	0.93	0.69	0.77	0.72	0.91
0.51	0.87	0.50	0.45	0.51	0.80
0.47	0.81	0.53	0.44	0.48	0.79
0.31	0.80	0.40	0.49	0.43	0.74

調査対象に入っていない。
から筆者作成。

題を抱えている。法の支配を監視すべき警察，検察，裁判所にまで汚職がはびこっているなど，状況は深刻である。表５‐４でも示されているように，汚職は東南アジアの他の国にとっても深刻な問題である。

東南アジアにとっての立憲主義と法の支配

一方で，秩序・治安の要素に対する高評価はいずれの国にも共通している。ここから分かることは，治安や秩序を維持するために，国家権力の抑制や基本的権利，裁判の公正さなどが犠牲にされているということである。フィリピンやインドネシアでは，麻薬撲滅やテロ防止という名目の下に，裁判手続を経ずに容疑者が殺害される事例が多数発生している。

立憲主義と法の支配は，権力者による恣意的な支配から市民を守ると同時に，多数派による一方的な支配から少数派を守る機能を果たす。その意味で，多様な民族や宗教を国内に抱える東南アジアにとって，この２つは国づくりの基礎となるべき原則のはずである。しかし，実際には憲法が多数派の支配を固定化したり，法が権力者による支配を正当化するために使われたりすることが多く観察される。東南アジアで法の支配が確立されるまでの道のりはまだ遠い。

参考文献

小林昌之・今泉慎也編『アジア諸国の司法改革』アジア経済研究所，2002年。

作本直行・今泉慎也編『アジアの民主化過程と法――フィリピン・タイ・インドネシアの比較』アジア経済研究所，2003年。
中村正志編『東南アジアの比較政治学』アジア経済研究所，2012年。
安田信之『東南アジア法』日本評論社，2000年。
Bünte, Marco, and Björn Dressel, eds., *Politics and Constitutions in Southeast Asia,* New York : Routledge, 2017.
Chen, Albert H. Y., ed., *Constitutionalism in Asia in the Early Twenty-First Century,* Cambridge : Cambridge University Press, 2014.
Dressel, Björn, ed., *The Judicialization of Politics in Asia,* London : Routledge, 2012.
Hill, Clauspeter, and Jorg Menzel, eds., *Constitutionalism in Southeast Asia : Volume 2 Reports on National Constitutions,* Singapore : Konrad-Adenauer-Stiftung, 2009.
———, eds., *Constitutionalism in Southeast Asia : Volume 3 Cross-Cutting Issues,* Singapore : Konrad-Adenauer-Stiftung, 2009.
Tan, Kevin YL, and Ngọc Sơn Bùi, eds., *Constitutional Foundings in Southeast Asia,* Oxford : Hart Publishing, 2019.

本章を学ぶための基本書

安田信之『東南アジア法』日本評論社，2000年。

＊東南アジア法学研究の第一人者による，東南アジア10カ国の法制史，憲法体制，政治制度に関する解説書。1冊で東南アジアの法体制の全体像を知ることのできる書籍はこれ以外にない。

小林昌之・今泉慎也編『アジア諸国の司法改革』アジア経済研究所，2002年。

＊民主化と市場経済化に直面したアジア諸国が，司法改革という問題にどう取り組んだのかを8カ国を事例に分析している。東南アジアではタイ，カンボジア，フィリピン，マレーシア，インドネシアが取り上げられている。

中村正志編『東南アジアの比較政治学』アジア経済研究所，2012年。

＊国ごとの解説ではなく，政治制度に焦点を当てて東南アジアの先進5カ国を比較した概説書。本章との関連では，執政・立法関係，司法制度，選挙制度など憲法体制や統治制度に関する章が含まれている。

（川村晃一）

第6章
軍

この章で学ぶこと

東南アジアの軍といえば，台風や地震といった大規模災害の救援活動に従事する軍人の姿，あるいは近年のタイやミャンマーでのクーデタを思い浮かべる人もいるだろう。そうしたイメージには，軍の現在の立ち位置が的確に投影されている。

ベトナム戦争，第3次インドシナ戦争以降，東南アジアでは国家対国家の戦争は起こっていない。東南アジアの軍は，外国からの侵略に備えて国土を防衛する「外向き」の任務ではなく，「内向き」の任務を多く担ってきた。共産主義ゲリラ，イスラーム武装勢力，その他の非国家武装組織などの国内の反政府勢力の鎮圧といった治安維持のための活動や，反政府勢力拡大を防止するための農村開発のような民生支援活動，そして自然災害への対処や復興に，多くの軍の資源が割かれてきた。

「内向き」の軍は，国家への使命感，あるいは国内で既得権を失うことへの抵抗から，しばしば政権運営や政策決定にも介入する。タイやミャンマーでは，軍が長く政権の座についてきた。フィリピンでは，政治エリートが軍を私的に利用し，権威主義体制を強化してきた。民主化を経てからも，その遺産は各国にさまざまな形でみられる。

1　東南アジアの軍を見る視点

データで見る東南アジアの軍の特徴

表6－1は，イギリスの国際戦略研究所（IISS）が毎年発行している世界の軍事力に関する報告書『ミリタリー・バランス』の2018年版から，東南アジア11カ国の防衛支出，対 GDP 比，兵士数などのデータを抜粋してまとめたものである。国土の大きさや地政学的条件が異なるため，兵士数や軍の構成は国によって大きく異なるが，注目すべき点が3つある。

表6－1　東南アジアの防衛

	2017年防衛支出（100万 US ドル）	対 GDP 比（%）	兵士総数（人）*	陸　軍（人）
ブルネイ	327	2.71	7,200	4,900
カンボジア	788	3.54	124,300	75,000
インドネシア	8,981	0.89	395,500	300,400
ラオス	データなし	データなし	29,100	25,600
マレーシア	3,478	1.12	109,000	80,000
ミャンマー	2,095	3.13	406,000	375,000
フィリピン	2,782	0.87	125,000	86,000
シンガポール	10,221	3.34	72,500	50,000
タ　イ	6,163	1.41	360,850	245,000
東ティモール	25	0.94	1,000	1,330
ベトナム	4,319	2.00	482,000	412,000
（参考）日　本	46,004	0.94	247,150	150,850
（参考）中　国	150,458	1.26	2,035,000	975,000

（注）　*州軍，特殊部隊などを除く。
（出所）　International Institute for Strategic Studies, *Military Balance 2018* をもとに筆者作成。

第1に，防衛支出が GDP の2％を超えている国が4カ国もある（ブルネイ，カンボジア，ミャンマー，シンガポール）。

参考までに北大西洋条約機構（NATO）は，ウクライナ危機後の対ロシア関係の悪化を受け，2014年から10年間で防衛支出を GDP 比2％以上に引き上げるという目標を定めている。しかし，加盟する29カ国のうち，2％目標を達成しているのはアメリカを含め5カ国のみである。フランスもドイツも，2％を満たしていない。欧米先進諸国と東南アジアの国家予算を単純に比較することはできないが，このことを考えると，経済発展の途中にあるカンボジアやミャンマーの防衛支出割合の多さは特徴的である。

第2に，東南アジアの半分以上の国が徴兵制を採用している。徴兵制をとる国家では，国民の大多数が一定期間，軍での生活を経験することになり，そのことは安全保障や軍に対する世論にも大きな影響を与えうる。

第3に，どの国も，準軍組織にかなりの数の人員を抱えている。準軍組織とは，軍と密接な関わりを持つ組織のことである。東南アジアの多くの国では伝統的に，国家が暴力を完全に独占することができず，国家の安全保障は，国境

予算と軍の人員規模

海　軍（人）	空　軍（人）	予備役数（人）	徴兵の有無	パラミリタリー（準軍事組織）（人）
1,200	1,100	700		4,900
2,800	1,500	0	制度はあるが施行なし	67,000
65,000	30,100	400,000	選択的徴兵２年	280,000
0	3,500	0	18カ月	100,000
14,000	24,600	51,600		244,700
16,000	15,000	0	２～３年	107,250
24,000	15,000	131,000		40,500
9,000	13,500	312,500	22～24カ月	19,900
69,850	46,000	20,000	２年	93,700
1,250	80	0		0
40,000	30,000	5,000,000	陸・空軍２年，海軍３年	40,000
45,350	46,950	56,000		13,740
240,000	395,000	0	選択的徴兵２年	660,000

警備隊，沿岸警備隊，憲兵，そして民間の組織である民兵やパートタイムの兵士などによって補完されてきた。これらの組織は軍に類似した階級構造を持ち，軍や警察の指揮命令系統の下で暴力を用いて国家の統治に貢献する一方で，しばしば，特定の政治家を擁護したり，統治や秩序に抵抗するギャングなどの非国家武装組織と結託したり，武器や情報を横流ししたりすることがある。軍がこうした組織の利害に配慮しなくてはならないという事情も，「内向きの軍」の傾向を助長している。

文民統制の現状

民主主義体制においては，軍と政治の分離が前提とされる。一部の軍人によって恣意的に軍事力が行使されることを抑止するには，国民の代表である文民政治家が意思決定を行い，軍人は命令に従ってのみ行動すること，文民政府が軍に対して完全な監視と統制を行うことが必要である。政治家や官僚は必要に応じて軍の見解を参考にするが，意思決定はあくまでも文民によって行われる。このような体制を，文民統制（シビリアン・コントロール）と呼ぶ。文民統制の正反対に位置するのが，軍事政権である。

ドイツのハイデルベルク大学の政治学者らが行った「文民統制の度合いに関する国際比較調査」によると，2017年の時点で東南アジアには，軍事政権の国が1カ国（タイ），軍が政治的影響力を有する国が4カ国（フィリピン，インドネシア，カンボジア，ミャンマー）存在していた。これらの国では，大統領や首相，国防大臣などの政治リーダーの一部が軍歴をもち，文民の政治家による政策決定に軍が異論を唱えて「拒否権」を行使することができ，軍は国内の治安維持活動に従事し，軍人が広範な免責特権を持つ。

軍の政治的影響力の強さは，軍の介入を受容する市民が一定程度存在することも意味している。2017年にアメリカのピュー研究所が世界中で実施した世論調査によると，軍による政権運営を肯定すると回答した市民は，ベトナムでは70%，インドネシアでは68%，フィリピンでは41%にのぼった。

とはいえ，東南アジアの政軍関係は決して一様ではなく，シンガポールやマレーシアでは，軍の政治的関与の程度は低い。軍と政治，そして軍と社会との間の関係は，独立後の国家建設の過程で徐々に形成され，権威主義体制下と民主化後の体制移行期において，いくつかのパターンに分化した。

2　正規軍の誕生

いち早く軍の近代化を目指したタイ

欧州の国々は17世紀後半から，傭兵に代わる常備の正規軍を導入し，徴兵制，軍法，兵站といった制度を整えていった。装備品の大量生産体制によって19世紀までには近代化された専門的な軍が成立し，階級や編制の整理と標準化が進んできた。欧州域内での戦争や20世紀の2つの世界大戦は，軍のあり方を規定していった。

一方，第2次世界大戦終結まで列強の支配下にあった東南アジアでは，軍は植民地政府の下で訓練され，徐々に組織化されていったものの，大規模な近代化を遂げることはなかった。第2次世界大戦下で日本を含む宗主国に対して展開された抵抗も，ほとんどはゲリラ的な活動であった。

例外は，独立を貫き，19世紀後半から20世紀にかけて，西欧型の主権国家形成を目指したタイである。モンクット王（ラーマ４世）は西欧文化を導入し，近代化された軍の構成を学んだ。その子であるチュラーロンコーン王（ラーマ５世）は，中央集権国家を目指して官僚制や議会制を導入し，軍の組織化と近代化にも尽力し，フランスとの条約改正を目的に，第１次世界大戦に参戦した。フランスから軍事訓練を受けたタイの軍は，終戦までの24日間のみ任務に参加した。「総力戦」を経験した列強諸国とは大きく異なるものの，タイはパリでの凱旋パレードに参加し，国際連盟にも設立メンバーとして参加している。

独立期の軍の役割

タイを除く東南アジアの軍は，国家の独立過程に起源をもつものと，宗主国による植民地統治時代に育成されたものとに分けられる。独立期に軍が果たした役割が大きい国ほど，その後の国家運営に軍が大きな役割を果たしてきた傾向がある。

インドネシアやビルマは，独立時に旧宗主国との間で戦争を経験している。インドネシアでは，日本軍による占領やオランダからの独立運動を経験し，功績をあげた軍の幹部らが，軍が政治に関与することに正当性を見出した。ビルマでも，日本軍の支援のもと，イギリスからの独立に重要な役割を果たした軍人が，第２次世界大戦後の軍の組織化の中核となり，国家建設と国家運営に直接的に関与してきた。

一方で，宗主国との間で熾烈な戦争を争うことなく独立を果たしたマレーシアやシンガポール，フィリピンでは，植民地下の官僚機構のなかで主に治安維持の役割を担っていた組織が正規軍に移行した。マレーシアでは，1915年から1936年にかけて結成され，第２次世界大戦ではイギリス連邦軍の一員として日本軍とも交戦したマレー自治州義勇軍が，そのまま正規軍となった。フィリピンでは，アメリカ植民地期に結成され，日本の占領下で抗日運動を鎮圧する役割を担ってきたフィリピン偵察軍と警察軍が，独立後，正規軍として再編成された。このような国々では，植民地下で官僚を経験した文民の政治エリートたちが政治機構の再編を担い，軍の役割は国防と治安維持に限定されていた。

各国の反政府武装勢力の起源も，この時期に遡る。戦時中に連合軍や日本軍に動員・訓練された兵士のうち，一部は上記のような正規軍となっていったが，一方で，戦後の国家建設のプロセスから排除されたと感じた人々は，地域に残されていた武器を手に，正規軍に対峙した。独立後の各国のリーダーシップをめぐる政治闘争が，初期段階から暴力を伴って展開されてきたことは東南アジアの特徴の１つである。

3 「内向き」になる軍

アメリカの関与

1950年代後半以降は共産主義勢力の活動が東南アジア全域に広がり，それに対する各国の政府の対応とアメリカの介入が，各国の軍の役割を規定していった。

当時のアメリカの懸念は，アイゼンハワー大統領の「東南アジアの要となる国が共産主義化すれば，隣接諸国にドミノ倒しのように連鎖する」との言葉（いわゆるドミノ理論）に象徴される。アメリカは南ベトナムのゴ・ディン・ジェム政権をはじめ東南アジア諸国に多額の経済援助を行い，国家建設の途上にあった各国の政治経済に介入した。

この時期，アメリカとの距離をめぐって国家と軍に分裂が生じたのは，ベトナムだけではない。ラオスでは1949年の独立当初より，独立戦争に起源を持つ共産主義勢力のパテート・ラーオ（現在の人民軍の前身）と，アメリカからの支持を受ける王党軍が議会でも軍事作戦でも対立し，それは1960年代半ばまで続いた。

一方で，タイ，フィリピンの政府は米軍を受け入れ，同盟国として全面的にアメリカを支持した。軍は警察に代わって共産主義勢力掃討の前線に立った。貧しい農村の住民が共産勢力に加担することを阻止すべく，軍は民心掌握のため，灌漑の整備や森林保護などの民生支援の任務も担うことになった。

民生支援

フィリピンでは，独立後も農地改革が実施されず，一部の政治エリートに富と権力が集中するなか，抗日運動に起源を持つ共産主義勢力が農村や山岳地帯の貧困層からの支持拡大を目指して活動していた。このことを懸念した軍は，共産主義勢力の戦術を研究し，軍の民生支援活動に反映させることで民心掌握をはかった。フィリピン陸軍は，のちに保健大臣や上院議員を務めたフアン・フラビエール医師が農村開発の草分け的存在である NGO の活動家らに向けて書いた著書『村へ向かう医師たち』を読み，その戦略を研究した。マグサイサイ政権（1953～57年）の下では，公共事業道路省などの実施するインフラ開発や寒村の学校教育などを陸軍の部隊が担う構図が常態化していた。

タイでも，貧困削減に熱心であったプミポン王（ラーマ９世）の地方視察を通じて全国で次々に立案された「王室プロジェクト」の実施は，実質的には軍に委任されていた。歴代のタイ憲法が王制の擁護を軍の役割と規定してきたこともあり，軍は王室の代理人として，地方自治体，農業省，教育省，社会福祉省などの関係省庁との調整役を担い，開発事業を推進していった。軍はまた，ラオスやカンボジアとの国境地域に共産主義勢力が伝播しないよう，機動性の高い「開発担当部隊」を設置した。開発担当部隊の兵士は，文民の公務員と似たジャケットを着て僻地の村々を巡回し，住民の要望を聞き，農業指導や職業訓練を通じて雇用を創出していった。この部隊は現在も残っており，国境警備を担う陸軍歩兵連隊との調整のもと，タイとミャンマーの国境沿いにおいて，タイ側にある茶畑にミャンマー側住民を雇用するなど，当時と似た手段で民心掌握をはかっている。

共産勢力への弾圧

軍による反共作戦は，ときに大規模な暴力を伴う。インドネシアでは，1965年の「９月30日事件」以降，陸軍が共産党勢力への徹底的な弾圧を行った。

当時のインドネシアでは，スカルノ大統領，軍，そしてインドネシア共産党が三つ巴となって政治権力を争っていた。植民地時代にオランダからの独立運動を指導したスカルノは，1955年にバンドンに新興諸国29カ国を招いてアジア・アフリカ会議を開催し，反帝国主義，反新植民地主義を唱えて共産主義を肯定していた。彼は1960年に入ると，イギリスに主導されたマレーシア建国に反対して武力行使に踏み切るとともに，国際連合から脱退するなど，欧米諸国と距離を置き，いっそう共産主義色を強めていった。しかし，インドネシア軍の上層部はこの状況を懸念していた。軍は当時，地方の経済エリートと手を結

図6－1　1965年9月30日事件で殺害された軍幹部の墓

（ジャカルタのカリバタ英雄墓地，2018年12月23日）

（出所）　筆者撮影。

図6－2　タイ軍事史博物館

（2018年12月26日）

（出所）　筆者撮影。

んで運送業や警備業といったビジネスを展開しており，共産主義の拡大は脅威に他ならなかった。

1965年9月30日，軍のなかの共産主義寄りといわれる若手将校らが決起して，反スカルノ大統領派の国防大臣や参謀長を襲撃し，複数の幹部を殺害した。陸軍中枢のクーデタ計画に関する情報をつかんだので先手を打ったというのがその根拠であった。決起部隊は翌日には鎮圧されたが，このとき陸軍少将であったスハルト（のちの大統領）は，スカルノ大統領から秩序回復のための権限を与えられ，事件の背後には共産党がいるとして，全国のイスラーム団体やギャングなどの準軍組織を扇動して共産主義者の鎮圧を呼び掛けた。この作戦は2年間にわたって続き，死者は数十万～100万人にのぼるともいわれる。

2つの顔を持つ軍

このように，冷戦期の東南アジアでは，共産党の位置づけを中心に軍の役割が分化していった。国内の反政府勢力を脅威とみなし，農村開発にも政治にも関与する「内向き」な傾向は，この時期に徐々に形成されてきた。

ただし，軍は対外的には，むしろ「外向き」の任務を喧伝してきた。1950年代から1970年代にかけ，フィリピンとタイは朝鮮戦争に参加し，タイ，ラオス，カンボジアはベトナム戦争に自国軍を派兵した。インドネシアは1957年にすでに，エジプトでの国連平和維持活動（PKO）への派遣を始めている。こうした任務に参加した軍人らは，帰国後，軍の近代化を強く求めた。タイ軍は朝鮮戦争とベトナム戦争での経験をもとに，軍法や兵站制度の修正，装備品の近代化などを急速に進めていった。

今日では，タイ，フィリピン，インドネシアのいずれの国の軍事史博物館でも，こうした「外向き」の活動が展示の中心に据えられている。対照的に，長く続いた国内の共産主義勢力との「内向き」の戦いは，あまり公開したくない，いわば裏の歴史である。

例えば，バンコク北部にあるタイ軍事史博物館には，朝鮮戦争とベトナム戦争への参戦によってタイ軍が国際的な地位を高めたことが，英語とタイ語の両方で詳細に記されている一方で，共産主義勢力との戦闘に関する展示はほとんどない。また，ジャカルタにあるインドネシア軍事史博物館には，「9月30日事件」以降の共産主義勢力への弾圧に関する説明はいっさいない。

4　権威主義体制と軍

政治に関与する軍・しない軍

1960年代から1980年代にかけて，東南アジアの複数の国々では，権威主義体制のもと，経済開発は，市民の政治的自由を一部犠牲にしながら進められた。インドネシアのスハルト軍事政権，フィリピンのマルコス政権，シンガポールの人民行動党の一党支配，マレーシアの統一マレー人国民組織（UMNO）による事実上の一党支配は，その代表的なものである。権威主義政権は，野党や市民団体，労働組合，メディアなどの自由な活動を規制する。そして，その目的のために軍が動員されることは大いに起こりうる。

しかし実際には，権威主義体制と軍との関係は，国によって様々である。新興国の政軍関係を分析したモリス・ジャノビッツは，『新興諸国の政治発展における軍隊』という本のなかで，次のような５つのパターンを提示している。

①権威主義的な一党支配や寡頭支配を，軍が支える。
②権威主義体制下で軍が私兵化し，地方の紛争に介入する。
③民主主義体制下で，軍が国防に専念する。
④民主主義体制下で，文民政治家と軍が協力しあい，役割分担を行う。
⑤軍が政権を担う。

いうまでもなく，民主主義体制の理想形は③である。

権威主義体制下のインドネシアは⑤であり，民主化後，④に移行したといえる。フィリピンは①と②の混合から，民主化後は④に移行した。タイは現在に至るまで，①と④と⑤の間を揺れ動いている状態にある。ミャンマーは⑤から④に移行した。カンボジアは①のままである。共産主義体制の続くベトナムとラオスも，共産党と人民軍が一体化している点では①に分類されよう。

興味深いことに，マレーシアとシンガポールは，①と③の混合である。軍は権威主義体制に対峙することはなかったが，①のように政権を下支えすることもなく，政治から距離を置き，国防に専念した。つまり，必ずしも権威主義体制が軍の政治介入を招くとはいい切れないのである。

では，どのような場合に軍は政治化するのだろうか。ラテンアメリカでは，軍事政権や権威主義政権が開発政策に失敗すると，国民の不満が高まり，民主化が促進されるといわれてきた。この議論は東南アジアにも一部あてはまるが，すべてを説明することはできない。

軍のプロフェッショナリズムと政治介入

ハンチントンはその著書『軍人と国家』のなかで，次のように書いている。

軍は，軍事力に関する専門性を持つという意味で，他の社会集団とは異なる。軍はその専門性を，社会の要求に従って適切に使用する必要がある。そのためには文民統制が必要である。文民統制は軍にも利益をもたらす。近代的な軍の最大の関心事項はその能力を維持・向上させることにあるため，文民政治家に政策決定を任せることは，軍にとっても望ましい選択なのである。軍がこのような選択を行い，軍事にのみ集中する状態を，軍の「プロフェッショナリズム」と呼ぶ。

しかし別の論者は，軍は，国家と国民を守るという使命感に駆られて政治に介入することを選択する場合があると指摘する。例えばアルフレッド・ステパンは，軍の行動様式は，軍自身が軍事機能（制度としての軍）を主要任務として認識しているか，あるいは政治的機能を持つ活動（政府としての軍）に重きを置いているかによって規定されると指摘する。軍は，内部の結束や組織の利益を重視する場合には政治から手を引くが，政治的活動を通じて「軍こそが国家を支えている」と自負している場合，軍人らはそれを大義名分として職務範囲を拡大する。ステパンはこのことを，軍の「ニュー・プロフェッショナリズム」と呼ぶ。

ステパンの議論は，東南アジアの「内向き」な軍の権威主義体制下での行動様式をうまく説明している。シンガポールには国内の反政府勢力の脅威はない。マレーシアは1970年代に共産勢力を掃討し，それ以降は国内治安に深刻な不安は見られない。一方で，ミャンマーには様々な少数民族による武装組織，インドネシア，フィリピン，タイには共産主義勢力や分離独立派という国内の反政府武装勢力が存在し，軍は警察に代わってこれらに対峙するという構図が続いてきた。このことが，軍の正義感や自己意識，つまり「ニュー・プロフェッショナリズム」を助長し，政治への介入の動機となってきたとみることができる。

タイ——国家の守護者としての軍の自負

タイでは第２次世界大戦後，クーデタが多発し，軍政と文民政権が頻繁に入れ替わったが，どの政権下においても，軍は国家開発に関与してきた。1957年に陸軍司令官のサリット・タナラット元帥がピブーン政権に対するクーデタを企てて以降，軍事政権は，1973年の学生運動最盛期まで続いた。サリット政権は憲法や議会，政党の活動を共産主義の蔓延を促すものとして廃止し，経済開発を目指した。

1973年の後も，軍は一貫して，国王や仏教という伝統的な価値観を基盤とした国家開発プロジェクトを主導し，国家秩序を乱す者や共産主義者を排除しようと努めてきた。国王の代理人として民生支援活動を担い，他の省庁との調整役を務め，共産主義勢力の浸透を食い止めた実績を盾に，タイの軍は，我々こそが国家の守護者であり，軍人は政治家よりも他の政府機関の公務員よりも清廉で有能であるという自負を持ち続けてきたのである。

ミャンマー――国民統合と行政改革は軍の任務

ミャンマーでは1962年のクーデタ以降，2011年の民政移管まで，40年以上にわたって，世界的に見ても極めて長期間におよぶ軍事政権が続いた。特に，1962年から1988年にかけてのネ・ウィン将軍による政権が，ビルマ社会主義計画党を率い，軍を懐柔しながら20年以上も統治を続けたことは注目に値する。ネ・ウィン体制は反共産主義の原理を基盤としており，独立以来続いてきた民主主義を廃止して軍事独裁を行った。

1955年の士官学校設立以来，将校らの間では，国民統合のためには軍の政治介入は必須であるとの「ニュー・プロフェッショナリズム」的な価値観が共有されてきた。軍は各省庁に人員を出向させたことで，文民官僚が育成されず，行政機構の発達が阻害されたことが指摘されている。国軍幹部らは出向の名のもと行政機構に浸透し，植民地期に育成された文民官僚たちの影響力は相対的に低下した。軍人らは独自の行政機構改革を推進し，従来の官僚制を弱体化させていった。

5 民主化プロセスにおける取引と協定

軍の既得権益と体制移行

軍の「ニュー・プロフェッショナリズム」は，1980年代以降の東南アジアにおける民主化運動と体制変動のパターンにも大きな影響を与えた。

一般に，政治介入を通じて社会全体に既得権益を得た軍は，民主化後の新政権によってその権益を侵害されることを恐れる。特に，給与や住居，医療，退役後の恩給，退役後の再就職などの兵士の待遇が体制移行後に悪化する場合には，軍が政権の座にとどまろうとしたり，文民政府に抵抗したりする可能性が高くなる。また，権威主義体制下で企業経営などの経済活動を許され，利益を得てきた軍人たちは，権威主義体制時に享受していた政治ポストや政策決定における一定の自律性，経済権益を削減されることに強く反発する傾向にある。

よって，民主化においては，軍と民主化勢力との間で，体制移行への合意と，体制移行後の軍の利益の温存が秘かに取引きされたり，軍人が遡って訴追を受けないといったある種の暗黙の協定が結ばれたりする。体制移行期の文民政治家の側にも，新体制の安定と自らの政治生命の存続が重要であるため，軍と真っ向から対立することは避けたいとの思惑が働く。制度によって軍を拘束するよりも，懐柔や譲歩によって軍と共存するほうが安全である。東南アジアの多くの国で，軍が民主化後も一定の政治的影響力を保持し続けているのはこのためである。

民主化プロセスにおける取引や協定は，必ずしも社会にとってマイナスではない。東南アジアの政軍関係を分析する研究者の間では，政治家と軍人との間の個人的な紐帯や，こうした取引，協定こそがスムーズな体制変換を促し，民主化の定着につながったという分析が見られる。ここではその典型例として，フィリピンとインドネシアの体制移行をみてみたい。

フィリピン

1986年の政変が，大衆行動ではなく，軍事クーデタの企てから始まったことはよく知られている。1965年に選挙を経て大統領に就任したフェルディナンド・マルコスは，共産党が武装闘争を呼び掛け，南部ミンダナオのイスラーム勢力が分離独立を主張して武装するなか，1972年に戒厳令を布告し，選挙を停止して権威主義体制を確立した。そして，軍からの支持を得るために軍上層部の人事に介入し，同郷者や同窓生，個人的な友人らを主要官庁や国営企業の役職に任命し，軍を個人的な支配の下に置こうと試みた。また，軍幹部に地方の土地やインフラを管理させるなど，支持の見返りに便益を供与する恩顧関係（パトロネージ）を築いた。

しかし，マルコスと個人的に近い軍人が，優秀とされる士官学校卒業生よりも高待遇を受けていることに不満を抱く青年将校らもいた。共産主義武装勢力は拡大を続けており，前線で戦う士官学校出身の将校らは，軍上層部の腐敗や政権の国軍改革への消極的姿勢を批判し，国軍改革運動（RAM）というグ

図6-3　銃を持った軍人の前に立ちはだかる修道女たち

（出所）Bancroft Library, University of California, Berkeley/Kim Komenich.

ループを結成した。

マルコス政権への不信は，軍の上層部にも徐々に拡大していった。エンリレ国防大臣とラモス国家警察軍司令官（その後，参謀副総長）も，ベール参謀長がイメルダ・マルコス夫人との個人的紐帯によって権力を拡大していくことを懸念していた。1983年にマルコスの政敵であったベニグノ・アキノ Jr. 前上院議員がアメリカからの帰国直後に首都マニラの空港で殺害された事件が彼らの差し金であるとの見方（真偽は不明）は，彼らの政権への不信感に拍車をかけた。「制度としての軍」を志向する勢力と，マルコスによって私的に「政府としての軍」として利用されていた勢力との間に，亀裂が広がっていったのである。

1986年の大統領選挙後，市民による民主化運動が過熱するなか，エンリレとラモスは共に RAM を支持した。当時，エンリレはクーデタによって権力を掌握し，その後，ベニグノ・アキノ Jr. の妻でのちに大統領候補となるコラソン・アキノとの取引を経て民政移管をすることを考えていたといわれている。しかしクーデタ計画は事前に露見し，エンリレとラモスはコラソン・アキノ政権の発足を支持することになった。

軍は RAM を取り締まろうとしたが，カトリック教会の呼びかけにより多くの市民が RAM の立てこもる基地に押し寄せたため，軍は強硬手段をとることができず，命令に背いて投降する兵士も続出した。銃を持った軍人の前に立ちはだかる修道女たちの写真（図6-3）はよく知られているが，彼女たちに代表される市民は，単に軍に対峙していたのでなく，「制度としての軍」の利益を代表する将校らへの支持を表明していたともいえる。

1986年民主化運動の最終局面において，コラソン・アキノは側近を介して RAM に接触し，文民統制を受け入れるよう要求していた。これに対してエンリレは，新政権下で閣僚のポストを用意するよう要求し，コラソン・アキノ側はエンリレを国防大臣に任命した。

しかし，RAM の将校らの不満は民主化後も消えなかった。コラソン・アキノ政権による共産主義グループの政治犯の釈放，共産ゲリラとの停戦などの宥和策は軍の脅威認識とは大きく乖離しており，コラソン・アキノ政権下では8件のクーデタ未遂事件が続発した。軍人らは，少なくとも安全保障政策の決定過程で主導権を握りたいと主張し，結果的にコラソン・アキノは軍に譲歩し，一部の行政ポストを軍人に譲るという取引を行った。その結果，軍が安全保障政策のみならず人事においても政府の意思決定過程に介入するという前例をつくってしまった。

1992年，マルコス政権末期に参謀副総長を務めたラモスが大統領に就任するとクーデタは沈静化したが，退役・現役の軍人が閣僚ポストについたり，大統領が国軍の意向を取り入れた人事を行ったりする慣習はその後も続いた。

インドネシア

インドネシアでは，1997年のアジア金融危後の深刻な不況を引き金として民主化運動が過熱した。民主化運動の最終局面では全国各地で政治集会が行われ，メダンでの暴動，ジャカルタでの大暴動などが発生したが，その対応をめぐって，ウィラント国軍司令官のグループと，スハルトの娘婿であるプラボウォ・スビアント陸軍戦略予備軍司令官のグループが対立していた。

プラボウォらは，華人系商店への襲撃などを暗に煽って暴動を引き起こすことで強権を発動し，軍が指揮権をとるシナリオを考えていた。ウィラントらはできるだけ穏健にスハルトを退陣させようと，軍が政権交代を主導し，体制変動後の社会に秩序を与えるために一定の政治介入を続けることを望んでいた。対立はウィラント派の勝利に終わり，軍の分裂は阻止された。ウィラントは軍の総意としてスハルトに辞任を促し，ハビビ新政権の誕生を支持した。このように軍は，民主化の最終局面で主導権を発揮することはなく，同時に，少なくとも表面的には，軍の政治的機能の撤廃も明言した。

ただし，フィリピン同様，政治家は軍の利権を完全に剥奪することはしないという暗黙の協定が交わされた。軍幹部は表向きには政治に口を出さない代わりに，温存された様々なビジネスからの利権を得ることで，民主化を受け入れ，文民政権と共存する道を選択した。

6　任務の拡大と新たな課題

ポストモダンの軍

モスコスは，ソビエト連邦と旧共産圏からの脅威の消滅によって規模の縮小をはかった冷戦後の欧米の軍のことを「ポストモダンの軍」と呼ぶ。その特徴は次のようなものである。

核戦争や総力戦に備える必要がなくなり，多くの国は徴兵制を廃止したが，世界中での新たな民族紛争の勃発・激化により，軍は新たな任務を負うこととなった。バルカン地域における紛争，ルワンダの虐殺，ソマリア内戦などの人道的危機を受け，欧米諸国の政府は，集団的安全保障として自国軍を紛争地域に派遣するという選択をせざるをえなかった。停戦監視，人道支援，災害救援など，戦闘以外の新たな任務を付与された軍は，組織と戦略の見直しを余儀なくされる。軍は，国連をはじめとした国際機関，他国の軍，派遣先国の政治家や官僚との交渉・調整を担当できるような多様な人材を求めるようになった。また，軍人としての生き方は画一的ではなくなり，私生活を充実させる個人主義的な価値観を持つ軍人が増加した。

東南アジアにおいてはそのような「ポストモダンの軍」への移行は起こらなかった。その理由としては以下の2点があげられる。第1に，東南アジアの主要国であるフィリピン，インドネシア，タイのいずれも，冷戦終結後もなお，国内の共産勢力やイスラーム武装勢力，少数民族武装勢力などと軍との間で戦闘が続いており，欧米のように任務が大幅に変化することがなかった。

第2に，すでに述べたように，フィリピンとインドネシア，あるいはタイにおける民主化は，政治家，高級官僚，王族，財閥などの文民エリートと軍部エリートとの間での役割分担と利益の取引に他ならなかった。欧米の軍が旧共産圏という外敵の消滅と安全保障環境の劇的な変化への対応策として戦略と組織の見直しを余儀なくされたのに対し，この時期の東南アジアでは，軍の組織再編は，安全保障環境ではなく，もっぱら，文民エリートと軍幹部との間の妥協によってなされたのである。

ASEAN 域内協力における軍の役割

しかし，変化がなかったわけではない。21世紀にはいると，これまで一貫して「内向き」でありつづけてきた東南アジアの軍も，国連や東南アジア諸国連合（ASEAN）の枠組みを通じた多様な国際協力活動を志向するようになった。

そのきっかけは，2004年末のスマトラ沖大地震・インド洋津波であった。東南アジアの国々では，大規模災害発生時には，潤沢な人員と機動力をもち全国に展開する軍が，文民政府機関や自治体より先に救援活動にあたることが多い。しかし，東南アジアのなかで国境を越えた災害救援活動が行われたのは2004年が最初であった。各国政府は万一の際の外国軍の送り出しや受け入れに関する法的枠組みの検討を開始した。被災国の文民政府機関や国際 NGOをはじめとする内外の様々な団体との複雑な調整を経験した軍は，他国軍との相互運用性を高めるための訓練や調整を取り入れるようになった。

2008年，ミャンマーはサイクロン・ナルギスによって甚大な被害を受け，各国や国際機関は，災害発生直後から各種の災害救助支援を申し出た。しかしミャンマー軍政は「政府の災害援助能力は十分である」と主張して支援を拒否し，国際社会からの批判が高まった。この教訓を受け，2013年にフィリピンを襲った大型台風ハイヤン（現地名ヨランダ）では，フィリピン政府は域内外の国々の軍からの支援を受け入れざるを得なかった。

こうして徐々に，人道支援・災害救援分野における地域協力の必要性が，各国の政府および軍のそれぞれによって認識されるようになった。ASEAN 国防大臣会合（ADMM），それにアメリカや日本を加えた拡大 ASEAN 国防相会議（ADMM プラス）といった軍コミュニティの場では，軍組織が他国で災害救援に従事する際の法的な身分保障（識別，通過，不逮捕特権，賠償補償など）も提案されてきた。

また，インドネシアやマレーシアは，PKO を主軸とした国際平和協力活動に積極的に軍を派遣している。こうした国際的な活動の増加にともない，海外勤務経験を持つ軍幹部が増加したこと，また，自然災害のみならず海賊やテロといった国境を超える安全保障上の脅威に対しても，東南アジアの中で合同軍事演習や実務的な協力・調整の機会が増加してきたことは，近年の新しい動きといえよう。

形を変える紛争と軍の役割強化

世界の紛争をデータ化しているイギリスの研究組織，「武力紛争データプロジェクト（ACLED）」によると，世界の紛争は，かつてのように国家と反政府勢力が対峙する構造から，より複雑化，多様化している。非国家主体同士による武力衝突や局地的な暴動など，国家の枠組みだけでは対処できない形態の紛争が増加している。

東南アジアも例外ではない。ミャンマーでは複数の少数民族組織が武装して「州軍」を名乗る事態が何十年も続き，政府の正規軍とだけでなく，「州軍」同士での闘争を行っている。フィリピンでは，中央政府と和平交渉を行ってきたモロ民族解放戦線（MNLF）やモロ・イスラーム解放戦線（MILF）以外にも，そこから派生して首都圏以外で局地的な爆破事件を繰り返す武装勢力が存在する。準軍組織や有力政治家のボディガードとして暗躍する民兵は，地域の争いごとや，リド（rido）と呼ばれる有力家族同士の対立にも介入して武力を用いる。紛争当事者は多様化しており，1人の人間が，準軍組織，犯罪組織，テロ組織，民兵など，複数のアイデンティティを持つこともある。こうした状況を受け，フィリピンやインドネシアでは，国内の治安維持における軍の役割を再び強化し，警察と任務を分担させるような動きも見受けられる。

プロフェッショナリズムは変化するのか

本章では，歴史的に形成されてきた東南アジアの軍の特徴を概観してきた。特に，権威主義体制下での政権と軍との関係や，体制変動期における軍の行動パターンが現在の政軍関係に大きな影響を与えてきたメカニズムを論じた。

軍と政治との距離感は，各国が独立後に直面してきた内外の「脅威」の度合いによって規定されている面が大きい。頻発する大規模自然災害，複雑化する紛争への国際社会の介入，国境を超えるテロの拡大，そして近年の南シナ海における中国の進出といった脅威の多様化によって「外向き」の任務や国際的な活動が増加すれば，各国の軍幹部の価値観や文民政府との関係性が徐々に変化する可能性はある。しかし当面は，東南アジアの軍は，ハンチントンが理念型とした欧米の民主主義国家型の「プロフェッショナリズム」の枠にはおさまらない活動を続けるであろう。

参考文献

Chambers, Paul W. and Aurel Croissant eds., *Democracy under Stress : Civil-Military Relations in South and Southeast Asia*, Institute of Security and International Studies (ISIS), Thailand : Chulalongkorn University, 2010.

Croissant, Aurel, D. Kuehn, P. Lorenz and P. W. Chambers, *Civilian Control and Democracy in Asia,* Palgrave, 2013.

Croissant, Aurel, *Civil-Military Relations in Southeast Asia,* Cambridge University Press, UK. 2018.

Flavier, Juan M., *Doctor to the Barrios : Experiences with the Philippine Rural Reconstruction Movement,* Philippines : New Days, 1970.

Heiduk, Felix ed., *Security Sector Reform in Southeast Asia : From Policy to Practice,* Palgrave, 2014.

Huntington, Samuel, *The Soldier and the State,* Harvard University Press. 1957.（ハンチントン，サミュエル，市川良一訳『軍人と国家』，原書房，2008年）

———, "Reforming Civil-Military Relations," in Diamond, Larry & Plattner, Marc, eds., *Civil-Military Relations and Democracy,* Johns Hopkins University Press. 1996.

International Institute for Strategic Studies, *The Military Balance 2018,*

Janowitz, Morris, *The Military in the Political Development of New Nations : An essay in comparative analysis,* University of Chicago Press, 1964.

———, *The Professional Soldier : A Social and Political Portrait,* The Free Press, 1960.

Moskos, Charles, *The Postmodern Military : Armed Forces after the Cold War,* Oxford University Press, 2000.

Stepan, Alfred C., *Rethinking Military Politics : Brazil and the Southern Cone,* Princeton University Press. 1998.（ステパン，アルフレッド，堀坂浩太郎訳『ポスト権威主義——ラテンアメリカ・スペインの民主化と軍部』同文館出版，1989年）

参考ウェブサイト

ハイデルベルグ大学ウェブサイト（Hidelberg University, Aurel Croissant's website）
https://www.uni-heidelberg.de/politikwissenschaften/personal/croissant/forschung_en.html#datasets

本章を学ぶための基本書

武田康裕『民主化の比較政治――東アジア諸国の体制変動過程』ミネルヴァ書房，2001年。

＊体制変動における軍の役割について，政軍関係の基本的な理論を整理しつつ，ベトナム，フィリピン，インドネシア，ミャンマーの事例が具体的に議論されている。本章で断片的に紹介したハンチントンやジャノビッツ，ステパンの理論についても，わかりやすく解説されている。

本名純『民主化のパラドックス――インドネシアにみるアジア政治の深層』岩波書店，2013年。

＊インドネシアの民主化における軍の役割，文民政治家と軍部の取引と妥協をわかりやすく描いている。現代の東南アジアの政軍関係の問題の根幹をあぶり出した書である。

酒井啓子編著『途上国における軍・政治権力・市民社会――21世紀の「新しい」政軍関係』晃洋書房，2016年。

＊複数の国々の政軍関係の在り方を，特に軍の政治への影響力という視点から書いた本。各章が事例として独立しており，全体に共通する事象が整理されているわけではないが，東南アジアからはタイ，フィリピン，マレーシアの事例が含まれている。

（木場紗綾）

Column⑤ ビールの泡の向こうに見える政治経済の新展開

東南アジア政治史を勉強したことがある人にとって,「カティプーナン」といえば19世紀末,フィリピン革命を先導した秘密結社の名前である。しかし,フィリピンのビール好きの一部では,2012年に製造が始まったクラフトビールの名前として浸透しつつある。

カティプーナンビールに限らず,東南アジア各地でクラフトビール作りが始まっている。例えば,タイのビール大手で「シンハービール」を持つブンロード社は,2018年に発芽玄米から作られたクラフトビール「コッパービール」の缶販売を始めた。こうしたクラフトビールの多くは,世界的に主流のラガータイプではなく,エールタイプなのが特徴である。各地におけるクラフトビールの誕生は,東南アジアの消費市場が,大量消費市場のみならず多様性を求める個別の市場をも含むものへと変わってきたことを示す一例といえるだろう。

とはいえ,市場規模でいえばクラフトビール市場はまだまだ小さい。日本のキリンビールのウェブサイトには「ビール大学」というコンテンツがあり,そこで世界のビール市場の概要を知ることができる。2000年のビール生産量を見ると,上位10カ国には中国と日本以外のアジアの国はない。2017年になると,中国と日本に加えて,9位にベトナムが入っている。また,同サイトによれば,2017年には,ベトナムで前年比15.4%,フィリピンで前年比7.9%,ビールの生産量がそれぞれ増加した。前年比2.1%減少した日本と比べると,市場の勢いの違いがより明確になる。

ビールを含むアルコール市場は,様々な規制の対象となりやすく,地場の企業が一定の存在感を持っている。各国のビール市場をけん引する代表的企業のウェブサイトやサイト上で公開する年次報告書を見ると,企業活動の一端が垣間見えて興味深い。ベトナムのビール製造最大手は,ホーチミンを拠点にするサイゴン・ビール・アルコール飲料総公社(サベコ)である。同社は,1910年にフランス人が開設した醸造所がもとになっており,主力の「333(バーバーバー)ビール」や「サイゴンビール」は日本でもしばしば見かける。この333ビール,1985年に発売されたベトナムで最初の缶ビールであるという。2018年現在,同社のビールは世界30カ国で消費されている。

株式にまで目を向けると,サベコの展開は東南アジア経済の新展開をより明瞭に示してくれる。かつて共産党による計画経済のもとで国営企業だった同社は,ホーチミン証券市場に上場し,2017年にはベトナム政府商業工業省が所有していた株式50%超をベトナム・ビバレッジに売却した。ただし,このベトナム・ビバレッジは純粋なベトナム企業ではなく,タイのビール製造大手タイ・ビバレッジ(有力銘柄はチャーンビール)を出資元とする香港の会社の出資会社である。2018年現在の取

フィリピンのクラフトビール・カティプーナン
（出所）カティプーナン社。

締役会の構成をみると，７名のうち３名が外国人で，取締役会長はシンガポール人，監査委員会委員長はタイ人，社長はシンガポール人となっている。20世紀後半のタイは，先進国からの海外直接投資の受入れ国として成長したが，すでに投資の送出し国としての顔を持つようにもなっていることが如実にわかる。

変化は，かつてクローニー（政商）資本主義の象徴とされたフィリピンのビール業界においても起きている。フィリピンのビール業界をけん引するサンミゲルビール社は，1890年に東南アジアで最初のビール醸造所として設立された。現在，同社の親会社であるサンミゲル社の取締役会長兼最高経営責任者（CEO）のエドアルド・コファンコは，故フェルディナンド・マルコス大統領の側近として独裁政権期に蓄財を重ねた政商の代表格ともいえる（彼の活動の軌跡はアール・G・パレーニョ著，堀田正彦・加地永都子訳『フィリピンを乗っ取った男――政商ダンディン・コファンコ』（太田出版，2005年）に詳しい）。

ただし，サンミゲル社の全てをクローニー資本主義の産物と見なすことは難しい。例えば，傘下のサンミゲルビール社に対しては日本からの注目度も高く，2002年にはキリンビールが資本参加を決め，2009年には40％超の株式を取得した。国際化するサンミゲル社の活動を支えるのは，副会長兼最高執行責任者のラモン・アンである。同氏の下，サンミゲルビール社の株式売却で得た資金などを元手に事業の多角化を進め，フィリピン最大の石油会社ペトロンを買収した。その後も航空や配電事業などを手掛けるようになり，サンミゲル社は，ビールよりもインフラ事業で多くの利益を上げるコングロマリットに変貌した。

そもそも国営企業でありながら，民営化と国際化を実現したサベコや，代表的政商の下，優秀な経営者が事業の国際展開や多角化を進めるサンミゲル社など，東南アジアのビール企業の活動からは，グローバル経済の中で活躍の舞台を広げる東南アジア企業のアニマルスピリットを垣間見ることができる。

（高木佑輔）

第7章
民　族

この章で学ぶこと

東南アジアは文化的な多様性に富む地域であり，どの国も多民族国家である。大陸部は，文化的にはインド文明の影響が強く仏教徒が多い。山間部では様々な少数民族が暮らしている。島嶼部は多数の言語社会に分かれている一方，海上交易とともに伝わったイスラームやキリスト教が広く根づいている。

11カ国すべてが多民族国家であるものの，暴力的な民族紛争が長年つづいている国もあれば，おおむね平和を維持してきた国もある。政府が同化政策をとる国がある一方で，公教育において少数民族にも母語教育の機会を与えるなどの多文化主義政策を実施する国もある。こうした違いはなぜ生じるのだろうか。

比較政治学の民族政治研究では，民族集団の数と相対的規模の重要性が指摘されている。他者に比べて圧倒的に人口が大きい集団が存在する場合，その集団が権力を牛耳ることになる。彼らは自分たちの文化こそ国の文化だと考え，同化政策をとるだろう。そのような集団が存在しなければ，多文化主義的な政策がとられる余地が出てくる。実際，東南アジアではこの傾向が見られる。主要民族が人口の９割を占めるタイとカンボジアは同化政策をとっており，そうでないマレーシアやシンガポールは多文化主義政策をとってきた。だがもちろん，民族間の関係や政府の政策を左右するのは集団の規模だけではない。各国の歴史を振り返ると，独立にいたる経緯や政治体制の影響が大きいことがわかる。

1　国勢調査から見る11カ国の民族構成

民族とは何か

本章でいう「民族」とは，英語では ethnic group ないし ethnicity と呼ばれ，東南アジア各国でもそれに相当する言葉で言い表されている集団を指す。民族は，言語や慣習，共通の出自などを結節点として，「我々意識」で結ばれた人々の集団である。「我々」の範囲は変わりうるもので，複数の民族が１つにまとまったり，１つの民族が２つに分かれたりすることもある。また，１人の個人が複数の民族集団に対して所属意識をもつこともある。とはいえ民族集団の統合や分裂は頻繁におこるものではなく，一生のうちに何度も所属する民族が変わる人はまれである。東南アジアでは，11カ国中８カ国が国勢調査（人口センサス）で国民がどの民族に属すかを調べているので，これを用いて国ごとの民族構成を確認しよう（表７－１）。

東南アジアには，大きく分けて大陸部の文化と島嶼部の文化がある。大陸部（インドシナ半島）は，言語の面でインドあるいは中国とのつながりが比較的深く，宗教面では上座仏教が広く信仰されている。島嶼部（マレー諸島）は，２万5,000あまりの島々から構成されているため言語のバリエーションが豊富だが，多くは同じオーストロネシア語族に属すもので，諸言語間の差異は比較的小さい。宗教面では，13世紀以降に海上の東西交易を通じてもたらされたイスラームとキリスト教が広まっている。

島嶼部，大陸部の順に各国の状況をみていこう。11カ国の国勢調査報告書には，民族集団のほかに宗教別の人口構成が記載されていることから，こちらもあわせて見ていく。

島嶼部６カ国の民族と宗教

フィリピンは7,000以上の島々からなる島嶼国である。この国の国勢調査（2010年）は，言語を分類基準に用いて国内の「エスニシティ」を180種に分類している。フィリピン社会の特徴は，数のうえで突出した民族集団が存在しないことである。最も人数が多いのは首都マニラの言語であるタガログ語を話す集団だが，彼らは総人口の４分の１に満たない。一方，宗教を分類基準とするなら様相はかなり異なる。最大集団はカトリック信者で，総人口の８割を占める。第２位はイスラーム教徒（ムスリム）だが，彼らの比率は5.6％に過ぎない。

インドネシアは世界４位の人口大国であり，2010年時点の総人口は２億3,764万人であった。島の数は１万7,000あまりにのぼり，世界最多を誇る。民

表７－１　東南アジア11カ国の人口と主要エスニック集団

	総人口	最大民族*（%）	最大宗教*（%）	その他の民族集団（%）
フィリピン（2010年）	92,097,978	タガログ（24.4）	カトリック（80.6）	ビサヤ（11.4），セブアノ（9.9），イロカノ（8.8）等
インドネシア（2010年）	237,641,326	ジャワ族（40.2）	イスラーム（87.2）	スンダ族（15.5），バタック族（3.6%），マドゥラ（3.0%）等
東ティモール（2015年）	1,183,643	テトゥン語（36.7）	カトリック（97.6）	マンバイ語（16.5），マカサイ語（10.5）等
マレーシア（2010年）	28,334,135	マレー人（54.6）	イスラーム（60.6）	華人（24.6），インド人（7.6%）等
シンガポール（2010年）	5,076,700	華　人（74.1）	仏教・道教（44.2）	マレー人（13.4），インド人（9.2），その他（3.3）
ブルネイ（2011年）	393,372	マレー人（65.7）	イスラーム（78.8）	華人（10.3），その他（24.0）
ミャンマー（2014年）	51,486,253	ビルマ族（未公表**）	仏　教（89.8）	シャン族，カレン族，ヤカイン族，モン族等
タ　イ（2010年）	65,981,659	タイ語（90.7%）	仏　教（93.6）	マレー語（2.3），ビルマ語（1.3）等
カンボジア（2008年）	13,395,682	クメール語（96.3）	仏　教（96.9）	チャム語（1.5），ベトナム語（0.5）等
ラオス（2015年）	6,492,228	ラオ族（53.2）	仏　教（64.7）	クム族（11.0），モン族（9.2），プー・タイ族（3.4）等
ベトナム（2009年）	85,846,997	キン族（85.7）	無宗教（81.8）	タイー族（1.9），タイ族（1.8），ムオン族（1.5）等

（注）　*インドネシア，マレーシア，ベトナム，ラオスは国民人口に対する比率。シンガポールは国民＋永住権取得者のなかでの割合。民族名を○○族とするか○○人とするかの選択は，その国に関する日本語文献の傾向に従った。**1983年センサスにおけるビルマ族の比率は69.0%。
（出所）　各国の国勢調査報告書をもとに筆者作成。

族的な多様性も著しい。同国の国勢調査は，民族を「代々受け継がれて形成された社会的文化」と定義し，調査対象者の自己申告に基づいて分類しており，その数は1,300種にものぼる。最大集団のジャワ族は総人口の４割ほどである。インドネシアもフィリピンと同様に宗教面では多数派と少数派に別れるが，フィリピンとは逆にムスリムが多数派，クリスチャンは少数派である。

そのインドネシアから2002年に独立した東ティモールは，総人口118.4万人の極小国家である。東ティモールの国勢調査では民族は調査項目に入っておらず，かわりに母語を問う質問がある。最大集団は公用語であるテトゥン語の話者だが，人口の３分の１強にとどまる。ただし，母語に加えてテトゥン語を話

図７－１　シンガポールの様々な民族の子どもたち（19世紀）
（出所）　roots.sg/Roots/learn/collections/listing/1132985

す住民が多く，国民の８割はテトゥン語を話せる。宗教面では圧倒的多数がカトリック信者である。

マレーシアとシンガポール，ブルネイはイギリスの植民地だった地域であり，いずれの国でもマレー人と華人（中国系市民）がおもな民族である。マレーシアの国勢調査は，先住民族を意味するブミプトラとそれ以外に国民を区分するところに特徴がある。ブミプトラのなかの最大集団はマレー人である。その他のブミプトラはおもにボルネオ島のサバ州，サラワク州の民族で，ブミプトラの総計は国民人口の67％である。宗教別の人口をみると，イスラーム教徒が多数派ではあるものの全体の６割にとどまる。

都市国家のシンガポールは，1965年にマレーシアから分離独立した。マレーシアとは反対に華人が多数派であり，居住者（国民＋永住権取得者）人口の４分の３を占める。宗教面では仏教・道教の信者が多いが人口の4割あまりに過ぎず，宗教を持たない人も多い。ブルネイはボルネオ島の極小国家で，2011年の総人口は39.3万人に過ぎない。国勢調査では，民族がマレー人，華人，その他の３種に分類されており，マレー人が総人口の65.7％を占める。ムスリム人口はマレー人人口を上回っており，総人口の８割弱にのぼる。

大陸部５カ国の民族と宗教

多様性が著しい島嶼部とは対照的に，大陸部ではどの国にも国民の過半数を占める民族が存在する。宗教面では仏教徒が多数派で，ムスリムやクリスチャンは少数派である。

インドシナ半島西端に位置するミャンマーでは，軍政が続いたため長らく国勢調査が行われなかったが，2014年に31年ぶりの調査が実施された。「エスニシティ」に関する質問項目があるものの，各民族の人口規模などは公表されなかった。かつて，1983年調査までは民族ごとの人口が報告されており，1983年時点ではビルマ族が総人口の69.0%を占めていた。いまでもビルマ族が人口に占める割合は7割程度だと考えられる。宗教面では総人口の9割弱が仏教徒である。

ミャンマーの隣国タイは，英仏植民地の緩衝国として東南アジアで唯一植民地化を免れた国である。タイの国勢調査では民族は調査項目に入っておらず，家庭で通常使用する言語と宗教を問う項目がある。民族別に区分するなら，タイ語を母語とするタイ族が国民の9割を占めると見なすことができる。宗教面では大多数が仏教徒である。カンボジアの国勢調査にも民族に関する質問項目はなく，母語と宗教に関する項目がある。クメール語を母語とし仏教を信仰するクメール族が総人口の96.3%を占めている。

東南アジアで唯一の内陸国であるラオスでは，山岳・丘陵地帯に多種多彩な少数民族が暮らす。国勢調査（2015年）は，国内の「エスニシティ」を50種に分類している。最大集団はラオ族で，国民人口の半数強を占める。宗教別では6割あまりが仏教徒である。隣国ベトナムでも，山間部に少数民族が暮らしている。ベトナムではキン族が主要民族で，人口の85.7%を占める。国勢調査（2009年）によればベトナムには54の民族が存在するが，キン族に次ぐ人口規模のタイー族でさえ人口の2%を占めるに過ぎない。宗教面では，無宗教の割合が総人口の8割を超える。国勢調査の宗教に関する項目は，まず何らかの宗教の信者か否かを問う質問があり，「はい」と答えた場合にのみどの宗教の信者かを答える形式なのだが，全部で13種の宗教の信者を合算しても人口の18.2%にしかならない。この調査結果は，ベトナムの政治体制が共産党の一党独裁であることに由来すると考えられる。信者がもっとも多いのは仏教（7.9%）で，その他はカトリック（6.6%），ホアハオ教（1.7%）などである。

2 民族間関係を左右する集団の人口規模

規模の理論

このように東南アジア各国はいずれも多民族社会であるが，フィリピンやインドネシアのように著しく多様性に富む国がある一方，タイやカンボジアのように主要民族が人口の９割を超える国もある。

比較政治学の民族政治研究では，民族集団の数と相対的規模が政治的に重要な意味を持つことが知られている。人口規模が他者に比べて圧倒的に大きい集団が存在する場合とそうでない場合とでは，民族間の関係や国の政策に違いがでるはずだ。理論的には次のように考えることができる。圧倒的に人口が多い集団を支配的集団と呼ぶことにしよう。支配的集団が存在する場合，多数派と少数派の関係は，多数派が政治的強者，少数派は弱者という垂直的なものになる。多数派集団は政治権力を独占できるから，望み通りの教育政策や宗教政策を実施できる。多数派は，自分たちの文化こそ国の文化だと考えるに違いない。他者に対しては自らの文化への同化を求めるはずだ。少数派は，多数派の支配体制を脅かさない限りは保護されうるが，多数派に脅威を与えれば厳しく抑圧されるだろう。

一方，支配的集団が存在しない場合，多数派と少数派の関係は水平的，取引的なものになるだろう。とくに過半数集団が存在しない場合，その傾向が強まると予想される。相対的多数派の勢力だけでは政治的決定が困難だからだ。こうした社会では，多数派の利益と少数派の利益のバランスをとるための努力がなされるだろう。政策的には，多文化主義的な政策がとられやすくなるだろう。

民族と宗教，２つの軸

先に見たように東南アジア各国は，国勢調査において民族（ないし母語）と宗教について調査している。民族と宗教という２つの軸を立てた場合，支配的集団の有無という基準を用いて，①支配的民族と支配的宗教の双方が存在する，②支配的民族は存在するが支配的宗教はない，③支配的民族は存在しないが支配的宗教がある，④支配的民族と支配的宗教のどちらも存在しない，の4種に社会を分類できる。またそれぞれのパターンについて，次のような理論的予測が成り立つ。

まず，支配的民族と支配的宗教の両方が存在する場合，支配的民族の信仰する宗教が支配的な宗教ということになる。このような社会では，民族面でも宗教面でも多数派への同化を促す政策がとられがちで，抵抗する少数派は厳しく

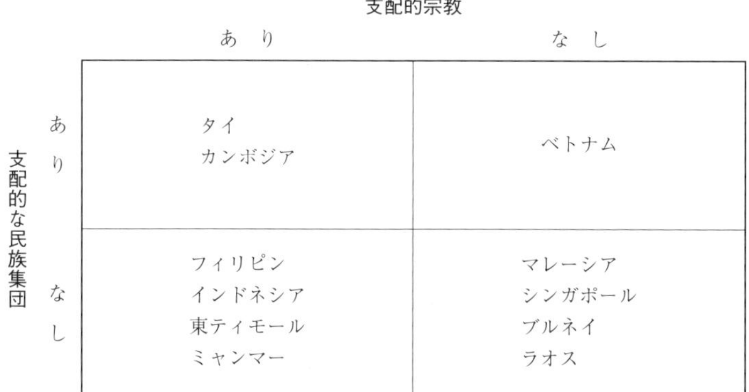

図7－2　人口面で支配的な民族集団・宗教の有無

（注）　支配的集団とは，人口の８割以上を占める集団を指す。
（出所）　筆者作成。

抑圧されると予想される。

支配的民族は存在するが支配的宗教がない場合，言語などについては支配的民族への同化政策がとられる一方，宗教面では多様性が許容されるだろう。逆に，支配的民族は存在しないが支配的な宗教がある場合，言語政策などでは集団間のバランスが模索される一方，支配的な宗教が国の宗教に位置づけられ，宗教的少数派は従属的な立場におかれることになるだろう。

最後に，民族面でも宗教面でも支配的集団が存在しない場合，政策はどちらの面でも集団間の交渉と取引によって決まると考えられる。

集団の規模に基づくこの単純な理論的予測は，東南アジアの現実に適合しているだろうか。図７－２は，東南アジアの11カ国が４つの類型のどれに当てはまるかを示したものである。最新の国勢調査で人口の８割以上を占める集団を「支配的」と定義した。それだけの数がいる集団ならば，自分たちの文化こそ国の文化だと考えるのが自然であり，かつ，この集団が中央の政治権力を握れるからである。ただし，現時点で支配的集団が存在することは，同化政策の原因になるだけでなく，過去の同化政策の結果でもありうる。この点を考慮して，「支配的」と見なす基準をやや低めに設定した。

タイとカンボジアには支配的民族と支配的宗教の両方が存在する。ベトナムには支配的民族が存在するが支配的な宗教はない。一説にはベトナム人の８割は仏教徒だともいわれるものの，ここでは仏教を支配的宗教とは見なさない。

フィリピン，インドネシア，東ティモール，ミャンマーの4カ国には，支配的民族は存在しないが支配的宗教がある。フィリピンについては，キリスト教諸派をあわせた総体としてのキリスト教を支配的宗教と見なした。残る4カ国には支配的民族と支配的宗教のどちらも存在しない。

以下では，4類型に関する理論的予測を軸として，各国における民族間の関係とそれに関わる政策の展開を整理する。もちろん，民族間関係や政策に影響を与えるのは集団の規模だけではないから，予測に合致しない事象もある。それらについては，いかなる事情で予測から外れる現象が生じたのかを個別に説明する。

3　支配的民族が存在する国

同化政策の受容と抵抗――タイ

タイでは人口の9割を占めるタイ族が支配的民族であり，近代国家の形成過程で同化政策がとられた。

19世紀までの東南アジアは，多数の小国家が林立する地域であった。国家どうしは朝貢関係のネットワークで結ばれており，なかには多くの朝貢国を従え，広大な勢力圏をもつ大国もあった。中部タイに勃興したシャムは，そうした域内大国の例である。19世紀半ば以降，シャムはその勢力圏をイギリスとフランスに浸食されてしまったが，一方で国境線をめぐる英仏との攻防は，バンコクの王朝が朝貢国の領地を自ら統治し，領域国家を確立していく過程でもあった。近代国家の建設をめざしたチュラーロンコーン王（ラーマ5世）のもとで，1890年代半ばには中央集権的な地方行政制度の整備が進められた。

公教育もこの時期に始まった。当時の学校は仏教寺院内に設置され，僧侶が教師を務めた。教授言語は，中部タイのことばであるタイ語と定められた。国民教育の仕組みが，仏教とタイ語への同化を前提につくられたのである。

国王の親政体制のもとで始まった同化政策は，1932年の立憲革命後に加速する。1938年に軍人のピブーンが首相に就任すると，政権は国民統合を基本政策に掲げ，国民が守るべき行動規範としてラッタニヨム（国民信条）を発表する。

ラッタニヨムは，国民をエスニシティで区別するのは適切でない，皆「タイ人」と呼ぶべきだと定める一方，すべての国民にタイ語の使用を要請した。

ただし，同化政策の成果が広く現れるまでには時間がかかった。とくに農村部では就学がなかなか進まなかったため，国語の普及も滞った。メコン川を挟んでラオスに隣接する東北地方（イサーン）の住民は，中部タイのことばとは異なるラオ語を話しており，ラオ族としての民族的アイデンティティをも長らく保持していた。この地域では，1960年代以降，就学率が上がるにつれてタイ語が普及していった。

同化政策に激しく抵抗した地域もある。マレーシアに隣接する深南部である。かつてはスルタンを戴くパタニ王国の領地だった深南部では，マレー語を話すイスラーム教徒が多い。

1921年に義務教育令が発布されると，マレー・ムスリムの子もタイ語で授業が行われる公立学校に通わねばならなくなった。パタニの住民は義務教育令を，彼らを「シャム化」する企みと見て強く反発する。発布の翌年には，宗教指導者らが税の不払いなどの抵抗運動を組織したことから，軍・警察と住民が衝突し多数の犠牲者を出す事件が発生した。その後，ピブーン政権が考案したラッタニヨムによってマレー語の使用やマレー風の服装が禁じられたため，中央政府への不満はますます強くなった。

第2次世界大戦直後には，パタニの旧王族らが南部4県のイギリス領マラヤへの編入を求めたほか，宗教指導者のハジ・スロンがマレー語の使用許可やイスラーム法の導入を訴えるなど，政府への抗議や要求が相次いだ。対して政府は，1948年1月にハジ・スロンらを反逆罪で逮捕したうえ，抗議行動を弾圧して数百人の死者を出す事件を招いた（ドゥスン・ニョールの反乱）。

1960年代に入ると分離主義運動が活発になり，パタニ・マレー民族革命戦線などの組織が武装闘争路線をとって軍・警察と衝突した。1980年代以降は，分離主義運動の組織が分裂し縮小したのに加え，組織員に恩赦を与えて投降を促す政府の政策が奏功して武装闘争はいったん沈静化する。ところが2004年になってイスラーム武装勢力の関与が疑われるテロが急増し，多数の犠牲者が出ている。2000年代以降のテロは目的が不明で，誰がいつ被害にあうかわからない状況だという。

2つの共産党の異なる民族政策――カンボジア，ベトナム

クメール族が支配的民族であるカンボジアでも同化政策がとられてきた。独立前の1947年に制定された憲法でカンボジア語（＝クメール語）がフランス語とともに公用語に定められ，現行憲法下ではクメール語が唯一の公用語である。

現在のカンボジアで最も人口規模が大きい少数民族は，マレー系の言語を母語としイスラームを信仰するチャム族である。2008年の国勢調査によれば，チャム族の人口は20万4,080人で総人口の1.5％にあたる。

カンボジアでは，共産党ポル・ポト派（クメール・ルージュ）が支配した1975年から1979年にかけて，虐殺と飢餓，疾病のために170万人（総人口の2割）が死亡したといわれる。クメール・ルージュは，都市住民を農村へ連行して集団農場で強制的に労働させたほか，通貨を廃止し，教育や医療を否定し，宗教を弾圧するなど，既存の制度を破壊して社会秩序の徹底的な変革を試みた。その際，独自の文化をもつチャム族は，その生活様式が「反革命的」と見なされ，とくに酷い扱いを受けた。チャム族の集落は解体され住民はばらばらに移住させられたほか，チャム語使用とイスラーム信仰を禁じられ，服装，髪型も変えさせられた。当時のチャム人口25万人のうち，4割弱にあたる9万人が死亡したと見られている。

1970年代の政治的混乱は，カンボジアに居住する中国人にも苦難をもたらした。クメール・ルージュ政権下で中国人は資本家と見なされ，農村への強制移住の標的になった。その人口は，1975年の43万人から4年間で半減したと推定されている。

カンボジア政府が共産党政権を含めてクメールナショナリズムに傾倒したのに対して，ベトナム政府は同国が多民族国家であることを積極的に認め，「諸民族の平等」にもとづく国民統合をめざした。その背景として，共産主義が民族の違いを超えた普遍主義的なイデオロギーであることに加え，共産主義者が独立闘争，統一戦争を戦ううえで少数民族との協力が不可欠だという事情があった。1945年にベトナム民主共和国を樹立しフランスと戦ったベトナム独立同盟（ベトミン）は，中越国境付近の山間部を根拠地としていたが，そこは少数民族であるタイー族やヌン族の居住地だった。フランスに抵抗する「ベトナム国民」の大同団結を実現するには，諸民族に平等の権利を認める必要があっ

た。ベトミンは，少数民族の動員，組織化に成功し，抗仏戦争に勝利した。共産主義者はその後の抗米戦争にも勝利し，1975年に南北ベトナムの統一を実現する。

こうした経緯がありながらも，計画経済期には少数民族地域でも主要民族のキン族が開発を主導すべきだと考えられていた。だが1986年のドイモイ（刷新）政策開始後は，ソ連が民族問題の噴出によって解体に向かったことへの危機感を背景に，少数民族の自主性を重視しつつ彼らの生活水準を改善するためのプログラムが導入され今日に至っている。

4　支配的民族は存在しないが支配的宗教がある国

言語は宥和，宗教で対立――フィリピン，インドネシア，東ティモール

フィリピンの国勢調査は，前述の通り言語集団をエスニック集団と規定している。著しい多言語社会であるフィリピンでは，国語や公用語，学校での教授言語をめぐって試行錯誤が重ねられてきた。

アメリカ統治期に制定された1935年憲法では現地諸言語の１つに基づいて国語を開発する方針が示され，後に独立準備政府のケソン大統領がタガログ語を国語の基礎に指定した。しかし当時は，非タガログ話者の間にタガログ語を国語とすることへの抵抗感があったことから，1959年には国語の名称がピリピノ語に改められた。学校教育の現場では，1957年から1974年までの間，小学校の１・２年次には各地の地方語を用いた教育が行われ，３年次以降は英語で授業が行われた。ピリピノ語は，小学校の３年次から教科の１つとして教えられるものに過ぎなかった。

1970年代に入ると，マルコス大統領の独裁体制のもとで言語政策に変化が生じる。1974年には，小学校１年次から文系科目はピリピノ語，理系科目は英語を教授言語とするバイリンガル教育政策が始まった。この政策のもとで，ピリピノ語（＝フィリピノ語）が全土に普及し，非タガログ民族も大半が国語を話せるようになった。1987年に発効した現行憲法では，国語はフィリピノ語，公用語はフィリピノ語と英語と定められている。

このようにフィリピンは，試行錯誤の末にタガログ語を国語として広めるこ

とに成功した。しかし，バイリンガル教育政策のもとでは非タガログ圏の児童の学習に支障が生じていたことから，小学校３年次までは地域ごとに12の地方語で教育を行う「母語を基礎とする多言語教育」が2012年度に全土で導入された。翌年度にはさらに７言語が教授言語に追加されている。

民族意識の核をなす言語の違いが，時代状況に応じた政策対応を通じて穏便に処理されてきたのに対し，宗教の違いは政府の強引な入植政策に結びつき，イスラーム教徒による分離主義運動を招いた。

フィリピン南部のミンダナオ島やスールー諸島にはかつてイスラーム王朝が存在し，スペインに抵抗して19世紀の終わりまで王国を維持していた。しかし，米西戦争後はこの地域もアメリカの支配下におかれ，過剰人口を抱える中部ルソンから多数のキリスト教徒農民が到来した。移住を後押しする政府は，それまでムスリム・コミュニティが保有していた土地を公有地と見なして徴発，払下げの対象にしたため，ムスリム住民は土地を失った。独立後も国内移民政策は続き，1950年代以降，土地をめぐる地元民と入植者の紛争が頻発，激化する。1970年代に入るとモロ民族解放戦線（MNLF）が誕生し，武装闘争が始まった。このミンダナオ紛争によって，これまでに15万人以上が死亡し，100万人近くが難民になったといわれる。

ただし，武力衝突のピークは1970年代であり，1996年には MNLF と政府の間で和平合意が締結された。その後も，MNLF から分離したモロ・イスラーム解放戦線（MILF）が武力闘争を継続したが，2014年には政府と MILF が「モロ民族包括合意」に調印し，MILF もまた国内で自治の確立をめざす方針に転じている。

フィリピンと同様に島嶼国であり，多言語社会であるインドネシアでも，やはりプラグマティックな言語政策がとられてきた。

インドネシアの場合，最大民族であるジャワ族の言語ではなく，スマトラ島東岸部とマレー半島の言語であるマレー語が「インドネシア語」として国語に位置づけられた。もともとこの地域では，15世紀にマラッカ王国が興隆して以来，交易のための共通語としてマレー語が広く使われていた。そのためオランダ統治期になると，行政機構においてオランダ語とともにマレー語が使用され，学校では地方語とあわせてマレー語が教えられるようになっていた。こうした背景から，1920年代にナショナリズム運動が興隆するなかで，マレー語が来たるべき独立国家の統一言語としての地位を得て，インドネシア語と呼ばれるようになったのである。

宗教面では，インドネシア国民のおよそ9割がイスラーム教徒である。独立運動期にはイスラーム国家建設をめざす勢力もあったが，「多様性のなかの統一」をめざしたスカルノ初代大統領らは，イスラームを国教とはせず，他の宗教とのバランスを模索した。

だがイスラーム国家の樹立を望む声は根強く，独立戦争末期から1960年代半ばまで，西ジャワやスマトラ，スラウェシでイスラーム勢力の反乱が相次いだ。1965年の共産党クーデタ未遂事件（9月30日事件）を経て軍部が政府を掌握すると，スカルノの後を継いだスハルトは，武力を背景にイスラーム勢力を封じ込めた。

独裁的なスハルト体制下では，華人や東ティモールの人々も抑圧された。これには，この時期の対外関係が深く関わっている。華人については，1965年のクーデタに中国共産党が関わっていたとの見方があったことなどから，その後の混乱期に国内の華人を標的とする暴動が生じた。スハルト政権は，中国からの影響を遮断するとともに，治安を乱す反華人暴動を予防する目的で華人に対する同化政策を実施した。その内容は，華語学校の閉鎖や華語メディアの禁止，インドネシア風の名への改名勧告など，華人の社会生活に多大な影響をもたらすものであった。一方，東ティモールについては，1974年のポルトガル独裁政権崩壊が強く影響した。これを機に，ポルトガル植民地だった東ティモールで独立への機運が高まったが，インドネシアは東ティモールに派兵して全土を占領し，1976年には併合してしまう。抵抗運動は厳しく弾圧され，犠牲者は20万人にのぼるともいわれている。

このように，スハルト政権期の「多様性のなかの統一」は，ときに武力行使をも伴う抑圧によって維持されていた。そこではイスラーム勢力も弾圧の対象になっており，政府が支配的宗教の代弁者として少数派を抑圧するという単純な構図ではなかった。しかし華人に対する同化政策や，人口の大多数がキリスト教徒の東ティモールの統治が苛烈なものになったのは，彼らが多数派とは異なる文化と宗教をもっていたからでもあるだろう。

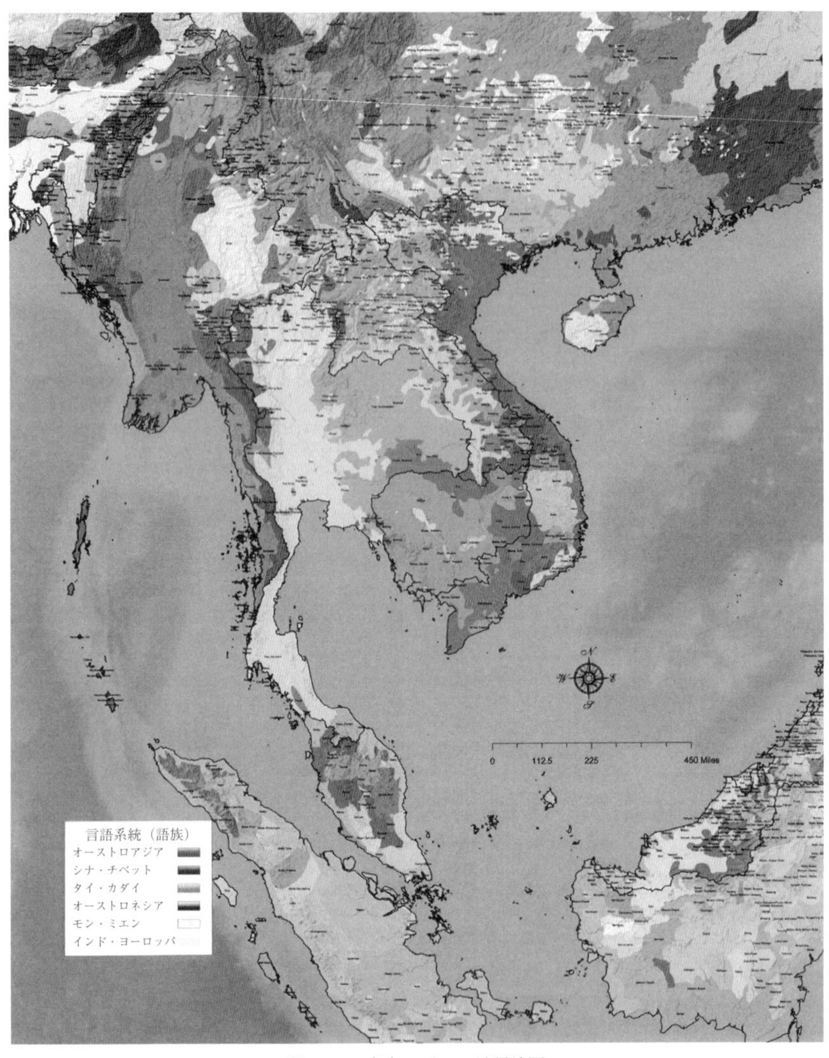

図 7－3　東南アジアの言語地図

（出所）　ireneses.files.wordpress.com/2014/02/languages-of-southeast.asia.jpg.

1998年にアジア金融危機によりスハルト政権が崩壊すると，力で抑えられていた社会の不満が噴出する。政権崩壊にむかう過程ではジャカルタで大規模な反華人暴動が発生し，スハルト退陣後は地方で多くの死者を出す紛争が相次いだ。この政治秩序の変革期を，東ティモールの独立運動指導者は好機として活かした。1999年には国連の支援を得て独立に関する住民投票を実施し，独立を望む民意を世界に示した。その後インドネシア軍の介入によって暴力行為が頻発し多数の犠牲者を出したものの，2002年に東ティモールは独立を果たす。独立後は，民族や宗教に基づく大きな紛争はおきていない。

少数民族との内戦，異教徒の排斥——ミャンマー

ミャンマー最大の民族集団であるビルマ族は，総人口の7割弱を占める。フィリピンやインドネシアの最大集団よりかなり比率が高いものの，タイやカンボジアほどではない。ところがこの国の指導者は，憲法でビルマ語を唯一の公用語と規定し，仏教の特別な地位を認めるなど，ビルマ族の文化を国の文化に定め，少数民族とは長らく対立してきた。

長く厳しい民族紛争の根本要因は，植民地時代の経験にある。1885年に第3次英緬戦争でビルマ族の王朝を滅ぼしたイギリスは，ビルマ族が居住する平野部を直接統治する一方，山間部など辺境地域の統治は各地の藩王に委ねた。この分割統治が全国的な連帯を阻んだ。英領期には多数のインド人移民が到来し，彼らと土着の人々との紛争がきっかけになってビルマ・ナショナリズムの思想と組織が生まれるが，それはビルマ族中心主義の性質が強いものだった。

日本の敗戦から2年あまり後の1948年1月，ビルマ連邦が独立を果たす。しかし，独立国家のあり方についての合意は不十分だった。イギリスとの独立交渉を担ったアウン・サンは，辺境地域の藩王らと交渉してイギリス領ビルマ全域の一括独立についての了承を得たが，この協定（パンロン協定）にはそもそも一部の民族の代表しか招かれていなかった。交渉の対象外とされたカレン族は，独立の翌年に武装闘争を開始する。同時期にビルマ共産党が武装蜂起したうえ，隣国の中国から共産党との戦いに敗れた国民党軍が侵入してきたため，新国家の治安は著しく乱れた。

厳しい内戦に直面した軍人は，政治家に対する不満を募らせた。1962年には

国軍がクーデタをおこして政治の実権を掌握する。国軍トップのネ・ウィンは，ビルマ社会主義計画党を結成し，中央集権的な一党独裁体制を築いた。その一環として，少数民族の自治権はすべて廃止され，一部で残っていた藩王の地位も剥奪された。これを受けて，各地で少数民族の武装闘争が激化したため，政府は強制移住などの苛烈な対策を取った。抑圧が抵抗を生み，抵抗がさらなる抑圧を招くという悪循環に陥ったのである。

この悪循環は，1988年の民主化運動とネ・ウィンの退任，民主化運動の弾圧を経て誕生した軍事政権のもとでも終わらなかった。しかし一方では，この時期には停戦に応じる武装組織も出てきた。その背景にはタイの外交姿勢の変化があった。冷戦期にタイは，反共の観点から国境付近で活動する武装組織を水面下で支援したが，冷戦終結後はインドシナを戦場から市場に転換する政策を掲げた。その一環としてタイは，カレン族やモン族の武装組織に対して停戦に応じるよう圧力をかけたのである。2011年３月の民政移管後は停戦に向けた動きが加速している。2013年から政府は，16の少数民族武装勢力の代表からなる組織と全国停戦協定の締結をめざして交渉中である。

これに対して，宗教に基づく暴力，すなわちイスラーム教徒に対する迫害は，民政移管後にむしろ激化した。ミャンマーのイスラーム教徒の９割強はインド系の人々で，そのうちの約半数をラカイン州に住むロヒンギャ族が占める。ロヒンギャ族の祖先は紀元前からこの地に居住し，11世紀にイスラームに改宗したとされるが，政府は彼らをイギリス統治期以降に現在のバングラデシュから流入した「ベンガル人」と見なしている。現在の国籍法のもとでは，第１次英緬戦争（1824年）以前からビルマに居住していた民族にしか国籍が与えられておらず，ロヒンギャの人々は国籍をもたない不法移民として扱われている。

2012年６月には，ロヒンギャ族と仏教徒のラカイン族との間で大規模な紛争が生じ，多数の犠牲者が出た。その後，他の地方でも反ムスリム感情が煽られ，ムスリムを標的とする暴動が各地で相次いだ。さらに，2016年10月にはラカイン州で警官９人が殺害される事件があり，ロヒンギャの過激派の犯行と見た軍・警察が掃討作戦を実施した。2018年８月に発表された国連人権委員会のミャンマー調査団報告は，この作戦で少なくとも１万人が殺害されたと指摘し，「人道に対する罪」に認定して責任者の訴追を提言している。

5 支配的民族と支配的宗教のどちらも存在しない国

先住民族の権利をめぐる攻防――マレーシア，シンガポール

マレーシアではマレー人が最大民族集団であるが，人口（外国人を除く）に占める比率は55％ほどである。独立当初のマレー人比率はさらに低く，5割に満たなかった。それでもこの国ではマレー語が国語であり，唯一の公用語でもある。マレー人が信仰するイスラームは，憲法で「連邦の宗教」と規定されている。さらに，マレー人とその他の先住民族には，憲法で「特別な地位」が認められており，公務員の職や奨学金等が優先的に配分される。

その一方で，独立にあたり中国系やインド系の住民にも広く市民権が付与された。憲法は信教の自由を保障し，国語以外の言語を使用，教授，学習する権利を認めている。公立小学校には，マレー語を教授言語とする学校と，華語校，タミル語校の3種がある。中学校以降，公立校では教授言語がマレー語に一本化されるが，私立では華語を用いる中等教育機関もある。

つまりマレーシアでは，マレー人の文化と宗教が国の文化，宗教と定められる一方，強制的な同化政策はとられず，異民族，異教徒が独自の文化的，宗教的コミュニティを維持する権利が認められてきた。こうした国家と諸民族の関係は，マレー半島部の11州がマラヤ連邦として1957年に独立する際につくられた憲法で定められており，「独立協約」と呼ばれている。独立協約を生み出したのは，マレー人政党，華人政党，インド人政党の代表であり，彼らは独立準備政府の与党連合である連盟党の指導者であった。

1963年にはマラヤ連邦にシンガポールとサバ，サラワクが加わりマレーシアが結成される。するとまもなく，民族間の調和が乱れはじめた。その発端となったのは，シンガポールのリー・クアンユー率いる人民行動党（PAP）の活動である。独立協約の合意当事者ではない彼らは，「マレーシア人のマレーシア」というスローガンを掲げて半島部での支持獲得に乗り出した。このスローガンには，マレーシアは「マレー人の国」ではないというメッセージが込められており，独立協約を否定するものと受け止められた。ラーマン首相が率いる統一マレー人国民組織（UMNO）と PAP の対立は短期間のうちに先鋭化

し，1965年8月にはシンガポールが分離独立するに至る。その後は PAP の後継組織である民主行動党（DAP）が「マレーシア人のマレーシア」というスローガンを継承した。

その DAP が，1969年５月の総選挙で華人の支持を集めて躍進すると，まもなく首都圏で200人近い死者を出す民族暴動が発生した（５月13日事件）。政府は，民族間の著しい格差が暴動の原因だと考え，貧困解消と民族間格差の改善を目標とする「新経済政策」を導入する。いわゆるブミプトラ政策である。初期のブミプトラ政策は農村開発に重点があり，貧困解消と所得格差の改善に寄与した。しかし1980年代半ばに不況と財政難に陥ったことから，政府はブミプトラ政策の内容を見直す。これ以降政府は，マレー人支援と経済成長の両立をめざして政策を調整してきた。

一方，マレーシアを離れて独立したシンガポールは，歴史的な経緯から徹底した多文化主義を取ってきた。独立にあたり，マレー語と華語，タミル語，英語の４言語が公用語，国語はマレー語と定められた。シンガポール市民の４分の３は華人であるが，華人国家を標榜するのは安全保障の面でも得策ではなかった。マレーシアやインドネシアからの干渉を招くおそれがあったからである。

とはいえ，国民の誰もが使える共通の言語は必要である。実質的な共通語になったのは英語だった。小学校には英語校，華語校，マレー語校，タミル語校の４種があり，1965年時点では英語校の生徒は全体の４割強だったが，1985年にはほとんどの児童が英語校に通うようになっていた。その背景には政府による誘導があった。理科と算数の授業はすべての学校で１年次から英語で行われるようになったのに加え，華語を用いていた南洋大学の教授言語が英語に切り替わるなど，高い水準の教育を受けるには英語校に通うのが有利な状況がつくられたのである。

このような，民族的に中立の言語である英語を軸とする多文化主義の推進は，意図せざる帰結をもたらした。個人の自由を重んじる欧米的価値観が，英語教育世代の間に広がったのである。事実上の一党体制をとる PAP 政権の指導者はこのことに危機感を覚え，伝統文化の再興を試みるようになる。1990年代には「アジア的価値」の重要性がさかんに唱えられた。アジア的価値とは，家族やコミュニティの利益を重んじる文化を指す。この動きは，多文化主義と適合的でありながらも欧米のコピーではない国民文化を模索する試みと解釈できよう。

少数派を排除する国，同化を促す国——ブルネイ，ラオス

シンガポールとは対照的に，少数派を排除する政策をとったのがブルネイである。ブルネイは，マレーシア加入の誘いに応じることなくイギリス保護領として残り，1984年に単独で独立を果たした。その時点で約４万人の中国系住民がおり，総人口の20％を占めていたが，そのうち９割はブルネイ国籍を得ていなかった。マレーシアとは異なり，ブルネイは国籍取得に厳しい条件を課した。国籍取得資格が自動的に付与されるのは，国籍法で「マレー民族」に指定された７つの民族の成員を父にもつ子と，その他の先住民族（15民族）の成員を両親にもつ子のみである。帰化するには，ブルネイに25年以上居住し，マレー語の試験に合格しなければならない。独立後に国籍を得た華人は9,000人ほどしかおらず，華人の半数近くはいまなお法的には「一時的居住者」の立場におかれている。

ブルネイではマレー語が唯一の公用語であり，イスラームは国教，イスラームの長であるスルタンが国家元首である。信教の自由は保障されているが，酒類の販売禁止など，非ムスリムの生活にも影響を与える規制がある。教育面では小学校４年次から理数科目が英語で教えられているものの，科学技術の習得に有利だという実利的な理由からであり，民族的に中立な言語だから英語が使われているわけではない。

多数派のラオ族が人口の5割強のラオスでも，少数民族に対して同化政策がとられてきた。ただし，その手法は比較的穏やかなものである。

ラオスでは，多数派のラオ族はおもに低地に居住し，少数民族は山腹や高地で暮らしている。14世紀からルアンパバーンを王都とするラオの王国が存在しており，古くからこの地域ではラオ族が他の民族に対して優位な立場にあった。植民地時代に芽生えたナショナリズムは，フランスからの失地回復を目指すタイの拡張主義に対抗して生まれたものであり，その担い手はラオ族のエリートに限られていた。

第２次世界大戦後，革命勢力パテート・ラオが抗仏闘争を始める。彼らもベトミンと同様に山岳地帯を拠点としたため，民族平等の理念を掲げて少数民族からも幹部を登用した。フランスの撤退後は，アメリカが支援する王国政府とパテート・ラオとの内戦が勃発する。この時期，王国政府側では少数民族蔑視が続く一方，革命勢力側も新綱領に「教育機関での国語の使用」を含めるなど，ラオ族を軸に国民統合を進める方向性を示した。内戦は革命勢力の勝利で終わり，1975年にラオス人民民主共和国が樹立される。

現在のラオスでは，教育は国語であるラオス語（＝ラオ語）で行われている。地域によっては少数民族言語を話せる教員がおり，地方語による教育も行われているものの，言語の問題で落ちこぼれる児童もいるという。宗教面では，内戦終結後の一時期，キリスト教徒が迫害を受けたが，1991年に制定された憲法では合法的な宗教活動を保護することが定められた。

以上のように，人口規模が圧倒的に大きい集団がいれば同化政策，そうでなければ多文化主義的な政策がとられる傾向は東南アジアでも見られる。このほか，同化政策を促す要因としては伝統的な民族間関係（ラオス）や植民地時代の分割統治と紛争（ミャンマー），軍政（ミャンマー），王制（ブルネイ），少数派の権利擁護の促進要因としては独立闘争での共闘の経験（ベトナム，ラオス）があげられる。実際には，これら複数の要因が絡み合うかたちで各国の民族間関係や政策は揺れ動いてきたので，より詳しくは各国の歴史を紐解いてみてほしい。

参考文献

アジア経済研究所編『アジア動向年報』アジア経済研究所，各年版。

貞好康志『華人のインドネシア現代史――はるかな国民統合への道』木犀社，2016年。

末廣昭・大泉啓一郎編『東アジアの社会大変動――人口センサスが語る世界』名古屋大学出版会，2017年。

田村慶子『シンガポールの国家建設――ナショナリズム，エスニシティ，ジェンダー』明石書店，2000年。

床呂郁哉・西井凉子・福島康博編『東南アジアのイスラーム』東京外国語大学出版会，2012年。

野津隆志『国民の形成――タイ東北小学校における国民文化形成のエスノグラフィー』明石書店，2005年。

古田元夫『ベトナム人共産主義者の民族政策史――革命の中のエスニシティ』大月書店，1991年。

山田紀彦『ラオスの基礎知識』めこん，2018年。

Kiernan, Ben, *The Pol Pot Regime: Race, Power, and Genocide in Cambodia under the Khmer Rouge, 1975-79*, New Haven: Yale University Press, 1996.

Ooi Keat Gin ed., *Brunei: History, Islam, Society and Contemporary Issues*, Abingdon, Oxon: Routledge, 2016.

本章を学ぶための基本書

根本敬『物語 ビルマの歴史――王朝時代から現代まで』中公新書，2014年。

＊民族間関係は数百年前からの出来事の積み重ねのうえに成り立っているから，いまを理解するには歴史を学ぶ必要がある。複雑なミャンマーの民族問題を知るうえで本書は必読書である。

伊藤正子『民族という政治――ベトナム民族分類の歴史と現在』三元社，2008年。

＊民族は変わりうるもので，複数の民族が１つにまとまったり，１つの民族が２つに分かれたりすることもある。本書はベトナムを事例に，民族の認定をめぐる駆け引きを描く。

中村正志『パワーシェアリング――多民族国家マレーシアの経験』東京大学出版会，2015年。

＊民族間関係を左右する要因の１つに政治制度がある。本書はマレーシアを事例に制度の影響を分析する。

（中村正志）

第8章
宗　教

この章で学ぶこと

本章の課題は，国家と宗教との関係から東南アジア現代政治史を捉え直すことである。多くの国では，宗教が民族（エスニシティ）と関連しながら，人々のアイデンティティを形成し，国民のあり方を決定づけた。また現代に至るまで，国家と宗教，多数派と少数派の宗教集団の関係には緊張感が伴っており，政治の重要な課題となっている。本章では次の３つの時代に分けて，順に議論を進めていく。まずは植民地期に形成された国家と宗教との関係である。ヨーロッパ諸国の進出によって，キリスト教が布教され，宗教構成が大きく変化した。既存宗教も布教を進め，独立後の各国の宗教構成の大枠がこの時代に形作られた。宗教はまた，反植民地運動の基盤，近代的な合理主義の仲介者として機能した。東南アジアにおける近代的な概念や思想の受容を担ったのは，西洋教育を受けた知識人ばかりではない。宗教という既存の世界認識の枠組みを通して，新しい考え方が大衆に浸透したのである。次に，独立後の各国における国民統合と宗教の関係である。国家は宗教を統制および管理して，これを手なずけようとした。冷戦を背景に，西側についた諸国では宗教は反共政策のツールにもなった。最後に1980年代後半以降，徐々に民主化が進んだ東南アジア諸国における宗教の位置づけである。民主主義制度においては，複数の政治勢力が宗教的正統性をめぐって競争を繰り広げる。社会の急激な変化に対応する新しい宗教運動も登場し，既存の宗教権威を脅かすようになっている。

1　東南アジアにおける宗教

東南アジアには，インド発祥のヒンドゥー教と仏教，中東発祥のイスラームとキリスト教が到来し，それぞれが定着している。大陸部の低地社会，国でいえばタイ，ミャンマー，カンボジア，ラオスでは，スリランカを経由して伝わったパーリ語による聖典を用い，出家者を中心とする上座仏教が信仰されている。これらの社会では現在に至るまで，男子ならば一度は出家を経験することが理想であり，また修行僧のために食事を準備することや寺院を建立すること，戒律を守って生活することによって功徳が得られるとされる。インドネシアやマレーシア，フィリピンとタイの南部など島嶼部を中心とする東南アジアのムスリム（イスラーム教徒）の大半は，スンナ派の４大法学派のうちシャフィーイー学派の立場をとる指導者に率いられてきた。中世以降，巡礼および留学先のメッカでは，東南アジア出身者が「ジャーワ」と総称され，相互に交流を持っていた。農村部の多くでは現在でも幼児教育は近所の礼拝所で行われ，都市部のオフィス街でも金曜の集団礼拝は欠かさない人々が多い。ヨーロッパ諸国がもたらしたキリスト教は，カトリックが多数派になったフィリピンや東ティモール以外にも，各地に重要な飛び地を残した。これらの世界宗教は，地域的な伝統や精霊信仰あるいは中国発祥の儒教などと結びついて，多様な姿をみせている。

東南アジア現代政治史について考えるうえで重要なのは，多くの国で宗教が統制や管理の対象となるとともに，国民統合において不可欠な役割を果たしてきたことである。宗教はしばしば国民統合の核になった。しかし有力な宗教的少数派が国民統合から疎外されてきた例も少なくない。したがって，国民統合における少数派の位置付けが大きな課題になってきた。

2　植民地支配と宗教

「交易の時代」の終わりとキリスト教の布教

15～17世紀の東南アジアは「交易の時代」と呼ばれる。この地域の物産の需要が国際市場で爆発的に高まり，ヨーロッパから中東，インド，中国，琉球，日本までの貿易の中心地になった。宗教に関しては，この時代にヨーロッパ諸国がキリスト教をもたらした。他方，スマトラ島の一角を起点に13世紀からゆっくりと始まったイスラーム化は，依然として途上であった。交通の発達は中東との往来を活発にし，港市国家を中心にイスラーム化の進展，深化がみられた。大陸部ではアユタヤとビルマなど，各国の攻防が仏教の中心地の推移や宗教文化の変容をもたらした。

イスラームを受容したマレー半島南部のマラッカ王国は，東西を結ぶ交易ネットワークの最も活発な結節点であった。他方，もう１つの交易拠点である仏教国アユタヤには中国人町，ポルトガル人町，日本人町が形成されるなど，海外からの商人を惹きつけた。両者はマラッカが西方の物産を，アユタヤがコメをもたらす相互補完関係にあった。1511年にマラッカがポルトガルに占領されると，アユタヤは対抗してイスラーム諸港市との交易を行った。他方でポルトガルはアユタヤに使節を送り，アユタヤでのキリスト教の布教を許された。交易の時代には，世界大の貿易網が宗教の差異を超えて縦横無尽に発展したのである。

19世紀になると，ヨーロッパ諸国は次第に内陸へと影響力を強めた。港市国家間の競争と繁栄は，列強間の覇権争いとプランテーション開発に取って代わられるようになった。キリスト教の布教は，ヨーロッパ諸国の権力拡大とは切り離せない戦略的な意味を持った。また植民地政府による統治は，のちの「国民」の創出につながる近代国家システムの導入を意味した。

オランダ領東インドやイギリス領ビルマでは，多数派の宗教（それぞれイスラームと仏教）が浸透していない地域を対象にキリスト教の布教が行われた。植民地のなかで「宗教的少数派」であったヨーロッパ人は，在地のキリスト教徒を育成し多数派に対抗する連合を形成しようとしたのである。キリスト教徒は，いずれの植民地でも支配体制のなかで一定の役割が与えられた。また植民地政府は，非キリスト教徒の「多数派」住民（ビルマ人，ベトナム人，オランダ領東インドのジャワ人など）の支配者層男性に関しては，「男らしくなく信頼できず，攻撃的で堕落した封建的な人々」だと決めつけた。これに対して，同盟相手であるキリスト教徒は，「正直で勇敢，虚言なく誠意に満ち，忠実な人々」とされた。こうしてキリスト教徒の住民は，非キリスト教徒と異なるアイデンティティを形成した。植民地化に伴うキリスト教の布教によって，その後の国民国家建設の時代あるいは21世紀まで影響する，宗教構成の大枠が形成された。

キリスト教化されたスペイン領フィリピンでは，植民地政府が南部に住むムスリムたちをつねに仮想敵とし，「キリスト教徒の連合」による統治の正当性を強調した。

オランダはイスラームが定着した西スマトラとアチェに挟まれたバタック人地域に楔を打ち込むようにキリスト教を布教した。西スマトラとアチェは，ともにオランダとの戦争を経験した地域である。イスラーム化しなかったバタック人の有力者もオランダと戦ったが，敗北を続けた。するとキリスト教にヨーロッパ人の「強さの秘密」があると見て，率先して受容する人々も現れた。ヨーロッパ人宣教師はしばしば彼らの祖先の生まれ変わりであり，有力者の霊力が宿ったとみなされた。彼らの世界観のなかで，キリスト教が受容されたのである。

ビルマ人仏教徒が多数派のイギリス領ビルマでは，ビルマ語を母語としない人々にキリスト教が布教され，言語的宗教的な少数派のあいだで親英的な傾向が生まれた。なかでも現在カレン族と呼ばれる人々の民族意識の形成には，アメリカのバプテスト派宣教師によるカレン文字創出，イギリス植民地政府による西洋式の教育，官僚組織や教育・医療機関への雇用が，貢献した。もっとも現在に至るまでカレン族の多数派は仏教徒である。これまでキリスト教の布教とカレン族民族意識の形成が過度に強調されてきたことに注意が必要である。

反植民地運動の基盤としての宗教

世界宗教は東南アジアの土着の信仰や慣習と結びつくことで大衆的な広がりを持った。19世紀後半になると，宗教が反植民地主義運動の核となった。これまでも散発していた理想社会の希求や救世主の到来を望む農民反乱に，イスラームやキリスト教は思想と組織を提供した。

ジャワ島西部のバンテンで起こった1888年の反乱（バンテン反乱）はオランダ領東インド最大級の反植民地主義運動であった。ジャワでは，現地人支配層がオランダ植民地体制の末端を担う一方，イスラームの宗教指導者（ウラマー，キアイ）は在野にあった。つまり政治権力と宗教的権威が分離していた。交通の発達によってメッカ巡礼者が増加すると，集団的な宗教活動が活発化し，またジハードや「神の道に基づく戦争」，カーフィル（不信仰者）といった政治支配者や異教徒に対抗する概念が持ち込まれた。

また救世主（マフディ）の到来が信じられた。スンナ派イスラームにおいてマフディとは，終末の前に預言者ムハンマドの家系から登場し，イーサー（イエス・キリスト）とともに社会の秩序を正して真のイスラーム共同体を築くとされている。マフディを待望する運動は同時期にスーダンや上エジプト，インドでも起こっている。ジャワにおけるマフディは，土着的な正義王（ラトゥ・アディル）の伝説とも結びついた。後述するように，救世主の待望は支配者に対抗する原理として現代まで繰り返し利用されている。

イギリス領マラヤでは，スルタンによる間接統治が行われた。政治と宗教をまたぐ有力者であるスルタンが植民地の行政機構に組み込まれ，広範囲に人々を結束させる反植民地運動の指導者は現れなかった。同じイスラームでも，権力の構造によって宗教の政治における役割は大きく異なっている。

フィリピンはキリスト教（カトリック）が多数派になった唯一の国である。キリスト教は元々支配者のイデオロギーであった。しかしキリスト教は，神の下に平等であるはずの，スペイン人とフィリピンの人々の差異を際立たせることになった。フィリピン人司祭は，教区教会の主任司祭のポストからの排除に抗議する運動を展開した。しかしスペイン植民地政府は，1872年に起こった別の騒乱をきっかけにこれを弾圧し，３人の司祭を処刑した（ゴンブルサ事件）。その後，大学教育を受けた知識人たちの運動でも，教会による思想統制や腐敗がスペイン支配批判の焦点となった。とくに1887年にスペイン語で発表されたホセ・リサールの小説『ノリ・メ・タンヘレ（我に触れるな）』は，フィリピン諸語にも訳され，語りを通して大衆にも伝えられた。他方，土着化したキリスト教（フォーク・カトリシズム）が幅広く浸透し，キリストの受難と不当な植民地支配が重ねて理解された。リサールの逮捕をきっかけに結成された秘密結社カティプーナンは，フォーク・カトリシズムの枠組みを使った革命思想によって，人々のあいだに浸透し，大規模な蜂起につながった。

儒教や漢学，科挙制度など中国発祥の思想と官僚機構を受け継いできたベトナムでは，1885年にフランス支配に対する大規模な反乱が起こった（文紳蜂起）。キリスト教の伝道などによる旧来の価値観の危機を訴え，フエ朝の皇帝を守ることを求める勤王の檄に，各地の知識人（文紳）や有力者が呼応したものだった。フランスは反乱を鎮圧するとともに，伝統的権威の保持を認めて懐柔した。

近代合理主義の仲介者

東南アジアに近代的な制度や概念をもたらしたのは，植民地政府とその教育機関，キリスト教ばかりではない。イスラームでも仏教でも，西洋との出会いを通して教義の刷新や統一が実施され，近代的な合理性が導入された。両者ともに，それは聖典への回帰によって行われた。また近代的な結社や教育機関が設立され，国民国家の時代への助走となった。

20世紀初頭のオランダ領東インドでは，近代的なイスラーム組織が次々と登場した。バティック（ジャワ更紗）業者らが互助組織として1911年に設立したイスラーム同盟が，ジャワから外島まで急速に拡大し，初の全国的大衆組織となった。指導者のチョクロアミノトは西洋教育を受けた人物で，近代的組織運営の能力を発揮した。同時に，そのカリスマ性から一部で救世主の到来とも信じられた。

いち早く近代ヨーロッパと邂逅した中東から，イスラームの改革思想も流入した。なかでも1912年に中ジャワのジョグジャカルタで結成されたムハマディヤは，東南アジアにおけるイスラーム近代主義の代表格である。近代主義は，イスラーム神秘主義や宗教指導者（ウラマー，キアイ）への無批判な追随を「本来の」イスラームからの逸脱であると否定した。そして，コーランとハディース（預言者ムハンマドの言行録）に回帰して，時代に合った大胆な解釈を提示した。こうした解釈に基づいて，学年や単位といった教育制度，科学技術や近代医療を導入した学校や病院の建設を行った。旧態依然と批判されたウラマーたちのなかからも，1926年に東ジャワのスラバヤで「ウラマーの覚醒」を意味するナフダトゥル・ウラマーが結成された。彼らは旧来のイスラーム寄宿塾（プサントレン）を基盤としていたが，徐々に近代的教育制度も導入し，女子向けの宗教学校も各地で併設した。イスラームの政治・教育運動は，ナショナリズムに基づくそれと並んで，その後の独立運動や社会の近代化において重要な役割を果たした。

イギリス領ビルマでは，仏教の復興を謳う青年仏教会が1906年に結成された。当初はイギリス人も含まれていたが，第１次世界大戦を契機に「民族自決」の影響を受けて政治化し，1920年にはナショナリズム運動の嚆矢となるビルマ人団体総評議会（GCBA）の結成に至った。GCBA は，自治権の獲得や人頭税の廃止などを求めて活動したが，闘争方針をめぐって対立，分裂を繰り返した。こうした状況に，1930年に元僧侶のサヤー・サンらが王を名乗って農民を組織，下ビルマ全体を巻き込む反乱に発展した。

植民地統治を受けなかったタイでは，欧米に倣って近代国家建設が目指され，仏教の改革と統一が図られた。聖典のパーリ三蔵（仏陀の説いた「経」，出家者の守るべき「律」，両者に対する注釈的研究である「論」）の伝統に復古する教学の改革がなされた。27年間僧院で修行したモンクット親王（のち国王ラーマ4世）が自らタンマユット派を設立した。そして過去の行いによって現在が決まる（業）ではなく，「現在の行いによって将来の人生や世界が変わりうる」という近代合理主義を反映した解釈がとられるようになった。モンクットは僧侶時代に英語を身につけ，キリスト教宣教師たちとも対等に議論した。また科学技術を積極的に導入した。続くチュラーロンコーン王（ラーマ5世）は官僚機構，地方行政，徴税，徴兵制度などの整備による中央集権化を進める過程で，1902年サンガ（出家者集団）法を定めた。同法により，国王によって任命されたサンガ会議の代表（サンガ・ラジャ）が全国の出家者を統括し，国家の管理下に置くようになった。国王に近いタンマユット派が主導権を握って，地方にも勢力を拡大した。

それまで僧侶がバンコクに留学していたフランス統治下のカンボジアでは，タイの政治的・文化的影響の排除が試みられた。カンボジア国内にパーリ語学校などの仏教教育機関が建設され，フランス人教師が西洋式の文法理解に基づく近代的な言語教育を行った。タンマユット派（カンボジアではトアンマユット派）に対抗するように，在来のマハーニカイ派もパーリ三蔵に回帰し，宗教的な実践が刷新された。僧籍証の発行などの規格化も推進され，1943年にはやはりサンガ法を制定，全国的な統一機構が定められた。

20世紀初頭ベトナムの知識人は，中国経由でヨーロッパの国際関係や生存競争の発想（社会的ダーウィニズム）を学び，フランスに蹂躙された亡国の危機感や科挙に基づく旧来の官僚や知識人のあり方への批判を高めた。彼らは文筆や遊説だけではなく，詩歌の口伝によって大衆に考えを広げた。また明治維新を改革のモデルとして日本に学ぶ東遊運動が起こったのが特徴的である。当時のベトナムでは，古今東西の諸宗教の融合を唱えるカオダイ教（1926年創設）

や仏教系のホアハオ教（1939年創設）という新宗教が生まれ，強力な政治勢力となったことも際立っている。２つの宗教組織は，現在までそれぞれ100万から200万人ともいわれる信者を維持している。

3　国民統合と宗教

国民国家の成立と宗教の位置づけ

現代東南アジアの国民国家においては，タイやミャンマー，カンボジア，ラオスでは仏教が，インドネシア，マレーシア，ブルネイではイスラームが，フィリピンではキリスト教の信者が多数派である。しかしどの国でも１つの宗教が独占的な立場を占めているわけではない。フィリピンやタイにはムスリムが，インドネシアにはキリスト教徒やヒンドゥー教徒が偏在する地域も存在する。マレーシアには約４割の非ムスリムがいる。各国では，それぞれの植民地期に固定化された，宗教や民族を単位とする社会構成を踏まえて，異なる制度が導入された。タイやマレーシアでは多数派の宗教が国民統合の中心に置かれ，他方インドネシアは多宗教の信徒の連合としての国民という考え方が採用された。

タイは仏教を明確な中心としながらも，憲法に国教の明記はない。10代で即位し，70年に渡って王位を保ったプミポン王（ラーマ９世）が，各地への巡幸，開発・福祉・慈善事業などの王室プロジェクトとともに，仏法に基づく統治を行う「正法王」のイメージを次第に高めていった。「慈悲深く」「模範的な仏教徒」である国王，これに応えて「国王を崇敬」し「善行に励む」国民が社会秩序の範型とされる。この背景には，上座仏教圏特有の王権理論がある。すなわち，国王は在家者を代表して，経済的には自立することができないサンガへの布施を行う。布施は功徳をもたらすと考えられ，したがって国王は最大の功徳を持つということになる。国王はまた，仏教だけではなく，イスラームなど他の公認宗教を擁護する立場である。前述のような仏教の中央集権的な統一と同様に，国王の代理としてイスラームの代表者が選定され，中央委員会から各県，礼拝所（スラウ，モスク）単位まで階層状の組織が形成された。公立学校では仏教徒とムスリムにそれぞれの宗教教育が提供されている。少数派のムスリムも，上記の国王と国民との関係に統合される想定である。しかし，次節で検討するように，南部のムスリムの国民統合は順調とはいえない。

インドネシアでは，人口の約9割を占めるムスリムと他の信徒は平等であることを基本原則としている。1945年憲法前文には，国家の統一や人道主義，民主主義などパンチャシラ（5つの柱）として知られる国家理念が示されている。その第1原則が「唯一神への信仰」である。ここで「唯一神」を信仰する宗教として想定されているのは，イスラームとキリスト教（カトリック，プロテスタント）だけではなく，仏教とヒンドゥー教，現在では儒教を含む公認宗教である。このパンチャシラ第1原則制定の過程で，草案（ジャカルタ憲章）にあったイスラーム法を特別視する一文が，キリスト教徒の反対によって削除された。このため長らくジャカルタ憲章の「復活」がイスラーム政治勢力の悲願となった。「よりイスラーム的」な国家の実現を求める運動は常に存在するが，現在までパンチャシラの原則は維持されている。

インドネシアでは，民族（エスニシティ）と宗教は必ずしも一致しない。つまり最大の民族であるジャワ族の大半は宗教的にはムスリムであるが，キリスト教徒も相当数含まれている。対照的に，ムスリム人口が6割程度のマレーシアでは，1957年の独立時に発効したマラヤ連邦憲法にイスラームへの信仰がマレー人の定義に含まれることが規定されている。つまりマレー人はムスリムであることが前提となっている。そして「連邦の宗教はイスラーム」と位置づけられ，これが現在まで継承されている。イギリス領マラヤでは，マレー人，華人，インド人が分断統治され，居住地域も言語や教育も別々であり，民族＝宗教間の差異が固定化された。

しかしインドネシアでもマレーシアでも，国民統合の課題は容易に達成されたわけではなく，現在でもその途上にあるといえるだろう。日本の支配（1942～45年）とオランダとの独立戦争（1945～49年）を経たインドネシアでは，各地で小反乱が続いた。イスラーム国家建設を旗印としたダルル・イスラーム運動は，西ジャワに始まり，南スラウェシやアチェに広がった。これらは独立戦争中の動員解除や国家制度の未整備に伴う混乱であり，宗教的差異は根本的な問題ではなかった。しかし，後述するように，ダルル・イスラーム運動は国民国家を否定する急進派として20世紀末に再登場することになる。

1950年代のインドネシアは中央の政治も不安定な状態が続いた。このなかで共産党が急速に勢力を伸ばし，またイスラーム系のマシュミ党やナフダトゥル・ウラマーと対立した。各党は青年団体や女性団体，労働組合などを組織し，それぞれの緊張関係は社会に浸透した。1955年の第1回総選挙では，スカルノ大統領が率いるインドネシア国民党とインドネシア共産党，マシュミ党，ナフダトゥル・ウラマーの4大勢力に票が分散した。

第2次世界大戦後のマレーシアでは，イギリスが1945年10月にマラヤ連合の発足を提案した。しかし多数派のマレー人は，のちに与党となる政治団体・統一マレー人国民組織（UMNO）を結成し，スルタンの権限抑制や華人の優遇への反発を高めた。そこでマレー人に不評だったマラヤ連合に代わって，マラヤ連邦が1948年2月に発足した。スルタンの権限の強化と非マレー人の市民権取得を制限する新制度に，今度は華人が反発し，華人を中心とするマラヤ共産党が武装闘争を展開した。イギリスは共産党を弾圧する一方，非マレー人にも政治参加を促し，華人とインド系住民の政治団体が作られた。1950年代にはUMNO を中心に3つの民族が参加する連盟党が結成され，民族間の権力分有体制の基礎ができた。連盟党は，イギリスからの完全独立を前にした1957年7月の総選挙で議席を独占した。

権威主義体制による宗教の統制

第2次世界大戦の終結と独立後20年あまりの間に，東南アジア諸国の多くは権威主義体制に移行した。国民統合の推進と政権安定のために，宗教の統制や管理が進められた。また当初の共産党による国内政治の混乱と冷戦を背景に，西側寄りの諸国では宗教は反共政策のツールとなった。

タイでは，1957年にサリット陸軍元帥によるクーデタが起こり，権威主義体制に移行した。サリットは，国王を元首とし，国王の意を受けた政治指導者が「断固たる政治」を実施する「タイ式民主主義」を目指した。また国力の強化のために諸資源を集中的かつ効率的に動員する開発独裁であった。若きプミポン王（ラーマ9世）の威信は，政権の正統化のために高められた。サンガ法も1963年に改正された。1932年以降の立憲君主制下で仏教2大派閥が民主的に代表されるようになっていたサンガ会議は，再び国家による一元的管理体制に回帰した。僧侶はタイ北部や東北部の地域開発，山地少数民族の生活改善や仏教化教育に動員された。いずれも貧困対策や国民統合とともに，反共政策の一環であった。

1953年に独立したカンボジアは仏教を国教としたが，ベトナムでの戦争の影響を受けて混乱した。ノロドム・シハヌークが1970年にクーデタで国家元首の座を追われ，1975年には共産主義勢力が内戦に勝利した。民主カンプチア政権（いわゆるポル・ポト政権）は信教の自由を認めず，多数の寺院や仏像を破壊，すべての僧侶の還俗を強制した。その後のヘン・サムリン政権では仏教が復活したが，国家が出家の方法や出家者の資格を制限し，サンガ組織を国家機構に組み込んで統制した。

インドネシアでは1960年代に入っても中央および地方の政治の混乱と，経済状況の低迷が続いた。スカルノ大統領は，1960年にスマトラ島の反乱に加担したマシュミ党を解散させ，国軍と共産党と接近して，翼賛体制を形成した。地方の反乱は鎮圧されたが，国軍は発言力と自律性を高め，政府に浸透する共産党との対立を深めた。1965年９月30日に起こった国軍の親共派によるクーデタ未遂事件をきっかけに事態は暴発した。同事件の首謀者は共産党だとされ，全国で共産党員およびそれと疑われた人々の組織的な虐殺が行われた。その被害者は100万人ともいわれる。ナフダトゥル・ウラマーの本拠地である東ジャワでは，従来から富農，地主層でもあるウラマーと農地解放を目指す共産党との緊張関係があり，同地の共産党員虐殺にナフダトゥル・ウラマーも深く関与した。スカルノは失脚し，スハルト大統領によるあらたな権威主義の時代になった。

スハルトの「新秩序」体制の誕生に期待したイスラーム政治勢力であったが，彼らは潜在的な野党とみなされて抑圧は続いた。1980年代半ばには，その支配の徹底のために，多宗教間の共存を説く国家５原則パンチャシラをすべての宗教組織や政党の「唯一の原則」とする法律が作られた。学校や公務員教育においてもパンチャシラについての教科が必修とされた。イスラーム組織のなかからも，イスラーム国家の樹立を明快に否定し，国民国家の枠組みのなかで多宗教の共存を推進する指導者たちが現れた。それは政府への服従によって，活動の自由を得るという戦略に留まらなかった。イスラームのなかに，国民国家，

図 8 - 1　ナフダトゥル・ウラマーの女性部門ムスリマット会合の様子
（出所）　筆者撮影。

人権や民主主義といった近代的価値観を積極的に見いだした，思想的な刷新であった。そのうちの１人，ナフダトゥル・ウラマー会長のアブドゥルラフマン・ワヒドは，後述のように1990年前後からスハルトがイスラーム寄りの政策をとると，公然とこれを批判するようになった。ワヒドが組んだナショナリストやキリスト教徒との連合（イスラーム主義者との対立）は，1998年の民主化後の政治的構図に通底している。

マレーシアでは，インドネシアとは対照的に，1980年代には国家がイスラーム化の旗を振ることになった。1969年総選挙で華人系の野党が躍進すると，与野党の支持者間で大規模な衝突が発生，数百人の犠牲者が出た（５月13日事件）。衝突の背景には，華人との経済格差の是正を望むマレー人ムスリムの不満があり，その後政府はマレー人を優遇する新経済政策（いわゆるブミプトラ政策）に舵を切った。しかし，貧富の格差の解消は容易ではなく，また汚職の問題も明るみにでて，都市中間層からマレーシア・イスラーム青年運動（ABIM）など，イスラームのダクワ（宣教）運動が興隆した。とくに1979年のイラン革命は，イスラームに基づく社会変革への期待を高めた。自給自足の共同体建設を目指す新興イスラーム組織ダルル・アルカムは，全国に支部を拡大した。1981年に首相となったマハティールは，与党 UMNO 内を含む抵抗勢力を抑圧し，1994年にはダルル・アルカムも非合法化した。他方，ABIM のリーダーだったアンワル・イブラヒムを与党に招き入れた。「イスラーム的価値の吸収」キャンペーンや教育のイスラーム化，国際イスラーム大学の設立など，イスラーム化政策を推進してマレー人の都市中間層の取り込みを図った。

1980年代末になると，インドネシアでも徐々に国家がイスラーム化を推進するようになった。スハルトが大々的にメッカ巡礼を行って「ハジ・ムハンマド・スハルト」を名乗り，インドネシア・ムスリム知識人協会（ICMI）や初のイスラーム銀行が設立された。1990年代後半の政権末期には，民主化を求める勢力を一部のイスラーム急進組織が攻撃した。政権延命のために，これまでの国民統合の原則をスハルト自ら掘り崩していったといえるだろう。1998年以降の民主主義時代につながる，イスラームの政治化の傾向が強まった。

マレーシアから分離したシンガポールでは，ムスリム人口は約14%（大半がマレー人）の少数派である。法令でイスラーム評議会が設置されており，マレーシアと同様に，イスラーム法の法規定に関する公的な見解が出されている。1988年に導入されたグループ代表選挙区では，華人以外の少数派を含む複数候補者のグループ間で争われる。華人が中心の野党に対して，与党が圧倒的に有利な選挙制度であり，同時にマレー人ムスリムの議席がつねに確保される仕組みとなっている。つまりは，民族＝宗教間の差異を前提として，少数派のマレー人指導者は盤石の与党体制に組み込まれている。他方で，所得や教育水準においてマレー人は大きく遅れをとっており，格差の解消は進んでいない。2017年には，無投票で初めてのマレー人そして女性の大統領が誕生した。

少数派ムスリムの反乱

フィリピンとタイでは，それぞれの南部に多くが居住するムスリム住民による分離独立や自治の拡大を求める運動が長らく存在し，国民統合の課題を克服できていない。フィリピン南部の根本的な問題は土地をめぐる争いである。キリスト教徒の入植によって，ムスリムは「先祖伝来の土地」を奪われ，また人口においても少数派となった。タイ深南部の３県は現在までムスリム人口が８割近くを占めるが，政治や行政の要職は仏教徒が握っている。また仏教徒や隣県との経済や教育の格差が大きく，積年の不満がある。ただ双方とも，ムスリムの地元有力者が中央政府との窓口となって，比較的政情が安定していた時期も少なくない。

フィリピン南部では，土地争いに伴って，私兵組織が形成された。宗教間だけではなく，氏族（クラン）を単位に私兵を持ち，政治的経済的な紛争がしばしば暴力化してきた。1970年代初頭には，マニラや中東で高等教育を受けたムスリムの新しい世代のエリートが台頭し，モロ民族解放戦線（MNLF）が結成された。MNLF は戒厳令を敷く強権的なマルコス政権に対して，武力闘争を展開した。1984年には MNLF から宗教色の強いモロ・イスラーム解放戦線（MILF）が分派した。MNLF は1996年の政府との和平合意以降に汚職などで影響力を低下させ，その後は MILF が武力衝突と和平交渉を繰り返してきた。この間，アブサヤフなど，少数でより急進的な宗教的イデオロギーを持つグループも台頭した。2017年には一部の急進派がミンダナオ島のマラウィを占拠，５カ月にわたって戦闘が続いた。

タイ南部では，1970年代に分離独立を目指す反乱が起きたが，政府が恩赦の方針を示して収束した。急速に不安定になったのは2000年代に入ってからである。強力なタクシン首相の政権が政府とムスリム住民との連絡機関であった南部国境県行政センターを撤廃し，さらに治安当局による暴力的な取り締まりが一部のムスリム青年たちを急進化させたといわれている。2004年10月には1000人以上のムスリムが逮捕され，彼らをトラックに山積みにして輸送中に78人が死亡する事件が起こった（タクバイ事件）。散発的なテロ事件が続き，仏教徒側にも好戦的な勢力が台頭して，紛争は出口を失っている。

フィリピンでは MNLF がリビアから支援を受けたり，中東への留学経験者が指導者になったりするなど，国際的なイスラームのネットワークとの接点が多い。タイでは対照的に国際化の傾向は弱い。フィリピンとタイ南部に共通するのは，中央政府の政策（移民政策や政変による介入の強化）によって紛争が起こり，あるいは悪化していることである。

4　民主主義と宗教

民主的競争と新興宗教運動の台頭

東南アジアでは1986年のフィリピンのマルコス政権の崩壊を皮切りに，開発独裁とも呼ばれる権威主義的な体制から民主化の時代へと徐々に移行した。マルコス政権打倒を成し遂げた「ピープル・パワー」において，シン枢機卿を中心としたカトリック教会が動員に大きく貢献したことは有名である。では，その後の民主主義体制では宗教はどのような役割を果たしてきたのだろうか。本節では，過去20年あまりの東南アジア政治における宗教組織や政治指導者の宗教的なイメージと政治的動員の関係について概観したい。より具体的には，選挙における支持や民主化運動のような社会運動における宗教の役割である。またグローバル化や都市化に伴う急速な社会変容によって，新興宗教運動が台頭，民主的な競争のなかで政治的重要性を増していることを指摘する。

フィリピンでは，1986年の「ピープル・パワー」以降もたびたびカトリック教会が政治に関与してきた。カトリック教会は2001年のジョセフ・エストラーダ大統領の弾劾を求める運動で再び中心的存在となった。人権侵害や政治腐敗が問題になったマルコスの場合と同様，エストラーダも汚職，女性問題，アルコール依存症，賭博といった道徳的な問題が取りざたされた。

しかしながら，カトリック教会は独占的な存在ではなく，フィリピンのキリスト教の多様性は近年さらに高まっている。2012年には，カトリック教会が反対してきた妊娠中絶を容認する母体健康法案が議会で可決された。「麻薬との戦争」の名の下に超法規的に数千人を殺害しているロドリゴ・ドゥテルテ大統領に対しても，カトリック教会は強く批判をしているが，ドゥテルテの人気は高い。また200万人の有権者を持つといわれるフィリピン発祥の大衆キリスト教教団イグレシア・ニ・クリスト（1914年結成）が，ドゥテルテの支持母体の１つとなっている。同組織や急進的なプロテスタントの福音主義教会（エバンジェリカル）は，台風の被災者救援など広範な社会活動を展開し，支持者を増やしている。

1998年に劇的な政変によってスハルトの権威主義体制が崩壊したインドネシ

アでは，２大イスラーム組織の会長アブドゥルラフマン・ワヒド（ナフダトゥル・ウラマー）とアミン・ライス（ムハマディヤ）が，世俗系の野党インドネシア民主党元党首のメガワティ・スカルノプトリ（スカルノ初代大統領の娘）とともに民主化の旗手として浮上した。このうちアブドゥルラフマン・ワヒドが国会内の多数派工作に成功して2000年に大統領に選出された。しかしながら，議席１割あまりの少数与党を基盤としていたワヒドは，国会と対立して１年９カ月で弾劾された。

その後イスラーム系諸政党は伸び悩み，得票全体の３割程度を占めるのみである。その理由は，逆説的だがイスラーム化の進展にある。ナショナリスト政党も宗教色を出すようになり，イスラーム政党の独自性が薄れたのである。他方，国会内に民主化後に唯一，新たな勢力として台頭したのが，福祉正義党であった。同党はスハルト体制下で興った学生のイスラーム運動を母体としており，理系の高学歴者などこれまで宗教運動には無縁だった都市中間層の一部を，敬虔さと清廉潔白なイメージで支持層に取り込んだ。同党は，エジプトのムスリム同胞団をモデルに，漸進的なイスラーム化を目指している。

おおむね安定的な民主化を達成したインドネシアであるが，しばしば一騎打ちとなる首長選挙，とくに大統領選挙では宗教を利用した相手候補の攻撃が激しくなっている。メガワティやジョコ・ウィドド大統領には世俗的なイメージがつきまとい，このため宗教が争点として浮上しやすい。政党よりも，在野のイスラーム説教師や新興組織による機動的な動員が目立つ。近年ではソーシャル・メディアにも煽られ，対立の二極化が民主主義を危うくしている。

タイでは，1992年のスチンダ将軍の失脚以降，民主主義が安定的に維持され，サンガ会議への国家の介入も弱まっていた。しかし2014年のクーデタによって軍事政権に逆戻りすると，仏教の引き締めが再強化された。年功によって継承されていたサンガ会議長の地位は，プミポン王の死後，2017年になって国王の任命に戻された。従来の規則であれば，新興教団タンマガーイ所属の僧侶がサンガ会議長に就任することになっていたが，これが阻止され，別の人物が任命された。タンマガーイは巨大な施設で集団瞑想を行うことで知られ，富裕層の莫大な寄付を集めている。またプラユット政権と対立関係にあるタクシン元首相とも近いとされる。政府は教団を強制捜査するなど統制を強化している。

2018年7月にはサンガ法が改正され，国王が20名のサンガ会議のメンバーの任免権を持つことになった。

1962年のクーデタ以降，軍事政権によって「ビルマ式社会主義」が推進されてきたミャンマーでは，タイとは対照的に，仏教は政権の正統化の役割を持たなかった。したがって，サンガは国家から排除されてきた。1980年の「全宗派合同サンガ大会議」以降，国家の統制が次第に強まるが，相対的にはサンガの自律性があり，「市民社会」としての役割を期待する見解もある。サフラン革命と呼ばれた2007年の民主化運動では，僧侶たちが軍事政権に異を唱えた。

しかし，国家からの自律性は民主化の方向ばかりにつながるとは限らない。近年の少数派ムスリムであるロヒンギャ族への弾圧においては，急進的な僧侶がムスリムの脅威と敵対心を煽り，紛争を悪化させている。ムスリムへの攻撃は民主的に選出されたアウン・サン・スー・チー（2016年に国家顧問就任）政権への批判とも結びついており，政府は難しい対応を迫られている。

国民国家と民主主義へのアンチテーゼ

一部の急進的なイスラーム勢力は，国民国家や民主主義を西洋による文化的侵略の帰結とみて，これらとの闘争とイスラーム国家の樹立を訴える。2000年代に主流であったアル＝カーイダは，2001年のアメリカ同時多発テロ（9.11事件）に代表されるように，グローバルな武装闘争に重きを置いた。これに対して，2014年にシリアとイラクで樹立が宣言されたいわゆる「イスラーム国（IS）」は，世界のムスリムを代表する政治権力（カリフ制）の「復活」を謳った。

フィリピンやインドネシアでは，従来から武装闘争を行っていた諸組織がIS への忠誠を表明し，IS に移住を試みるものも現れた。フィリピンでは，IS への忠誠を謳うマウテ・グループがミンダナオ島のマラウィを占拠し，2017年5月から5カ月に渡る戦闘によって甚大な被害が出た。ただし，マウテ・グループの指導者たちは地元の有力者（ダトゥ）や MILF の指導者など，既存の権力とも親族関係にあり，地域的な政治権力と深く結びついている。ドゥテルテ政権の強硬な姿勢により，雪だるま式に紛争が悪化した側面がある。

インドネシアの場合は，かつてのダルル・イスラーム運動の残党ないし後継者が1980年代にアフガニスタンにおける対ソ連闘争に参加して以来，国際的な武装闘争諸派の動向により敏感である。2001年のアメリカ同時多発テロ前後から，欧米系のホテルや観光客を狙ったテロ事件が続いた。IS の支持をめぐっては，武装闘争派内部で深刻な分裂があり，主流派はこれに参加しなかった。他方，IS への移住希望者にはこれまで組織に関わってこなかった人々も少なくなかった。彼らの大半はマフディと終末の到来を信じていた。つまり，かつての反植民地運動と同様に，IS は現行の政治や社会体制に対するアンチテーゼとして理想郷を提示した側面を指摘できるだろう。

謝辞　本章の執筆過程で，京都大学の片岡樹氏にコメントをいただいた。お礼申し上げたい。

参考文献

アンダーソン，ベネディクト（糟谷啓介他訳）『比較の亡霊――ナショナリズム・東南アジア・世界』作品社，2005年。

池端雪浦編『新版世界各国史６　東南アジア史Ⅱ　島嶼部』山川出版社，1999年。

石井米雄『タイ仏教入門』めこん，1991年。

石井米雄・桜井由躬雄編『新版世界各国史５　東南アジア史Ⅰ　大陸部』山川出版社，1999年。

大塚和夫他編『岩波イスラーム辞典』岩波書店，2002年。

小林知「森にセイマーを見出す」藤本透子編『現代アジアの宗教――社会主義を経た地域を読む』春風社，2015年，419～469ページ。

弘末雅士『人喰いの社会史――カンニバリズムの語りと異文化共存』山川出版社，2014年。

矢野秀武『国家と上座仏教――タイの政教関係』北海道大学出版会，2017年。

本章を学ぶための基本書

林行夫編『〈境域〉の実践宗教――大陸部東南アジア地域と宗教のトポロジー』京都大学学術出版会，2009年。

＊800ページ以上，大部の論文集。第１部は，大陸部における国家による仏教の統制の実際を，制度と宗教実践双方に目配りしつつ描き出している。本章が取りこぼした山地民についての論稿，タイの「開発僧」とムスリムについてまず手にとるべき貴重な翻訳章と資料も収録している。

床呂郁哉・西井凉子・福島康博編『東南アジアのイスラーム』東京外国語大学出版会，2012年。

＊島嶼部の３カ国（インドネシア，マレーシア，フィリピン）とタイ南部のイスラームを，その外部とのつながりを含めて最も網羅的に取り上げている１冊。留学，紛争，ベール，ハラール食品といった個別のテーマを学ぶための入り口になる。

見市建『新興大国インドネシアの宗教市場と政治』NTT出版，2014年。

＊東南アジア各国の政治と宗教のつながりを，１冊を通した一貫性のある物語として示したものは少ない。本書はインドネシアの宗教と政治を「市場」に見立てる。諸勢力による，拡大する都市中間層への売り込みに注目して分析している。

（見市　建）

第9章
地　方

この章で学ぶこと

この章では，植民地時代から現在までの地方を，中央との関係を軸に制度と実態の両面で見ていく。東南アジアでは19世紀後半から欧米諸国によって植民地国家という形で近代国家の建設が始まり，首都のある中央と対比される形で地方が誕生した。植民地国家であれ，国民国家であれ，中央政府からすれば，いかにして地方を統治するのかが課題となった。植民地国家の時代は，実態として権力の分散状態であったものを制度的にまとめあげようとした時代であった。東南アジア諸国が独立して国民国家の時代に入ると，戦後の混乱もあり，実態として分権的状況であり，国家はそうした状況に配慮しながら制度的に集権化も模索し始めた。冷戦下，1960年代に入って東南アジアが西側陣営（タイ，フィリピン，マレーシア，シンガポール，インドネシア）と東側陣営（ベトナム，ラオス，カンボジア，ビルマ）という2つの陣営が併存する時代になると，実態としても集権化が進んだ。1980年代以降，冷戦体制が崩壊し，市場経済の下で経済成長が始まると，大半の国が分権化を始めた。タイ，フィリピン，インドネシア，ミャンマーでは分権化が民主化の一環で始まった。権威主義体制となったカンボジア，共産主義政党の支配の続くベトナム，ラオスでは民主化なき分権化が進んでいる。この章の最後には，分権化が中央地方関係の標準となった東南アジアの地方の展望を示している。

1　地方の誕生

地方とは？

『広辞苑』で「地方」を調べてみると，①国内の一部分の土地，②首府以外の土地。いなか，③旧軍隊用語で，軍以外の一般社会，の3つの使い方が出てくる。③の使い方は今では珍しい。①や②の使い方は，国境が明確な国家があり，そのなかでの一部分の土地，あるいは，首府以外の土地のことを「地方」としている。本章ではこうした使い方で「地方」を考えていく。ただし，近代国家では中央政府とは別に首府（首都）にも地方政府や地方自治体が誕生することから，そうした意味での地方も含む。

かつての東南アジア世界

序章を読めば，植民地支配が始まるまでの東南アジア世界における国家は植民地時代以降の近代国家とはおよそ似て非なるものであったことがわかるであろう。河川や海上交通の要所にできた港市国家であれ，肥沃な土地に水田稲作の広がる地帯に生まれた内陸型国家であれ，国境を持っていなかった。というより，東南アジア世界というのはもともと人口が希薄であり，国家と国家の間には広大な森林と海域が広がっていたため国境が不要であった。港市国家であれば中国との朝貢貿易などを通じて，内陸型国家であれば水稲稲作の生産量拡大を通じて国力をつけることに成功すると，その国家は放射的に影響力を拡大していった。中心から離れれば離れるほどその影響力は弱まっていく。こうした国家が各地に大小様々に存在していた。そして，海域世界の海民や山間部の高地民には国家の影響力が及ばないか，及んでいたとしてもわずかであった。

植民地支配の始まり

欧米による植民地支配の到来はこうした国家を大きく変容させていった。16世紀からポルトガル，スペインを筆頭に，イギリス，オランダ，フランス，そしてアメリカがタイを除く東南アジア各国に進出していった。ポルトガル，続いてオランダがマレー半島のマラッカを支配し，オランダがバタビア（現在のジャカルタ），イギリスがスマトラ島のベンクルー，マレー半島のペナン，そしてシンガポールを支配した。この支配は香料貿易などの商業ルート確保のためであり，既存の東南アジアの地域秩序を大きく壊さない「点と線」の支配であった。それが19世紀後半ともなれば，「面」的支配に変容を遂げ，国境を持った植民地国家が誕生していった。イギリスは現在のミャンマー，マレーシア，シンガポールに，オランダは現在のインドネシアに，フランスは現在のベトナム，カンボジア，ラオスに，そして，スペイン，続いてアメリカが現在のフィリピンに植民地国家を作り上げた。オランダはバタビアに，アメリカはマニラに，フランスはハノイに植民地政府の中心をおいた。ビルマは，イギリス領インドの１州としての扱いをうけ，州都がラングーン（現在のヤンゴン）に置かれた。現在のマレーシア，シンガポールのうち，イギリスは直轄支配を行う海峡植民地（マラッカ，ペナン，シンガポール）の中心をシンガポールにおいた。間接統治を敷いた連合マレー州などの中心はクアラルンプールとなった。植民地支配を免れたタイの場合，チャクリー朝がバンコクを首都とした。

植民地支配の深まりと地方の誕生

「点と線」の支配では商業ルートの支配による経済権益の確保が重要であった。面的支配においては，内陸部の鉱山開発，プランテーション開発，さらには灌漑整備による農地開発を通じた植民地経済の発展，その利益の宗主国への還元が目指された。そして，植民地国家は，今の国民国家につながる近代国家として，理念的には均質な国家空間を国境内に浸透させた。国境管理を行い，治安維持のために警察と軍を作り上げ，統一貨幣を導入した。内陸部の発展のために鉄道・道路による輸送網を整備しつつ，国内の人間を把握するために人口センサスを始めた。さらに，宗主国出身者だけでは領域支配を行うだけの人材がいないことから，王族，貴族の子弟たちに宗主国の言語による教育を受けさせて，彼らに統治の一翼を担わせた。植民地支配を免れたタイの場合，チャクリー王朝が上述のような試みを通じて近代国家を作り上げようとした。

植民地国家が首都（や州都）から面的支配を実現するなかで，首都のある中央と対比される形で「地方」が生まれた。中央政府は，地方での治安確保と経済開発のため，植民地以前の行政単位を踏襲しつつ，地方行政を整備し始め，日本でいう都道府県，市町村のように階層的に地方行政を設け，各地方行政単位の管轄範囲を定めた。現在のインドネシアの東ジャワ州，フィリピンのカビテ州，マレーシアのパハン州などが近代国家の行政単位として誕生したということである。また，植民地国家は首都に中央政府の行政機構のみならず，首都の「地方」行政機構も設置した。

2　植民地国家のなかの地方，独立後の混乱のなかの地方

植民地国家による地方統治

植民地国家では，基本的に，宗主国の欧米人官吏の監督・指導のもとで，在地の王族・貴族層や地主・商業エリートが地方統治を担い，植民地政府と地域社会の媒介者となっていった。例えば，フランス領インドシナの場合，フランスの直轄領のコーチシナを除けば，フランス人が指揮命令し，ベトナム人による伝統的な地方行政を温存する二重行政構造を作った。ただし，ラオスやカンボジアでは在地の権力者を温存しながらも，フランス人がベトナム人官吏を使って統治する傾向が強くなった。オランダ領東インドでは，オランダ支配の影響が強かったジャワでさえ，オランダ人官吏の監督のもととはいえ，県知事を頂点とするジャワ人の官僚制を作り上げ，貴族層を官僚化した。イギリス領マラヤは，イギリスの直轄支配下にある海峡植民地以外では，在地の王族であるスルタンたちが植民地支配の一翼を担った。アメリカ領フィリピンでは，地主・商業エリートが官僚ではなく，地方政治家として統治を担った。植民地支配を免れたタイの場合，王政のもとで中央集権的支配が試みられ，中央政府が派遣した県知事や郡長といった官僚が地元の名望家に依存しながら地方統治を担った。

いうまでもなく植民地国家の主たる目的は植民地の資源と住民の収奪である。従って，地方統治を任された在地の権力者たちは，宗主国の恩恵を受ける一方，地域住民の反発を買う対象であった。この反発は，地域文化に根ざした千年王国運動，イスラームやキリスト教といった宗教に依拠した暴動，植民地からの独立を求めるナショナリズム運動，更にはグローバルな秩序変転を目指す共産主義運動といった形をとった。1942年以降，日本が東南アジアに軍政を敷き始めると，独立を約束してナショナリストたちを軍政に協力させようとしながら，地方では基本的には既存の権力構造に大きな変化を加えずに，一層の搾取を強めていった。地域社会の疲弊は深まり，軍政への反発が強まった。

日本軍政と独立を経た地方

1945年8月に日本が連合国に降伏すると，東南アジアには権力の空白が生じた。欧米による植民地支配，日本軍政による搾取に対する反発は強く，インドネシアの中ジャワやバンテン地方では共産主義勢力やイスラーム勢力が既存の貴族官僚を核とする地方権力構造を否定する社会革命を開始し，村長から県知事までが殺害，更迭された。ベトナムではホー・チ・ミン率いる共産主義勢力がベトナム民主共和国の独立を宣言して，ベトナム全域で既存の権力構造の否定を目論んだ。しかし，ベトナムを除くと，東南アジアでは植民地国家の境界線を基本とする形で新たな国民国家が誕生した。ナショナリスト政治家たちが国政を掌握するという大きな変化が起きる一方で，地方では植民地以来の統治構造が堅持された。インドネシアでは8月にスカルノとハッタがインドネシア共和国の独立を宣言し，オランダ領東インド時代から続く原住民官吏による地方統治の継続を宣言し，上述の社会革命を否定した。フランスはベトナム民主共和国を認めず，再植民地化をもくろみ，オランダもインドネシア共和国を認めずに再植民地化を試みるなど，旧宗主国の復帰が各地で起きた。しかし，最終的には闘争・交渉を通じて，東南アジアでは国民国家が誕生した。

3　国民国家のなかの地方

中央地方関係の類型化

生まれたばかりの国民国家は，国境内の人々を一国民としてまとめ上げる国民統合というプロジェクトに加え，治安・防衛のための国家警察・国軍を整備し，国民に教育を施し，経済成長と再分配を実現するための官僚機構を整える国家建設プロジェクトも進める必要がある。当然ながら，どのように中央地方関係を作り上げ，地方を統治していくかは極めて重要である。植民地時代の遺制，政治体制のタイプ，国民国家の民族的多様性，国家の規模などによって，地方にどこまで権限を与えるのか，誰が地方首長を選ぶのかといった点は異なった。表9-1は，東南アジア8カ国について，建国期，権威主義・社会主義期，経済自由主義・民主主義期の3つに時代を分けて，各国が採用した地方行政・制度の特徴を集権・分権で分けて示したものである。政治は，主に首長

表９－１　時代ごとの各国の地方行政・政治の制度的特徴の変遷

		建国期	権威主義・社会主義期	経済自由主義・民主主義期
タイ	政治 行政	集　権	集　権 （権威主義）	分権から集権へ
カンボジア	政治 行政	集　権	集　権 （社会主義）	集　権 分　権
ラオス	政治 行政	集　権	集　権 （社会主義）	集　権 分　権
フィリピン	政治 行政	分　権 集　権	集　権 （権威主義）	分　権
（北）ベトナム	政治 行政	集　権 （少数民族地区で分権）	集　権 （社会主義）	集　権 分　権
ミャンマー	政治 行政	集　権 分　権	集　権 （社会主義）	やや分離
インドネシア	政治 行政	分　権	集　権 （権威主義）	分　権
マレーシア	政治 行政	分　権 集　権 （サバ，サラワクは分権）	集　権 （権威主義）	分権？

（出所）　筆者作成。

の選択権が中央にあれば集権，地方にあれば分権とし，行政は，中央の事務・予算権限が強ければ集権，弱ければ分権とした。表９－１はあくまでも制度としての特徴であり，実態については各国紹介でみていく。

独立直後の地方

独立後の建国期の東南アジアの中央地方関係の制度設計を見てみると，政治・行政的に集権的なタイ，カンボジア，ラオスの第１類型，政治的に分権的で行政的に集権的なフィリピンの第２類型，政治・行政的に分権的性格もある北ベトナム，ミャンマー，インドネシア，マレーシアの第３類型という３つの類型に分けることができる。しかし，第３類型の４カ国の分権化はさして進まなかった。結局，北ベトナムについては，分権的といえる制度は少数民族地区の設置だけであった。ミャンマーは連邦制を取りながらも少数民族の反乱などもあり集権化していった。インドネシアでは分権化はなかなか進まず，スマトラやスラウェシで地方反乱が起きると，集権化が進んだ。マレーシアは連邦制を採用しながら，実際には例外規定などが設けられており，連邦は州に対して優位な地位を有しており，連邦制とは言い難かった。

結局のところ，建国期の東南アジアでは，実態として分権化が定着した国家は存在しなかった。できたばかりの国民国家では，国民統合も国家統合も始まったばかりであり，国家のリーダーからすれば分権化は国家分裂を招きかねないリスクだったのである。

行政的集権化――タイ，カンボジア，ラオス，フィリピン

タイの場合，先述のように，20世紀初頭から中央集権的な近代国家建設が始まっており，冷戦下で共産主義の台頭を防ぐためにも集権的なシステムを堅持した。1953年に独立を達成したカンボジアでは，フランス植民地時代の行政制度が維持され，首都プノンペンなどの特別市を除き，内務省を頂点とする州＝郡＝行政区という垂直体系の官僚性を整備し，内務大臣が州知事を，州知事が郡長を任命する形をとった。1955年の総選挙で勝利したシハヌークが王政社会主義を掲げ，クメール・ナショナリズムのもとで強引に国家統合を進めるべく集権化を推し進めた。フランスの影響を受けたまま独立を果たしたラオス王国は，カンボジアと同じくフランスの影響を受けた集権的な体制を作り上げた。県＝市・郡＝準郡＝村という地方行政機構のもと，中央政府が県知事を任命し，県知事が郡長を任命して内務大臣が承認するという集権的な体制をとった。県と市には議会が設けられたが，内務大臣が凍結・解散する権限を握っていた。

タイ，カンボジア，ラオスのように首長選択も集権的である場合，地方の実情をよく知る地方ボスや地方名望家に依存しながら統治することになる。それに対して，フィリピンの場合，行政的には集権的で地方首長（州知事，市長・町長）の事務・財政権限は乏しいものの，アメリカ植民地期の制度を引き継ぎ，直接選挙で地方首長を選ぶ制度を採用した。そのため，官僚ではなく大地主など寡頭エリートが地方政治を支配し続けた。

タイ南部やフィリピン南部には少数派のムスリムが居住しており，カンボジアやラオスにも少数民族が存在するが，当時のタイ，カンボジア，ラオス，

フィリピンは少数派の住む地方に自治権を付与することはなかった。タイは国王が君臨するタイ族の国家であり，政権がムスリムに権限を与える発想などなかった。カンボジアはクメール人意識に基づく国民統合を図り，少数民族に自治を与える発想はなかった。キリスト教徒が多数派のフィリピンの場合，ムスリムの多い南部に自治権を与えることはなかったとはいえ，イスラーム指導者が国会議員や地方首長として意見表出することができていた。しかし，キリスト教徒の流入が増え，ムスリムが周辺化されていくと不満が高まっていった。

こうした諸国が集権化を進めたのに対して，ベトナム，インドネシア，ミャンマー，マレーシアでは，多民族性が中央地方関係に影響して，分権化を（部分的に）模索した。

ベトナム

ホー・チ・ミンによる独立宣言の後，1946年１月に総選挙を行ったものの，フランスが再植民地化を企てたため，対仏戦争（第１次インドシナ戦争）が起きた。フランスは，ベトナムの主要民族キン族とは異なる山間部の少数民族を取り込もうとして，ヌン自治地域，ムオン自治地域，ターイ自治地域などを設けた。そして，越北地方を除く山間部の少数民族の伝統的首長の大半がフランスについた。

ベトナム民主共和国を建国したベトナム人共産主義者たちは，いったんは階級の論理を優先する極左的な発想で少数民族社会の首長などの有力者を否定する動きを示し，1954年には少数民族居住地区でも土地改革を試み始めた。首長を頂点に作り上げられた各地の少数民族社会は，こうした変革に対して反発した。

ベトナム南北分断後の1956年になると，北のベトナム民主共和国はキン族と他の少数民族との平等を重視する政策を取り始めた。中国にならって区域自治制度を導入したのである。ソ連のような自決権を持った共和国の連邦ではなく，諸民族の分離・独立の権利を否定した単一共和国の枠内で，少数民族に対して自らの居住区において自治を認める制度である。西北地方にターイ・メオ自治区，越北地方に越北自治区が設置され，行政や教育において自民族の言語の使用が認められた。しかし，こうした地域を除けば，ベトナム労働党は，党が行政機構を末端まで監督する集権的な社会主義体制を構築していった。

ミャンマー

図9-1 パンロン会議
（出所） www2.irrawaddy.com.

ミャンマーの中央地方関係で重要だったのは，独立前の1947年に開催されたパンロン会議である。イギリス植民地時代のビルマは，イギリスが直接統治を行った管区ビルマ（平野部のビルマ人居住地区）と伝統的首長層を通じて間接統治を行った辺境地区（山間部のカレン族，カチン族，シャン族などの少数民族居住地区）とに分けられており，ビルマ独立にあたっては，この関係が焦点となった。イギリスの要請もあり，独立運動のリーダーであるビルマ人軍人アウン・サンが，カチン族，シャン族，チン族の代表たちと将来の国家構想について話し合ったのがパンロン会議である。イギリス植民地時代から軍人などとして徴用されてきたカレン族は，ビルマ人との関係が悪く，独自にイギリスに独立要望を伝えており，この会議にはオブザーバーしか送らなかった。

パンロン会議では，管区ビルマと辺境地区をあわせた領土で連邦国家を形成すること，少数民族が自治権を有する民族州を作ることが決まった。タイ，フィリピン，ラオス，カンボジアのような多民族性を中央地方関係に反映させない国家モデルと異なり，また，中国モデルを適用したベトナムとも異なり，ソ連モデルに近いところがある。多数派のビルマ人と少数民族とを平等に扱うことを強調したアウン・サンがビルマ人を代表したからこそ，こうした合意に到達できた。しかし，アウン・サンの暗殺により，パンロン会議の合意の一部は反故にされていった。

独立後の1947年憲法では，二院制をとり，各民族代表からなる民族議会の設置を決めた。民族州として当初から認められたのはシャン州，カチン州だけであった。カレン州，カレンニー州，チン特別地区は後に設置されることになり，それ以外の新州設立も認めた。シャン州とカレンニー州については憲法制定から10年後に分離権の行使も認めた。しかし，公用語はビルマ語となり，国教ではないにせよ，ビルマ人の大多数が信仰する仏教に特別な地位が与えられた。

大統領は州の法案に拒否権を持ち，州知事の任命権も持っており，ビルマ人による集権的支配の性格が顕著である。1948年にビルマ連邦が発足すると，そもそもパンロン合意に反対していた一部のカレン族だけでなく，管区ビルマに居住していたためにパンロン合意にも参加してなかったモン族が独立運動を始めた。また，各地には与党支持勢力である地方ボスが割拠しており，汚職も蔓延していた。それを受けて，アウン・サンの後継者であるウー・ヌは多様性を拒否してビルマ化，集権化を進めていった。

インドネシア

1945年８月に初代大統領スカルノが共和国憲法を発布し，インドネシアは８州からなる単一共和国として誕生した。しかし，旧宗主国オランダはこの共和国を認めず，再植民地化を目論んだことから戦争となった。オランダ側は現在のインドネシア領内に傀儡国家，自治領を次々と作り，地方貴族をそうした国家と自治領の中枢に据えて共和国の解体を目指していた。しかし，冷戦の本格化とともに，インドネシアでの共産主義勢力の台頭を恐れたアメリカがオランダに対して共和国との妥協を求めた。その結果，1949年８月からオランダ，共和国，オランダの作った国家，自治領代表らとの間でハーグ円卓会議が開かれ，共和国も含めた形でインドネシア連邦を独立国家とすることが決まった。

この連邦国家は，スカルノ率いるインドネシア共和国に加え，６つの構成国家と９つの自治単位からなった。こうした複雑な構成になった理由は，民族的多様性に沿った構成国家を作って分断統治をするとともに，バンカやビリトゥンの錫鉱山，南スマトラの石油資源などの利権を確保しておきたいというオランダの思惑があったからであった。結局，連邦構成国からもオランダ支配の残存への不満が強く，陸続と共和国への統合を求める声が起き，1950年８月，インドネシアは民主主義を採用する統一共和国となった。

インドネシア共和国は，オランダとの独立闘争を続けている1948年に地方行政法を定めており，1950年以後もこの法律は有効であった。州・特別地区→県・大都市・特別地区→村・小都市・特別地区という三層構造の自治体に権限付与することを約束していた。しかし，民主主義のもとで短期政権が続き，同法のもとでの地方分権は進まず，ジャワ島以外の地方からは中央政府による天然資源の利益独占などへの不満が高まっていった。1956年末から1957年初頭にかけて，スマトラやスラウェシの軍司令官が一方的に戒厳令を敷いて中央政府に反旗を翻した。中央政府は地方への権限拡大を約束した1957年第1号法を公布したが，イスラーム勢力と共産党勢力の対立が深刻化し，地方の反乱は続いた。1959年，ついにスカルノが権威主義的な統治体制「指導される民主主義」を始め，集権化を推し進めた。

マレーシア

日本の敗戦後，イギリスは錫とゴムという貴重な外貨獲得源を確保するべく，マラヤの再植民地化を目論んだ。イギリスのマラヤ連合案では，植民地時代に錫鉱山，ゴム農園労働者としてやってきてマラヤで高い人口比を有する華人，インド人にも平等な市民権を与えようとするものであった。さらに，スルタンの権限も制限するものであったことから，地元民のマレー人からなる後の与党，統一マレー人国民組織（UMNO）などから強い反発の声が上がった。そこで，イギリスはマレー人の特殊な地位を認め，マレー人のイスラームと慣習を守り，スルタンの各州の首長としての地位を認めるなど，マレー人に配慮したマラヤ連邦を1948年2月に発足させた。その後，UMNO に加え，華人からなる保守政党マラヤ華人協会（MCA），さらにはインド人からなる保守政党マラヤ・インド人会議（MIC）が誕生し，共闘して1957年8月にマラヤ連邦として独立することに成功した。

マラヤ連邦はスルタンを国王とする立憲君主制であり，しかも連邦制を採用することで，華人，インド人に対して地元民としてのマレー人の特殊な地位を保とうとした。連邦を構成する11州のうち9州ではマレー人の伝統的権威であるスルタンが州の首長となり，9人のスルタンから5年ごとに輪番で国王が選ばれることで，マレー人優位を統治に反映させようとした。1961年には，当時の首相ラーマンが，イギリス植民地であったシンガポール，サバ，サラワク，ブルネイを統合したマレーシア連邦構想を発表した。1963年には，ブルネイは加盟しない形でマレーシア連邦が誕生し，1965年には圧倒的に華人の多いシンガポールを切り離して，マレー人優位の国家建設に着手した。9州の首長であるスルタンは世襲で選ばれる点で中央に選択権限はなく，州の権限は明確に憲法で規定された。しかし，実際には多くの点で中央政府が州よりも優越しており，マレー人優位のための連邦制が地方に必ずしも権限を与えるものとはならなかった。例外的に権限が与えられたのは，後から組み込まれたボルネオ島のサバ州，サラワク州だけである。

4　権威主義・社会主義時代の地方

集権化する東南アジア

1960年代に入ると，冷戦のもとで東南アジアの政治体制は二極化した。タイ，インドネシア，フィリピン，マレーシア，シンガポールのような西側よりの諸国は権威主義体制を樹立した。タイでは国軍が政権を掌握した。インドネシアでは国軍出身のスハルトが，定期的な選挙で与党が勝利して大統領を続投する仕組みを作り上げた。マレーシア，シンガポールでも与党（連合）が常勝する選挙の仕組みを作り上げた。フィリピンではマルコスが議会を停止して，立法・行政の集権化を図った。一方，ベトナム，ラオス，カンボジアは共産主義政党による社会主義体制，ビルマでも軍が主導する形で一党独裁の社会主義体制を樹立した。いずれの国においても，制度的には中央地方関係が集権的になっていった。

それでは，実態としてもこうした諸国は集権的であったのであろうか。スハルト政権期のインドネシア，マルコス政権期のフィリピン，マハティール首相などによる与党連合下のマレーシアは，実態としても中央政府が権力を握る集権的体制を作ったといえるであろう。インドネシアでは，州＝県・市の二層構造で，どちらの地方政府にも乏しい事務・財政権限しかなかった。しかも，州知事，県知事，市長といった地方首長は大半の場合，スハルト大統領が選んだ人物であり，重要な地方には軍人を据えて統制をさせた。そのため地方政治家，名望家がフォーマルな政治勢力とはならなかった。フィリピンの場合，そもそも行政的には集権的であったが，マルコス政権は地方首長をすげ替えるなどして，地方に割拠していた政治家の影響力の削減にも努めた。1963年に成立したマレーシアの場合，連邦制を取っていたが，与党連合である国民戦線が政治的にも行政的にも強い影響力を持っていたことから，実態としては集権的であった。ベトナムの場合，1960年代になると，少数民族地区に対しても全国統一的な施策を実施するようになっていき，1976年の南北ベトナム統一後は自治区を廃止した。カンボジアでは，クメール・ルージュ政権のもとで極度の集権化が進んだ。ビルマでは1962年にネ・ウィンが軍事クーデタを起こした後，一党独裁体制下で独自の社会主義を展開して集権化を推し進めた。

図9-2　フィリピン・ミンダナオの分離主義運動の主体モロ・イスラーム解放戦線（MILF）
（出所）ilps.info.

実態としての分権，そして分離運動の始まり

タイにおいては1970年代以降，経済成長の影響が地方にも波及し始め，地方都市部では実業家が政治的権力を増大させ，集権的な官僚制に対しても影響力を行使するようになった。また，ラオスは1949年に王国として独立後，ベトナムと近い勢力が亡命して自由ラオ戦線を組織し，1975年には同戦線が政権の樹立に成功して今に至っている。社会主義政権のもとで共産党が一党独裁体制を敷きながらも，山岳地帯の多い地理的状況，行政官不足などもあり，実態としては県の自律性が高い状態が続いた。

この時代は東南アジアにおいて集権化を通じて国民国家体制が定着していく時代であり，それに対する異議申し立ても目立ち始めた。仏教徒が多数派のタイにあってムスリムが多数派を占める深南部では分離運動が盛り上がった。また，カトリック教徒が多数派のフィリピンにおいてムスリムが高い割合を占める南部のミンダナオ地方でも分離主義が盛り上がった。ベトナムでも多数派のキン族の流入に反発した北部少数民族が自治要求運動，独立運動を始めた。インドネシアでは，天然資源の恩恵が中央政府に収奪されていることへの不満から，アチェで独立運動が起きただけでなく，半ば強引にインドネシアに統合されたパプアや東ティモールでも独立運動が続いた。ビルマでも少数民族の分離運動が続いた。

5　経済自由主義・民主主義時代の地方

分権化を試みる東南アジア

1980年代に入ると経済のグローバル化が進展し，経済自由化が基調になるなかで，集権的な体制に変化が見え始めた。中央政府だけでなく，地方政府や民間セクターが積極的に開発に関わることで経済成長を実現することが重視され始めた。社会主義体制の牙城であったソ連崩壊に伴う冷戦の終焉がこの動きに拍車をかけた。さらには，集権的な政治体制が汚職を生み，首都に集中した経済成長を生んだことにも批判が生まれ，一部の国では民主化が始まった。民主化の推進のためには，地方政府や市民社会に大きな権限を与えて，積極的な住民参加が不可欠だという議論も勢いを持ち始めた。そして，欧米や日本の援助機関は，途上国の地方分権を推進するようになった。その結果，タイ，フィリピン，インドネシア，ミャンマーでは民主化に伴って分権化も始まった。ベトナム，ラオスでは社会主義体制を維持したまま，事務権限を移譲する分権化を始めている。権威主義体制を堅持しているカンボジアでも行政的分権化が始まった。

民主化と地方――タイ，フィリピン，インドネシア，ミャンマー，マレーシア

民主化が始まった東南アジア諸国では分権化も進められている。集権的政治体制のもとで蓄積した地方の不満を解消し，民主主義を定着させるためには住民が地方レベルで問題を解決できる地方自治が不可欠だとの認識が広がったためである。

タイでは1970年代末から軍主導で漸進的に民主化が進んだ。行政的には集権的であり続けたが，1970年代に台頭した実業家が各地で影響力を持ち始め，フィリピンのように政治的分権ともいえる状況が実質的には見られ始め，地方で権力闘争が激化した。1992年に軍出身の首相に反対する市民・学生デモが流血事件となったことが契機となり，民主化，分権化の動きが法制化された。1990年代後半に始まった分権化により，農村部に職員わずか15名ほどの小規模なタンボン自治体が6,000以上も誕生し，その首長や議員が直接選挙で選ばれ

るようになった。1997年憲法では分権化を国家の基本政策に位置づけ，1999年に地方分権推進法が制定された。しかし，タイの場合，内務省や各省庁が地方に出先機関を持って事務を遂行しており，内務省が任命する県知事や郡長が公選で選ばれる首長と併存する複雑な仕組みであり，中央の地方統制はなくなっていない。ムスリムが多数派のタイ南部の自治要求を認める気配もない。また，2001年に誕生したタクシン政権が一党優位政権の樹立に成功すると，タクシン派の地方政治での影響力が圧倒的となり，かつてのような地方での権力闘争は減った。農村部に新たに生まれたタンボン自治体が公的に農民たちの意見を汲みとる機能を果たし始めており，パトロン・クライアント関係やパトロネージの政治とは異なる政治が農村レベルでも定着する萌芽が見えた。しかし，2006年，2014年の軍事クーデタで軍政となり，分権化は止まった。2019年には再び選挙が行われたものの，軍の影響が強いために分権化の動きはみられない。

図9-3 タイの地方で影響力を持った実業家（チョンブリーのカムナン・ポー）
（出所） nationthailand.com.

フィリピンでは，マルコス政権が1986年に崩壊して民主化が始まると，新憲法で地方分権の推進を規定し，1991年には地方政府法を公布した。分権化はマルコス時代に肥大化した中央政府の規模縮小と財政再建を目指すだけでなく，地方行政への市民参加も目指した。1990年には分離運動の続くミンダナオ地方にイスラーム教徒自治区を設け，2018年には高度の自治権を付与したイスラーム自治政府を認める法律を策定した。地方分権推進派の中には，NGO や市民団体だけでなく，マルコス政権時代に排除されてきた地方の寡頭エリートも混じっており，彼らは分権化の恩恵を受けて利権の拡大に成功し，地方の一族支配を復活させ始めた。ただし，国政に進出して，国家予算を確保して地方に還元するだけでなく，分権化で増えた地方の予算を利用し，外資を誘致して積極的に地域経済の活性化を図るような新しいタイプの地方首長も誕生した。

インドネシアでは，1997年のアジア金融危機の影響で32年間続いたスハルト体制が1998年に崩壊して民主化が始まった。集権的な政治体制下で天然資源を収奪されていた不満などからリアウ，カリマンタン，スラウェシなどで盛り上がっていた分離運動を抑え込む目的もあって一気に分権化が始まった。スハルト政権期に抑圧されていた東ティモールは独立し，アチェやパプアは高度な自治権を付与された。民族的・宗教的違いなどを理由として新設自治体が次々と誕生した。大幅な事務・財政権限の移譲に加え，2005年からは首長直接選挙も始まった。そうすると，一気に地方政治の権力闘争が激化し，スハルト時代の経済成長で誕生した寡頭エリートたちが地方政治を掌握する事例も目立ち始めた。当初は金と暴力でのし上がった寡頭エリートも目立った。民主主義が定着するにつれて，行政改革などの実績を売りにする新しいタイプの首長も都市部を中心として生まれ始めた。市長から大統領に登りつめたジョコ・ウィドドはその典型である（図9-4）。

図9-4　インドネシアのソロ市長時代のジョコ・ウィドド大統領（左側）

（出所）solopos.com.

ミャンマーでは，強権的な社会主義体制に対する不満が1988年に大規模な学生デモにつながった。軍隊がそれを鎮圧したために民主化は起きず，軍事政権に対する少数民族の反乱が続いた。ようやく，2007年に首相に就任した現役軍人のテイン・セインのもとで経済自由化に加え，民主化も始まった。2010年には選挙が行われて，退役したテイン・セイン率いる政党が勝利して民政移管を実現した。テイン・セイン政権は，欧米の支援を取り付けるべく，2008年憲法で定めた新たな地方行政制度に基づいて，地方分権化の推進も強調し始め，分離運動を続けている少数民族グループとの対話にも積極的になった。2015年の総選挙では野党の国民民主連盟が圧勝し，その党首アウン・サン・スー・チーが実質的な権力者となった。国際援助機関の支援もあり分権化の試みは続いているものの，州・管区の首長は地方議員から中央政府が任命する制度に見られるように，集権的仕組みが残っている。

マレーシアでは，与党連合が長期政権を担い続けてきたが，州議会議員選挙で勝利した野党が州で政権を獲得し始めた。2008年選挙では5州で野党政権が誕生した。都市部にあたるセランゴール州やペナン州では中間層の人々が野党支持に回ったことが勝因である。公務員人事では連邦政府の意向が強いなど，集権的性格があるものの，野党州では州政の透明性の実現などが試みられた。2018年選挙では，12州のうち7州で野党連合が勝利したうえ，独立してから61年を経て初めて政権交代が起きたことから，分権化が進む可能性がある。

経済自由化と地方——ベトナム，ラオス，カンボジア

民主化と分権化がほぼ同時に進む国だけではなく，社会主義体制，権威主義体制を続けながら分権化を進める国もある。そうした場合，分権化の主たる目的は，市場経済の導入により経済成長をするために行政を効率化することである。社会主義体制下のベトナムでは，市場経済の導入を目指すドイモイ（刷新）が1986年から始まるとともに分権化の試みが始まり，1990年代後半に加速化し始めた。共産党一党独裁のもとでの行政的分権化の試みであり，政治的分権化は進んでいない。しかし，ハノイ市政府の街路樹伐採に対するオンライン・オフラインでの反対運動が伐採撤回につながるなど，ローカルな市民社会の動きも起きつつある。また，少数民族地区では中央政府の集権的政策が暴動という形で反発を招いたことから，中央政府が住民参加を制度化する動きも出てきた。

同じく社会主義体制下のラオスでも1980年代中葉から市場経済の導入が進められ，行政的分権化も試みられた。地方行政能力が低いままの分権化であったため，1990年代に入り，財政を中心として中央政府が地方の統制ができなくなったことからいったんは集権制に戻った。しかし，財政再建は進まず，1990年代後半には再び分権化に向けて舵が切られた。県が徴税権を握ると，県が国庫分を納付しなくなり，中央政府歳入が減るなど，分権化は未だに混乱を生んでおり，再び集権化の可能性もある。

カンボジアでは，1979年にクメール・ルージュ政権が崩壊した後，ベトナムの支援を受けたカンボジア人民革命党（後の人民党）が政権を握った。しかし，

内戦が終わっていないことから，地方ボスが割拠している状態が続いた。1991年に内戦当事者間での和平合意ができ，1993年に国連カンボジア暫定統治機構の監視下で総選挙が行われた。その選挙で勝利したフンシンペック党と人民党が連立政権を樹立すると，割拠していた地方ボスの権力基盤を掘り崩して集権化を進めた。その後，人民党のフン・センが権威主義体制を樹立した。2002年には民主化を進めようとする国際援助機関の支援もあり，第3層目の地方政府で議会議員選挙が導入された。2018年には住民サービス向上のためにさらなる分権化諸法が制定されており，さらなる分権化が進む可能性がある。

東南アジアの地方の行方

現在の東南アジア諸国の大半は，何らかの形で分権化を進めており，その意味で地方の重要性はますます高まってきている。民主化を伴うにせよ，伴わないにせよ，優秀な地方リーダーが出現すれば，その地方は豊かになる可能性があるし，地域住民が連携して地域づくりをするような地方も豊かになる可能性がある。その一方で，自らの利権追求に走る地方リーダーであれば地方の成長は見込めない可能性が高いし，辺境にあって天然資源もなければ最貧困のままの地方も生まれる可能性がある。地方がイニシアティブを発揮できるということは，地域の多様性を認めるという意味では良い面もある。しかし，地域間格差を促すことにもなるため，中央政府が各地方の動向を把握して再分配や汚職撲滅のための政策形成をする必要性は高い。また，市民社会組織も自分の住む地方だけでなく，各地の市民社会組織とネットワークを作って連携しながら各地方の行政の監視をしておく必要性が高くなってきている。

参考文献

伊藤正子『エスニシティ〈創生〉と国民国家ベトナム――中越国境地域タイー族・ヌン族の近代』三元社，2003年。

岡本正明『暴力と適応の政治学――インドネシア民主化と安定の地方構造』京都大学学術出版会，2015年。

川中豪「『中央集権的行政』と『地方割拠的政治』のダイナミズム」『アジ研ワールド・トレンド』第15号，1996年，14～15ページ。

瀬戸裕之『現代ラオスの中央地方関係――県知事制を通じたラオス人民党の地方支配』

京都大学出版会，2015年。
高橋宏明「近現代カンボジアにおける中央・地方行政制度の形成過程と政治主体」天川直子編『カンボジアの復興・開発』アジア経済研究所，2002年，67〜110ページ。
Hadiz, Vedi R., *Localising Power in Post-Authoritarian Indonesia : A Southeast Asia Perspective,* Stanford : Stanford University Press, 2010.
Kerkvliet, Benedict J. Tria and Marr, David G. eds., *Beyond Hanoi : Local Government in Vietnam,* Singapore : Institute of Southeast Asian Studies, 2004.
Netra Eng, "Decentralization in Cambodia : New Wine in Old Bottles," *Public Administration and Development,* 36, 2016, 250-262.
Ninh, Kim N.B. and Arnold, Mattew, "Decentralization in Myanmar : A Nascent and Evolving Process," *Journal of Southeast Asian Economies,* Vol. 33. No. 2, 2016, 224-241.
Prajak Kongkirati, "Evolving Power of Provincial Political Families in Thailand : Dynastic Power, Party Machine and Ideological Politics," *Southeast Asia Research,* Vol. 24. No. 3, 2016, 386-406.
Tricia Yeoh, *States of Reform : Governing Selangor and Penang,* Penang : Penang Institute, 2012.
Trocki, Carl A. ed., *Gangsters, Democracy and the State in Southeast Asia,* Ithaca : Cornell University Press, 1999.
Vu Thanh Tu Anh, "Vietnam : Decentralization amidst Fragmentation," *Journal of Southeast Asian Economies,* Vol. 33. No. 2, 2016, 188-208.

本章を学ぶための基本書

国際協力事業団・国際協力総合研修所『「地方行政と地方分権」報告書』2001年。
＊東南アジアで民主化に伴って分権化も始めたフィリピン，インドネシア，タイの地方分権化についての初めての包括的分析を行った和書。３カ国の分権化に至る経緯と分権化の頃の制度的特徴がわかる。

（財）自治体国際化協会『ASEAN 諸国の地方行政』2004年。
＊東南アジア10カ国の地方行政の報告書。10カ国をまとめて取り上げているのはこの報告書だけであり，各国の地方行政・自治の特徴の概観をつかむうえでは便利。

船津鶴代・永井史男編『変わりゆく東南アジアの地方自治』アジア経済研究所，2010年。
＊タイ，インドネシア，フィリピン，マレーシアの地方自治をガバメントとガバナンスという分析枠組みを使って分析した書籍。地方自治の制度だけでなく実態にまで踏み込んでいる。

（岡本正明）

Column⑥　大きく発展する東南アジアの都市

東南アジアでは1950年に15.6%だった都市人口が，2018年には48.9%に増加し，2050年には66.6%になると予想されている。ジャカルタとマニラは人口1,000万人を超えるメガ・シティだ。1960年代頃から農村の人々が「豊かさ」を求めて都市に移動していった結果，東南アジアは農村社会から都市社会へと急速な変貌を遂げた。ただし，すべての都市で流入してくる農村人口を吸収できるほどの産業が発達したわけではなかったし，シンガポールを除いて国家が安価な大衆住宅を供給したわけでもなかった。それゆえ貧しい移住者は，都市の空き地を不法占拠してスラムを形成し，街頭の屋台や露店で生計を立てた。彼らがこうした不法な生活基盤を維持できたのは，警察や役人に賄賂を渡して黙認させたからである。

私は2000年代初頭，マニラのスラムに入り込み，街頭でフルーツを売って暮らしたことがある。人々の生活は貧しく不安定だったけれども，人々の濃密な共同性に印象づけられた。街頭では，穴のあいた服を着た子供たちが裸足で走り回り，女性たちが洗濯をしながら井戸端会議に興じ，男たちは明るいうちから酒を呑み交わす。互いに悪口を言い合いながらも，困窮した者は厚かましく支援を求め，求められた側も渋々それを受け入れる。無職の酔っ払いや麻薬常習者も，家族やコミュニティのなかで陰口を叩かれながらも，それなりに居場所を持って胸を張って生きていた。私にとって，法的にも道徳的にも「グレーゾーン」に満ちたスラムの生活は，排除されないための「正しさ」を常に求められる日本社会よりも優しく包摂的に感じた。

ただし2010年以降，東南アジアの都市は大きく発展し，ますます近代的な外観を見せるようになってきた。日本の都市部と変わらぬ快適な生活を送れる地区も少なくない。都市の発展を牽引してきたのは，住民の活発な消費活動である。サービス産業の発展に伴い，貧困世帯のなかからも清掃員，ガードマン，販売員など，フォーマル経済の末端で働く若者も増えている。また不動産ビジネスが活況を呈し，開発業者の積極的な投資によって，露店や屋台がひしめき合う庶民の生活空間は，次第に高層ビルやショッピング・モールへと置き換えられてきた。他方，スラムは，民間の開発を促進しようとする国家によって撤去され，多くの住民が郊外の低所得者用の再定住地へと移転させられていった。

こうした都市の発展と経済成長が必ずしも人々の「幸せ」を実現しているわけではない。まず，都市化にインフラ整備が追い付かず，大気汚染，水質汚染，ゴミ処理の不全，洪水，交通渋滞が人々の大きなストレスになっている。シンガポールでは自家用車への重い課税と地下鉄やバスの整備，クアラルンプールでも公共交通機関の充実によって渋滞を抑制しているが，バンコク，ジャカルタ，マニラでは自家用車の数が増えるにつれて交通渋滞が悪化し，人々は多大な労力と時間をかけて通勤している。政府は曜日ごとに特定の自家用車の使用を禁止したり，人々はバイク・タクシーを活用したりしているものの，根本的な解決とはなっていない。それゆえ2010年代になってジャカルタ，マニラ，ハノイ，ホーチミンでは，日本の支援による地下鉄の建設が進められており，人々の期待を集めている。

強制移転の進むスラムから望む高層ビルの建築（フィリピン，2016年７月）
（出所）著者撮影。

次に，経済発展に伴うライフ・スタイルの急速な変容がある。とりわけ，大学を卒業して新興中間層となった若者たちは，グローバルな労働市場の需要に適合する規律化された「人的資源」になることを求められている。農村から移住してきた親世代がインフォーマル経済で働き，貧しくとも労働時間や仕事内容について自ら決定していたのに対して，新興中間層は社会上昇の機会と引き換えに企業の職務や上司の命令に従属せざるを得ない。規律化された労働環境のもとで働く人々が増えるにつれて，無職者らへの風当たりも強くなり，かつて存在していた都市の包摂的な「グレーゾーン」も縮小しているようだ。バンコク，マニラ，ジャカルタで国家による暴力的な「麻薬戦争」が支持されるのも，こうした社会変容と関係しているのではないかと私は感じている。

急速に進む少子高齢化も，都市と人々のライフ・スタイルを大きく変えている。合計特殊出生率は，バンコクで0.89（2010年），シンガポールで1.16（2017年），クアラルンプールで1.5（2016年），ホーチミンで1.5（2018年）と，人口維持できないレベルにまで落ちてきた。農村部でも少子高齢化が進んでおり，従来のように都市への人口流入が起きるわけでもない。労働力不足を補うため，これらの都市では外国人労働者の数が増えており，人権問題や，移民との共生といった課題が生じている。また東南アジアでは，子育てや介護といったケア労働を家族の義務とする家族主義が根強く，国家による援助は限定的なので，外国人労働者がこうしたケア労働も補うようになっている。

このように，東南アジアの都市は，戦後の日本社会が経験してきた多様な変化を，極めて圧縮された形で短期間のうちに経験しているといえよう。人々は，その変化の激しさに翻弄されながらも，逞しく都市で生きている。

（日下　渉）

第10章
社会階層・格差

この章で学ぶこと

格差は人々の不満を高め，政治体制の正統性を損ない，政治不安の要因になりうる。だが東南アジア諸国は経済成長を優先し，長らく格差への対処を後回しにしてきた。本章では，格差が東南アジアの政治にどのような影響を与えてきたのか，中間層と貧困層による政治への関与に着目しつつ検討したい。

東南アジアにおける大きな格差の起源は，植民地主義が導入したモノカルチャー経済にある。独立後，共産主義を採用した諸国は，計画経済によって不平等をなくそうとするが，農民の多くが集団農業に反発するなどして計画は破綻した。他方，民主主義を採用した諸国は反共の立場をとり，不平等の改善を訴える左派政党を弾圧した。そして1960年代以降，政治不安のなかから権威主義政権が成立すると，西側先進国から支援を受けて開発主義を実施する。だが経済成長は都市中間層の拡大に寄与しても，貧富の差は解消しなかった。こうしたなか，貧困層はパトロン・クライアント関係を通じてエリートへの従属を甘受しつつ，生存の確保を図った。

1980年代以降，中間層と貧困層が共闘して民主化を実現する局面も生じた。民主化は社会経済的な平等をもたらさなかったが，NGO 活動を活性化させた。NGO 活動では，中間層の活動家が貧困層の利益を代表する新たな回路を作り出してきた。しかしフィリピンとタイでは，貧困層に支持基盤をもつポピュリストが台頭すると，中間層の反動が強まり，階層間の対立が深刻な政治不安を引き起こした。平等への希望を喚起する民主主義と，不平等を再生産し続ける資本主義の軋轢をいかに調停できるかは，今日の民主主義にとって大きな課題である。

1　植民地主義と不平等

植民地経済による生存基盤の破壊

植民地期以前の東南アジアでは，貧者の生存を保障する規範と制度が存在した。土着の王朝は，希少な人口が他国に逃げ込んでしまわぬよう，庇護下に置こうとした。地主も小作の生存を脅かさない程度の柔軟な小作料を課し，困窮した小作や土地なし農民には支援をした。これは「パトロン・クライアント関係」と呼ばれるもので，上位者（パトロン）が下位者（クライアント）に保護や利益を与える一方，後者は忠誠でもって応えるという非対称な垂直的関係である。パトロン・クライアント関係は封建的な不平等に根差す一方で，異なる階層間の互酬性によって支えられ，小作や土地なし農民の生存維持を保障した。利益の最大化ではなく，共同体における成員の生存維持を経済活動の目的とする「モラル・エコノミー」が機能していたのである。

欧米列強は，こうした伝統社会で世界市場向けの一次産品の開発を進めていく。代表的な産品は，島嶼部のプランテーション農業（コーヒー，サトウキビ，藍（インディゴ），タバコ，ゴム，マニラ麻）と鉱業（錫），大陸部の大河川デルタにおける稲作農業だ。こうしたモノカルチャー経済は，本国の経済を支えたが，植民地における地場産業の発展を考慮しなかったし，過酷な収奪は現地住民を困窮させた。しかも商品作物栽培の強制は，伝統的な自給農業とモラル・エコノミーを破壊した。植民地国家の後ろ盾を得た地主は，小作の世話を無視して，世界市場における商品作物の販売を優先するようになった。食糧作物から商品作物への転作に伴い，農民の生活は市場価格の変動に依存するようになり不安定化した。さらに植民地国家と地主が導入した定額制の徴税や小作料も，豊作や好況時にはより多くの所得を農民に残したが，不作や恐慌の際には彼らを窮地に追いやった。

その結果，19世紀末から20世紀初頭にかけて，困窮した農民は生死をかけた反乱でもって，国家や地主は農民の生存を保障すべきだという伝統的規範に訴えた。その際，彼らはしばしば千年王国運動という宗教的なフレームを用いて，苦しみや抑圧のない世界の到来を求めた。千年王国とは，終末期に再臨したキリストが使徒とともに統治する至福の1,000年を意味する。これはキリスト教の文脈で生まれた言葉だが，東南アジアでは仏教やイスラームのなかでも，それぞれの終末論に基づく千年王国運動的な反乱が生じた。

反植民地闘争

植民地政府は，高等教育を通じて植民地行政を補佐する現地人官僚を育成しようとした。ここから植民者の言語を習得した知的エリートが形成される。また19世紀になると，中国南部から移住してきた華人を中心に，植民地経済の運営を担う裕福な中間層が形成される。華人は当初，労働者として働いたが，小売・金融・サービス業を起こし，やがて精米所や輸出業を担うなど資本蓄積を果たしていった。

中間層の子弟のなかには，高等教育機関のある都市に移り住み，留学や就労のため渡欧する者も出てきた。彼らは優秀であればあるほど，また教育を積めば積むほど，人種主義の壁にぶちあたり，そのジレンマを仲間たちと共有し，ナショナリズムを発展させていった。彼らは植民地主義を批判する出版活動を展開するが，それはしばしば植民者の言語で行われ，多様な土着語を話す一般大衆の世界と乖離していた。帝国の言語を習得することで可能になったナショナリズムが，その言語ゆえに大衆から乖離するジレンマがあった。また彼らの訴えた主権国家の独立，自由主義，共産主義といった西洋近代の理念も，教育を受ける機会のなかった圧倒的多数の人々の世界観から遊離していた。

それにもかかわらず，反植民地闘争では知的エリートと農民の共闘が実現する局面もあった。フィリピンでは，独学で西欧の概念を学んだアンドレス・ボニファシオが，千年王国の世界観とスペインからの独立という目的を結びつけ，大衆的な反植民地闘争を展開した。しかし，ボニファシオらは愛や美徳，水平的連帯を通じた公正な社会の実現を希求したのに対して，地主層や知的エリートは国際社会における主権国家の確立を重視した。1897年，後者がボニファシオを処刑すると，運動の性質は大衆の解放を目指すものから，現地人エリートの支配確立を目指すものへと変わる。彼らが設立したマロロス共和国は，選挙権に収入制限を設け，土地所有の不平等に無関心であるなどエリート的性格が強かった。

20世紀初頭から東南アジア各地で共産主義運動が拡大したのも，高等教育を受けた活動家がそのイデオロギーを民衆に理解させたからというよりも，抑圧や貧困からの解放を求める民衆の千年王国的な世界観と共鳴したからであった。また日本軍政下の苦しみも，階層を超えたナショナリズムを強めた。しかし，独立後の国家はいずれも貧困層の願いを叶えたとは言い難い。

2　国家建設と不平等

貧者の利益が代表されない民主主義

民主主義のもとでは，原則的に，それぞれの社会階層を代表する政党が資源の配分をめぐって争うことが期待される。だが民主主義を採用した東南アジア諸国では，階層間の利益をめぐる政治は議会に表出されなかった。植民地支配からの独立を目的とする政党が支配的となったり，冷戦下で共産党が弾圧されたりしたからである。

インドネシアでは，1920年に東南アジア初の共産党が創設され，貧困からの解放を求める人々の支持を呼んで最大の大衆組織になった。だが共産党は蜂起のたびに鎮圧され，世俗ナショナリズムを掲げるインテリ青年の国民党が台頭していく。1950年代末には国民党，イスラーム系政党，共産党の競合と，地方の反乱によって危機が生じるなか，スカルノに権力が集中する。1965年には，陸軍少将のスハルトが共産党系将校によるクーデタ未遂事件を鎮圧したのをきっかけに権力を奪取し，共産党も暴力で壊滅させた。フィリピンでは，戦前にはアメリカからの独立を掲げる国民党が優勢になった。戦後には大土地所有とプランテーション経営という同様の経済基盤を持つエリート同士の利権闘争が，国民党と自由党の２大政党制を形成した。２大政党は貧困層の利益を代表しなかったし，冷戦下で農民運動や共産党を弾圧した。

イギリス領マラヤでは，華人を中心とするマラヤ共産党が日本軍と戦い，戦後には食糧難や失業問題のなか労働組合を組織して影響力を拡大していく。これを嫌ったイギリスと統一マレー人国民組織（UMNO）がマラヤ連邦を形成すると，保守的な華人エリートはマラヤ華人協会を，インド人もマラヤ・インド人会議を設立して，３民族の政党が協働する体制が作られた。シンガポールでは，イギリスでエリート教育を受けたリー・クアンユーが，反植民地主義を掲げた左派の大衆組織と協働して人民行動党の支配を確立する。だがリーは，1963年には冷戦下で反共路線に転じ，共産党を非合法化し，人民行動党から離脱した左派も弾圧した。

植民地化を免れたタイでは，独立を目指す政党は結成されなかった。1932年にエリート官僚や軍人を中心とする人民党が，立憲革命によって絶対君主制から立憲君主制へと移行させるが，人民党はそもそも国民的な基盤を持たなかった。1957年以降は国軍が権威主義体制を築き共産党を弾圧した。

これらの諸国のエリートは，左派政党を弾圧すると同時に，自らの政党を介して貧困層に物資や雇用を提供し，パトロン・クライアント関係のもとに取り込んでいった。貧困層を蔑ろにしては彼らも権力を維持・拡大できないし，共産主義や反政府勢力の拡大を招きかねなかったからだ。他方，貧困層も，自分のパトロンが選挙で勝利すれば利益の分け前に預かることができたので，熱心に選挙戦に参加した。こうして貧困層は，同じ階層の者たちとの水平的な連帯ではなく，エリートとの垂直的な結合によって日々の生存を確保するようになった。

開発国家と不平等

パトロン・クライアント関係は，中央のエリート間の政争を末端の貧困層にまで浸透させ，社会的対立を激化させた。しかも，対立を調停する政治制度が脆弱なままだったので，深刻な政治不安が生じた。こうして，「独立の父」を標榜する国家リーダーや国軍は，強権でもって政治不安を克服し，国民統合を進めるべく権威主義への道を歩んでいった。

彼らは，民主主義の代わりに，家父長主義と経済発展に支配の正統性を求めた。インドネシアのスハルトが「開発の父」，タイのサリット・タナラットが「慈父」を標榜したように，彼らは国家を「家」，自らを「父」，国民を「子ども」とする言説を用いて，様々な社会亀裂を超えて国民を平等に包摂するとアピールした。こうした言説は，リーダーと国民を直接結びつけ，パトロン・クライアント関係を自らのもとに一元化しようとするものだった。また彼らは，国家主導の経済発展を実現すべく，欧米のエリート大学で学んだテクノクラートに経済政策を委ねると同時に，共産主義に対抗する自由主義陣営の防波堤として，西側先進国から大量の経済支援を引き出した。しかし，開発主義体制はパイの拡大には成功しても，その配分には無頓着だった。

都市部では中間層の成長が生じたが，農村部の貧困は改善しなかった。「緑の革命」（農業の近代化）よって導入された高収量品種は，化学肥料や殺虫剤を必要とするため，それらを買えない零細農家や小作を借金漬けにした。困窮した農民の流入によって，都市部では不法占拠地のスラムが拡大していった。しかも政権は，開発プロジェクトのためとして都市スラムや農村住民の強制立ち退きを繰り返し，労働組合のストライキを弾圧した。パトロン・クライアント関係のレトリックとは裏腹に，貧困層の多くは経済発展の恩恵から取り残された。

ただしマレーシアでは，1969年，貧しい多数派のマレー人と裕福な少数派の華人という民族間の対立を背景に暴動が生じると，前者を優遇する「ブミプトラ政策」が，格差是正策として導入された。

共産主義・社会主義

共産主義を選んだ諸国は，冷戦下での戦乱に苦しみつつも，ソ連や中国の協力を受けつつ計画経済による発展と「平等」の達成を目指した。ベトナムとラオスでは前衛党，カンボジアでは国王と前衛党率いる政権が，企業の国有化，地主制に代わる集団農業，国家による配給制を導入していく。企業の国有化には，植民地期に優勢となった華人から，経済の実権を多数派の民族に取り戻すという意味もあった。しかし，中ソからの援助削減に伴って財政危機が深刻化し，計画経済も辻褄合わせの数字のみが独り歩きして破綻していった。特に極端な政策を採った民主カンプチア（ポル・ポト）政権は，貨幣，市場，私有財産，教育を否定し，農村への移住と集団農場での農業を義務づけ，反対者を弾圧した。その結果，食糧難と暴力が吹き荒れ，1979年の政権崩壊までに人口の４分の１ほどが失われた。ベトナム軍の支援を得てポル・ポト政権を崩壊させた人民革命党も，社会主義を掲げるがすぐに行き詰まった。

ミャンマーでは，「平等」を実現するためとして，仏教の要素を取り入れた「ビルマ式社会主義」のもと，国軍が経済活動を統制し，外資と外国人を締め出す閉鎖的な経済体制を築いた。農地改革によって地主制を廃止するなどの成果もあったが，同国は経済破綻によって1980年代には最貧国となった。

経済危機を打開すべく，ラオス人民革命党は1979年から，ベトナム共産党はドイモイ（刷新）を採択した1986年から，社会主義の実現を将来的なヴィジョンに先延ばし，市場経済の導入と対外開放政策を進める。国営企業や集団経営は解体され，独立採算制へと移行した。カンボジアの人民革命党も1991年に人民党に改名し，共産主義からの脱却をはかる。これらの諸国における経済政策の転換は，中国からの援助，日系企業の進出など外資の増加をもたらし，経済成長を実現させた。ミャンマーでも，2011年には新政府が設立されるなど，軍が実権を握りながらではあるが民政移管と経済改革が進み，投資が増加している。

市場原理を採用するに至ったこれら権威主義体制は，正統性を経済成長に置く一方，強権的な開発政策によって人権侵害を引き起こす点で，開発主義に近い。とりわけベトナム，ラオス，ミャンマーでは原則的に国家がすべての土地を所有するので，より強権的な開発政策が可能になる。都市開発，経済特区の設置，水力発電所の建設，鉱山開発などを促進すべく，国家は僅かな補償金で住民を強制的に立ち退かせて土地収用を行ったり，深刻な環境破壊を引き起こしたりしている。また上からの開発政策のもとで，格差も拡大してきた。

貧者の「日常の政治」

いずれの体制の下でも抑圧された貧困層は，エリートや国家に面従腹背の態度をとり，できるだけ目立たぬよう組織化せず，危険を避けつつ，仲間との暗黙の了解に基づいて確実に利益を得る「日常型の抵抗」を行った。

農村の貧困層は，パトロン・クライアント関係への従属を強いられつつも，「持てる者はより持たざる者を助けるべきだ」というパトロンの義務に訴えかけて，地方エリートに利益を要求していった。こうした訴えに対して，民主主義の地方エリートは，貧困層の票を得るために応じざるを得なかった。だが権威主義体制の下では，地方首長は中央から任命されるので，貧困層の票を必要とせず，彼らの訴えを無視できた。また緑の革命は地方エリートによる農業機械の導入を促進し，小作や土地なし農民の労働機会と収入源を奪った。貧困層は彼らの苦境を蔑ろにする地方エリートに対して，全面対決は避けつつも，仲間と協働して，だらだら仕事，空とぼけ，脱走，偽りの服従，こそ泥，中傷，放火といった形で抵抗した。

こうした日常の政治は，インドシナ諸国で前衛党の導入した集団農業化も空洞化させた。土地を合作社に集約する集団農業と，国家によるコメの強制買い付けは，幹部の不正やメンバー間の相互不信も相まって，家族農業を行ってきた農民の反発を招いた。しかも財政難により政府がコメの買取り価格を抑えると，多くの農民はコメを闇市場や密輸に回して生計を立てたので，政府はコメを確保できなくなった。ベトナムでは，インドシナ戦争中こそ人々は戦地向けに食糧を生産しようとしたが，戦争が終わると集団農業を放棄して家族農業に戻っていったので，共産党も1980年代末には家族農業を追認せざるをえなかった。ラオスでは，小規模農地が多く自給自足の農民が多かったので，集団農業はより困難で，早くも1979年には廃止に追い込まれた。カンボジアでは，ポル・ポト政権が家族制度まで破壊したので，人々は家族農業に戻ることもできず，集団農業の破綻は深刻な飢饉をもたらした。

どの体制下でも，都市に出てきた貧困層は，公式の住宅市場や労働市場で住居と職を得られないので，土地を不法占拠してスラム街を形成し，街頭販売などのインフォーマル経済で生計を立てた。その際，彼らは役人や警察に賄賂を渡して，不法な生活基盤を黙認させた。権威主義体制の下でもスラムや露店は拡大し，それに苛ついた国家リーダーはしばしば彼らを強制排除したが，貧困層は再び都市空間を占拠していった。より民主的な体制の下では，票も貧者の不法な生存基盤を守る武器となった。スラムは政治家にとって重要な票田になったからである。

貧困層がこうした日常の政治ではなく，危険を顧みずに表立った反乱を起こした時は，彼らが死の淵まで追い込まれていたことを意味する。

3　民主化と中間層

中間層の政治的性格

開発主義は不平等を削減しなかったが，経済成長を通じて1970年代頃より都市部で中間層の形成を促した。彼らは高等教育を受けて，経営・管理職，専門・技術職，事務職などに就き，欧米の情報を消費するといった生活様式を持つ。1980年代から東南アジアで民主化運動が続発すると，中間層の政治的役割に関心が集まった。近代化論によると，所得と教育が向上するにつれて，人々は民主的な価値を抱くようになるので，中間層は民主主義を促進するという。マルクス主義では，中産階級が経済的自由を求めて民主化を要求すると想定された。いずれにせよ，開発主義は中間層を生み出し，中間層によって打倒されていくというのである。

たしかに，彼らは生活のためにエリートのパトロン・クライアント関係に依存する必要はないし，人権侵害や汚職といった道徳的問題に敏感に反応することもある。しかし，東南アジアの中間層が常に民主主義を促進するわけではない。その理由の１つとして，東南アジアの中間層は国家に対抗するよりも，依存する傾向が強いことが指摘される。労働集約的な産業によって初期の工業化が行われた西洋とは異なり，後発国は資本集約的な産業が主流となるなか，国家と大資本中心に工業化を目指した。それゆえ，とりわけマレーシアやシンガポールのように成功した開発主義体制では，中間層はむしろ彼らを生み出した体制の継続を支持する傾向にあるというのだ。

他方，フィリピン（1986年），ミャンマー（1988年），タイ（1992年），インドネシア（1998年）の民主化運動で，中間層が一定の役割を果たしたことは間違いない。だが，そこにはいくつかの留保が必要だ。まず，これらの国では，タイを除いて経済危機のなかで民主化運動が生じたものの，中間層は経済的な利害関係よりも，既存の政治を悪と見なす道徳観のもと運動に参加した。次に，中間層だけでなく，貧困層も民主化運動に参加しており，階層を超えた連帯があった。そして，民主化を求めた中間層の政治的態度は，貧困層に対して排他的にもなりうる。これらの点を，フィリピンとタイの事例からみてみよう。

階層間の連帯と齟齬

フィリピンでは，1972年にフェルディナンド・マルコス大統領が戒厳令を敷くと，中間層は治安と景気の回復を期待した。政権の腐敗や人権侵害が明らかになっても，反体制運動に参加した学生らを除けば，中間層の多くは沈黙を保った。彼らが異議を申し立て始めたのは，1983年にマルコスの政敵ベニグノ・アキノ Jr. が亡命先のアメリカから帰国した直後，空港で凶弾に倒れてからである。人々は彼が生前に語った「フィリピン人は命を捧げるに値する」という言葉を通じて，「フィリピン人」という共同体を価値あるものとして再発見し，「ピープル・パワー」運動に身を投じていったのである。

ただし貧困層にとっては，リーダーや体制の選択よりも，尊厳をめぐる政治の方が重要だった。貧困層は，マルコスに虫けらのように立ち退きを強制されたり，不当に扱われたりしてきたと感じていた。しかしマルコスは，厚かましくも貧困層を支援してきた実績を語り，選挙ではその恩義に報いるべきだと訴えた。貧困層にとって，これはパトロン・クライアント関係の道徳に対する侵害だった。また，好奇心からアキノ派の集会を見に行った者たちは，中間層のデモ隊によって熱烈に歓迎され，彼らと食べ物や水を分かち合い，ともに機関銃や戦車と対峙して死の恐怖も共有した。貧困層は既存の階層秩序のもとで否定されていた尊厳を回復したがゆえに，新たな社会の到来を夢見て民主化運動に参加したのだ。だが，この連帯は独裁者の追放に成功すると急速に失われた。しかも，民主化はエリートを交代させたものの，社会経済的な権力関係を変革しなかった。

タイでは，1973年に学生らの抗議運動が独裁的なタノーム・キティカチョーン政権を打倒するも，高まる民主化への熱は，1976年，国軍によって暴力で弾圧された。その後，都市部の学生の多くが地方に拠点を移し，住民参加と自助努力に基づく村落開発などを実践し，農民との協働を深めた。1992年には，前年にクーデタを起こしたスチンダ・クラープラユーン陸軍司令官がそのまま首相に就くと，学生らに加えて，都市中間層も仕事後に携帯電話を手に自家用車でやって来て抗議活動に参加した。中間層は国軍による経済や行政への介入を否定し，自由で公正な競争に基づく経済運営，専門主義に基づく効率的な統治を要求したのだ。ただし彼らは，機会の平等は重視しても，結果の平等（社会的公正）を軽視する傾向を持つ。

中間層は民主化運動の一部に過ぎなかったが，メディアが彼らの貢献を強調したので発言権を強め，1997年憲法にも意向を反映させることができた。この憲法は，国軍に独占されてきた閣僚ポストを民選議員へと解放したので，タイ史上最も民主的といわれる。しかし同時に，農村貧困層の政治的影響力を抑え込みつつ，都市中間層や実業家主導の民主主義を実現しようとする性格も持っていた。例えば，実業家からの贈賄には罰則規定を設けなかった一方で，農村部から選出される議員の「金権政治」を抑制しようと，立候補に大卒の要件を課したり，議員の不正蓄財に厳しい規定を盛り込んだ。

市民社会とNGO活動

中間層のなかからは，国家権力をチェックするだけでなく，NGO 活動を通じて貧困層の社会経済的な状況を改善しようとする者も現れてきた。NGO 活動は，社会からの需要（経済的スペース）や，市民社会の自由（政治的スペース）が大きいほど活発となる。

経済的に豊かなシンガポールでは，社会からの需要は少なく，政府の規制も厳しいので NGO 活動は少ない。マレーシアでも政府の規制が強く，手厚い公的福祉を受けたマレー人からの需要は少ない一方，非マレー人による NGO 活動が展開されている。ベトナムでは，「現地 NGO」を名乗る共産党に近い住民団体と協働して非政治的な社会開発に従事する限りにおいて，国際 NGO の活動が奨励されている。カンボジアでは，1990年代に内戦が終結すると大量の支援が国外から流入し NGO 活動も活性化したが，2010年代から政府が締めつけを強化している。NGO 活動が最も盛んなのはインドネシア，フィリピン，タイで，民主化運動の過程で国家から自律的な市民社会が形成され，民主化後には様々な NGO が創設された。

これら3国では，多くの現地 NGO が国際的なドナーから資金援助を得て，農民，都市貧困層，労働者，女性，障がい者，先住民など周縁化されてきた人々を組織化し，彼らの状況を改善しようとしてきた。周縁化された人々の利益は，民主化後にもエリートのパトロン・クライアント関係のなかに閉じ込められたので，NGO は彼らの集団的な利益を集約し，ロビー活動によって政治過程に表出させようとした。とりわけフィリピンでは，地方政府法によって地方政治の政策審議会への NGO の参加が制度化されただけでなく，NGO のリーダーが選挙で当選したり行政官に任命されたりしたことで，国家への政策提言が促進された。こうして NGO は，選挙・政党・議会といった従来の利益表出の回路とは異なるオルタナティブな回路となり，政策アジェンダを作り変え，周縁的な社会集団の利益を促進する公共政策の実現に寄与してきた。

こうした実践に鑑みて，リベラルな市民社会論は，市民社会の規範的特徴として自発性，公開性，信頼，連帯，協働，暴力・強制の否定，法の支配への同意などを強調し，NGO の活動が公式の民主制度を補完し，民主主義を支えると論じる。だが，必ずしもこうした規範に基づいて，貧困層と中間層は市民社会で調和的に協働しているわけではない。多くの貧困層は，不法占拠，街頭販売，違法漁業，違法伐採といった不法行為で生計を立て，役人への贈賄，政治家への売票，シンジケートや麻薬王からの保護によって，その生活基盤を守ろうとしてきた。他方，中間層出身のNGO活動家は，市民社会のリーダーとして，貧困層を知的・道徳的に劣った存在とみなし，支援・教育・規律を施して「善き市民」へと導こうとする。両者の非対称な関係は，パトロン・クライアント関係を再生産することもあるし，NGO の求める「善き市民」の像に合致しない貧困層の排除に向かうこともある。こうした政治過程を分析するには，「市民」の名のもとで行われる権力闘争，すなわちヘゲモニー（自発的同意を引き出す知的・道徳的主導権）闘争に着目するグラムシ的市民社会論が有効となる。

4　ポピュリズムの時代

不平等と民主主義

2000年代以降，東南アジア諸国では経済発展とともに貧困率が減る一方，格差は必ずしも縮小していない。経済の自由化とグローバル化のもと都市部の富裕層が所得を増大させるも，農村部の貧困層はそのスピードに追いつけていないからだ。国家は増税と再分配によって格差を是正しうるが，多くの政権はむしろ優遇税制による外資の誘致を優先してきた。所得分配の不平等を示すジニ係数（図 10－1）を見ると，マレーシア，フィリピン，タイは，課税・再分配後の数値でも，社会不安の危機が高まるとされる0.4を超えたままだ。インドネシアとシンガポールでは1990年代以降格差が広がってきたが，2010年代に入って福祉政策で食い止めようとしている。共産主義陣営では，市場経済の導

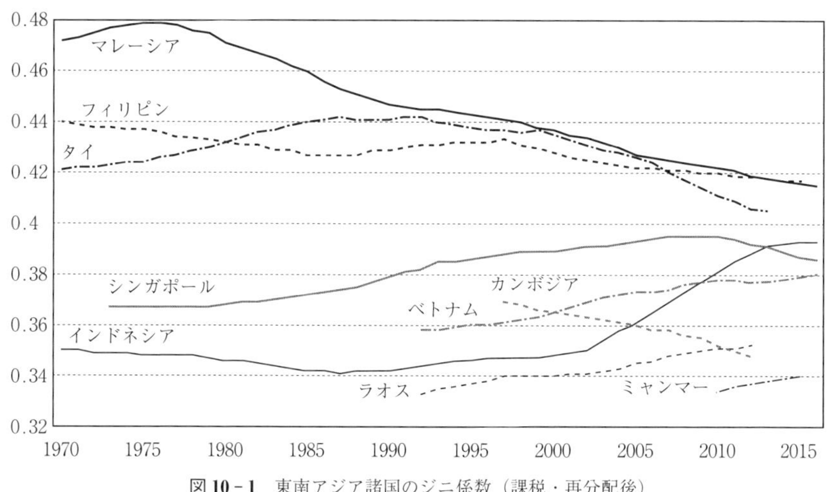

図10－1　東南アジア諸国のジニ係数（課税・再分配後）

（出所）　Solt（2016）のデータに基づき筆者作成。

入後，格差が拡大している。2010年代初頭までジニ係数の減少が認められるカンボジアでも，その後，都市部と農村部の格差が拡大していると指摘される。

格差の拡大による不満の蓄積は，国民への経済的恩恵を正統性の根拠とする権威主義体制にとって深刻な問題になりうる。財政的基盤があれば再分配を行う余地があるが，貧しい後発国は「バラマキ」や国際ドナーの支援に基づく現金給付によって一部の貧困層を取り込むのが関の山だ。しかも，政治的自由を求める新世代の都市中間層には，全く異なる対処が必要となる。権威主義体制は，限られた財源と，異なる階層からの分極化した要求のなかで困難なかじ取りを迫られている。

他方，民主主義体制では，格差への不満を背景に，選挙を通じてポピュリズムが台頭してきた。ポピュリズムには多くの議論があるが，ここでは，虐げられた「我々＝ピープル」にアピールし，支配的な勢力や価値に敵対を提示する対抗的な道徳言説と定義したい。その特徴は「善き我々／悪しき彼ら」という道徳的な敵対関係を構築することだ。利益をめぐる対立が資源の配分によって改善できるのに対して，善悪をめぐる道徳の対立は「彼ら」を破壊すべき敵とみなすので先鋭化しやすい。こうした言説は社会から自発的に噴き出すこともあるし，政治家らが不満を抱いた民衆を扇動しようと吹聴することもある。

ポピュリズムは「人民の統治」という民主主義の理念に訴えかけ，格差の改善を争点化する。だが他方で，「彼ら」に対する敵意が高まりすぎると，異なる利益と道徳を抱く多様な勢力が，争いながらも社会秩序をともに作り上げていくという民主主義の多元性を脅かすことになる。しかもポピュリストは，選挙という民主制度を通じて台頭するが，カリスマ的正統性による有権者との直接的な関係を重視し，政党や議会といった民主制度を軽視しがちだ。それゆえ強権支配に陥りやすい。

多民族国家における不平等

格差がどのように争点化されるかは，社会構造によっても規定される。階層，民族，宗教，地域といった複数の社会亀裂が複雑に交叉している社会では，個々人は複数の社会集団に同時に所属するので，階層対立だけが高まることはあまりない。しかし，複数の社会亀裂が重複して社会集団を二分していれば，より強固な敵対関係が作られやすい。東南アジアでは，経済的に優位な少数派の華人が，しばしば貧しい民衆の敵意の標的になってきた。

マレーシアでは，マレー系に手厚い資源配分を行いつつ，少数派の華人系とインド系を包摂する多民族共生の政治のもと，民族間の格差は縮小されてきたものの，ジニ係数は高いままだ。にもかかわらず格差への不満を抑えてきたのは，各民族政党内のパトロン・クライアント関係である。また人口が少なく，外国人が最底辺労働を担ってきたことも貧者の不満を抑制してきた。ただし，与党連合の中心にあるマレー人政党の UMNO は，2008年選挙で，政治改革を求める都市中間層を中心に支持を大きく減らした。UMNO はこれに危機感を抱き，農村部の貧しいマレー人の支持を固めるべく，「バラマキ」とイスラーム主義を打ち出した。それでも2018年選挙で敗北を喫し，初の政権交代が生じた。勝利した野党連合が，最低賃金の引上げ，物品・サービス税の撤廃を目玉政策に掲げたように，反腐敗と同時に格差も争点の１つとなった。

シンガポールでは，人民行動党が導入した徹底した英語教育と能力主義のもと，民族間の格差は非争点化され，あらゆる格差も自己責任の結果と正当化された。社会福祉も最低限に抑えられ，失業保険も年金制度もない。しかし富裕層ほど有利な教育と就業に恵まれるなど機会均等が失われ，社会階層の流動性が低下している。しかも2000年代以降，政府が国際競争力を維持すべく，外国人労働者の受け入れ数と就業枠を拡大すると，人口の３割近くに達した外国人労働者からの需要によって住宅価格や物価が高騰し，中低所得層を苦しめた。その結果，人民行動党は2011年選挙で６割と史上最低まで得票率を急落させた。その後，同党は外国人労働者数を抑制し，社会保障を整備したことで，2015年選挙では支持率を回復させたものの，経済成長と格差是正の間で難しいかじ取りを強いられている。

インドネシアでは，1998年に経済危機のなかスハルト政権が崩壊した際，権力奪取を目論む国軍の一部が暗躍し，華人に対する暴動が発生した。暴徒はスハルトと結託して富を蓄えた悪しき存在として華人を認識したのだった。民主化後には，自由化された経済構造のもとでエリートが富を増大させ，格差が急速に拡大してきた。2014年にジョコ・ウィドドが大統領に当選した一因には，貧困層による再分配政策の支持もあった。だが，より急激に進行するイスラーム化は，政治の争点を格差から宗教的な正しさにすり替えている。2016年には，華人系キリスト教徒のジャカルタ州知事の発言をイスラームへの冒涜と批判するデモ隊が暴徒化する事態も生じた。

階層亀裂の前景化

多数派の民族・宗教が人口の9割以上を占めるフィリピンとタイでは，2000年頃から格差が政治の中心的な争点となり，貧困層にアピールする新興エリートのポピュリストが台頭してきた。その背景には，都市化の進展，出稼ぎの増加などにより，パトロン・クライアント関係が弛緩し，貧困層もより自由に投票できるようになったことがある。テレビ，携帯電話，インターネットが貧困層にも普及し，彼らが自ら政治に関する情報を得て発信できるようになったことも重要だ。

フィリピンでは1998年，映画スターのジョセフ・エストラーダが，「金持ちに抑圧された貧者を救う英雄」というイメージを駆使して圧勝した。史上初めて英語ではなくタガログ語で就任演説を行い，「今こそ大衆の時代の到来だ」と宣言した。ただし彼は，貧困層の尊厳を回復しても，包括的な福祉政策を実施したわけではなかった。2010年選挙では，不動産開発で億万長者になったマ

図10－2　大統領宮殿前で警官隊と対峙するエストラーダ支持者の貧困層（フィリピン，2001年5月）

（出所） Leo A. Esclanda/BAGWIS.

ニュエル・ヴィリャールが，貧困層ための政治を訴えて途中まで支持率トップを独走した。タイでは，情報通信業で富を得たタクシンが2001年に当選し，30バーツ（約100円）での医療健康保険，村々が低利で借用できる100万バーツ基金，地方のインフラ予算増加といった公約を実現した。貧困層は選挙政治の果実を，初めて政策として享受できた。彼らの支持は根強く，その後の選挙でも3回タクシン派を大勝させている。

ヴィリャールとタクシンはグローバル経済で急成長した産業を基盤にした。タクシンが政治家の権限を強化する「CEO 制」を導入したように，柔軟な資本の流動を求める新自由主義と，トップダウンの決定を重視するポピュリズムの親和性は高い。ただし，ここには，グローバルな新自由主義経済のなかから生まれた対抗エリートが，同じ経済構造のなかで富を得る都市中間層ではなく，そこで周縁化されてきた農村や都市の貧困層を支持基盤にするというネジレがあった。

政治改革の先導者を自負してきた都市中間層は，貧者に基盤を持つポピュリズムの台頭を，無知な貧困層の票が支配する「多数者の専制」「衆愚政治」とみなし反発した。その背景には，フィリピンでは産業発展の脆弱さ，タイではバンコク中心の発展によって，農村の人々が社会上昇する機会が少なく，農村から切り離されて再生産された都市中間層がエリート的な性格を持つことがある。さらに，カトリック教会と王室も，ポピュリズムの台頭によって権威を失うのではないかと危機感を深め，都市中間層の反発に道徳的な支持を与えた。

フィリピンでは，2001年，エストラーダの「品性と知性の低さ」を批判する数十万人もの中間層が「ピープル・パワー2」を展開し，政権を崩壊させた。これは「民主主義の勝利」として称賛されたものの，その3カ月後には，貧困層がエストラーダの復帰を求める「ピープル・パワー3」を繰り広げ，暴徒化したデモ隊と国軍・警官隊が衝突し，多数の死傷者がでるなど深刻な政治不安が生じた。タイでは，都市中間層を中心とする反タクシン派が，2007年の国軍クーデタに支持を与え，翌年それでもタクシン派が選挙で勝利すると，首相府や国際空港を占拠して政権を崩壊させる。これに対してタクシン派も抗議活動を行い，2011年選挙で政権を奪い返す。だが2014年，国軍によるクーデタが再び発生し，軍政が復活した。反タクシン派は，選挙では貧困層に利益誘導する腐敗した「悪しき」政治家が当選するので，選挙以外の方法で選出・任命された「善き人々」が統治すべきだと主張する。

図10－3　空港を占拠した都市中間層を中心とする黄シャツ派（タイ，2008年11月）

（出所）*New York Times* (Photo Credit European Pressphoto Agency).

5 「非自由民主主義」の台頭

「国民の敵」と戦う強いリーダー

民主主義は平等への希望を喚起する一方，資本主義は不平等を再生産する。格差が拡大し，体系的な福祉政策も不可能ななか，いかに民主主義を実践し続けることができるのか。これは東南アジアの民主主義諸国にとっても重要な課題である。これにうまく対処できないと，タイのように民主主義の停止に至ることもある。

格差への不満を隠蔽する１つの手段は，「善き国民」の外部に「国民の敵」を同定するナショナリズム——「我々／彼ら」間に敵対関係を構築するポピュリズムの一類型——に訴えかけることだ。これによって，為政者は「国民」の格差を隠蔽すると同時に，「国民の敵」との戦いを先導する強い指導者をアピールできる。しかし，こうしたポピュリズムは，「国民の敵」による危機に対処するためとして，個人の自由や人権の抑圧を正当化しがちなので，強権的な傾向を強めざるをえない。

フィリピンでは，ロドリゴ・ドゥテルテ大統領のもと，階層を問わず大多数の国民が麻薬関係者を「国民の敵」とみなし，超法規的な処刑さえ支持している。彼の支持者によると，自由や人権といった西洋の価値は既得権益者の支配手段にすぎず，フィリピンを発展させるには，腐敗に手を染めてきた中央のエリートから末端の犯罪者まで一掃する強権が必要だという。インドネシアでも，ジョコ大統領が麻薬戦争を開始し，抵抗してきた犯罪者の射殺許可を警察に与えた。また国防大臣が「LGBT は核兵器よりも危険だ」と発言し，警察による性的マイノリティの摘発が相次いでいる。再選を目論む大統領は，保守的なイスラーム主義者からの支持を生命線と捉え，これを黙認した。麻薬や「LGBT」といった欧米の悪しき影響から国民を守るというナショナリズムの言説も，これらの政策に正統性を与えている。

こうした政治状況は，選挙の実施という点で民主主義は維持されているものの，国家権力から個人の自由を保護する自由主義が深刻に損なわれた「非自由民主主義」が台頭していることを意味する。

格差を隠蔽させないために

このように，2010年代，東南アジアの民主主義国では，国軍による民主主義の停止が生じるだけでなく，「国民の敵」の構築と排除に基く非自由民主主義が台頭してきた。だが，これらは格差の拡大という問題を非争点化し，その対処を遅らせているだけであり，根本的なジレンマを改善しない。民主主義を持続可能にするためには，経済成長と両立しつつ，不平等を改善していく地道な取り組みが求められている。

参考文献

イレート，レイナルド（清水展・永野善子監修，川田牧人・宮脇聡子・高野邦夫訳）『パションと革命――1840～1910年のフィリピン民衆運動』法政大学出版局，2005年。

岩崎育夫『アジア政治を見る眼――開発独裁から市民社会へ』中央公論社，2001年。

日下渉『反市民の政治学――フィリピンの民主主義と道徳』法政大学出版局，2013年。

重冨真一『アジアの国家と NGO』明石書店，2001年。

末廣昭『タイ――中進国の模索』岩波書店，2009年。

スコット，ジェームズ・C（高橋彰訳）『モーラル・エコノミー――東南アジアの農民叛乱と生存維持』勁草書房，1999年。

――― （藤原帰一訳）「日常型の抵抗」坂本義和編『世界政治の構造変動３　発展』岩波書店，1994年。

玉田芳史『民主化の虚像と実像――タイ現代政治変動のメカニズム』京都大学学術出版会，2003年。

外山文子・日下渉・伊賀司・見市建『21世紀東南アジアの強権政治――「ストロングマン」時代の到来』明石書店，2018年。

服部民夫・鳥居高・船津鶴代編『アジア中間層の生成と特質』アジア経済研究所，2002年。

Solt, Frederick, “The Standardized World Income Inequality Database,” *Social Science Quarterly,* 97 (5), 2016, 1267-1281. SWIID Version 7.1, August 2018 (2018-08-14).

本章を学ぶための基本書

重冨真一『アジアの国家と NGO』明石書店，2001年。

＊東南アジアを含むアジア15カ国を対象に，NGO の活動領域と特徴を，国家・市場・コミュニティとの関係で説明している。各国の事情に詳しいだけでなく，各地域の実態からオリジナルな理論を提示している点でも参考になる。

服部民夫・鳥居高・船津鶴代編『アジア中間層の生成と特質』アジア経済研究所，2002年。

＊東南アジアを含むアジア７カ国を取り上げて，それぞれの中間層の形成され方と政治的な役割について分析する。中間層を民主主義の促進者とみなす議論に対して，アジアの地域研究から留保すべき点を提示している。

日下渉『反市民の政治学――フィリピンの民主主義と道徳』法政大学出版局，2013年。

＊調和的な市民社会論を批判し，中間層と貧困層の対立が善悪をめぐる道徳的な敵対へと先鋭化していったことを，フィリピンを事例に論じている。タイをはじめ，階層対立が争点化されつつある各国の政治を理解するのに役立つ。

（日下　渉）

Column⑦　成長真っ只中の東南アジアの人口

私の妻はフィリピン人で，祖国には6人のきょうだいがいる。それぞれ結婚して子どもが2～6人，合わせて27人。私の妻のおいとめいの数は27人にもなる。

一方，私は3人きょうだいの真ん中だが，兄は結婚する前に亡くなり，妹夫婦には子どもがいないので，おいもめいもいない。私の2人の子どもにとっては，フィリピンに27人のいとこがいる一方，日本にはいとこは1人もいないことになる。

これは極端な例かもしれないが，少子高齢化が進む日本と，多くの国が成長の真っ只なかにある東南アジアとの対照ぶりを示していることは間違いない。実際，東南アジアの国々を訪問すると，街に子どもの姿が多く，貧しくても生命力に満ちた空気を感じることが多い。

世界銀行の統計（2018年）では，東南アジア諸国連合（ASEAN）10カ国の人口は6億5,390万人。国別では多い順に以下の数字となる。

インドネシア	2億6,766万人
フィリピン	1億665万人
ベトナム	9,554万人
タイ	6,943万人
ミャンマー	5,371万人
マレーシア	3,153万人
カンボジア	1,625万人
ラオス	706万人
シンガポール	564万人
ブルネイ	43万人

人口最大のインドネシアと最小のブルネイとでは600倍以上の差がある。ASEAN全体の人口は，世界の他の地域経済連合体と比較すると，28カ国が加盟する欧州連合（EU）の5億1,321万人や，アメリカ，カナダ，メキシコで構成する北米自由貿易協定（NAFTA）の4億9,042万人を上回っている。ASEANの人口は今後も増え続け，2065年には8億人を超えると予測されている。

東南アジアの多くの国は独立後，急速に人口を増やしてきた。人口規模が最大のインドネシアでは，1950年の時点の人口が7,700万人で日本（8,400万人）よりも少なかった。それが10年後には日本を抜き，1997年には2億人を超えた。現在では中国，インド，アメリカに次いで世界4位の人口を持つ。

これに次ぐのがフィリピンで，同国政府は2014年，人口が1億人を超えたと発表した。1億人超はアジアで7カ国目。女性が一生に生む子供の数の平均を示す合計特殊出生率は3を上回り，人口増が続く。国連の推計によると，フィリピンの人口は2028年に1億2,300万人に達して日本を追い抜く見通しだという。

街角で元気に遊ぶ子供たち(マニラ市トンド地区)
（出所）　筆者撮影。

これらの国々では特に大都市に人口が集中している。インドネシアの首都ジャカルタを中心とする都市圏人口は3,200万人を超え，このままだと2030年までに東京都市圏を超えて世界一のメガシティになると予測される。あまりの人口集中で交通渋滞は世界最悪といわれる状況にまでなり，インドネシア政府は2019年8月，首都をジャワ島外に移転する方針を発表した。このほか，フィリピンのマニラ首都圏は人口1,200万人超，タイのバンコクやベトナムのホーチミンは800万人超，ミャンマーのヤンゴンは700万人を超える大都市だ。マニラやヤンゴンでも交通渋滞は年々，深刻さを増している。

もう1つの大きな特徴は，人口構成の若い国が多いことだ。全国民の中間年齢に当たる中位数年齢を見ると，最も若いラオスで22歳代，フィリピンやカンボジアが24歳代，マレーシアやインドネシアが27〜28歳代。シンガポール（39歳代）やタイ（34歳代）など比較的高い数字の国もあるが，平均すれば，中位数年齢が46歳代の日本より20歳近くも人口構成が若いことになる。

多くの国が経済成長を続けていることが大きな要因だが，ベトナム戦争，カンボジア内戦といった戦乱の時代が終わり，平和な時代を迎えたことも影響している。カンボジアの場合，1970〜80年代のポル・ポト派による大量虐殺と内戦で多くの死者を出し，いったん人口は減った。しかし，1991年の内戦終結後は人口増に転じ，もう国民の半数以上が内戦を直接経験していない若い世代だ。

東アジア全体では日本を筆頭に高齢化が進んでいる。韓国は2019年をピークに人口が減少に転じ，日本より早いスピードで高齢化が進む見通しだ。中国は2030年以降に人口が減少に転じ，世界史上例のない「高齢者大国」になると予測されている。

高齢化する日本が活力を維持していくには，人口構成が若い ASEAN の力を借りる必要がある。日本政府は2019年春から外国人労働者の受け入れを拡大すると決めた。当面対象に想定する9カ国のうち6カ国はベトナム，フィリピン，インドネシアなど ASEAN の国々だ。日本経済に活気をもたらしている外国人観光客も，タイやマレーシアなど東南アジアからの数が急増している。ASEAN 諸国からやってくる人々は日本社会でも存在感を増している。

（藤田　悟）

第11章
メディア

この章で学ぶこと

メディアは社会で起きている出来事を記録し，読者や視聴者に伝える。メディアが伝える情報は，社会における世論形成に重要な機能を果たす。また，民主主義の基本原則の１つである「表現の自由」，とりわけ「報道の自由」がどれだけ確保されているかは，その国の民主化のレベルを示す重要な基準となる。

多くの国が西洋の植民地になった東南アジアでは19世紀になって，宗主国を中心とする西洋から印刷技術や新聞などのメディアが導入された。20世紀に入るころには，メディアはナショナリズムの高まりや言語（国語）の普及など国民国家の成立過程に大きな役割を果たすようになる。

第２次世界大戦後に東南アジア諸国は次々と独立を遂げるが，国家としての基盤が整っていなかったため，多くの国で権威主義的体制がとられた。ベトナム戦争やカンボジア内戦など戦乱も続き，メディアの近代化は後れた。

状況を大きく変えたのが，1986年にフィリピンで起きた「ピープル・パワー革命」とも呼ばれた政変である。ラジオやテレビ，新聞が人々の行動に大きな影響を与え，政治・社会の変化に重要な役割を果たした。民主政権の誕生で一気に報道の自由が広がり，インドネシアやタイなど他の東南アジア諸国にも刺激を与えた。経済成長にも乗ってメディアは飛躍的に発達し，民主化の進展を促した。

一方，近年のインターネットの急速な普及でメディアが多様化するなか，政治監視機能の中心的役割を担ってきた新聞が衰退傾向にある。多くの国で権威主義的な政治体制に回帰する動きが広がり，メディア統制が強化されるなど，メディア環境は大きな変化の時代を迎えている。

1　植民地期のメディア

メディアとマスメディア

メディアは人間がコミュニケーションを行うために使う道具や手段を意味する。なかでも不特定多数の人々に大量の情報を伝える機構やシステムをマスメディアと呼び，新聞，ラジオ，テレビ，雑誌，書籍などがそれに当たる。この章では，メディアのなかでも，社会的に重要な機能を担ってきたマスメディアを中心に取り上げる。

マスメディアはまずヨーロッパで発達した。15世紀に発明された活版印刷技術を使って，17世紀中頃から次々と新聞が発刊された。こうした新聞は政治的な主張を広く伝え，世論を形成していく社会的メディアに成長し，各国で起きた市民革命など西洋の近代化に重要な役割を果たす。

技術の伝達とナショナリズムの高まり

東南アジア各国は，タイを除いて，欧米による植民地を経て，第２次世界大戦後に独立に至った歴史を持つ。言語やメディアの発達・近代化も旧宗主国など欧米の影響を強く受けてきた。西欧から印刷術がもたらされた19世紀には，宗主国の情報を伝える新聞・雑誌や西欧文学の翻訳出版が主流だったが，20世紀に入ると，洋式教育を受けたエリート層が育ち，それぞれの国の言語が鍛えられていった。新聞や雑誌を中心とする活字メディアがナショナリズムや独立の機運の高まりに大きな役割を果たすようになった。

タイでは1830年代に印刷術が導入され，19世紀半ばから進められた近代化政策のなかで新聞や雑誌が登場した。西欧文学の翻訳が盛んになり，タイ語での小説なども書かれるようになった。絶対王制下における限られた表現の自由ではあっても，新聞や雑誌など出版物を読むという行動は徐々に国民生活のなかに根づいていった。

タイのメディアに大きな変化をもたらしたのは1932年の立憲革命である。官僚や軍人などの新エリート（人民党）が王族支配に対抗して起こしたクーデタを機に，タイは絶対王制から立憲君主制へと転換し，メディアは政治的役割を強めた。多くの新聞は有力政治家が政治的主張をする場としても用いられた。1939年に国名がシャムからタイへと変更され，太平洋戦争が近づいて独立国の維持が脅かされるなか，メディアは民族的主張を展開する主要な手段となった。

ビルマではイギリスの植民地だった1836年に初めての新聞が英語の週刊で発行され，20世紀に入る頃からビルマ語新聞の発行も活発化した。当初は植民地政府と協調する風潮が強かったが，徐々に反英独立へと姿勢を変えていった。1930年代の印刷技術の発展とともに新聞は種類と発行部数を増やし，反植民地意識を盛り上げるなど独立運動闘争の母体として大きな役割を果たした。

イギリス領マラヤでは19世紀初頭に英語の新聞が初めて発行され，1845年には日刊紙の発行も始まった。1930年代に出版文化が急速に発展し，イギリス領マラヤやシンガポールではマレー語の新聞が数多く発刊された。共産主義の浸透を恐れるイギリスは出版を規制しようとしたが，マレー語で大学教育を受けた若者たちがナショナリズムを強めていった。

ベトナムでは伝統的に漢字が公式の書き言葉とされていたが，ベトナムに侵攻したフランスの影響を受け，1865年，現在「クオック・グー」と呼ばれるアルファベット文字で印刷された最初の新聞が発行された。20世紀に入ると新聞や雑誌の発行が活発になり，多くのフランス文学が翻訳された。優れた仏文学が紹介されたことが契機となって，それらを模倣し，ベトナム風に改変した小説が生まれた。識字率が高まり，エリート層が国民意識を強めることにもつながった。韻文主体の仏教文学の伝統が長かったカンボジア，ラオスでもフランス式教育を受けたエリート層らによって出版文化が近代化されていった。

オランダ領東インドでは19世紀初め頃からオランダ語による新聞が発行され，19世紀半ばにはジャワ語やマレー語による雑誌や新聞も発行された。1908年にオランダ東インド政庁が設立した民衆図書委員会は，「原住民の啓蒙」を目的に，マレー語やジャワ語，スンダ語などの民族言語による図書や雑誌の発行を促進した。読み書きができるエリートたちが出現するとともに，こうした雑誌や新聞は徐々にナショナリズムの考えを持つ人々がコミュニケーションを図る手段として政治的主張も強めた。1928年，若年エリートたちが発表した「青年の誓い」は，将来の独立国の国語をインドネシア語とすることを宣言した。

スペインによる植民地支配を受けてきたフィリピンでは19世紀後半，スペインに留学していた知識人を中心にプロパガンダ運動と呼ばれるナショナリズムが高まった。ホセ・リサールが1887年に出版した小説『ノリ・メ・タンヘレ(我に触れるな)』はスペイン圧制下に苦しむフィリピン人の姿を描いた。1889年には留学生らによって隔週刊の新聞ラ・ソリダリダッド（団結）が発刊され，国内で出されていたタガログ語新聞とともにナショナリズムの主張を展開し，独立意識の高揚につながった。

こうした動きはカティプーナン運動と呼ばれる独立運動につながったものの，米西戦争に勝利したアメリカの介入によって頓挫した。メディアも新たに宗主国となったアメリカの影響を大きく受ける形で育成され，英語や米国的思考を普及させる手段として使われた。1898年に初の英語紙として創刊された『マニラ・タイムズ』をはじめ，経済情報を扱う新聞など，アメリカのメディアを模倣する形で新聞が広がっていった。1920年代ごろからは英語新聞で働くジャーナリストらが自立意識を強め，フィリピン人による新聞が次々に創刊された。また，食やファッションなどの情報を中心とする女性向きの雑誌も誕生した。アメリカによる支配下で「表現の自由」が原則とされていたものの，実際には検閲が課され，米軍を批判したり独立運動を奨励したりする表現は許されなかった。

2　国家形成とメディア管理

独立と権威主義体制

太平洋戦争時の日本軍政期を経て東南アジア諸国の独立が相次ぐと，国民統合の基盤となる国語の整備が進められる一方，国の形を模索するなかでメディアも不安定な状況のなかに置かれる。多くの国では権威主義体制が続き，東西冷戦の影響を受けてメディアに対する規制や統制が強化された（表11-1）。

フィリピン，インドネシア，マレーシア，シンガポールでは独立後，メディアは一時的にかなり自由になったが，エリート政治家による支配が強まるにつれ，報道の自由は奪われていった。

フィリピンのフェルディナンド・マルコス大統領は1972年の戒厳令布告に伴い，軍によって新聞社や放送局を管理し，報道を管制する措置をとった。有力

表11-1　1970年代後半の東南アジアの政治とメディアの関係

	政治体制	政府による メディア統制	メディア統制の 主な理由	報道の自由度
インドネシア，フィリピン，マレーシア，シンガポール	政治家・政党による権威主義的体制	強　い	強い指導者による国民統合，共産主義の防止	低　い
タイ，ビルマ	主に軍事政権	強　い	軍主導による国民統合	低　い
ベトナム，ラオス	共産主義	強　い	共産主義による国民統合	低　い
カンボジア	内　戦	ほぼ機能せず		低　い

（出所）筆者作成。

新聞の多くが廃刊に追い込まれ，政府に批判的な多数のジャーナリストらが投獄された。報道機関はマルコスとりまき（クローニー）の資本家によってほぼ独占され，言論の自由が奪われていった。この時期，庶民間の情報伝達として重要な役割を持ったのが「チスミス（うわさ）」という口コミ情報で，政治家の腐敗や大統領の健康問題などを題材に虚実織り交ぜたさまざまなうわさ話が語られた。

1945年８月に独立を宣言したインドネシアでは，マレー語を起源とするインドネシア語が正式に国語となり，出版も自由になった。インドネシア語のほか，英語や中国語の新聞や雑誌も多く発行された。ところが，スハルト政権の時代になると，政府によるメディア統制が強まった。西洋型の自由なメディアはインドネシア社会になじまないとされ，共産主義思想や，国家イデオロギーである建国５原則パンチャシラに反する出版物は禁止された。メディアは出版物発行許可証を取得しなければならなくなり，ジャーナリストはすべてインドネシア・ジャーナリスト協会に所属することが義務づけられた。同協会は政府が公認する唯一のジャーナリスト組織であり，政府の意向に沿った記事を書くよう指導したり，反政府的な姿勢のジャーナリストを除名したりする機能を持っていた。30を超える新聞・雑誌の発行が禁止され，反体制的なジャーナリストが逮捕されることもあった。共産主義思想の浸透を防ぐため中国語の新聞発行は許可されなかった。メディアの多くはスハルトの近親者やとりまきが経営するもので占められるようになった。国営ラジオやテレビは政府直轄のメディアとしてプロパガンダの機能を担わされた。政権を監視する自由なメディアが存在しなかったことは，権威主義的体制の存続につながるとともに，スハルト一族やとりまきによる不正蓄財や腐敗を隠蔽する大きな要因ともなった。

イギリスによって再編されたマラヤ連邦では新聞記者や教員らが反植民地や社会問題をテーマにした記事や文学作品を次々と発表した。マレー人，華人，タミル人という3つの民族集団が混在し，新聞や雑誌も英語のほか，マレー語，中国語，タミル語でそれぞれ発行された。このうち特にマレー人の間で独自の文化やアイデンティティーを築こうという意識が高まった。各民族がそれぞれの言語によるメディアを持つという状況は，多民族国家として独立した後もマレーシア社会に温存された。マレー語の有力メディアは，独立後の政権の主体となった統一マレー人国民組織（UMNO）と強いつながりを持つなど，各言語のメディアは各民族を主体とする政党，政治団体と深く結びついていた。それぞれの利益や主張が紙面作りにも反映され，特に与党系の新聞が影響力を強めていった。

同様に多民族国家であるシンガポールでは英語，中国語，マレー語，タミル語という4つの公用語で新聞が発行されたが，政府は独立直後から英語重視教育を進めた。これに対して一部の中国語紙が中国語の衰退に懸念を唱えて政府の教育方針を批判したため，政府は編集者らを拘束したり廃刊に追い込んだりした。さらに1970年代から1980年代にかけて，出版物の発行を許可制にしたり，個人や法人による株式取得を制限したりして新聞の管理が強化されていった。

一方，タイやビルマでは軍が政権を握り，メディアもその統制下に置かれる。ビルマのメディアは1948年の独立後，一時的に自由度を高めたが，1962年の軍事クーデタで状況は暗転する。軍による国家統治のもと，すべての報道機関が管理下に置かれ，民間の新聞発行は禁止された。外国人ジャーナリストは国外退去を迫られ，多くのビルマ人ジャーナリストが国外に亡命した。報道の自由は封じ込められ，政権にとって都合の良いニュースしか報じられない体制が固定化された。

独立を維持したタイでは，軍政が強化された1950年代末から1960年代がジャーナリズムにとって「暗黒の時代」と呼ばれる。クーデタによって政権を握ったサリット元帥はすべての新聞発行を許可制とし，王室や政府を批判したり，共産主義を賞賛したりする一切の報道を禁じた。報道の自由度は大きく後退した。

共産主義とベトナム戦争，カンボジア紛争

西側陣営の強い影響を受けた国々では，共産主義の浸透を防ぐことがメディア統制を正当化する大きな根拠となったが，逆に共産主義体制を取った諸国ではメディアは党・政府の宣伝の手段とされた。

1945年のベトナム民主共和国の独立とともに「クオック・グー」はベトナム語の公式表記文字となり，メディアは共産党の管理下に置かれた。第1次インドシナ戦争後の南北分断を経て，アメリカが介入したベトナム戦争時には，海外のメディアによって戦争に関する膨大な報道がなされたが，混乱のなかでベトナム自身のメディアの発展は阻まれた。1975年の北ベトナムによる国家統一後は多くの新聞や雑誌が発刊されたが，ベトナム共産党による一党支配体制の下でメディアは管理下に置かれ，党の方針を国民に伝える役割を担わされた。例えば，最大の日刊紙で共産党の機関誌ニャンザンでは党幹部の演説や文章を中心に紙面が構成され，すべての党・政府職員はこの新聞を読むことが求められた。

1949年にフランス連合内での協同国として独立したラオスでは，フランスからの完全独立を求める組織がそれぞれの思想や方針を一般大衆に訴える手段として新聞を発行した。1975年にラオス人民革命党が政権を掌握すると，個人や団体が発行する新聞は禁止され，すべてのメディアは党や政府の機関による発行となった。

1970年代初頭から20年以上にわたってクメール・ルージュ（ポル・ポト派）の支配による混乱と内戦が続いたカンボジアでは，メディアの近代化が後れた。ラジオが主要メディアだったが，もっぱら内戦を戦う各派のプロパガンダのために使われた。

3　民主化とメディアの発展

「ピープル・パワー」における役割

東南アジアで民主化の動きを大きく前進させる契機となったのが1986年に起きたフィリピンの政変である。民衆の政治的行動が独裁政権の崩壊につながったという捉え方から「ピープル・パワー革命」とも称されるが，情報伝達や国内外の世論形成にメディアがそれまでの東南アジアには見られなかった大きな役割を担ったという点でも画期的な出来事だった。

1983年８月21日，マルコスの政敵，ベニグノ・アキノ Jr. 元上院議員がアメリカから帰国した直後，マニラ国際空港で殺害された。この事件は航空機に同乗していた外国人ジャーナリストの目の前で起き，アキノが銃撃される直前と殺害された直後の模様を撮影した映像がすぐさま海外で報じられた。国内ではラジオによってアキノの死が伝えられただけだったが，在外フィリピン人らから国際電話や新聞の持ち込みなどの手段で情報がもたらされ，国民の怒りに火をつけることとなった。事件後，マルコス政権は世論の圧力を受けてメディア規制を緩和したため，それまでになく自由な言論を展開する新聞や雑誌が次々と発刊され，政府に対する批判が高まっていった。アキノの妻であるコラソン・アキノが野党統一候補としてマルコスに挑戦した1986年２月の大統領選挙に向けて，公然と野党陣営支持の姿勢を示す新聞も増えていった。

大統領選での中央選管の集計を基に勝利宣言したマルコスに対し，反旗を翻したエンリレ国防相，ラモス副参謀総長らが軍基地に立てこもる緊張状態のなかで，事態を大きく動かす役割を演じたのがラジオだった。カトリック教会のシン枢機卿が教会系のラジオを通じてエンリレらへの支援を呼びかけ，100万人といわれる市民が基地周辺の街頭を埋めた。マルコス政権を支援してきたアメリカのレーガン政権も見限り，マルコスはハワイに亡命した。緊迫した両陣営の攻防は連日，衛星回線を通じたテレビ放送によって海外で中継され，国際世論をかき立てていた。一連の政変劇にマスメディア，特に放送メディアが演じた役割は極めて大きかった。また，一国の政変劇を世界中の人々が同時的に見守るという衛星放送時代の幕開けをも印象づけた。

政権を発足させたアキノ大統領は，メディアに対する統制を解除し，自由な報道ができるようになった。1990年代初めまでに首都マニラを拠点とする日刊紙が20紙以上発行され，言語も英語，タガログ語，中国語など多様性を広げた。新聞が政府の失策や政治家の腐敗をためらわずに批判するようになり，紙面には数多くのジャーナリストや評論家，学者らの政治的意見が掲載され，多様な考え方がメディアに反映される形が築かれた。1989年にジャーナリスト有志で「フィリピン調査報道センター」が設立されるなど，政府による腐敗や汚職，人権侵害を追及する報道も活発化した。多種多様な新聞のなかでも，アメリカの新聞をモデルとした英語の新聞が，政治や経済などのニュースや評論を中心に紙面を構成したのに対し，フィリピン語のタブロイド紙は社会や芸能関係の話題など娯楽情報を中心にするという役割分担が特徴的だった。

広がる「報道の自由」

フィリピンに民主的体制をもたらした「ピープル・パワー革命」は，権威主義的体制が続いていたアジアの国々にも大きな刺激をもたらした（表11－2）。

断続的に登場した軍事政権による思想弾圧が続いたタイでは1970年代，社会状況に批判の目を向ける「新世代」のジャーナリストや作家らが生まれ，民主化要求を掲げた1973年の学生・市民デモを担った。デモは軍によって暴力的に鎮圧されたが，国王の仲介で権威主義体制は崩壊し，ジャーナリズムは大きく自由度を広げた。

1980年代から1990年代にかけて，選挙で誕生した政府とクーデタによる軍政が繰り返されるなか，ジャーナリズムが徐々に鍛えられていった。1992年，スチンダ軍政に対する大規模な反政府運動が起きた際には多くの新聞が首相の辞任を主張した。国王の調停で民主化がもたらされ，テレビとラジオの放送メディアは政府の管理下に置かれ続けたものの，新聞は大幅な自由を獲得し，社会に対する影響力を強めた。1997年のアジア金融危機では多くの新聞社が経営危機に陥ったものの，生き残った新聞社がより洗練されたジャーナリズムを目指す動きにつながった。

インドネシアでは1994年，総合週刊誌として人気があったテンポなどが発行禁止処分となったことを機に，ジャーナリストたちの間から報道の自由を求める声が強まり，政府非公認の独立ジャーナリスト連盟が結成された。既存の新聞やテレビの間にも，それまでタブーとされてきた社会問題を取り上げ，間接的に政府を批判する報道も目立つようになった。こうした動きが出てきた背景には，衛星放送やインターネットを通じて世界の情報を得られるようになるなどメディアのグローバル化が進んだことも大きな要因として指摘できる。

1997年のアジア金融危機はインドネシアの通貨ルピアの暴落を招き，学生を中心とする抗議デモが広がるなかでスハルトは辞任した。副大統領から昇格したハビビ大統領は，許可制だった出版・放送事業を登録制に変更することや，政府系のジャーナリスト協会以外の会員にも記者活動を認めることなどを内容とする法令改正を発表した。翌年にはメディア管理を担当してきた情報省が廃止され，報道の自由が一気に進んだ。一方で，有力政治家と結びつきを持つ実業家がテレビ局の多くを所有していたため，政治家が政敵攻撃にメディアを使ったり，選挙の際には経営者が支援する側の陣営に偏った報道が行われたりするなど，政治に関係する報道で構造的問題も残った。

1970年代半ばのポルトガル撤退後，インドネシアに併合された東ティモールでは，独立の動きを封じ込めるためメディアの自由は奪われていた。独立の是非を問う1999年の住民投票後の混乱を経て，国連による暫定統治のもとで，次々と新聞や雑誌などのメディアが登場し，自由な報道が行われるようになった。2002年の独立に伴って制定された憲法では表現の自由と報道の自由が明文化された。

カンボジアの内戦は1991年に終結し，国連カンボジア暫定統治機構（UNTAC）による平和維持活動が行われるなか，次々と新聞が創刊された。まず，外国人が指導するかたちで英語新聞の発刊が相次ぎ，これに刺激を受けてクメール語新聞も増えた。ラジオ界でも人材育成の取り組みが行われ，報道が自由に行える時代を迎えた。

共産党一党支配体制が確立したベトナムでは，1980年代後半にドイモイ（刷新）と呼ばれる改革・開放路線が取られて以来，メディア統制は緩やかになり，市場経済に移行する中で経済紙やタブロイド紙が急増した。地方幹部の汚職や腐敗も報道されるようになったが，党や政府を批判することは事実上禁じられ，政府に批判的な記事を掲載した新聞の編集幹部が更迭されたり，記者が拘束さ

表11-2　2000年代初頭の東南アジアの政治とメディアの関係

	政治体制	政府によるメディア統制	メディア統制の主な理由	報道の自由度
インドネシア，フィリピン，タイ，カンボジア	民主主義	弱　い	な　し	高　い
マレーシア，シンガポール	権威主義	強　い	国家の安定	低　い
ベトナム，ラオス	共産主義	強　い	国家の安定	低　い
ブルネイ	王　制	強　い	国家の安定	低　い
ミャンマー	軍事政権	非常に強い	国家の安定	極めて低い

（出所）　筆者作成。

れたりするなどの事例も散発的に発生した。

メディア統制と欧米の批判

一方，マレーシアやシンガポールでは，強い権威主義的体制の下で，政府・与党が巧みにメディア支配を続けた。

マハティール政権時の1984年には法令ですべての出版物発行が内務省の許可制となり，統制が強化された。1987年には民族問題を巡る与党間の対立を報じた３紙が治安維持法に触れるとして一時閉鎖された。こうした処分を通じてメディアの間で自己規制が広がり，政府・与党に対する批判的な報道は封じ込められていった。特に1997年のアジア金融危機後，マハティールの後継者と目されていた副首相のアンワルが経済危機への対応を巡る路線対立などから失脚し政争に発展した際には，政府は「政治的安定や国民結束を脅かすような行動をとるメディアに対しては断固たる対応をとる」と宣言し，批判的な報道がされないようメディアを厳しく監視した。政府の政策の問題点を指摘した報道機関が発行停止になったり，アンワルの主張を取り上げたジャーナリストが逮捕されたりするなど，政府による批判封じ込めが徹底された。選挙の際にも与党陣営を中心とした報道が行われ，メディアは与党支配体制を支える一翼を担う存在という性格を強めた。こうした規制は外国メディアも対象とされ，政府系機関に対して，政府に批判的と判断したニュース雑誌の購読を禁じた。

シンガポールでは1984年に政府が管理するシンガポール・プレス・ホールディングズ社（SPH）が設立され，すべての新聞が傘下に収められた。テレビ放送も政府出資の総合メディア企業であるメディアコープが独占し，メディアが正面切って政府を批判できない体制が確立された。国内メディアだけでなく，政府は海外発行の新聞や雑誌に対しても厳しい姿勢で臨み，内政に干渉したと政府が判断したものに対しては国内での販売を禁止したり発行部数を制限したりする措置を取った。代表的な例としては，野党に対する不公平な扱いを記事にしたアメリカのタイム誌が販売部数を大きく制限されたケースや，香港を拠点に発行されていたファー・イースタン・エコノミック・レビュー誌が販売制限されたり特派員に国外退去処分が下されたりしたケースがある。こうした措置は，「報道の自由は，シンガポールの団結という最優先事項と，選挙で選ばれた政府の政策目標より優越してはならない」（リー・クアンユー首相）という言葉に象徴される通り，国家の安定と経済発展を最重視し，メディアは政府が進める国策に資するべきという政府の一貫した考え方に基づいている。また，多民族，多宗教国家であるため，自由な言論を認めれば社会の混乱を招き国家の統一に支障をきたすという懸念も反映されている。

華人を主体とするシンガポールではマレーシアの新聞の発行が禁じられ，逆にマレーシアではシンガポール紙は販売禁止とされた。シンガポールで発行されている新聞では，自国の政治的な問題は報じられない一方，国際ニュースのページが多く，マレーシアを含む外国の政治問題は詳しく報道される。一方，マレーシアの新聞では自国の政治的問題はほとんど報じられず，シンガポールなど他国の問題は詳しく報じられるという傾向が強い。

マレーシアやシンガポールにおけるメディア統制に対してはたびたび欧米諸国から批判がなされ，報道の自由度を高めるよう要求がなされた。これに対し，マハティールらは「西洋の価値観」と「アジアの価値観」の違いを強調して反論した。マハティールの論によると，個人の自由や権利を強調する西洋の価値観に対し，アジアの価値観は家族やコミュニティをベースにしているという。個人の絶対的自由を享受する権利よりも，家族やコミュニティのニーズや利益を優先し，社会全体の安定を保障する権威を尊重するという考え方だ。こうした論理が，権威主義的な政治体制の温存を正当化するとともに，国家全体の利益のために報道の自由が制限されるのもやむを得ないという，国家指導者たちの弁明に結びついた。

ミャンマーでは，1988年に起きた民主化運動を弾圧して再び全権を握った軍事政権が厳しい情報統制を敷いた。新聞は一部を除いて国営紙だけとなり，テレビも国営放送と軍による放送に限られた。すべての出版物が事前検閲を通らないと出版できなくなった。国営紙では恒常的に，政府要人の演説や動向，自国の人権状況に批判的な欧米諸国を非難するスローガンなどで紙面が埋め尽くされた。メディアは総じて軍事政権にとっての宣伝機関となった。

図11－1　厳しい出版規制の下，乏しい数の書物を売る露天の本屋（ヤンゴン市内，2006年）
（出所）筆者撮影。

軍事政権が特に神経をとがらせたのが，民主化運動指導者として国内外で知名度の高かったアウン・サン・スー・チーへの対応だった。欧米諸国など国外のメディアの間ではスー・チーの動向や発言が常に大きなニュース性を持って取り上げられたのに対し，国内のメディアでスー・チーの動向が報じられることはほとんどなかった。民主化運動を弾圧されて国外に亡命した元学生やジャーナリストが中心になって，北欧やタイを拠点に，国内のシンパらから得た情報を伝えるラジオ放送や出版物が発行され，国際社会がミャンマーの国内状況に関心を持ち続けるよう活動が続けられた。ノルウェーに拠点を置いた「ビルマ民主の声」（DVB）や，タイを拠点にした「イラワジ」などが代表的なものだ。軍事政権がメディア統制を徹底することによって独裁体制を維持しようとしたのに対し，海外亡命ミャンマー人らが祖国の実情を世界に発信することによって，軍事政権に対する民主化圧力を国際世論に訴えるという構図が続いた。実際，こうした情報発信を受けて，欧米諸国は軍事政権に対する批判や経済制裁を強め，緊張した状態が続いた。

4　権威主義の復活とメディアの混迷

メディア弾圧の横行

2001年の民主的な選挙で成立したタクシン政権だったが，親族や親しい人物を優遇する利益誘導体質や王室を軽視する姿勢に対して批判が高まり，2006年に入ったころから反政府デモが続いて政治は機能まひに陥った。同年９月19日夜，突然，タイ国内のテレビ放送が中止され，国軍が全権を掌握したとの声明を軍スポークスマンが発表した。1991年以来15年ぶりのクーデタだった。一連の政変劇では，政権批判を続けた新聞が世論喚起に大きな役割を果たした一方，クーデタにおいてはテレビ局が極めて重要な宣伝手段となるという現実があらわになった。

タイではその後も政争が続き，2014年には再び軍によるクーデタが起きた。軍事政権は報道機関に対して「対立を助長する報道」や「軍を批判する報道」の自粛を求め，メディア監視を強化する方針を発表した。政府によるメディア監視が徹底され，メディアの間に自己規制の風潮が広がった。同国では，国王や王室を侮辱したり名誉を傷つけたりした場合に適用される不敬罪があり，政敵や批判的なメディアを抑制するために同罪が拡大解釈されて使われるケースもある。

フィリピンでは，基本的には報道の自由は担保されたものの，21世紀に入ってからグロリア・マカパガル・アロヨやロドリゴ・ドゥテルテ政権下で，政府やとりまきが批判的なメディアに圧力を加える動きが絶えなかった。また，地方の有力者を批判した記者が殺害されるなどジャーナリストの命が脅かされる事件も続いた。とりわけ2016年にドゥテルテが大統領に就任して以来，メディアに対する脅威が高まった。ドゥテルテは同国で社会問題化している麻薬の蔓延に対して厳しい姿勢で臨むと明言し，警官に対して麻薬犯罪の容疑者を現場で射殺することを事実上容認するなど超法規的手段に踏み切った。こうした手法を批判するメディアを大統領自身が激しく非難するなど圧力が加えられた。また，地方では政治家らの汚職や腐敗を追及しようとするジャーナリストが殺害されるなど，アジア地域で最も犠牲になるジャーナリストが多い国の１つとなっている。

カンボジアでは内戦終了後に民主的な選挙が定着して以来，メディアが成長し，言論や報道の自由はかなり社会に定着した。しかし，フン・セン首相率いる政権が長期化するにつれて権威主義的な体質が強まった。2017年の地方選挙で野党が躍進したことを受けて，政権による野党攻撃や，政権に批判的なメディアに対する弾圧が激しくなった。内戦後の報道の自由を象徴する英語紙として国際的に知名度が高かったカンボジア・デイリー（1993年創刊）が脱税を理由に廃刊に追い込まれたほか，アメリカ系のラジオ自由アジアなど約30のラジオ局が税務問題などを理由に閉鎖された。著名な政治評論家が射殺される事件も起き，ジャーナリズムを取り巻く状況は急速に悪化している。

一方，2010年に軍のコントロール下で総選挙を実施したミャンマーは翌年，形のうえでは軍政から民政に移管した。政府は国際的な孤立を脱して開発を進めるため，経済分野の開放政策とともに，メディアの自由化も段階的に実施した。出版物の検閲やインターネットの接続規制を緩和し，翌年には半世紀ぶりに民間の日刊紙の発行が再開された。テレビも民間との合弁で新たな局が開設され，番組の内容は多様化した。さらに，軍政下で厳しく規制してきた外国メディアに対しても，ヤンゴンに支局の開設を認めるようになった。国内で発行される出版物の種類と数は一気に増し，出版ラッシュの様相を呈した。

2015年の総選挙でスー・チー率いる新政権が発足して以降，報道の自由はさらに進展した。その一方，急速な自由化でメディアが乱立するなかで，混乱も生じた。半世紀にわたる独裁体制でメディアの自由が封じられ，ジャーナリズムの発達が妨げられていたためだ。急に報道が自由になり，新聞は政府の批判も書けるようになったが，確認が不十分な情報もメディアに乗って拡散した。ところが，2021年２月のクーデタ後，実権を握った軍は批判的なメディアや記者を徹底的に弾圧し，報道の自由は再び大きく後退することになった。

揺らぐ「権力監視」

国家において報道の自由がどの程度保障されているかは，その国の民主化の進展度を示す重要な基準となる。世界各国のジャーナリストで構成する国際NGO「国境なき記者団」は2002年からほぼ毎年，各国の報道自由度を調査し，

表 11－3　世界報道自由度ランキング

	2003年	2008年	2013年	2018年
インドネシア	110	111	139	124
フィリピン	118	139	147	133
ミャンマー	164	170	151	137
タ　イ	82	124	135	140
カンボジア	81	126	143	142
マレーシア	104	132	145	145
シンガポール	144	144	149	151
ブルネイ	—	—	122	153
ラオス	163	164	168	170
ベトナム	159	168	172	175

（注）調査対象国は2003年166カ国，2008年173カ国，2013年179カ国，2018年180カ国。
（出所）国境なき記者団（Reporters Without Borders）発表の世界報道自由度ランキング（World Press Freedom Index）より筆者作成。

国ごとの順位を「世界報道自由度ランキング」として公表している。調査は①言論の多様性，②メディアの独立性，③メディア環境と自己規制，④法的規制，⑤透明性，⑥インフラの充実度，⑦メディアに対する圧力や暴力，という7項目の指標で行われ，総合的に評価されている。

世界180カ国（2018年）のうち，上位は西欧諸国が占め，それに続いて中南米や東欧，アジアなどで比較的民主主義が定着している国々が続く。東南アジア諸国はいずれも中～低位にランクづけられている。表11－3は，東南アジア10カ国の2003年から5年ごとの順位の変遷を示したものである。

調査対象国は年々微増しているので単純に比較できないが，15年間の傾向として順位が上がったのは軍事政権から民政に移行したミャンマーだけで，その他は順位を落とし，諸外国と比較して低位にとどまっている。

民主社会におけるメディアの役割は，社会で起きている出来事を正確に読者，視聴者に伝えるというだけでなく，支配的権力（主に政府）が暴走したり腐敗したりしないように監視することが理想とされる。「世界報道自由度ランキング」で上位にランキングされる欧米諸国のメディアには権力監視機能が定着し，国民の間でもそのような考え方が広く受け入れられている。

安定した民主政治が定着しているとはいえない東南アジア諸国では，メディアによる権力監視が一定程度機能している国（インドネシア，フィリピンなど）もあれば，ほとんど機能していない国も多い。「自由度ランキング」は，そうしたばらつきの程度が非常に大きい東南アジア諸国の実情を如実に示している。

5　技術発展とメディアの変容

インターネット時代の到来

近代におけるメディアは，新聞や雑誌などの活字メディアの隆盛に続き，20世紀に入るとラジオ，20世紀後半にはテレビという放送メディアが普及して情報伝達の手段が多様化した。東南アジアにおいても国によって時期は前後するものの，1930〜40年代の植民地期末期にラジオ放送，独立後の1960年代にテレビ放送が始まった国が多い。長年にわたって新聞や雑誌などの活字メディアと，ラジオやテレビという放送メディアがマスメディアの中核をなしてきた。

ところが，1990年代以降のインターネットの発達によってメディア状況は大きく変化している。数世紀にわたってメディア界の主流だった活字メディア，特に新聞の影響力は相対的に低下し，新聞社が経営難に陥ったり，新聞が休刊になったりするケースも相次いでいる。東南アジア諸国は人口が増えている国が多いため，新聞の部数減少のスピードは世界の他地域よりも比較的遅いが，紙のメディアからデジタルメディアへの移行が急速に進む趨勢は同じだ。放送界でもネットメディアとの融合が急速に進みつつある。ネット社会の急速な広がりは情報伝達の形と人々の生活スタイル，さらには政治とメディアの関係に新たな局面をもたらしている。

各国で社会を変えるネットメディア

例えば，マレーシアでは1990年代後半から最先端の情報インフラを整備した情報立国化を進めるなかでメディア状況が変化してきた。強い指導力で長期政権を誇ったマハティールが政権を離れた2003年以降，与党とメディアが一体となった構造は徐々に崩れてきた。インターネット新聞などネットメディアが成長し，2008年総選挙ではネットを中心に報道の幅が広がり，野党連合が躍進した。ナジブ政権は2016年，政府系投資開発会社や首相本人に対する汚職疑惑を報じるニュースサイトへのアクセスを禁止するなど，メディア規制を強め，政府を批判する情報を「偽ニュース」だと決めつけて取り締まった。しかしネットを通じた批判は収まらず，2018年の総選挙で初めて与党が敗北した。新聞やテレビなどの従来型メディアが政府に管理されるなかで，世論の形成にネットメディアの役割が比重を増すという新たな現象を生んだ。

最先端の情報通信技術の活用に熱心に取り組んでいるシンガポールでも，政府がインターネットを監視して政府批判などの情報が広がらないよう規制している。軍主導の政権下にあるタイも同様にコンピューター犯罪への罰則を強化し，ネット上で反政府的な情報が出回らないよう監視を強めている。タイではこうした批判封じ込め策に対する国民の不満が高まり，散発的に抗議活動が起きている。

共産党の一党独裁が継続するベトナムでも政府によってメディアは管理されている。2018年ごろからはインターネットの監視も強化され，ネット上にサイトを開設していた女性人権活動家らが逮捕された。同じように人民革命党による一党支配が続くラオスでは2010年ごろからソーシャルメディアがブームとなったが，政府は2014年，ネット上で政府や党を批判する行為は犯罪に当たるという政令を定め，規制を強化した。

政治体制に大きなばらつきがある東南アジアでは国によって状況が違うものの，新聞など活字メディアの相対的な影響力低下によって，マスメディアによる権力監視機能は低下する傾向にある。その一方で，メディアの多様化と情報のグローバル化が進むにつれ，権力によるメディア管理は困難になってきている。ニューメディアの急速な成長によって，人間とメディアの関係は大きく変容しつつある。

参考文献

和田春樹・後藤乾一・木畑洋一・山室信一・趙景達・中野聡・川島真編『岩波講座東アジア近現代通史別巻　アジア研究の来歴と展望』岩波書店，2011年。

矢野暢編『講座東南アジア学７　東南アジアの政治』弘文堂，1992年。

竹中千春・高橋伸夫・山本信人編『現代アジア研究２　市民社会』慶應義塾大学出版会，2008年。

浅野幸穂『フィリピン――マルコスからアキノへ』アジア経済研究所，1992年。

日本タイ協会編『現代タイ動向 2006～2008』めこん，2008年。

末廣昭『タイ――中進国の模索』岩波書店，2009年

鈴木静夫『物語フィリピンの歴史――「盗まれた楽園」と抵抗の500年』中央公論社，1997年。

佐藤百合『経済大国インドネシア——21世紀の成長条件』中央公論新社，2011年。

本章を学ぶための基本書

宇戸清治・川口健一編『東南アジア文学への招待』段々社，2001年。

＊東南アジア6カ国（タイ，ミャンマー，ベトナム，インドネシア，マレーシア，シンガポール）の文学の流れを詳述した歴史書。短編小説や詩など各国の特徴的な作品も掲載している。巻末に「日本語で読める東南アジア文学作品リスト」がある。

佐藤卓己『現代メディア史［新版］』岩波書店，2018年。

＊主に19世紀以降のメディアの歴史を出版，新聞，無声映画，宣伝，ラジオ，トーキー，テレビに分類して記述している。メディアの発展過程を捉えやすい。

伊藤明己『メディアとコミュニケーションの文化史』世界思想社，2014年。

＊文字の誕生からネット時代までメディアの歴史を時代順に追っている。メディアをコミュニケーション文化という視点で捉え，図表や写真が多くて読みやすい。

（藤田　悟）

第12章
ジェンダー

この章で学ぶこと

独立以前の東南アジアの伝統社会では，女性の経済的地位は他地域に比べて高かったといわれている。これは，多くの東南アジアの家族が凝縮力の弱い双系的親族（父系・母系のどちらでもない家族で，結婚すればその夫婦は夫方，妻方の何れにも属しない）の結合であったことや，当時の人口が少なかったため，土地よりも労働力が重視されたためであった。しかし，女性の政治的・社会的地位は低かった。

植民地期になると，欧米の植民地宗主国やキリスト教会は女子教育にも力を注ぎ，都市部エリート階級の女性の一部は一定の教育を受けて専門職にも従事するようになったものの，女性の地位が向上したとは決していえなかった。20世紀になって東南アジア各地ではナショナリズムが高揚したが，自治や独立の獲得がまず優先され，幼児婚や重婚，女子教育の遅れという問題は後回しにされた。

独立後の多くの東南アジア諸国は，先進国からの資本・技術の導入と国内の安価な労働力の動員を集中的に行って工業化政策を進めた。若い女性は繊維，履物，衣服製造など労働集約型産業の単純・未熟練労働者として動員されて経済発展を支えた。同時に，多くの政府は社会の基本的単位に家族を位置づけ，女性には労働者として経済発展に貢献すると同時に，家事労働のように労働力を再生産するための家庭内労働（再生産労働といわれる）をも行うことを求めた。このような状況が変化し，各国の国家政策にジェンダーの主流化という視点が入るようになった要因は，国連女性差別撤廃条約が採択されたこと，さらに国によって状況は異なるものの，女性 NGO の活動を含む民主化運動の推進であった。

ジェンダー平等意識の高まりによって，近年は性的マイノリティ（レズビアン，ゲイ，バイセクシュアル，トランスジェンダー）の人権や権利擁護を求める社会運動も盛んになりつつある。ジェンダーの主流化と性的マイノリティの権利擁護を求める動きは，社会の多様性と民主主義の深化に大きく貢献するであろう。

1　ジェンダーと家父長制

ジェンダー

まず，ジェンダー（gender）とは何を意味するのかを確認しておきたい。ジェンダーとは，生物学的な性のあり方を意味するセックス（sex）に対して，文化的，社会的，心理的な性のあり方を指す用語である。「女はこうあるべき」「男はこうあるべき」といった社会的格づけや，「女らしさ」「男らしさ」といった「らしさ」に含まれる諸要素を意味している。このような男女間の関係性や，男性と女性が担う役割に関する様々な理解の仕方は，時代や場所，文化に応じて異なる。「女らしさ」「男らしさ」についての理解さえ，時代や場所によって異なる。つまり，こうした諸々の理解の仕方は社会的に構築されたものである。

さらに重要なのは，このジェンダーのカテゴリーの区別は，決して中立なものではないことである。「女らしさ」「男らしさ」に含まれる諸要素と特徴の間には，後者が前者に対して上位にあるという価値のヒエラルキーを伴い，ジェンダーの図式は，明らかに男性による女性の支配の構図を生み出している。「男らしい」ということは文明や客観性，自立や強さと，「女らしい」ことは自然や主観性，従属や弱さと結び付けられ，男性は女性よりも価値ある存在として見なされた。

家父長制

東南アジアにおいては，植民地期以前からイスラームやキリスト教，ヒンドゥー教，仏教，さらに儒教的規範を含めた多様な文化において規定される性別役割は根強く，多くの倫理規範は女性に対して重く課せられ，それが男性による女性の支配を正当化した。さらに，植民地宗主国の男女の理想像や性的規範が東南アジアに持ち込まれて国民国家建設の性別役割規範として利用され，独立後の国民国家建設において男性が完全に上位に立った。また，独立後の工業化政策を遂行する上で，労働は「公」と「私」に分化され，家庭内の「女性労働（家事，育児，介護）」は不可欠でありながら対価が支払われないシャドーワーク化することで，男性中心主義的な公私の区別はいっそう強固なものになった。

なお，この権力関係といってもいい仕組みを，1960年代のフェミニズム（男性中心主義を改め，女性の社会的・経済的・性的な自己決定権の獲得を目標として展開された運動）の理論は，家父長制という言葉でみごとに分析した。冷戦終了後，多くのイデオロギーがその価値を失うか，揺らいでいるなかにあっても，家父長制は残念ながら東南アジアだけでなく，世界中でほとんど揺らいでいない。

本章は，ジェンダーという視点で，伝統社会から独立，近代国民国家建設を経て，民主化という過程にある東南アジアを，タイ，ベトナム，インドネシア，シンガポール，フィリピンを主な事例として参照しながら，考察する。さらに，ジェンダー意識の高まりとともに，自らを組織化して差別解消に取り組み始めた性的マイノリティの運動にも触れる。

2　独立以前の伝統社会と植民地期

伝統社会

独立以前の東南アジアの伝統社会では，東アジアや南アジアに比べて，女性の経済的地位は高かったといわれている。

タイでは伝統的に農業の基本的な役割は男女共通であったし，相続は均分相続で，北部では家屋は末娘に配分され，東北部においては女性に家の相続権があった。遠くに住んでいても，親が離婚・再婚しても実の親子関係に変化はなく，個人の相続権や家族のメンバーシップを喪失することはなかった。結婚後は妻方居住が一般的であった。特にアユタヤ王朝時代（1351～1767年）では農民の男性は王や貴族の下で一定期間労働する義務（奉公義務）があったため，男性の留守中に女性がすべての労働をこなさねばならなかったから，女性の高い労働参加率がもたらされたのである。

ベトナム北部ではゾンホ（ゾンは流れ，ホは一族という意味を持つ）と呼ばれる父系の親族集団が形成され，長男が家長として祭壇を継承し，親と同居するという中国の儒教的な規範が強く，南部では末の息子が結婚後に生家で両親と同居するのが一般的であった。ただ，15世紀の法令ですでに女性にも均分相続が認められていたし，市場で働く女性は決して珍しくなかった。相続や居住形態にも一定のルールがあるわけではなく，実態としては極めて状況選択的に決定されていたといわれている。

これらは，多くの東南アジアの家族が父系や母系のいずれでもない凝縮力の弱い双系的親族の結合であったことや，当時の人口が少なかったため，土地よりも労働力が重視されたことが要因であり，「女性も外で働いていて当然」という社会通念が形成されたのである。

中国や東南アジア，インドなどからの多様な出稼ぎ移民が集まったシンガポールでは，華人は儒教的規範を，マレー人はイスラームやマレーの慣習を，インド人であればヒンドゥー教の価値観を持ち込んだものの，移民社会ゆえに舅や姑のいない核家族の割合が高かったことと，女性も働かなければ生きていけない厳しい現実が，彼女たちの経済進出を促した。

ただ，このような相対的な経済的地位の高さは，政治的・社会的地位には決して反映されなかった。女性の教育はほとんど無視され，幼児婚や重婚，男性からの一方的な離婚が女性を苦しめていたからである。ベトナムの農村社会では，女性は公的な場所からほぼ完全に締め出され，村落行政や祭礼，儀式は男性が主宰した。女性は集会所に足を踏み入れることすら禁止されていた。タイでは女性は13歳を超えて教育を受けることはほとんどなく，教育は受戒できる男子が優先された。1932年の立憲革命の翌年に普通選挙法が制定され，女性にも男性同様の政治的権利が付与されたが，「村長は男性」と定められた1914年の地方官吏法は長らく改正されなかった。

植民地からの独立と，後回しにされる「女性の問題」

欧米の植民地宗主国やキリスト教会は女子教育にも力を注ぎ，都市部エリート階級の女性の一部は教育を受けて専門職にも従事するようになったものの，女性の地位が向上したとは決していえなかった。女性に貞節と父や夫への従属を奨励し，女子教育はそのような道徳規範の伝達にも力を入れるという，当時のヨーロッパの王朝やキリスト教会の男女の理想像や性的規範も東南アジアに持ち込まれたからである。その規範が東南アジアの多様な価値や規範において女性に課される性的役割を強化し，女性をより従属的な立場に追いやった。さらに，20世紀になって東南アジア各地ではナショナリズムが高揚したが，自治や独立の獲得がまず優先され，幼児婚や重婚，女子教育の遅れという問題は，社会全体の問題ではなく「女性の問題」として後回しにされた。

例えばインドネシアでは，植民地宗主国のオランダが都市部で作った学校で教育を受けた新しいエリート層が台頭し，ナショナリズムの高揚が見られた。だが，インドネシアの女性解放運動の先駆者といわれるカルティニがオランダの友人に宛てた手紙に見られるように，女性には中等教育以上の門は開かれず，幼少時に親が決めた相手と結婚し，結婚後は夫に服従せざるを得なかった，一方，男性の重婚は当然視されていた。

貴族階級の家で1879年に生まれたカルティニは，幼児期から家庭教師についてオランダ語の教育を受け，オランダ人小学校に通ったが，12歳の卒業後は結婚準備のために家庭に引き戻された。しかし，自宅で多くの書物を読み，同胞のジャワ人女性とともに女性の民族的自覚の向上を志したが，親が決めた相手と結婚し，産褥熱のために25歳という若さで亡くなった。カルティニの短い生涯が物語るように，教育を受けていても女性は父や夫に従属する存在とみなされていたのである。

カルティニ同様に西洋型の教育を受けた少数の女性たちが，1908年に創設された男性の民族主義組織（ブディ・ウトモ＝最高の徳）の女性組織（プトゥリ・マルティカ＝自立した娘）を1912年に設立し，インドネシア人女性の教育の向上，家庭外での活動の支援，自尊心の向上などを目的に掲げて活動した。その後もいくつかの女性組織が結成され，1928年には第１回インドネシア女性会議が開催された。しかし，独立の英雄で後に初代大統領となるスカルノが，「女性の問題」は独立が達成されてから取り組むべきで，男性の指導者が進める国家利益がまず優先されるべきという方針を取ったために，婚姻の改革は国家的議題にはならず，女性団体は女子教育の推進に力を入れるようになった。スカルノは，婚姻改革はイスラームの教義と関連するため，大きな争いの種になるとみなしたのである。自身複数の妻を娶ったスカルノは，そもそも婚姻改革には否定的だったのであろう。

東南アジアで唯一独立を維持したタイでは，1935年という早い時期に近代家族法が制定され，一夫一妻制度が決定した。ただ，この家族法は，男性を家長とする家族，家族内での女性の父や夫への服従を合法化するもので，妻は自らの意思で財産の管理や契約はできない，結婚後は夫の姓を名乗る，子どもの親権は父親が持つ，夫は妻の不倫を理由に離婚することができるが，妻にはその権利が認められないなど，「タイ式家父長制の誕生」あるいは「エリートのビクトリア化」とも評されている。近代化を急いだタイ政府がイギリスのビクトリア王朝的な家族観や男女規範をモデルにしたからである。タイ人男性が多くの「妻」を持つことは，1980年代まで当たり前のことであった。植民地にならなかったものの，タイは西欧の教育や思想，システムを取り込んだため，男性優位の家父長制が衣を変え強化されたといえる。

イギリスの植民地シンガポールでも，女性には中等教育以上の門はほとんど開かれておらず，多くの女性は無教育か小学校程度の教育しか受けられなかった。したがって，「女性の戸外労働は当然」ではあっても，彼女らの職業はメイドなどの家庭内労働者や建設現場の労働者あるいは娼婦がほとんどで，多くは社会の最底辺の低賃金労働者であった。1950年代になっても，「重婚と離婚率の高さは驚くべきものである。婚姻法など存在しない。女性はあらゆる残虐行為に苦しんでいる」と，次に述べるシンガポール女性評議会代表は嘆いた。

1950年代にはナショナリズムが高揚し，ミッション系の英語学校で教育を受けた女性によってシンガポール女性評議会が1952年に結成され，抑圧的な男女関係の変革と女性の権利擁護を呼びかけた。評議会はいくつかの政党に重婚禁止などを盛り込んだ婚姻法の制定をもとめたが，多くの政党の反応は鈍かった。

女性評議会の呼びかけに積極的に応じて，党の政策綱領に重婚の禁止や女性の地位向上を謳ったのは，1954年に結成されたばかりの人民行動党であった。それは，イギリスから内政自治権を得ることに伴う1959年の初の総選挙で勝利するには全体の49％にのぼる女性票を獲得する必要があったこと，さらに，当時の人民行動党は，非合法化されていたもののマラヤ共産党の影響を受けた左派の女性活動家を多く抱えており，彼女らが強く要求したためである。総選挙で大勝して英連邦内の自治領シンガポールの与党となった人民行動党は，1961年に女性憲章を発表した。

女性憲章は，①イスラーム教徒以外には一夫一妻制度を義務づけ，重婚や幼児婚は禁止する，②夫と妻はすべての事柄において平等な権利と義務を持つ，③女性は婚姻によって法的権利と義務を失うことはなく，結婚前の姓を自由に使用することができる，など，同時期の東南アジアでは画期的で，また欧米における女性関係の法令に比べてもきわめて進歩的なものと評価されている。公務員の男女同一賃金が1965年から導入されることも決定した。

しかし，1960年代に党内から左派勢力が一掃されたこと，1965年8月の独立以後は，次節で述べるように，経済発展優先の政策のなかで従来の女性の権利擁護や男女平等の達成という視点は欠落していった。

3 独立後の国家建設と女性

女性低賃金労働者の経済的動員とジェンダー

独立後の多くの東南アジア諸国は，先進国からの資本・技術の導入と国内の安価な労働力の動員を集中的に行い，輸入代替工業化および輸出志向型工業化政策を進めた。若い未婚女性は繊維，履物，衣服製造など労働集約型産業の単純・未熟練労働者として動員されて経済発展を支えた。親は女子よりも男子に教育をつけたがったため，初等教育のみで労働市場に出たのが女性だったからである。また「従順で使いやすい」というジェンダーにおけるステレオタイプゆえに，男性との賃金や昇進での差別は深刻で，女性労働者の扶養家族は免税措置が受けられないなど，税制面でも女性は差別された。女性もまた「家族のため，兄や弟のため」という家父長的な規範を内面化していた（させられていた）ために，単純・未熟練労働者として安価な給与と差別的な待遇で働くことを受け入れたのである。

例えば，1960年代から1970年代末までタイの輸出産業の中心であった繊維産業で働く70〜80％の労働者は，農村出身の若い女性であった。ただ彼女たちの賃金は1980年になっても1時間あたり0.5ドルで，これは韓国1.5ドル，台湾と香港，シンガポールの1.4ドルと比べてかなり安価である。なお，1980年でも繊維産業を含むタイの製造業全体の女性賃金は男性の63.5％でしかなかった。

フィリピンでもエレクトロニクスや衣服産業などの労働集約型の輸出産業では，若い女性労働者が好まれた。1984年にエレクトロニクス産業で働く労働者の85％は女性だった。1980年代，輸出加工区全体の労働者の70％は女性であったが，管理職レベルの被雇用者は圧倒的に男性だった。これは2001年でもあまり変わらず，衣料・繊維の77.5％，エレクトロニクス産業の労働者の72％は女性であった。

家族イデオロギーの強化

一方で多くの政府は社会の基本的単位に家族を位置づけ，女性には労働者として経済発展に貢献すると同時に，家庭内の再生産労働（家事，育児，介護）も行うことを求めた。経済発展に邁進したい政府は社会福祉予算を最小限にするため，その「ツケ」を女性に負担させようとしたのである。そこにもステレオタイプ化されたジェンダー役割をみることができる。

インドネシアでは1965年９月30日事件が起こり，それまで女性の権利を主張して一夫多妻制に反対してきた女性組織が，スハルト政権による粛清の対象となった。以後，インドネシアの女性運動はイスラーム団体傘下の女性組織や官製女性組織を中心とする政権寄りのものへと変容していった。その意味で，９月30日事件はインドネシア女性運動史における歴史的な転換点であったと考えられる。

スハルト政権は「女性の天性の特質」をキーワードとして，女性の家庭人としての義務と役割を重視する母性主義を国家的なイデオロギーとした。政府の母性主義的なジェンダー規範と社会統制の意図は，「夫は家長であり，妻は主婦である」と規定し，「夫には扶養義務があり，最善を尽くして家事を行うことが妻の義務である」と謳った1974年婚姻法にみてとれる。1978年の「国策大綱」には女性政策形成のメルクマールとされる「女性の５つの任務」が明記された。①妻として，②若年世代の教育者，導き手である母として，③家庭の管理者として，④職業を持つ労働者として，⑤社会組織，とくに女性団体，社会団体などのメンバーとして，とする５つの任務のうち最初の３つが家庭人としての役割であることからわかるように，妻そして次世代を担う母の役割が重要視されている。

さらに，スハルト政権は，スカルノ時代から結成されていた公務員の妻たちの組織を官製女性組織として再編し，非軍人公務員の妻と女性公務員が加入する組織，軍人の妻が加入する組織，農村地域の組織などを作った。これらの組織はそれぞれの組織内部のヒエラルキーが夫の職階に従属し，妻の組織活動が夫の評価にも影響を与えるとされ，夫に従属する妻という国家イデオロギーを体現したものとなった。スハルト政権期の社会政策において，「主要な犠牲者は女性であった」といわれる所以がここにある。

フィリピンでは，女性の中心的な役割は子育てであるとの前提に立ち，「母親としての女性」が働く条件が整えられた。1949年に制定された家族法は，「夫には妻と家族の扶養義務があり，妻の役割は家庭の運営者である。夫の収入が家族にとって十分であり，正当な理由があれば，夫は妻の職業や商業活動に異議申し立てをすることができる」と規定した。しかし，輸出志向型産業の推進のなかで女性労働力への需要が高まると，男女雇用の法的平等化も推進され，1974年の新労働法では労働条件における女性に対する差別行為を禁止した。

ただ，1970年代以降の女性の労働力参加率や就業率の増加の実態は，女性が輸出加工区の不定期な低賃金労働者として，その下請け労働者として，法に守られない不安定な雇用条件の下で労働市場に参加していたと推定されている。

1965年にマレーシアから分離・独立したシンガポールでは，マレー人が多数を占めるインドネシアやマレーシアとの摩擦や対立を抑え，かつ国内の華人，マレー人，インド人などの間で対立が起こらないようにするために，強力な国家主導型の政治と経済発展が目指された。女性国会議員は1968年から姿を消し，これまでの女性の権利擁護や男女平等の達成という視点は欠落していった。「家長は男性であるから」という理由で，女性公務員の扶養家族は免税措置や医療費優遇が受けられない，シンガポール人女性と結婚した外国人男性の市民権取得はほとんど不可能（その逆は自動的に付与される）で，大学医学部に入学する女子学生は結婚すると辞めるからという理由で，比率が低く抑えられるなど，封建的考え方に基づく女性差別は温存された。もっとも，都市国家が持つ唯一の資源が人口であるため，女性にも一定程度の教育を与えて労働市場に積極的に動員した。しかし，1980年の女性の平均賃金は男性の61％に過ぎなかったことからわかるように，女性は，他の東南アジア諸国同様に，「従順で使いやすい」単純・未熟練労働者とみなされた。

ただ，1980年代からの産業の高度化政策とサービス産業の重視は，男女を問わず労働者の質的向上に大きく貢献し，女性の労働市場進出を加速化させたものの，1994年に政府は「社会の基本的な単位は家族」という考え方のもと，①愛，ケア，関心，②相互信頼，③親孝行，④コミットメント，⑤コミュニケーション，からなる「家族の価値」を発表，高齢者，夫や子どもの世話をする家庭の主婦としての女性の役割を強調した。1995年には，経済的自立が困難になった親が子どもに経済的支援を求めることができるという，親孝行を義務づけた「両親扶養法」まで制定した。法律まで施行して家族相互の関係を密にしようとした理由は，高齢化社会への対応と社会福祉予算の削減であろう。シンガポールでは東南アジアで最も急速に少子高齢化が進んでいるが，政府は社会福祉予算を切り詰めて経済発展に邁進したいため，介護や育児を社会化するのではなく，女性が担うことを期待したのである。

一方，社会主義体制のベトナムでも，女性差別的なジェンダー規範は「社会主義的装い」のもとで強化された。ベトナム民主共和国（北ベトナム）の1956年土地改革では，「男女同権」をスローガンに女性にも男性同等の土地耕作の権利が与えられた。1959年の新憲法では男女平等が謳われ，同年に制定された家族・婚姻法には「夫婦は平等で，互いに助け合って前進し，社会主義建設と祖国防衛に積極的に関与する」と明記されたが，これらは前線で戦う男性に代わって，女性が生産と郷土の防衛を担うことを奨励するためで，女性は戸外労働も家事・育児も負担しなければならなくなった。また女性の処女性が国家の独立と結びつけられて尊重されたことと，男性が家長として家族の祭壇を守るという伝統意識のため，男児優先と母性への肯定意識は根強く，不倫による妊娠・出産は出征中の夫への服従に反するとして未婚の母は認められないなど，儒教が新しい形を取ったような社会主義的美徳が女性に押しつけられた。ただ，家族・婚姻法は1986年に「非摘出子には摘出子と同等の権利を保障し，その母親も正式に結婚している母と同様に出産休暇やその間の給与保障を受けられる」と改正された。長い戦争によって相手を見つけることが難しくなった未婚女性が不倫で妊娠するケースが相次いだためである。

ベトナム戦争終結後は，軍隊で高い地位にあった男たちが帰郷して党支部や国営企業などの幹部になり，党支部や国営企業，退役軍人会という大きな影響力を持つ組織はほとんど男社会となった。戸外労働に加えて家事・育児の負担は女性，「非日常的な党や国家の大仕事」は男性が行うという性的役割分担がなされた。社会主義下で職業的な平等が確保されればされるほど，家庭内の女性の仕事量が増えたのである。

4 ジェンダーの主流化を目指して

国際社会の動き

国家の経済発展や開発のなかで女性が男性と同じように便益を得ていないのではないかという問題意識が国際社会で示されたのは，1970年代のことであった。女性が男性と同様に開発過程に参加でき，開発の便益を受けられるようにすることを掲げた「開発と女性」という考え方が確立され，1976年から1985年の「国連女性の10年」を通じて世界中に広まった。国連で1979年に女性差別撤廃条約（CEDAW）が採択され，1981年に発効したことも，各国の開発政策や開発計画に女性を対象とする事業やプログラムが追加されることを後押しした。ただ，わずかな資金や人的資源を人口の半分を占める女性に振り当てただけで，大半の資金や資源が従来通りの開発や経済政策に配分され，女性が置かれている不利な状況は変わらない，さらに，性別役割分担に基づいて女性が家事労働を無償で担っている現実が見えにくくなるだけでなく，開発プロジェクトに女性が動員されることで，かえって女性の負担が増すこともあるということが明らかになった。

その反省として1980年代後半から「ジェンダーと開発」という考え方が提唱された。これは女性だけに焦点を当てるのではなく，女性が社会的にその力を発揮できるような労働環境・社会環境を整備すること（女性のエンパワーメントと呼ばれる）を通じて性別格差を是正，解消することを目指した。さらに1990年代になると「ジェンダーの主流化」と呼ばれる考え方が示され，国際的に定着するようになった。これは，すべての分野の政策，プログラムの立案，策定，実施，評価にジェンダーの視点を組織的・制度的に組み込むこと，女性の意思決定への参加を促進するというものである。1995年に北京で開催された第4回世界女性会議以後は，ジェンダーの主流化は国連機関，各国政府，NGOにとって取り組むべき課題とされたのである（図12－1）。

図 12－1　1995年第４回世界女性会議（北京）「NGO フォーラム北京 '95」会場前での反核デモ

（出所）　織田由紀子撮影。

東南アジア各国で，1970年代後半から1980年代になって女性の地位の向上が謳われ，国家政策にジェンダーの視点が入るようになった大きな要因の１つは，このような国際社会の動きであった。さらに国によって状況は異なるものの，女性 NGO の活動を含む民主化運動がもう１つの大きな要因となった。

東南アジアの民主化運動とジェンダー

民主化運動が大きな役割を果たしたのは，インドネシアとフィリピンであろう。

インドネシアでは，スハルト体制崩壊後，それまでの中央集権的で抑圧的なあらゆる政策が見直しの対象となった。1999年に新たな国策大綱が策定され，女性の地位と役割の項目に「ジェンダーの平等と公正」「女性組織の役割の質と自立性を向上させる」という文言が挿入されるなど，明確なジェンダーの主流化政策が打ち出された。1999年にはこれまでの女性問題担当相が女性エンパワーメント担当国務相に改称され，2000年には国家開発企画庁から出された「国家開発計画2001～2004年」にもジェンダーの主流化が謳われ，女性の人権や，政治における女性の権利の保障，ジェンダーバイアスのある法律の改正あるいは撤廃などが掲げられた。1990年代になると主要なイスラーム組織も，女性が政治的役割を果たすことを奨励するようになった。2001年に女性のメガワティ大統領が誕生したことは，イスラームの文化が支配するインドネシアで女性の政治参加の促進にはずみをつけたといわれた。2003年には，多くの女性 NGO が結集したインドネシア女性連合などの働きかけによって，「各党は国会と地方議会選挙において候補者の30％以上を女性とする」という条文が盛り込まれた法案が可決されて，一定の成果を上げている。

図 12－2　フィリピンの教会信者たちが結成した農民組織
（出所）　森谷裕美子撮影。

1965年から長期政権を続けたマルコス大統領を1986年の大規模な民主化運動で追放したフィリピンでは，市民社会とりわけ女性 NGO が国家政策におけるジェンダー主流化のために活発なロビー活動を行い，政府もまた民主化を進めるために女性の地位向上を積極的に推進した（図 12－2）。1987年に制定された新憲法には，法の下の男女平等や，社会的弱者に下院議席の20％（50議席）を割り当てるという政党名簿制度などが明記された。また家族法が新たに制定され，夫と妻の双方が海外赴任者，一家の稼ぎ手，家庭の運営者として想定され，夫が妻の賃労働に異議申し立てをする権利は失われた。1994年には開発における女性の視点の導入および女性の参画を目指し，国際援助の最低５％をジェンダー主流化のための事業に割り当てることも決定した。

タイでは1975年の第４次開発計画に初めて女性の問題が入り，①雇用の基盤としての教育の充実，②男女平等の雇用と職業訓練，③女性を差別する法律の改正，が行われることになった。1981年に CEDAW に調印・批准すると，1989年には政府内に女性問題国家委員会が独立機関として設置された。「村長は男性」という地方官吏法が1982年に改められ，民主化の進んだ1990年代になると，インドネシアやフィリピンほど劇的ではないが，男性を家長とする家族および家族内での女性の父や夫への服従を合法化した家族法の一部や，政府機関での男女で異なる退職年齢も是正された。

強権的な政府が国民の自由な政治活動を極端に制限し，また NGO の活動も厳しく取り締まっているために，シンガポールの市民社会の活動はインドネシアやフィリピン，タイに比べて極めて低調であった。しかし，1980年代後半になると，ジェンダー主流化を求めて声を上げる女性たちが登場した。その直接のきっかけは，政府が高い教育を受けた女性の低出生率を懸念して，高学歴女性には多産を，低学歴女性には避妊を奨励するという1983年の政策であった。これに反発した女性たちが「行動と研究のための女性協会」という NGO を結成して政策の再考を求め，高学歴女性に多産を奨励する政策は1985年に廃止された。

5　縮小しないジェンダー格差

ジェンダー格差指数

表 12－1 は，世界経済フォーラムが2018年に発表した東南アジア諸国のジェンダー格差指数（GGI）国別順位と各分野の主な指標である。GGI は国別の開発段階とは無関係に，国内の男女差を経済参加・機会，教育達成，健康・生存，政治エンパワーメントの 4 分野12指標（各分野の指標は，男性に比しての女性の労働参加率，新生児の男女比率，国会議員や閣僚の女性比率など）で計る。

全体で第 8 位，東南アジアでは第 1 位と男女格差がかなり小さいフィリピンでは，教育達成に男女の差はないどころか，高等教育機関で学ぶ女性の比率は男性よりもかなり高い。行政官・上級公務員・管理職の半数以上は女性である。民主化運動において，ジェンダー主流化が積極的に推進されたことを反映している。ただ，男女同一労働同一賃金が法的に確立していないため，女性の所得は男性よりもかなり低い。また，親族に男性の有力政治家がいないと女性は政界に進出できないため，女性の政治進出は進んでいない。また，「女性が男性同様に働くことに異議はないが，家庭内での性別役割が転倒することは好ましくない」という世論は根強いため，法が整備されて女性の経済・社会進出が進んでも，女性はかえって深刻な二重の負担を背負っている。

表12－1　ジェンダー格差指数国別順位と指標内訳（対象国149カ国，2018年）

国	順位	所得格差（M＝1.0）	15歳以上の労働参加率（％）	行政官・上級公務員・管理職に占める女性比率（％）	国会に占める女性議員（％）	高等教育機関在籍者（M＝1.0）
フィリピン	8	0.69	F＝51.4 M＝76.9	51.5	29.4	1.32
ラオス	26	1.04	F＝80.8 M＝82.1	59.0	27.5	1.05
シンガポール	67	0.70	F＝68.7 M＝83.5	34.0	23.0	1.16
ベトナム	77	0.82	F＝79.3 M＝87.1	27.2	26.7	1.24
タ　イ	73	0.79	F＝68.0 M＝83.3	32.7	5.3	1.41
インドネシア	85	0.49	F＝52.9 M＝83.7	27.5	19.3	1.13
ミャンマー	88	—	F＝55.1 M＝83.8	35.6	10.2	1.47
ブルネイ	90	0.61	F＝62.3 M＝77.8	41.3	9.1	1.56
カンボジア	93	0.69	F＝83.4 M＝89.8	31.8	20.0	0.87
マレーシア	101	0.67	F＝54.7 M＝80.6	20.4	13.9	1.18

（注）　M＝男性，F＝女性。なお，日本は総合110位と，先進国のなかで最も低い。東ティモールの統計は発表されていない。
（出所）　World Economic Forum, *The Global Gender Gap Report 2018.*

もっとも，フィリピンでは多くの女性は出産後も労働市場から撤退しない。全女性就業者の11.5％が家事労働者として雇用されている（2010年）ことからわかるように，都市部の多くの女性は，農村や地方から出てきた比較的貧しい女性が提供する家事サービスあるいは親族との相互扶助によって，労働市場に参加しつづけている。それらを調達するのが難しい女性は，家事と両立させながら安価な賃労働に従事していると思われる。1980年代から急増した女性海外労働者は，それぞれの家庭を仕送りで支え，国家経済に貢献しているにもかかわらず，「彼女らは性別役割分担から逸脱する存在」として非難されてもいる。フィリピン政府にとって，女性の海外労働の奨励と国内の再生産労働の確保をどう両立させるのかも大きな課題であろう。

民主化がかなり進展したインドネシアでも，女性の平均所得は男性の半分以下で，行政官・上級公務員・管理職に占める女性比率は低く，政治進出もそれほど進んでいない。また，国策大綱に掲げられた「ジェンダーの平等と公正」は「女性の天性の特質」から逸脱しない限りにおいて認められるという言説は，とくにイスラーム関係者に根強い。また，地方自治の拡大に伴って，イスラーム法の施行を政令として定めようとする地方政府がいくつか現れている。女性が政策決定に参画できる状況が保障されていないなかで進められるイスラーム法施行への動きは，ジェンダーの主流化政策に逆行する可能性もある。地方に下部組織を持たない女性エンパワーメント担当国務相の力はあまり大きくない。

シンガポール政府は，女性 NGO の働きかけに加えて深刻な人手不足ゆえに，女性差別的な法を改正して女性の社会進出を奨励している。女性国会議員も30%に迫る。ただ，再生産労働は2019年で約24万人にものぼるインドネシアとフィリピンなどからの外国人家事労働者が担う。介護の必要な高齢者や幼児のいる家庭は外国人家事労働者を雇用しやすいような税の優遇措置を受けられるため，このような家庭の実に49%が外国人家事労働者を雇っている。「家庭内労働は女性の仕事」という考え方ゆえに外国人家事労働者は女性でなければならず，また住込みが原則である。シンガポールのジェンダーの主流化は近隣の東南アジア諸国の貧しい女性たちに支えられているのであり，同時に，彼女らはシンガポールで懸命に働いて故郷の家族を支え，祖国の経済に貢献しているのである。

高等教育機関で学ぶタイ女性の比率は男性よりもかなり高いものの，政治参加は，他の東南アジア諸国に比べるとかなり遅れている。女性議員の割合がきわめて低いため，女性労働者問題を議論することが困難な状況にあるといえよう。

ベトナムでは，1986年にドイモイ（刷新）によって市場原理が導入されると，教育の無償制度や配給制度が廃止され，国営企業で働く労働者の社会福祉が削減されたため，所得上位20%と下位20%の差は，1990年の4.1倍から2002年の8.1倍となり，現在も貧富の格差はさらに拡大しているといわれている。家庭内再生産労働の負担に加え，女性の生産労働の負担はさらに重くなっていると考えられる。

なお，これら4カ国だけでなく，東ティモールとカンボジアを除く東南アジア諸国では高等教育機関で学ぶ女性の比率は男性よりも高い。「女性も外で働いて当然」という考え方が強いため，高等教育（とくに看護や教員などの実践的な資格取得をめざす）を受けて社会に出ようとする女性が多いためである。

未だ遠いジェンダーの主流化

第4回世界女性会議からすでに25年以上が過ぎ，東南アジア各国政府も「ジェンダーの主流化」に取り組み，高等教育機関で学ぶ女性の比率が著しく上昇するなど一定の成果は上がっている。しかし，性差別的なジェンダー概念は容易に変化させられるものではない。女性差別的なジェンダー規範は，様々な法律，慣習，そして国民のジェンダー意識や日常生活に大きな影響を与えている。さらに重要なのは，女性の社会進出および経済的自立が達成されても，女性が家族・親族内での女性の立場，母・嫁・娘という役割に縛られ続ける限り，すなわちその意識を再生産する家父長的な規範から解放されなければジェンダーの主流化は困難であり，「女性の解放」は達成されないことであろう。

6　性的マイノリティの人権と権利擁護

東南アジアの性的マイノリティ

東南アジアでは，欧米よりも相対的にセクシュアリティの多様性が認められてきた。東南アジアでは性自認（ジェンダー・アイデンティティ）が身体的性別と一致しないトランスジェンダーを，フィリピンではバクラ，インドネシアではワリア，タイでカトゥーイなどのように地域や国ごとに様々な呼び名を与えて認識してきた。また伝統的芸能や儀式や舞踏の演者，結婚式で服飾やメークアップを担当するという専門職従事者として尊敬を受けるトランスジェンダーや異性装者も存在する。

しかし，そこに差別や抑圧がないわけではない。旧イギリス植民地だったミャンマー，マレーシア，シンガポール，ブルネイは，イギリスから刑法377条を継受した。377条は同性間の性交渉だけでなく，異性間のオーラルセックスや獣姦という「自然の摂理に反する（生殖目的ではない）性交渉」をすべて

図12－3　ピンクドット2017（シンガポール）
（出所）　筆者撮影。

禁止している。シンガポールでは2006年に377条が改正されたが，男性どうしの性交渉を禁止する規定は残された。マレーシア，ブルネイ，インドネシアのアチェ州ではイスラーム教徒を対象に，シャリーア（イスラーム法）によって同性愛や両性愛は禁止されている。法的に禁止されていないフィリピンでも，学校や職場での激しい差別や抑圧が存在する。

立ち上がる性的マイノリティ

1980年代から1990年代にかけて，東南アジアの性的マイノリティは差別や抑圧に対して，自らを組織化して立ち上がり，情報交換や相互支援を目的とする組織を設立するようになった。これを促したのは，HIV／AIDS の流行や欧米留学から帰国したゲイやレズビアンの活動家であった。さらに，HIV／AIDS の伝染を防止したい政府がその組織化を支援したために，さらに発展した。

2000年代になると，性的マイノリティは，多様な場で政治的・社会的な承認を求める動きを本格化させるようになった。フィリピンでは性的マイノリティの権利擁護を求める東南アジア初の政党が結成され，シンガポールでは，性的マイノリティの存在を広く知ってもらい，かつその権利擁護を求めるピンクドットというイベントが始まった（図12－3）。このような社会運動の活発化は，ジェンダー平等を求める運動とともに，社会の多様性や民主主義の深化に大きく貢献するものであろう。

参考文献

アジア女性史国際シンポジウム実行委員会編（林玲子・柳田節子監修）『アジア女性史――比較史の試み』明石書店，1997年。

小林寧子『インドネシア――展開するイスラーム』名古屋大学出版会，2008年。

田村慶子・織田由紀子編『東南アジアの NGO とジェンダー』明石書店，2004年。

長津一史・加藤剛編『開発の社会史――東南アジアにみるジェンダー・マイノリティ・越境の動態』風響社，2010年。

Blackburn, Susan and Helen Tin eds., *Women in Southeast Asian Movements,* Singapore: National University of Singapore Press, 2013.

Horton, Susan eds., *Women and Industrialization in Asia,* Routledge, 1991.

International Lesbian, Gay, Bisexual, Trans and Intersex Association, *State-Sponsored Homophobia: Global Legislation Overview Update,* International Lesbian, Gay, Bisexual, Trans and Intersex Association, 2019.

本章を学ぶための基本書

田村慶子・織田由紀子編『東南アジアの NGO とジェンダー』明石書店，2004年。

＊マレーシア，シンガポール，フィリピン，インドネシアの女性 NGO，さらにアジア太平洋の国際組織がジェンダーの主流化の進展にどのような役割を果たしたのかを考察している。

長津一史・加藤剛編『開発の社会史――東南アジアにみるジェンダー・マイノリティ・越境の動態』風響社，2010年。

＊インドネシア，フィリピン，マレーシアの開発を，周縁世界（ジェンダー，マイノリティ，境域）の文脈で捉え，周縁の人々の視点から再考するという意欲的な書である。

アジア女性史国際シンポジウム実行委員会編（林玲子・柳田節子監修）『アジア女性史――比較史の試み』明石書店，1997年。

＊工業化，政治，思想，家父長制などのテーマを設定して，東南アジアを含むアジア諸地域の女性の生活と歴史を比較史的視点から叙述した書である。

（田村慶子）

Column⑧　アブラヤシ農園拡大の光と影

経済成長の続く東南アジアでは，大気汚染，水質汚濁，ごみ処理問題など，都市化に伴う環境問題が首都圏を中心として深刻化している。また，鉱山開発などに伴う環境破壊，公害問題も起きているうえ，森林破壊も進んでいる。清水徹郎「東南アジアにおける熱帯林の減少とパーム油生産の増大」によれば，1990年から2015年までの間に世界全体で減少した森林面積は１億2,914万ヘクタールで，そのうちの約24％にあたる3,129万ヘクタールは東南アジアである。そのなかでもベトナム，フィリピン，タイでは政府の政策もあって森林面積の増加が見られるが，インドネシア，ミャンマー，カンボジアでは急速に森林減少が起きた。

その要因はいくつか考えられる。世界資源研究所によれば，2001年から2015年の間の森林減少の要因は，世界的には27％がパーム油，大豆，牛肉，石油・天然ガス，鉱物などの商品生産（27％），木材収穫など林業経営（26％），焼畑などへの転用（26％），森林火災（23％）などである。東南アジアでは，商品生産のための恒久的転用が深刻であるとされている。とりわけ，インドネシアやマレーシアではパーム油をとるためのアブラヤシ農園の急速な開発が森林破壊に拍車をかけている。

西アフリカが原産地のアブラヤシは，植民地時代に現在のインドネシアに観賞用植物として持ち込まれた後，1970年代以降，マレーシア，つづいてインドネシアで商品作物として栽培が広がっていった。今では，パーム油は大豆油を追い抜いて世界一の生産量を誇る植物油となっており，マレーシアとインドネシアの生産量だけで世界の85％を占める。

アブラヤシは単収が高く，揚げ油，バイオディーゼル燃料など汎用性がある。パーム油採取後の副産物であるヤシガラも燃料として使用され始めている。価格変動が激しいが，アブラヤシ栽培は比較的利潤率が高く，インドネシアでは，大農園企業に加えて小農もアブラヤシ栽培に乗り出しはじめ，アブラヤシ農園の拡大が加速化した。

マレーシア政府やインドネシア政府からすれば，パーム油は貴重な外貨獲得源である。インタビューしたアブラヤシ小農たちのなかには，10ヘクタールの農園からの収入で子どもたち４人を大学まで進学させることに成功した話など，アブラヤシ栽培が生計の安定と向上につながったことを語る家庭も多かった。パーム油の利益団体は，アブラヤシを「神からの恵み」とまでいい切っている。

しかし，アブラヤシ栽培には課題が多い。マレー半島，スマトラ島，カリマンタン島に行けば，天然林に代わって延々と続くアブラヤシ農園を目にする。アブラヤシ栽培は森林破壊の主要因となっており，天然林が育んでいた生物多様性の喪失につながっている。

アブラヤシ栽培は地球温暖化の要因でもある。天然林が残っていた熱帯泥炭湿地にもアブラヤシ農園が広がり始め，泥炭湿地に蓄積されていた膨大な炭素の排出が起きている。農園開発のために泥炭湿地を排水して乾燥させると空気中への二酸化炭素放出が進み，火入れをすると排出量がさらに増える。2015年にはエルニーニョ現象で乾季が長引き，スマトラ島やカリマンタン島の泥炭地での火災が深刻化し，煙害が近隣諸国にも広がった。

アブラヤシ栽培のために開かれた土地
（出所）筆者撮影。

2000年以降，アブラヤシ農園開発による環境破壊の抑制を目指す動きが始まった。2004年には「持続可能なパーム油のための円卓会議（RSPO）」が発足し，地球環境に配慮したアブラヤシ栽培とパーム油販売の基準作りが始まった。植物油初の認証制度も導入された。2010年には，インドネシア政府は泥炭林を含めた森林について伐採のモラトリアムを決めた。2011年にはインドネシア独自の持続可能なパーム油認証スキーム，ISPO も始動させた。

ただ，こうした動きが全てうまくいっているとか，純粋に持続可能な環境実現を目指しているとはいえない。大規模農園企業には，環境に優しい企業というイメージ戦略のために RSPO 認証取得を宣伝しつつ，中小規模の農園から認証なしのパーム油を購入しているところもある。RSPO 認証を獲得したアブラヤシ小農たちは，認証農園に加えて，認証のない農園も持っていたりする。世界的には，中国やインドといった認証の有無を気にしないパーム油輸入国があるからである。農園企業などは森林伐採モラトリアムに反発しており，解除される可能性がある。

国際的には，グリーンピースなどの国際 NGO がアブラヤシ農園拡大に批判的である。EU やアメリカは，アブラヤシ栽培は環境に優しくないという理由で，バイオディーゼル燃料として使うパーム油の輸入禁止措置をとろうとしている。しかし実際には，フランスなどには菜種生産業者，アメリカには大豆生産業者がいて，EU やアメリカ政府も彼らの声を無視できないという事情がある。環境破壊を口実としたパーム油輸入制限という側面もあるのだ。

パーム油を例に環境問題を考えてきたが，多角的側面があることが分かったであろう。どんな環境問題であれ，こうした多様な側面を踏まえて理解することが重要である。

（岡本正明）

第13章
人の移動

この章で学ぶこと

東南アジアは，古くから東西交流の要衝として，地球規模で往来する人の移動（human migration）ネットワークの一部をなし，地域内でも人の移動のサブ回路を形成してきた。東南アジアの諸社会は，こうした人の移動の重層的なネットワークを踏まえて成立している。この地域に近代国民国家が形成され，人々の生活が国境に囲まれた動かぬ国家に規律されるようになった現在でも，人々はより良い収入や最新の知識，身体の安全などを求め，ときに法を犯しながら国内外へ移動しており，政府はそうした移動者への対応を迫られている。人の移動の構造的背景やその形態の変遷を辿ることで，東南アジア諸社会の政治・経済制度成立のメカニズムを，個別の国の歴史とは異なる視点から理解できるだろう。

西欧列強の進出以前，東南アジアは中国を中心とした交易・外交体制のもと，東西交易の中継地として栄えた。交易ルートには中華系のみならず，西洋人やイスラーム系商人が参入し，東南アジア社会への定着と融合が進んだ。19世紀に入ると西欧諸国は東南アジア各地で植民地建設を進め，自国の市場兼原料供給地として併合した。植民地システムのもとでは，中国やインドから大量の労働者が東南アジアに送り込まれ，そのなかには出身地との地縁を利用して商売を興し，植民地経営の一翼を担う者も現れた。20世紀に入り東南アジア植民地は相次いで独立を果たし，主権国家となるが，東西冷戦の中で自由主義陣営と共産主義陣営に分断される。自由主義諸国では，工業化による農村・都市間の労働移動が盛んになり，1970年代には中東をはじめ世界各国への出稼ぎがはじまった。他方，インドシナ諸国やミャンマーでは，国家建設のための闘争が長引き，経済混乱や戦乱による難民の流出が続いた。冷戦終焉後，ASEAN として統合を進める東南アジア諸国では，冷戦期に拡大した経済格差を反映する形で，移動労働者を送り出す国々と受け入れる国々の間で，地域的な人の移動の回路が形成されている。

1　人の移動の分類

分類の難しさ

本章では，東南アジアにおける人の移動の展開を，移動を促した構造的要因をふまえ，3つの時期に分類して概観する。すなわち，東西交易と冊封体制下の移動の時代（紀元2世紀頃から18世紀），西欧列強による植民地経済システム下での移動の時代（19世紀から20世紀初頭），そして東南アジア植民地が独立を果たした後の，国民国家システム下での移動の時代（20世紀から現在）である。

移動する人々の分類は，容易ではない。日本では，移民への対応をめぐって，自発的か強制的かといった移動の自発性に注目することがしばしば見られる。しかし現実には，差し迫った状況下での移動の自発性を客観的に判断することは困難である。また国際機関や NGO など移民に携わる実務者は，いずれの動機による移動でも，移動者が直面する問題には共通性があることを指摘している。このため国際移住機関（IOM）では，移民（migrants）を「当人の法的地位，移動が自発的か非自発的か，移動の理由，滞在期間にかかわらず，本来の居住地を離れて，国境を越えるか，一国内で移動している，または移動したあらゆる人」と包括的に定義している。

とはいえ，人の移動が経済や政治といった構造的な社会変化によって促され，その形態に一定のパターンが観察されることもまた事実である。本章では，東南アジア地域への／からの／での移動を促した構造的要因を指標として，表13-1のように移動の形態を分類した。

これらの形態は，しばしば互いに重複する。例えば戦争捕虜が奴隷として取引されたり，難民として故郷から脱出した人々が避難先で就労することは珍しくない。さらに繰り返しになるが，移動が自分の意志によるものなのか，経済的・社会的混乱などの事情に迫られたものなのかという問題は，検証が難しい。このように，人の移動について考える際は，移動の目的や形態が，移動者個人の置かれた状況によって変化し，重複することを理解しておく必要がある。

表13-1　東南アジアにおける人の移動形態の分類

移動を促した構造的要因	移動の形態
経済的要因による移動	財や市場を求めての移動（交易，海賊行為，狩猟や漁労のための移動） 雇用を求めての移動（出稼ぎ） 消費のための移動（観光） 財としての人の移送（奴隷貿易，人身取引）
政治的要因による移動	侵略や統治のための移動（占領，戦争捕虜，植民） 戦乱・社会混乱からの逃避（難民）
社会的要因による移動	知識・技術の獲得や普及のための移動（留学，布教） 家族形成・維持のための移動（国際結婚，養子縁組）

（出所）筆者作成。

構造的要因に基づく人の移動のパターン

表13-1で示した移動の形態は，重複したり変化したりしながら，いずれの時代にも観察されてきた。そのなかで，特定の移動形態が政治や経済といった社会構造上の変化に促され，大規模に発生することがしばしばあった。本章では，東南アジアにおける人の移動の変遷を歴史的に概観するにあたって，移動を促した構造的要因の変遷に着目する。東南アジアと他の世界とを結ぶ人の移動の「回路」が，何によって，どのような形を取り，変化してきたのか。そこを通ってどのような人々が，何を目指して往来したのか。そしてその「回路」が東南アジアの現地社会システムにどのような影響をもたらしたのか。以下では，東西交易と冊封体制下の移動の時代（紀元前2世紀頃から18世紀），西欧列強による植民地経済システム下での移動の時代（19世紀から20世紀初頭），そして東南アジア植民地が独立を果たした後の，国民国家システム下での移動の時代（20世紀から現在）に時期を区分し，それぞれの時代の移動の様相を辿ることとしたい。

2　東西交易と冊封体制の下での移動

冊封と港市国家

インドと中国という2大文明に挟まれた東南アジアでは，紀元前から両文明の中継地点として，インド系や中華系の商人が往来していた。交易ルートでも重要な位置を占めるメコン川流域，ベトナム南部沿岸やマラッカ海峡，ジャワ島沿岸部などには，遠隔交易の中継地であり，内陸と海域を結ぶ商業ターミナルとして「港市国家」と呼ばれる政治権力が成立した。

紀元前２世紀には，中国で成立した漢王朝を中心に冊封体制が成立する。冊封とは，中国の皇帝に対し周辺国の君主が臣下の礼を取り，皇帝は彼らの統治を軍事政治的に保障する政治体制である。冊封を受けた港市国家の支配者は，皇帝への定期的な貢物を届けることを義務づけられる一方，それを上回る規模の財を下賜された（朝貢）。朝貢は，国家間貿易としての性格をも有していたのである。歴代の中国王朝はしばしば海外渡航禁止令（海禁）を敷いたが，禁を犯して渡航し，私貿易で利を求める中華系商人は後を絶たなかった。こうした中華系商人らは，12世紀頃には現在のベトナムやカンボジア，マラッカ海峡沿岸部の港市に定住し，地元民と通婚するなどして現地化した。

交易の時代と中華系移民

東南アジアを介した東西交易は，15世紀以降から17世紀に空前の繁栄を迎える。アジアでは明が海禁をたびたび発出した一方，1405年から７回に及ぶ南海遠征を実施して南洋諸国に朝貢を促したために，海上交易が隆盛をみた。かたや欧州では，14世紀以降に香辛料需要が拡大したことを受けてアジア航路の開発が始まっていた。15世紀末にはバスコ・ダ・ガマが喜望峰経由でのアジア航路を開拓し，1509年にポルトガル人がムラカに到達したのを皮切りとして，欧州商人が東南アジアでの交易ネットワークに参入した。スマトラのパサイ，アチェ，マレー半島に位置するジョホール，マラッカ，パタニ，大陸部ではマルタバン湾沿いにあるペグー，チャオプラヤー川沿岸のアユタヤ，中部ベトナムのホイアンといった都市が，東西交易の隆盛を受けて繁栄した。

欧州諸国は，16世紀になると自分たちの拠点となる港市を建設する。その都市建設などの労働に従事したのが，中華系移民であった。スペイン領マニラ，オランダ領バタビア（現在のジャカルタ）などでは，大規模な中華街が形成され，中華系や欧亜混血の商人が砂糖，香辛料，燕の巣，ナマコ，木材，香木といった熱帯産物の取引を担うようになった。例えばマニラは，17世紀初頭までに当時の南シナ海交易で最大の中華系住民人口を擁する街となった。

しかし中華系住民は，その数の多さや経済力のゆえに植民地支配者にとっての潜在的脅威となり，しばしば弾圧や虐殺の対象となった。1740年にバタビアでオランダ植民地政府が行った虐殺では，１万人以上の中華系住民が犠牲になったといわれる。マニラでも，スペイン植民地政庁が中国人住民に対し大規模な虐殺を繰り返したが，18世紀中頃になると，カトリックへの改宗による同化と非改宗者の追放による同化政策に転じた。これによってスペイン領フィリピンに住む中華系住民は，その多くが改宗し，現地人との通婚を経てスペイン臣民となった。現地人と混血した人々はメスティーソと呼ばれ，大農園を所有して権力基盤を培い，現地のエリート層を形成する者も現れた。

大陸部における中華系移民

大陸部では，中国への朝貢を行っていたアユタヤ王朝が，17世紀にその最盛期を迎えた。アユタヤでは，中国大陸から来た中華系移民や西洋人，日本人といった外国人が，朝貢貿易や徴税を請け負い，中には官位を得て国王直属の臣下となるなどして，現地の支配層に融合していった。

17世紀半ばになると，清王朝の成立を受けて，南洋交易の中心地であり清への抵抗運動が盛んだった福建，潮州，広東などの華南地域から，大量の移住者が東南アジアに渡来した。現在のベトナム南部に位置した阮氏広南国や，シャム湾沿岸に位置するハーティエンには，清からの難民が到来し，現地支配者から支配権を与えられて定住した。これらの中華系住民は，その後メコン・デルタ地域を中心としてその数を増やし，コメ，砂糖といった商業作物の流通を掌握して資本を蓄積した。彼らは19世紀にフランスがメコン・デルタ地帯を支配下に置いた後も，国内外の流通と小売りを抑えてフランス植民地政府と現地民との中間的存在となったのである。

3　植民地システム下の移動

地域大の人の移動ネットワーク

19世紀になると，西欧列強による侵略と勢力拡大によって，冊封体制の中心であった清の影響力は後退し，それまで冊封体制を回路としていた交易のネットワークも衰退した。新たに東南アジアを循環するようになったのは，西欧植民地での労働需要を満たすべく到来したインド系，中華系労働者たちだった。

19世紀，欧米諸国は東南アジアで積極的な植民地建設に乗り出した。唯一植民地化を免れたシャムも，1855年にイギリスと修好通商条約を締結したことで，それまでの王室独占貿易体制は崩壊した。同時期に欧州からインドを経て東アジアまでつなぐ汽船航路や海底電線が建設されたこととあわせ，東南アジアは欧米諸国（特にイギリス）の原料供給地として，あるいは欧米諸国で生産した工業製品を消費する市場として，世界経済に組み込まれたのである。

植民地体制下のアジアでは，イギリス領マラヤ，オランダ領東インドといった島嶼部地域が世界市場向けの商品作物（ゴム，綿花，ジュート）や鉱産物（錫）を生産した。しかしこれらの土地はジャワなどを除いて人口が希少であり，プランテーション農場や鉱山で生じる莫大な労働需要をまかなうことはできなかった。この需要を埋めるべく，人口の稠密なインド，中国，ジャワから多くの労働者が渡来した。

その結果，アジア域内では，植民地間の経済分業システムを回路として，空前の規模で人が移動し始めたのである（図 13－1）。例えばマレー半島に位置するペラでは，1848年に錫の鉱床が発見されたことを契機として，中華系移民が大量に渡来した。鉱床発見当時 1 桁台だった中華系人口は，それからわずか 4 半世紀の間に 4 万人にまで増加したという。すでにこの頃，中華系商人は東南アジアの各地で貿易商，卸売商，小売商などの通商ネットワークを形成しており，彼ら中華系商人のネットワークを通じて，植民地プランテーションで働く労働者の日用品や食料といった物資が供給された。

現地への融合と複合社会の形成

中国では，19世紀半ばに始まった経済混乱（アヘン貿易による銀の大量国外流出と，それを原因とする物価の高騰，アヘン戦争・アロー戦争の賠償金支払いによる財政のひっ迫）や，太平天国の乱による社会動乱が契機となり，大量の人口が海外へ流出した。彼らは主に広東，福建などの華南地域から，アヘン戦争以降に自由港となった汕頭，香港やマカオを経て，「幇」や「公司」と呼

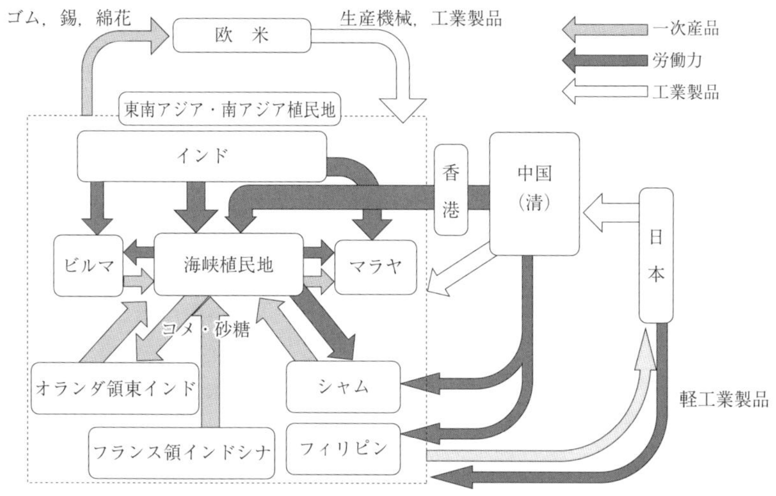

図13-1　アジアにおける植民地経済システムにおける人の移動

（出所）　杉原（1996，図1-1）をもとに筆者作成。

ばれる同郷組織を通じて，世界各地へ送り出された。このようにして渡来した中華系移民（華僑）や，現地化した中華系住民（華人）のなかから，植民地経済システムの一翼を担うことで資本を蓄積する者があらわれた。例えば，シャム南部で錫の採掘ビジネスから出発し，２代かけて南部の県知事となった許氏一族や，イギリス国籍を有し，精米・販売業でシンガポール有数のビジネスマン兼外交官となった陳金鐘らは，いずれも父の代に福建省から渡来した華人である。

他方インドでは，タミル系住民を中心に，職を求める人々がマラヤやビルマへ大量に渡来した。また，イギリス領内で共通の資格を有する専門職（事務官，医師，弁護士など）も，インドからの移民に多かったといわれる。こうしてインドからマラヤへは，1786年から1957年までの植民地期に425万人が渡航し，300万人が帰国したと推定される。またビルマでは，下ビルマにおける米穀産業の急成長により，上ビルマ，中国華南地方やイギリス領インドのマドラス，ベンガルから労働者が移動してきた。特にインド系移民は，年間14万から45万という規模でヤンゴンを中心に流入したといわれる。

これらの移民は定住先でそれぞれ現地化していったが，その様相は様々で

図 13－2　タイで権力を得た中華系移民・許氏一族の位牌（中央の板には「ラノーン総督」と漢字で書かれている）
（出所）筆者撮影。

あった。フィリピンやシャムでは，中華系移民が現地人と混血し，エリート層として融合する例が多く見られたのに対し，オランダ領東インドやフランス領インドシナ，イギリス領マラヤといった地域では，経済力を持った中華系住民やインド系住民が，欧米人の植民地支配層と現地人住民との中間的位置を占めるようになった。各国の植民地政府は，支配機構を維持するために，現地で官吏を養成する必要に迫られた。また現地で生産した財を販売，調達する際に，中華系，インド系商人のネットワークを利用せざるを得なかった。こうして欧米の植民地支配層は，民族グループごとに現地社会を分断し，中華系，インド系住民を介して現地民の支配を行った。その結果，これらの地域では複数の「民族」が融合することなく併存する複合社会が形成されたのである。

その影響は，東南アジア諸国が独立を果たした現在にも及んでいる。例えばイギリス領ビルマでは，大量に渡来したインド系移民が就労機会を現地人と争ったり，金貸しとして経済力をふるったことなどから，多数派であった現地のビルマ人の間に強い反感を惹起した。「よそ者」であるインド系移民に対する排外感情は，やがて「土着」の民族であるビルマ人が中心とした独立を目指すビルマ・ナショナリズムに流れ込んでいった。1970年代後半以降，ミャンマー国内で迫害を受け，大量に国外へ脱出して世界的な注目を集めたロヒンギャ族は，この頃にベンガル地方から流入した人々の末裔だと政府は見なして彼らに国籍を与えていないが，その背景にはこうした植民地期の移民をめぐる経験があることに注意したい。

植民地エリートの移動とナショナリズムの萌芽

植民地では現地人エリートに西洋的な近代教育の機会を与えたことから，優秀な青年が出身地から植民地行政の中心地である都市へ，そしてときには宗主国へと進学した。進学に伴う移動の過程で，現地人エリートらは植民地支配の矛盾を批判するための知識を身に着けると同時に，自らの出身地である植民地への帰属感を形成，共有していった。こうした植民地システム内の移動は，現地エリートらに自分たちを共通の「領土」に帰属する「国民」とみなす契機をもたらし，独立した自主的な国民が担う国家，すなわち国民国家の建設を目指す運動（ナショナリズム運動）につながった。

4　国民国家システム生成期における都市化と難民

植民地システムの解体と国民国家建設

20世紀に入ると，オランダ領東インド，マラヤ，インドシナ，シャム，フィリピンで共産党が結成される。彼らは中華系の党員を介して中国大陸の共産党と連携し，植民地支配からの独立運動を展開した。1941年に太平洋戦争がはじまると，東南アジアには日本が軍事侵攻し，欧米植民地を次々と支配下におさめた。これに対し，東南アジア各地では共産党や現地人勢力が抗日闘争を展開した。

1945年，日本の敗戦が決定的になると，これらの植民地は宗主国からの独立を相次いで宣言した。国民国家建設の過程で，植民地経済システムを基盤とする人の移動回路は解体され，新たに始まった東西冷戦のなかで，東南アジアの新興諸国は共産主義陣営と自由主義陣営に分裂していった。タイや島嶼部東南アジア諸国が，アメリカや日本といった自由主義先進国の支援のもとで工業化を推進し，地方から都市へと労働力の移動が進んだのに対し，インドシナ諸国やミャンマーでは，戦乱や経済混乱による難民の流出が続いた。

自由主義諸国における移民制限と国内移動

1949年に中華人民共和国が成立すると，アメリカは中国の影響拡大を恐れて，周辺のアジア諸国における共産化防止に乗り出した。マラヤ，タイ，フィリピ

表 13－2　自由主義東南アジア諸国における都市化の進展

	タ　イ			フィリピン			インドネシア		
	総人口	首都圏人口	対総人口比	総人口	首都圏人口	対総人口比	総人口	首都圏人口	対総人口比
1960年*	26,258	782	4.5	19,245	1,569	8.1	97,085	2,973	3.1
1970年**	34,397	2,485	7.3	36,681	3,967	10.8	119,208	4,579	3.8
1980年	44,825	4,697	10.5	48,097	5,926	12.3	147,490	6,503	4.4
1990年	56,303	5,547	9.9	60,695	7,929	13.1			

（注）　*インドネシアについては1961年の，マレーシアについては1957年の数値を引用。**インドネシア
（出所）　中西（1995，72～73），より抜粋して筆者作成。

ンでは，共産主義勢力の拡大を恐れた政府がアメリカに呼応して共産党を違法化し，共産主義者や中国からの移民の入国を制限して人の移動を厳しい管理下に置いた。当初中立を宣言したインドネシアでも，1965年から1966年にかけて共産主義者やそのシンパとみなされた中華系住民に対する大虐殺が行われた。

越境移動に代わってこれらの国々で盛んになったのは，工業化に伴う農村・都市間の国内移動であった。第２次世界大戦後，多くの国々で出生率の増加と乳幼児死亡率の減少が同時に起こった結果，1960年代半ばにアジア全域で世界史上稀にみる大規模な人口増加が起きた。とりわけ増加が顕著だったのは農村地域であり，増加した人口は職や土地を求めて他の農村や都市へ移動した。さらにマレーシア，インドネシア，タイ，フィリピンでは，政府が西側諸国の支援のもとで1960年代から段階的に工業化政策を推進し，都市部を中心に大規模な工業部門への投資が行われた。東南アジアでは当初いずれの国でも農村間の移動が多かったが，1970年代に入る頃には都市の労働市場を目指して，農村・都市間の移動が顕著になった。とりわけタイとフィリピンでは，首都の人口が第２の都市に比べ10倍から数十倍という規模で増加して，首都への人口一極集中が進んだ（表 13－2）。

しかしながら，東南アジアを含む途上国では，押し寄せる人口の規模に都市の工業部門の成長が追い付かなかった。労働需要を上回る規模で流入してきた移動者は，短期出稼ぎという形で農村と都市を還流したり，行商や日雇い労働者といったインフォーマル部門を含む都市サービス業で就労せざるを得なかった。彼らは定住して都市の低所得層を形成し，比較的生活コストの低い湿地，

（単位：千人，％）

マレーシア		
総人口	首都圏人口	対総人口比
6,278	327	5.2
8,810	452	5.1
11,427	920	8.1

については1971年の数値を引用。

ゴミ捨て場，線路沿いなどに集住し，劣悪な住環境下でスラムを形成していった。

また，インドネシアやフィリピンでは，独立以前からしばしば国内で人口稠密地域から過疎地域への政策的移住が行われていた。独立後も，インドネシアでは人口の調整や農地の配分，過疎地域における経済発展などを目的とした移動促進政策が実施された。これにより，ジャワ島やマドゥラ島から，スマトラ，カリマンタン，パプアといった島々へおよそ2,000万もの人々が移住したといわれる。同様にフィリピンでも，農地を求める農民らによる北部ルソン島や中部ヴィサヤ地方から南部ミンダナオ島への移住が長期間にわたって続いた。こうした政策的移住による大量の人口流入は，土地や資源をめぐる移住者と先住者間の紛争を引き起こした。2001年にカリマンタン島で起きた先住民ダヤク族と移住者であるマドゥラ島出身者の間の武力衝突や，ミンダナオ島で1970年代から続くイスラーム系武装組織による反政府闘争は，そうした移住による紛争の例といえよう。

インドシナ紛争と難民

自由主義諸国で人口増加と経済開発が新たな人の移動を促したのに対し，旧フランス領インドシナ諸国では，３度にわたるインドシナ紛争による大量人口流出が続いた。いわゆる，インドシナ難民である。1946年に始まった第１次インドシナ紛争は，1954年のジュネーブ協定でベトナムの南北分断が決定する形で終結した。この際，北のベトナム民主共和国（北ベトナム）からはカトリック教徒などおよそ90万人が南部へ，そして南部からは共産主義に共鳴した人々が北部に移動した。

1963年頃から断続的に始まった北ベトナムとアメリカに支援された南ベトナムとの闘争（第２次インドシナ戦争）は，1975年に北ベトナムが全土を統一するという形で終結するが，この際に北側による報復を恐れた南ベトナム政府要人やカトリック教徒など，約12万人の南ベトナム国民が難民として国外へ脱出した。さらに1978年末に始まった第３次インドシナ戦争では，カンボジア国内の内戦をめぐってベトナムとクメール・ルージュの後ろ盾であった中国が対立したことから，ベトナム国内の中華系住民が，1978年からの１年間で約28万人が陸路と海路を通じて国外へ脱出したといわれる。

こうして南北統一以前ベトナムに約145万人暮らしていたといわれる中華系住民のうち，およそ130万人もの人々が，1975年から1987年までにベトナムを離れていった。彼らはマレーシアやタイ，フィリピン，インドネシア，香港などの到着地で一時的に保護されたのち難民の認定を受け，大半はアメリカ，カナダ，オーストラリア，日本へ移住し，26万人が中国へ帰化した。カンボジアでは，1970年の米軍による北ベトナム軍追討の空爆により，200万人が国内難民化した。その後，共産主義を標榜するクメール・ルージュが現れ，1971年に権力を掌握して，反革命的と見なした人々や反対勢力を大量に虐殺し，都市住民を農村へ集団移住させた。これを恐れた65万人ともいわれるカンボジア国民が，陸路で隣国のタイへ脱出した。

インドシナでの紛争が終息に向かい始めると，これらの難民の立場もまた大きく変化した。1980年代後半，インドシナ諸国が戦乱により荒廃した経済の再建にむけて次々と経済開放に踏み切り，ベトナムでも1986年に経済自由化を共産党が宣言した（ドイモイ（刷新）政策）。そのなかで重要視されていたのが，戦乱のなかで国外へ逃れていった元難民たちであった。とりわけ在米のベトナム人たちは，定住後も祖国の肉親へ金や物資を定期的に送り続けた。こうした在外ベトナム人からの送金はベトナム政府にとって貴重な外貨獲得手段であり，ドイモイ政策をはじめとする資本主義社会への参入を支える不可欠の資源となったのである。こうした過程で，政府はそれまで「反動分子」と呼んで非難と警戒の対象としてきた在外ベトナム人を，祖国の経済再建に貢献する「同胞」として呼ぶようになった。在外ベトナム人はこうしたベトナム政府の動きを警戒しつつ，ベトナムへ帰国し，現地で新たなビジネスを起すなど，ベトナム人の国際的なネットワークを形成しつつある。

ミャンマーの政治混乱と難民

ビルマは1948年にイギリスとの交渉を経てビルマ連邦として独立したが，イギリス支配下で分断統治されていた各地の民族集団の間で，自治権をめぐる対立が顕在化した。集団間の調整を担っていたアウン・サン将軍が1947年に暗殺されると，カレンなどの民族が，連邦からの離脱を求めて武力闘争を開始した。同時期にビルマ共産党や，中華人民共和国を追われて逃げ込んだ中国国民党の残党による武装闘争も相次いだことから，ビルマは内乱状態に陥る。事態を収拾するべく，1962年にビルマ国軍がクーデタで全権を掌握し，以後ビルマは軍政の時代に入った。ビルマ政府は，ビルマ式社会主義の実現を目指し国営化による経済開発を目指したが，経済的鎖国により国家経済は低迷した。経済混乱の収拾と軍政の退陣を求め，1988年に大規模な民主化要求運動が起きた。国軍はこれに対し再度クーデタで全権を掌握し，民主化勢力に対し徹底的な弾圧で報いたことから，国内では3,000人以上が殺害される事態となった。

こうした政治的弾圧と経済混乱から逃れようと，1975年ごろからビルマから国境を越えて隣国のタイへ継続的に難民が流入した。1984年以降，タイ政府は西側の国境沿いに9カ所の難民キャンプを設け，カレン族やカレンニー族を中心に2008年までにおよそ15万人の人々を受け入れてきた。当初，これらのキャンプは出入りが比較的緩やかであり，収容者は外部に出て就労することも可能であった。1995年に収容者の中から武装化してミャンマー国内の内戦に加担する者が現れたことを契機に，キャンプの出入りは厳しく制限される。しかし，これらのミャンマー難民はそうした制限をかいくぐってキャンプの外で就労し，非公式な労働力として定住しながら，急成長を遂げつつあったタイの製造業を支えたのである。

5　国民国家システム下での移動

国際経済システムと移動

第2次世界大戦後，東南アジアでは国民国家の形成と並行して国民国家間の経済的相互依存が発展し，モノ（貿易）やカネ（投資）と並んでヒトもまた国境を越えて移動し始めた。移動先のなかでも，工業化の進展に伴い労働力不足や女性の社会進出，少子高齢化といった現象に苦しむ東アジアの国々が，新たな労働力としてより賃金が安く人口の多い近隣の国から労働者を受け入れることが進んだ。その結果，東南アジアの国々は経済発展の段階に応じ，移民労働

図 13－3　タイ・ミャンマー国境を超える人々
（日常的に往来するバスを待ち，日々越境を繰り返す）

（出所）　筆者撮影。

者の送出し国から受入れ国へ，あるいは第３国へさらに送り出す中継国へと立場を変化させ，現在は地域的な受入れ国をハブとする重層的な移動のネットワークを形成している。また，紛争の終結したインドシナ諸国では，かつての難民の帰還と受入れが進みつつある。

国際労働移動の発展――中東と東アジア

東南アジアにおける人の移動が，国境を越えて再び大規模かつ恒常的に展開し始めるのは，1975年以降である。契機となったのは，1970年代初頭の第１次オイルショックと，それに伴う建設ブームであった。石油価格の上昇により，中東の石油産出国では国家歳入が飛躍的に増加し，大規模なインフラ計画への投資が行われた。人口の少ないサウジアラビア，クウェートなどの国々では，従来近隣のアラブ諸国に労働力を頼っていたが，労働需要の伸びを受け，人口稠密なアジアからの労働者を1975年頃から受け入れ始める。1975年にアラブ地域内のアジア人労働者は約36万人，その大半が南アジア出身者であったが，1985年に中東産油国内で働くアジア人労働者は350万人にも上り，うち東南ア

表13－3　フィリピン人海外出稼ぎ労働者（移民労働者）の行先別内訳

1970～1990年代　（単位：%）

	1975年	1980年	1985年	1990年	1995年
中　東	12.4	83.9	79.2	65.1	48.0
アジア	33.7	11.3	16.5	27.1	34.2
欧　州	25.3	0.5	1.3	2.0	2.1
南北アメリカ	18.3	2.2	1.2	2.9	2.8

1990～2010年代

	2000年	2005年	2010年	2015年
中　東	44.0	53.3	60.9	63.6
アジア	45.4	35.0	25.0	27.8
欧　州	6.1	7.0	4.3	2.0
南北アメリカ	1.2	2.0	2.3	1.2

（出所）*Philippine Statistical Yearbook* より筆者作成。

ジアからの労働者はおよそ130万人と推計されている。

1980年代半ばに多くのインフラ計画が完了すると，中東の労働需要は建設業からサービス業へと移行する。その需要を満たしたのが，フィリピン，インド，タイ，パキスタンといった国々から渡航する労働者だった。特にフィリピン人は，1950～1960年代の朝鮮戦争やベトナム戦争の時代に，日本やタイ，グアムなどにある米軍基地の建設部門における主要な労働力となっており，フィリピン政府も低迷する経済の回復手段として国民に出稼ぎを奨励していた。フィリピンから海外で出稼ぎに出た労働者の数を行先別にみてみると，1975年以降一貫して中東が最大の出稼ぎ先となってきた様子がわかる（表13－3）。タイでもベトナム戦争期にタイ国内の米軍関連施設の建設を請け負った企業が現地でタイ人を雇用しており，それらの企業が中東でのインフラ計画を受注したのを契機として，タイ人労働者を中東に招き寄せたのが出稼ぎの端緒だった。

一方，東アジアでは日本，台湾，韓国といった国々が経済成長を続け，1960年代から1970年代にかけて労働力不足の局面に入っていた。これらの国々では，製造業の技術革新や労働集約的部門の海外移転で労働力不足に対応してきたが，建設，サービス産業や中小企業は労働力不足に苦しみ，1980年代から海外からの移動労働者に頼り始めた。例えば台湾は，1980年に公式の外国人雇用制度を導入し，不足する家事労働や建設労働の担い手として，タイ，フィリピンから

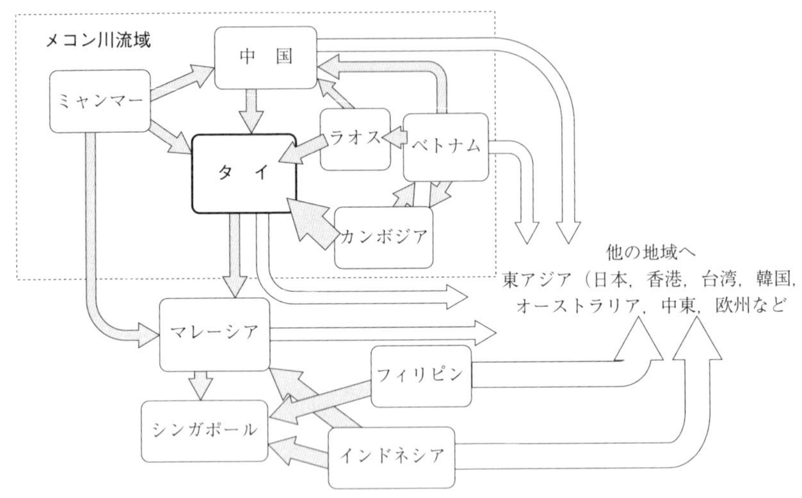

図 13－4　現在の東南アジアにおける人の移動ネットワーク

（注）矢印の太さは，人数などの具体的数値を表すものではない。
（出所）青木（2018年，33）から作成。

の公式な労働者受け入れを開始している。またマレーシアは，1960年代は自国からシンガポールへ労働許可制度に基づき労働者を送り出していたが，経済成長を経て，近隣で人口が多く賃金の安いインドネシアやミャンマー，バングラデシュなどから家事労働者や建設労働者を受け入れるようになった。タイも当初は中東や台湾への移民送出し国だったが，1991年のインドシナ紛争終結を機に，当時急成長しつつあった製造業からの要請を受けて，近隣のインドシナ諸国やミャンマーから労働者を積極的に受け入れるようになった。タイ政府は近隣諸国からの労働者の就労を阻害せず，むしろ労働許可を与えて事後的に正規化することで受け入れ続けた。その結果，1994年に約52万人登録されていた近隣諸国からの労働者は，1998年には約99万人，2010年には130万人へと増加し，タイ経済は移民労働者に強く依存するようになっていった。

東南アジアにおける移動労働のネットワーク

こうして1990年代以降，大陸部東南アジアではタイを，島嶼部ではシンガポール，マレーシアを中心にそれぞれの周辺国から来た労働者が域内，そして中東，東アジアへと移動する回路が成立した（図 13－4）。国連経済社会局人口部による最新の統計報告『*Internstional Misration Stock 2019*』によれば，2019年の時点で東南アジアには約1,020万人の国際移動者がおり，そのうち東南アジア出身の移動者は約67%を占める。その中でも，タイやマレーシアは，地域の労働市場として近隣から労働力を受け入れると同時に，シンガポール，ブルネイといった高所得国や，東アジアや中東といった他地域へ自国民や近隣から来た人を送り出すという，地域の人の移動ネットワークのハブを構成している。タイとマレーシアに共通するのは，①人口が比較的少なく，②1980年代から1990年代にかけて工業化と経済成長を達成する中で拡大した労働力需要を自国民だけで満たすことが難しく，③タイにはインドシナ諸国，マレーシアにはインドネシアという労働力の供給地が近接していた点である。またいずれの国も自国民を送り出しており，移動経験のある自国民の先行者が，ブローカーとなって移動，就労をあっせんしている例も少なくない。

マレーシア，タイ，ブルネイ，シンガポールといった受入れ国では，移動労働者の存在がもはや不可欠であるにもかかわらず，彼らをあくまで一時的な滞在者として契約終了後の帰国を前提に受け入れを続けている。難民についても状況は同様であり，長年ミャンマーから流出する人々を受け入れてきたタイでは，法制上彼らを難民（refugee）ではなく流民（displaced person）と定義して，定住は認めず，国連と連携して第３国定住を促している。近年ミャンマー国内で迫害を受け，大量に国外へ脱出したロヒンギャ族についても，彼らを受け入れたマレーシア，インドネシアといった国々は，いずれも将来的な第三国移住や本国への帰還を前提とした一時受入れの姿勢を貫いている。

移動をめぐる国際ルールの模索

このように，東南アジアを含む東アジアで労働者の移動が既成事実化しつつある一方，彼らを取り巻く制度の整備は遅れている。

1990年代に入ると，日本をはじめとする東アジア諸国では少子高齢化が進む一方で，経済成長が鈍化した。そのためこれらの国々では，外国人労働者の需要は拡大したものの，労働条件は改善することなくむしろ厳しいものになりつつある。こうした状況下で，移民労働者を多く輩出するフィリピンでは，看護師や介護士といった専門資格を有する労働者が賃金の高い中東や欧州へ向かい始めた。フィリピン人に代わって，東アジアで増えつつあるのが，インドネシアやベトナムからの労働者である。フィリピン政府が，自国の労働者の専門資格や技術訓練に力を入れ，それを根拠に移民労働者の労働条件や賃金を改善しようと受入れ政府に働きかけてきたのに対し，後発国であるインドネシアやベトナムの政府は，労働力の輸出先確保のための働きかけを最優先してきた。また，インドネシアやベトナムでは，多くの労働者が個人の伝手や民間の斡旋業者を介して渡航，就労している。このため送出し国の政府が移動労働者の労働条件を管理，交渉することが困難であることも，低賃金による雇用を可能とする一因となっている。近年インドネシア政府は，マレーシアやシンガポールにおけるインドネシア人家事労働者に対する虐待などの労働搾取事件を踏まえ，労働者の待遇改善のための専門化・高度化や，人材募集から帰国までの移動就労プロセスの公営化を進めている。そして，同じ東南アジア域内の移民送出し国であるフィリピンと連携し，ASEAN などの場を通じて，国際移動労働者の安全かつ安定的な移動のための制度作りを働きかけている。こうしたインドネシアの政策変化には，1998年に民主化を果たして以降，国民の権利保護に冷淡でいることが許されなくなったという，同国の政治体制の変化も影響している。

しかしながら，送出し国の働きかけに対するマレーシア，シンガポールなどの受入れ国の対応は冷淡である。ASEAN 諸国は現在，ASEAN 共同体内での職業資格の相互認証を進めているが，その対象は専門資格を有する高度人材に限られ，非熟練労働者の移動については事実上認めていない。他方でベトナム，ラオス，カンボジア，ミャンマーといった他の送出し国は，移動労働者の権利に関する議論が自国の人権問題に波及することを危惧し，消極的な態度にとどまっている。その結果，人の移動をめぐる制度は，インドネシア，フィリピンと，それぞれの国の労働者の最大の受入け国である日本や欧州などの国々との二国間での取り決めが先行しているのが現状である。

6　東南アジアにおける人の移動

東西交易のなかで

東南アジア地域は，紀元前から東西文明を結ぶ人の移動の「回路」の一部となり，域外から到来する人々を受け入れると同時に，域内の人々を世界各地に向けて送り出してきた。また地域内でも，現地国家同士の戦乱や大国への朝貢，植民地形成といった政治・経済構造の変化に伴い，遠征や戦争捕虜の強制移住，交易といった域内の「サブ回路」も形成された。

西欧の植民地となる前，東南アジアでは，冊封体制を枠組とし，交易を目的とした移動の回路が形成されていた。この回路を通じてインド，欧州，そして中国から渡来した商人は，12世紀頃には現在のベトナムやカンボジア，マラッカ海峡沿岸部の港市に定住し，地元民と通婚するなどして現地化した。西欧列強によって植民地建設が進み，世界経済の一部として分業による統合が進んだ19世紀以降の植民地経済システムでは，中国やインドから未曾有の規模で人々が東南アジアへやってきた。

タイやフィリピンでは，これらの人々が永住し，現地で職や社会的地位，家族を得て土着化し，エリート層に融合していったのに対し，植民地政府による分断統治が敷かれたマラヤ，ビルマ，ジャワ，インドシナでは，中華系，インド系の移民は欧米の植民地支配層と現地人社会の中間に位置してモザイク状の社会を構成した。植民地独立を求めるナショナリズムは，しばしばこうした「ヨソモノ」の排外感情を触媒として形成されていった点は看過されるべきではない。

国民国家システムのなかで

やがて植民地が独立を果たすと，外部からの人の流入は厳しく制限されるようになった。それゆえに混乱による難民の大量流出は国家間の政治問題となった。他方，国内で急激な人口増加により故郷を押し出され，職を求めて都市部に移動した人々は，都市の周辺にスラムを形成した。1980年代の急激な経済成長の後に労働力が自給しきれなくなった国では，これら都市部の人口に加えてさらなる労働者を海外に求めた。現在，東南アジアでは経済成長を果たし，高所得国となったシンガポール，ブルネイ，マレーシア，タイといった受入れ国が，周辺の国々から労働者を吸収する形で，重層的な移動の回路を形成している。これらの労働者は既成事実として移動し，移動先の社会に定住して生活を営んでいる。しかし，国民国家成立以前の交易システムや植民地経済システムの下での移動と異なり，帰化や国際結婚などの措置を取らない限り，契約期間が終われば帰国することが前提となっている。

現在東南アジア諸国政府は，移動労働を中心に，移動者の安全かつ安定的な移動を保障する制度の構築に取り組んでいる。しかし，移民の権利や法的ステイタスをめぐって受入れ国と送出し国，さらには送出し国同士の間でも利害が一致せず，包括的な制度はまだ発展途上にあり，今後の発展が注視されている。

参考文献

青木まき「人身取引対策の脱安全保障化と官民連携――タイを中心としたメコン流域の人身取引対策協力を事例とした考察」『アジア経済』第59巻第２号，2018年，28～49ページ。

杉原薫『アジア間貿易の形成と構造』ミネルヴァ書房，1996年。

中西徹「第３章　東南アジア諸国の都市化」小島麗逸・畑谷則子編著『発展途上国の都市化と貧困層』アジア経済研究所，1995年，69～95ページ。

本章を学ぶための基本書

吉原和男・蘭信三・伊豫谷登志翁・塩原良和・関根政美・山下晋司・吉原直樹編著『人の移動事典――日本からアジアへ・アジアから日本へ』丸善出版，2013年。

＊日本と東アジアを事例に，同地域における人の移動の諸相を歴史的かつ学際的に網羅した参考書。事典としてばかりでなく，付属の移民に関する日本の関連法や統計資料も有用であろう。

末廣昭・大泉啓一郎編著『東アジアの社会大変動――人口センサスが語る世界』名古屋大学出版会，2017年。

＊人の移動を統計的に把握することは難しい。本書は東アジア各国の人口センサスを通じてそれぞれの国の社会変動を探るものだが，各章ごとにそれぞれの国における外国人労働者や都市化といった人の移動を取り上げ，その動向について考察している。国連統計などグローバルなデータを使用する際にも参考になる。

増原綾子・鈴木絢女・片岡樹・宮脇聡史・古屋博子『はじめての東南アジア政治』有斐閣，2018年。

＊人の移動を歴史的，構造的に概観する教科書は少ない。同書は，第14章「国境を超える人々」で移動労働者や難民に加え，国民国家体系の外で生きる山地焼畑民や漂海民にも焦点をあてている点が画期的である。

（青木まき）

第14章
国際関係

この章で学ぶこと

この章では東南アジアの国際関係を扱う。すなわち，いくつかの時期に区切ったうえで，その折々の国際関係の特徴とその背景に存在する要因を提示していくのが目的となる。第2次世界大戦後に独立を遂げた東南アジアの国際関係は，冷戦の影響を受けた紛争と域内の民族問題や国境問題に由来する紛争で，非常に対立的であった。しかしその後，冷戦の終焉という国際環境の変動や東南アジア諸国連合（ASEAN）という制度を用いての自助努力を通して，東南アジアでは平和的な国際関係が実現されてきた。さらに，1990年代以降はインドシナ諸国とミャンマーにまで拡大した ASEAN のもと，東南アジア諸国は経済統合を初めとして多くの国際協力を行うようになる。そして2003年以降は1つの共同体を構築することを志向し始め，2015年には ASEAN 諸国は政治安全保障・経済・社会文化の3つの分野の共同体から成る「ASEAN 共同体」の設立を宣言するに至った。その意味でかつては深刻な紛争を抱えた東南アジアの国々は，現在では平和の下，ともに繁栄を目指す関係性を実現したといえる。しかし，中国の勢力が増して東南アジアにおける大国間の競合が深刻化するなか ASEAN 内で亀裂が見られるようになったことや，人権保護などの人間の安全保障においては地域的な取り組みが不十分であることなど，課題も存在する。

1　東南アジア国際関係の特徴

国際関係を見る視角

「国際関係」とは国と国の間の相互作用を指す。相互作用とは例えば戦争や外交を思い浮かべればよいが，その具体的な内容は多岐に亘るため，それを観察・分析する側は何らかの形でそれらを整理・分類して記述する必要がある。

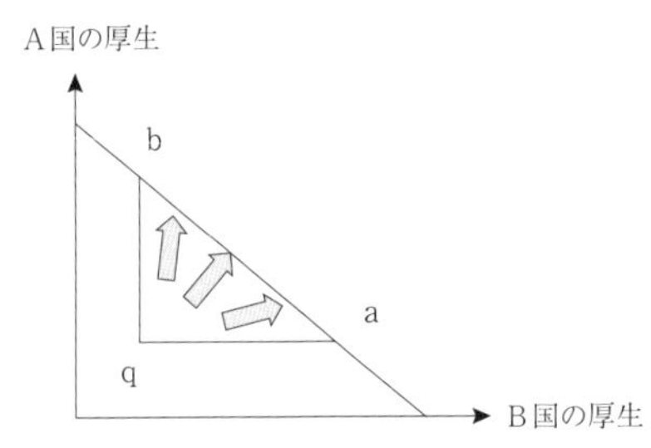

図14－1　相互作用の理念系（協力）

（出所）　Frieden et al.（2010, 50-51）.

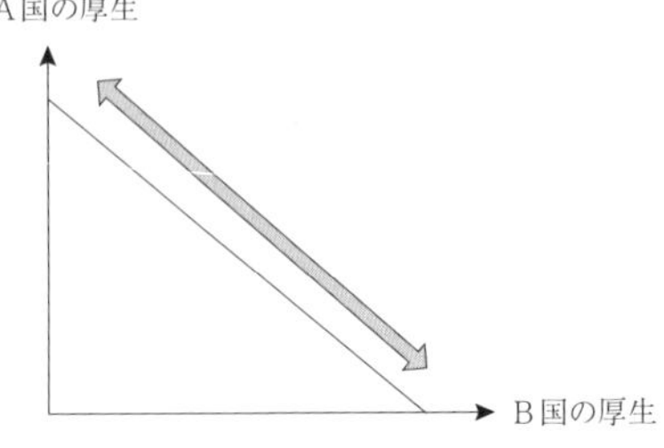

図14－2　相互作用の理念系（ゼロサム的相互作用）

（出所）　図14－1と同じ。

そこで，本章では国際関係論という学問分野の知見を基に国家間の相互作用を見る際の２つの軸を用意したい。

１つは，戦争の有無である。これは（限定的な意味ではあるが）平和かどうか，と言い換えてもよい。もう１つは，協力の有無である。この場合の「協力」とはフリーデンらの定義を使えば，「２つ以上の主体が政策を採用した結果，いずれの主体の利益を損なうことなく，少なくとも１つの主体が利益を向上させること」を指す。分かりやすくいえば，複数の国家が共に何らかの行動を起こして，その結果としてそれらのすべての国家が得をする，ということである。視覚的に示せば図14－1のようになる。現状 q から，a から b の間のどこかに移動するのが協力である。このような協力関係が生じているかどうかが２つ目の軸である。

以上，「平和」と「協力」という軸を設定したが，ここで２点強調しておきたい。第１に，平和であれば協力があるというわけでは全くない，ということである。例えば，（これは適当な例であるが）ラオスとボリビアという２つの遠く離れた国家の間には戦争はない。その意味であくまで両国の関係は「平和」である。しかしそこには「協力」はおろか，そもそも相互作用自体がほとんどない。第２に，たとえ相互作用があったとしても，それが「協力」とは限らない。すなわち，図14－2で示したような，限られた資源を互いに奪い合うようなゼロサム型の相互作用――例えば他国を脅して領土の割譲を迫る――は，片方が得をすれば片方が損をするという意味で，上記の協力の定義には当たらない。

東南アジア国際関係

次に，上記の視角のもとに東南アジア国際関係の特徴をみてみたい。結論から述べると，現在の国際関係論において東南アジアは「成功した地域」として語られることが多い。また，この地域の主たる地域機構である ASEAN はしばしば「欧州連合（EU）に次ぐ地域主義の成功例」として位置づけられる。

第1に，長らく戦争が起こっていない。本格的な武力紛争は，1979年の中越戦争以来起こっていないし，特に ASEAN 加盟国同士は1967年の ASEAN 設立以来，平和を実現してきた。第2に，幅広い分野で協力が行われている。ASEAN という組織は東ティモールを除いて東南アジア全域を覆い，「政治安全保障・経済・社会文化」という3本柱での共同体構築を謳っている。年間に開かれる ASEAN 関連会合は1,000回を超え，無数のプロジェクトが同時並行的に走っており，特に経済分野での統合の進展は目覚ましい。このように，東南アジアの国際関係は「長い平和」と「広く深い協力」を実現してきたといえる。

しかしこれは決して当然ではない。かつての東南アジアは世界でも有数の紛争に満ちた地域であり協力など望むべくもない状態であった。では，そのような状態から，いかにして東南アジア諸国は平和を実現し，協力を実現してきたのだろうか。本章では以下，その過程を描いていく。その際に焦点となるのが前述の ASEAN という地域機構である。東南アジアの平和と協力は，一定程度ではあるが，ASEAN によってもたらされたものという側面を有している。したがって，ASEAN をひとつの「縦糸」として通しつつ，東南アジア国際関係の歴史を綴っていきたい。

2　紛争の只中で

代理の紛争，自前の紛争

第2次世界大戦後の東南アジア国際関係を見る際には，冷戦という域外大国を含んだグローバルな対立と，それとは別個に展開する地域内の対立の2つを追っていく必要がある。

まず前者については，東南アジアにおける冷戦はヨーロッパのような米ソの二極対立ではなく，中国という共産主義の大国の存在により，米ソ冷戦と米中冷戦の双方が含まれているという特徴的な構図を有していた。戦後の東南アジアとは，中ソにとっては共産主義勢力を拡大させるべく支援を行う対象であり，アメリカにとっては共産主義のドミノ的な拡大を阻止すべく封じ込め政策を行う対象であった。

アメリカは，大戦後当初から東南アジアにおいて前面で封じ込め政策を行っていたわけではなかった。しかし，フランスが第1次インドシナ戦争で軍事的に敗北，1954年のジュネーブ協定という形で交渉による和平が実現し，ベトナムは南北に分断されてしまう。そういった趨勢のなか，アメリカは同盟国と東南アジア条約機構（SEATO）という集団防衛体制を結成し，共産主義勢力の更なる拡大に対抗する姿勢を見せた。

その後南ベトナムの政情不安が増すなか，1963年以降は米軍が戦闘の前面に立つようになる。やがて1964年のトンキン湾事件を経て，1965年には北ベトナムへの恒常的な爆撃と大規模な地上兵力の投入を開始するに至った。冷戦期最大の局地戦争，ベトナム戦争（第2次インドシナ戦争）である。しかし多大なコストと犠牲を払いながらも戦局はアメリカにとって望ましい方向には進まず，国内外で反戦世論が高まっていくこととなる。それを受けてアメリカのニクソン政権はベトナム戦争の収拾に向けて，1969年ごろから1972年にかけて中国に接近して米中和解を実現させ，ベトナム戦争を大国間の争いから切り離して「ベトナム化」させることを企図した。しかしそれでもなおアメリカは局地戦争で勝利することができず，1973年には米軍はベトナムから撤退することとなった。その後，1975年には南ベトナム側の無条件降伏でベトナム戦争は終結を迎えることとなる。同年，カンボジアでは共産主義勢力がプノンペンを陥落させポル・ポトを首班とする民主カンプチアが誕生し，他方ラオスではラオス人民民主共和国が成立，ここにインドシナ3国の共産化が実現することになった。

ベトナム戦争はアメリカの支援を受けた南ベトナムとソ連・中国の支援を受けた北ベトナムの間の戦争という，冷戦における代理戦争としての性格を有していた。他方で，冷戦構造とは切り離された地域的な紛争も存在した。特に，1963年に発足したマレーシアは周辺諸国との軋轢を生むこととなった。インドネシアはマレーシアをイギリスの新植民地主義の産物だと非難して同国と断交するだけではなく，「マレーシア粉砕」を掲げ，局地的にではあるが戦争状態に入った。マレーシアとの間に領土問題を抱えるフィリピンもやはり同国と断交し，対立を深めた。さらに1965年にはマレーシア本国との路線対立からシンガポールが分離独立することとなった。

このように東南アジアにおける非共産諸国間もまた非常に対立的であったが，その後，インドネシアで1966年にスハルトが実権を握ると対外政策を転換させてマレーシアと国交を正常化するなど，一旦小康状態を迎えることになる。それを受けてインドネシア，マレーシア，フィリピン，シンガポール，タイの5カ国で1967年に設立されたのが ASEAN である。その意義としては，上記のように対立と相互不信に満ちた加盟国同士の信頼醸成を通した善隣友好の実現が挙げられる。もっともこの段階での ASEAN は実質的には年次外相会議と同義であるといってよいほどの簡素な機構であって，定期的な外交チャネルを提供すること，平易に言えば外相同士が会うための「場」の継続的提供，それが初期 ASEAN の主たる機能であった。それに加えて，冷戦の中で域外大国に対するものとして，1971年の東南アジア平和自由中立地帯（ZOPFAN）宣言を採択して ASEAN 5カ国が一致して中立を主張するという活動も行っている。

このように加盟国同士が相互不信に苛まれるなかで始まった ASEAN であるが，1つの達成と見なすことができるのが，インドシナ諸国の共産化を受けて1976年に初めて開かれた ASEAN 首脳会議と，そこで採択された「東南アジア友好協力条約」ならびに「ASEAN 協和宣言」である。これらの条約は ASEAN の基本原則を明文化したものという位置づけであり，地域紛争の平和的解決のほか，主権尊重や領土保全，内政不干渉などが盛り込まれている。これらの原則は加盟国の主権尊重を最優先にすることで互いの国際関係を安定化させようとするものであり，コンセンサス方式による意思決定と併せて「ASEAN 方式（ASEAN Way）」として知られる，ASEAN の大きな特徴である。しばしば比較対象とされる EU が主権の委譲によって平和を達成しようとする「統合の平和」であったならば，ASEAN は加盟国の主権の相互尊重を絶対視することで域内国際関係を安定化させようとする「分権の平和」を追求したといえる。

以上のように，この時期の東南アジアには「平和」は存在せず，「協力」にせよ ASEAN のそれは信頼醸成に留まっており，ましてや東南アジア全域では望むべくもなかった。それでも1975年にはベトナム戦争が終わり，ASEAN 加盟国も1976年の首脳会議開催時までには相互不信を一定程度克服することができた。また ASEAN 諸国はインドシナ共産化を受けて共産主義諸国との関係改善を試み，インドシナ諸国との平和共存を主張するとともに対中関係においては1975年にフィリピンとタイが国交正常化している。その意味で，1975年以降の東南アジア国際関係には一時的に戦争のない状態が訪れることになる。しかし，そのインターバルは3年足らずで幕を下ろし，1978年にはカンボジア紛争（第3次インドシナ戦争）が起こる。

停滞の1980年代

1960年代からカンボジアとベトナムは国境紛争を引き起こしていたが，1975年にカンボジアで共産主義政権が成立しても両国関係は改善どころかむしろ悪化の一途をたどっていた。そして1978年末，ベトナム軍はカンボジアに侵攻することになる。ベトナム軍は首都を制圧し，ポル・ポト政権は崩壊，親ベトナムのヘン・サムリン政権が樹立された。以後，カンボジアにはベトナム軍が常駐するなかで，10年に亘って内戦状態が続くことになる。

この問題はカンボジア一国内における正統性をめぐる問題，あるいはカンボジア・ベトナム両国間の問題に留まるものではなかった。まず，グローバルなレベルにおいてはこの問題は冷戦の影響を大きく受けた。もっとも，この時期の冷戦は単に自由主義国対共産主義国という構図ではなく，中ソ対立と米中和解という構図の下で見る必要がある。すなわち，ベトナムを支持するソ連がヘン・サムリン政権の正統性を認め，他方中国とアメリカはポル・ポト政権を支持する動きを見せた。その意味で，米中和解後のアジアにおける新しい冷戦の構図がカンボジア紛争で明確に示されたわけである。このようななか，実際に戦争に発展したのが中国とベトナムである。ベトナム戦争後から両国は緊張関係が高まっていたが，カンボジア侵攻を受けて1979年に中国はベトナムに対する「懲罰」としてベトナム北部を攻撃した。この中越戦争自体は短期間で終了したが，両国の対立は決定的なものとなった。

他方，ASEAN 諸国は主権尊重や内政不干渉・自決といった国際社会の基本的な原則を主張してヘン・サムリン政権の正統性を否定するとともに，ベトナムのカンボジアからの撤退を求めた。具体的には，国連安保理や総会への決議案の提出に代表される国連での活動，1981年の「カンボジア国際会議（ICK）」など種々の国際会議あるいは対話の場の設定，アメリカ等の域外国とともにベトナムを非難する共同声明を出す，といった活動が挙げられる。

しかし ASEAN がカンボジア紛争の解決に果たした役割には2つの限界あるいは制約があった。第1に，ASEAN の加盟国内で立場の不一致があったことである。タイはベトナムのカンボジアへの侵攻を自国の安全保障への脅威として理解し，ベトナムを非難する活動に積極的であった。それに対し，インドネシアやマレーシアは，むしろベトナムと対立関係にある中国がこの問題を通して東南アジアにおいて影響力を過度に浸透させることを懸念し，ベトナムとの対話を重視するソフトな路線を主張した。第2に，根本的な問題として，中小国の集団である ASEAN は，ベトナムや中国，ソ連等には直接的な影響を及ぼすことはできなかった。実際，カンボジア紛争の膠着状態が打開され解決に向かうには，結局は中ソ関係の改善や冷戦の終焉などの国際環境それ自体の変動を待たねばならなかった。その意味で，ASEAN は国際世論を動員することにより内戦状態がなし崩し的に終了してしまうことを防ぐことでカンボジア紛争を「続かせる」ことに寄与したが，カンボジア紛争を「終わらせる」ことはできなかった。

以上，1980年代のカンボジア紛争の展開について述べたが，この時期の特徴を概括すると，まず国家間戦争が起こらなかったという意味で平和であったことが指摘できる。しかし戦争の不在と同時に協力も不在であったのがこの時期である。1980年代の ASEAN の主たる活動はほぼカンボジア紛争への対応に尽き，経済協力などは成果をあげなかった。その意味で，1980年代は ASEAN 協力としては停滞期と呼ぶべきであろう。

ただ，一点興味深いのは ASEAN が「成功した地域機構」という評判を獲得するのはまさにこの1980年代なのである。1970年代までの ASEAN は，生まれてはほどなく消えていった数多くの泡沫的な地域機構の1つとしてしか見なされていなかった。しかし，ASEAN はカンボジア紛争において「国際社会における主体」として振る舞うことで，域外からは ASEAN の姿が可視化されることになり，それが評判の獲得につながったのである。上記のように1980年代の ASEAN の活動は停滞期と呼ぶにふさわしいものであったが，その時期に評判を獲得したのは皮肉ではある。しかし1990年代には東南アジア国際関係に協力の季節がやってくる。そしてそれは ASEAN にとってはいわば評判に実質が追いついてくることを意味した。

3　ASEANの拡大と深化

冷戦の終結と東南アジアの ASEAN化

冷戦が終結に向かい国際環境の対立が緩和されるなかで，ベトナムは駐留軍をカンボジアから撤退させ，カンボジア紛争は1991年に最終的な解決を見ることとなった。この冷戦後の東南アジアにおいて実現したのがASEANの拡大である。

ベトナムは1986年に打ち出したドイモイ（刷新）路線の下，ナショナルアイデンティティを「社会主義国」から「東南アジアの国」に転換させてきた。ASEAN の側も冷戦後には積極的に加盟国の拡大を図るようになり，1995年にはベトナムが，1997年にはラオスとミャンマーが，1999年にはカンボジアがそれぞれ加盟し，既に1984年の独立とともに加盟していたブルネイと合わせて加盟国は10カ国となり，ASEAN は東南アジア全域を覆うようになった。

もっとも，国内における人権侵害および民主化プロセスの停滞が欧米を始めとして国際的な非難を集めるミャンマーの加盟は，加盟国間で論争を巻き起こすことになった。当時既に民主化を進めていたフィリピンとタイはミャンマーの加盟自体に難色を示すとともに，加盟後もミャンマーの国内問題への関与を主張した。これに対し，いまだ権威主義的な性格を残す他の加盟国は激しく反発し，この論争は ASEAN の伝統的な規範である内政不干渉原則それ自体の見直しをめぐる域内論争にまで発展することとなった。最終的に少数派であるフィリピンとタイの主張は退けられ，ミャンマーには「建設的関与」という名前の極めて穏健な政策がとられるに留まった。これ以降，ASEAN において人権や民主主義をどう位置づけるかは重大な争点となる。

経済協力の本格化

冷戦の終焉を初めとする国際環境の変化というそれ自体は他律的な要因と，ASEAN をベースとした信頼醸成の進展ならびに基本原則の策定という自助努力の結果として，東南アジア国際関係は一定の平和と安定を実現するに至った。その土台の基に協力が本格化するのが1990年代以降である。

ASEAN ではすでに1976年の首脳会議を契機に域内経済協力として自由化や産業協力のために様々なプロジェクトをスタートさせ，また，ASEAN 経済閣僚会議を定例化した。しかしそれらは国益の衝突の結果，ほとんど成果を挙げてこなかった。ASEAN は，主な目的が加盟国間の善隣友好という点にあったため，経済協力はとにかく加盟国の摩擦を引き起こさない無難な分野を選びとるようにしてなされていた。

しかしカンボジア紛争の状況が改善に向かっていった1980年代後半以降は，ASEAN 加盟国は ASEAN という地域機構に対して本格的に経済的な恩恵を求めるようになる。転機となったのは1992年にシンガポールで開催された ASEAN 首脳会議である。そこでは域内関税率を原則５％以下に引き下げるという ASEAN 自由貿易地域（AFTA）を翌年から15年間で創設することに合意した。これは冷戦後の国際環境の変化のなかで，投資がインドシナなどへ流れてしまうことを防ぐことが主眼であり，いわば域外からの外資を呼び込むための自由貿易であった。いずれにせよ，それまでは政治安全保障協力が中心だった ASEAN は，1990年代に入って本格的に機能的な協力に踏み出したことになる。

その後，ASEAN 諸国は1997年のアジア金融危機で大きな打撃を受けるが，それは一国単位で経済問題に対処することの限界を露呈させ，ASEAN 経済協力を一層強化させることになる。さらに中国の急速な経済成長も直接投資獲得の競争という意味で ASEAN 諸国にとっては多大な圧力となり，ASEAN は AFTA における関税引き下げのスケジュールを前倒しするなどして，統合を加速させることになった。

また，経済協力を初めとする機能的な協力の進展は，ASEAN の組織改革を促すこととなった。具体的には，事務局の強化，事務総長の権限強化，首脳会議の定例化，などである。すなわち，協力内容が深化するとともに，それを支えるべく ASEAN という機構自体も効率性の向上や合意の履行担保のための制度化が進んでいったのである。

広域的な地域枠組み

拡大，経済協力とならんで1990年代の ASEAN について述べるべきは広域的な地域枠組みにおいて影響力を発揮するようになったことである。すでに ASEAN は1970年代末から拡大外相会議という形でアメリカや日本，EU などの域外大国との年次会合を制度化していたが，その後 ASEAN は自らを包摂するような，すなわち「東南アジア」よりもさらに広域的な地域——例えば（広義の）「東アジア」や「アジア太平洋」——を対象とした地域機構の設立や運営において影響力を発揮し始める。

まず，1989年のアジア太平洋経済協力（APEC）においてその運営原則を自らが望むようなインフォーマルなものにすることに成功すると，1994年には ASEAN 地域フォーラム（ARF）を発足させた。これはアジア太平洋における政治・安全保障問題についての対話と協議を行うための枠組みである。信頼醸成を軸とし，コンセンサス重視で，問題を早急に解決するよりは時に棚上げしつつ漸進的に進めるという意味で ASEAN の志向性や ASEAN 方式が色濃く投影された枠組みである。そのため国際関係上の問題を劇的に解決するという類のものではないが，ASEAN の他，アメリカや中国，日本をはじめとするアジア太平洋諸国の幅広いメンバーで，国家間対立からテロ対策まで安全保障に関する幅広いイシューについて議論する場として貴重である。この ARF の議長国は ASEAN 諸国が持ち回りで担当しており，ASEAN 諸国はしばしば自身が「運転席に座る」レジームとして喧伝してきた。

さらに，1997年のアジア金融危機をきっかけに，ASEAN と日中韓３国による ASEAN＋３首脳会議も実現することとなった。このように東南アジア諸国は中小国の集団でありながらもASEANという組織を梃子にして，域外大国を含む広域的な地域においてハブとして影響力を行使するようになった。このような広域秩序形成への志向性は「運転席」から「中心性」に概念を変えて，2000年代以降も継続していくことになる。

4　共同体の構築へ

ASEAN共同体構想

1992年が東南アジアにおいて経済協力をはじめとする機能的な協力が進展していく1つの画期になったとすれば，次なる分水嶺は ASEAN 諸国が共同体の構築を主張するようになった2003年に見出すことができるだろう。

ASEAN 諸国は2003年10月の首脳会議において採択された「ASEAN 第2協和宣言」で共同体構想を打ち出した。これは2020年までに ASEAN 地域を「安全保障共同体」「経済共同体」「社会文化共同体」の3つの柱から成る「ASEAN 共同体」へと昇華させようというものである（後に「安全保障共同体」は「政治安全保障共同体」に変更）。その後，2007年1月の ASEAN 首脳会議において共同体創設を5年前倒しして2015年とすることが宣言された。

共同体構想についての要点を挙げると，第1に，3つの共同体のうち，ASEAN を取り巻く側からも，ASEAN 各国自身の側からも，最も重視されているのは経済共同体である。経済共同体とは，①市場統合，②共通政策，③格差是正，④域外との FTA，の4本柱から成るものである。その主眼は，単一の市場と生産基地を創設することにより中国やインドに投資が流れ込むことを防ぎ，東南アジアに外資を呼び込むことにある。その意味で AFTA 同様「外向き」の経済統合である。

第2に，政治安全保障共同体における非伝統的安全保障の前景化である。逆にいうと，国家間戦争への予防や対策は最早 ASEAN における安全保障分野の最大の焦点ではない。ASEAN 諸国は加盟国間での「長い平和」を享受してきたし，それは軍拡の点からも確認できる。図14－3は1990年以降の ASEAN 諸国の軍事費の GDP 比であるが，ほとんどが減少か横ばいである。その意味で ASEAN 共同体においては国家間戦争という伝統的な国家安全保障は最早後景に退くことは理解できるし，それよりも，テロ対策や，感染症対策，人道支援，災害救助などの非伝統的安全保障が重視されるようになったのも自然なことといえる。

もっとも，これはあくまで対立が国家間戦争へとエスカレートする可能性が

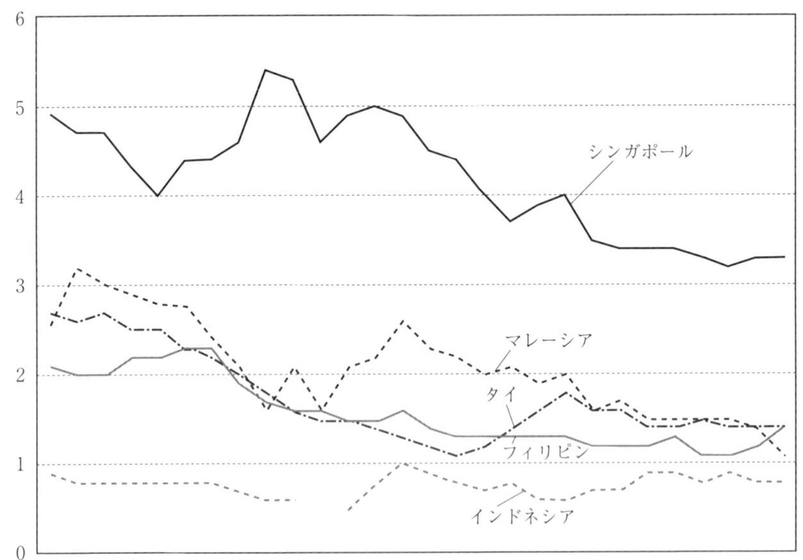

図 14－3 ASEAN 原加盟国の軍事費（GDP 比）

（出所） Stockholm International Peace Research Institute, "SIPRI Military Expenditure Database".

低くなったというだけであって，たとえ ASEAN 加盟国同士であっても依然として領土問題や民族問題は残存している。その最たるものとして，タイとカンボジアの国境地域にあるプレアビヒア寺院遺跡の領有権をめぐる紛争が挙げられる。同紛争は2008年には死者を出す銃撃戦へと発展した。これは武力紛争としてはごく小規模に留まったものの，現在の東南アジアでもナショナリズムが高揚すれば加盟国間の武力紛争が起こりうることを示唆している。

第３に，ASEAN はエリート中心という従来の姿からの脱却を目指し，「市民志向」を掲げるようになった。その一環として，社会文化共同体においては生活水準の引き上げを含む社会厚生の向上や地域共通のアイデンティティの構築が目指されている。また，2009年には人権概念の普及という機能を担う ASEAN 政府間人権委員会（AICHR）が創設された。

このように協力分野が拡大し内容も深化するとともに，ASEAN 関連会議の数も急激に増大し，2000年には300回，2007年には700回，そして2012年には1,000回を超えた。そして多数のプロジェクトが走り始めると，より一層効率

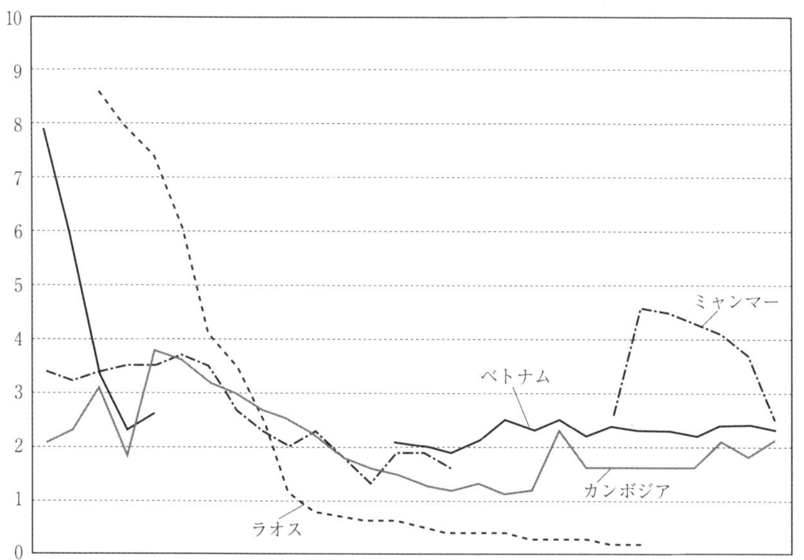

図14－4　ASEAN 新規加盟国加盟国の軍事費（GDP 比）

（出所）Stockholm International Peace Research Institute, "SIPRI Military Expenditure Database".

的な組織への改革も必要になってくる。2008年に発効した「ASEAN 憲章」の焦点の１つはまさにこの点であった。実際，憲章策定の時点で ASEAN のそれまでの合意のうち履行されたものは30％ほどに過ぎなかった。そのため，各種合意の策定と履行をスムーズに行うため，憲章策定を通して法人格の獲得や，事務局の権限強化，常駐代表の設置などの組織改革が行われた。

加えて，同憲章は ASEAN の基本原則の明確化という意義も有している。そこでは伝統的な規範である内政不干渉原則やコンセンサスが明記されるとともに，人権や民主主義を促進していくという新しい潮流の目標も盛り込まれた。この両者の併存には，ASEAN 憲章それ自体が域内の改革派（主に原加盟国）と保守派（主に新規加盟国）の間の妥協の産物であったという経緯がある。特に1998年に民主化したインドネシアは ASEAN においても人権や民主主義を主張するようになり，権威主義的な性格の強い新規加盟国と対立している。

その後，2015年末に ASEAN 共同体の発足が宣言された。もっともそれ自体，ASEAN 側は「通過点」に過ぎないという位置づけをしている。というのも，同時に「ASEAN 共同体ビジョン2025」が採択され「ASEAN 共同体2025」を目指していくという構想が打ち出されているからである。経済統合のさらなる進展をはじめとして今後も変革の試みは継続していくと思われる。

他方，対外的側面においても，積極的な動きをみせている。ASEAN 自体が共同体の構築へと向かう一方で，広域的な協力においてASEANがこだわるのが「中心性」，すなわち ASEAN が核となってそれらを進めることである。具体的には，ASEAN 諸国が議長を務め，アジェンダセッティングも ASEAN 側が行うということを求めてきた。この中心性を目指すことは ASEAN の公式文書のなかにも盛り込まれており，ASEAN の姿勢として公に打ち出されている。

枠組みとしては，ASEAN は2005年に東アジア首脳会議（EAS），さらに2010年には拡大 ASEAN 国防相会議（ADMM プラス）を創設し，広域的な協力を主導してきた。経済面では ASEAN は2000年代に入ってから域外国と次々に「ASEAN＋１」の形で FTA を結び東アジアにおける自由貿易網のハブとなってきたが，現在はそれらを東アジア地域包括的経済連携（RCEP）という形で一本化しようとしている。

南シナ海問題と大国間の競合

共同体の構築と並んでこの時期の ASEAN で焦点となった重要な問題が，中国との間の南シナ海領有権問題である。これは，豊富な天然資源を備える南シナ海の島々の領有権や海域の管轄権をめぐり，中国と東南アジア諸国（フィリピン，ベトナム，マレーシア，ブルネイ）が対立している問題である。

1990年代から影響力を拡大させてきた中国に対しては ASEAN 内の一部で中国脅威論が高まり，1992年には中国による南沙諸島のベガン礁占領に対して ASEAN 外相会議で「南シナ海に関する ASEAN 宣言」を採択し，平和的解決や対話を主張した。その後，2002年には中国と ASEAN 諸国は「南シナ海における関係国の行動宣言（DOC)」に署名し，敵対的行動を自制することに合意した。ASEAN 側の基本的な方針は，規範的，法的な枠組みを設定することで，中国が武力を用いて南シナ海の原状を変革することを防ごうというものである。だからこそ，次のステップとして，ASEAN 側は法的拘束力を伴わない DOC を格上げして，紛争処理のメカニズムを規定する法的拘束力のある「行動規範（COC）」を策定することを中国に対して求めていくことになった。

しかし，COC の策定は進まず，それどころか中国は2009年には南シナ海ほぼ全域に対して管轄権を主張するようになり，南沙諸島での埋め立てや軍事拠点化を進め，フィリピンやベトナムとの対立を深めることとなった。他方で，2000年代後半以降はこの問題にはアジア太平洋の主要国も関与するようになり，例えばアメリカは南シナ海における航行の自由を「国益」であると位置づけるとともにフィリピンやベトナムを支援する姿勢を見せた。

問題は，そのような大国間の競合が，ASEAN 加盟国内の亀裂として如実に表れていることにある。すなわち，中国から多くの援助を受け経済的なつながりも強いカンボジアやラオス，ミャンマーなどは ASEAN 関連会議においても中国を代弁するかのような姿勢を取りがちである。典型的には，2012年の ASEAN 外相会議では，フィリピンやベトナムが南シナ海問題を共同声明に盛り込むことを主張したのに対し議長国のカンボジアは頑としてそれを拒み，結果的に共同声明を出せないという事態に陥った。これは ASEAN の歴史上，初めてのことである。

これまでも1980年代のカンボジア問題など，ASEAN 内で対外政策をめぐって深刻な対立が生じることはあったが，それでも少なくとも外向けには足並みを揃えてきた。しかし，東南アジアにおいて中国が影響力を増しアメリカがそれに対抗するような構図のもとで，大国間で東南アジア諸国の取り込みがなされるようになった結果，対外的に最低限の一体性を示すことすら困難になりつつある。現在のところ，一応 ASEAN というまとまりとしては，特定の勢力だけが東南アジアにおいて覇権を握ることがないように様々な勢力を域内問題に積極的に介入させつつ，1つの勢力のみに肩入れすることなくバランスをとる，というのが方針である。しかし，ASEAN 内部では加盟国内で露骨に亀裂が走っており，最早 ASEAN として一枚岩でまとまることの意義自体が低下し始めているといえる。

図 14－5　第31回 ASEAN 首脳会議および関連会議に出席した首脳たち

（出所）　commons.wikimedia.org.

5　東南アジアは「国際」共同体を越えられるか

国家が成したこと

以上，東南アジア国際関係の歴史を「平和」と「協力」を軸に描いてきた。東南アジア国際関係は1970年代までは紛争に満ちた対立的なものであり，1980年代は戦争自体は起こらないものの国家間協力の進展もみられない停滞期であった。しかし，1990年代には平和を土台に ASEAN をベースにした各種の協力が急激に進展し始め，2000年代以降は１つの共同体を目指すようになり，2015年には東南アジア諸国は「ASEAN 共同体」の発足を宣言するに至った。

冒頭で国際関係論では東南アジアは成功した地域として位置づけられることが多いと述べた。たしかに，上記のような「紛争から平和，そして協力へ」という流れは「成功譚」として位置づけられるだろう。それは冷戦の終焉をはじめとする国際システムの変化によって実現したものであるという側面もあるが，同時に，中小国の集団である東南アジア各国が ASEAN という地域機構を，ときに信頼醸成のための場として，時に種々の合意やプロジェクトのプラットフォームとして，時に国際社会における主体として，用いることで勝ち取ったという側面もあることを見落としてはならない。

市民にとっての東南アジア

ただ，現在の東南アジア国際関係を達成と成功だけで語ることができるわけではない。上で述べた，大国間の競合が増すなかでASEANとしての一体性が損なわれつつあることもその1つである。経済面でも，シンガポールやタイはASEANという組織とは別個に，独自の自由貿易協定ネットワークを構築している。「東南アジア諸国」はしばしば「ASEAN諸国」と同義に用いられてきた。しかし，そのASEANという枠組みの重要性自体が，今後は相対化されていくだろう。

しかしここでは最後に国家安全保障を越えて人間の安全保障を実現できるか，という点を強調したい。東南アジアでは，国際関係においては一定程度の安定を実現し，国家の安全保障は高まったかもしれない。ASEANの基本原則のひとつである内政不干渉原則はその実現に寄与してきた。しかし，そこに住む個人の安全，すなわち人間の安全保障については，取り組みも不十分である。ASEANにおいても「人間の安全保障」「市民志向」「人権」「民主主義」などが掲げられるようにはなった。しかし，いまだ実質は伴っておらず，例えばミャンマーのラカイン州からのロヒンギャ難民流出問題に対しても，同国政府の人権侵害などについて制裁はおろか非難する声明を出すこともできず，AICHRも何ら活動できていない状況である。このような人間の安全保障のための国際協力には，内政不干渉原則が今度は壁として立ちはだかることになる。

これはひいては，東南アジアは国家間の共同体を越えられるか，という問題にもつながる。ASEANはかつて「独裁者のクラブ」と呼ばれていた。インドネシアなどが民主化した現在はその呼び方は適当ではないだろう。しかしASEAN共同体とはあくまで「国家間の共同体」であり，「人々の共同体」にはほど遠いのが現状である。東南アジアが人々のレベルでの共同体になるためには上記の人間の安全保障の取り組みの他，東南アジア人という共通のアイデンティティや，民主主義といった共通の価値の醸成が必要になるだろう。国家の目からではなく市民一人ひとりの目から見てもなお「東南アジア」という「地域」が意味のある存在になることが，長期的には重要なのではないだろうか。

参考文献

Frieden, Jeffery A. et al., *World Politics: Interests, Institutions, Interactions,* New

York : W. W. Norton, 2010.
Narine, Shaun, "ASEAN in the Twenty-first Century : A Sceptical View," *Cambridge Journal of International Affairs,* 22 (3), 2009, 369-386.

本章を学ぶための基本書

矢野暢編『東南アジアの国際関係』弘文堂，1991年。

＊冷戦期の東南アジアについての考察や東南アジア国際関係を理論的に見る視角について，魅力的な論考が並んでいる。

山影進『ASEAN――シンボルからシステムへ』東京大学出版会，1991年。

＊初期 ASEAN について，分析的・体系的・包括的に論じたもの。反共同盟として見られがちであった ASEAN に対して新たな解釈を提示している。

鈴木早苗編『ASEAN 共同体――政治安全保障・経済・社会文化』アジア経済研究所，2016年。

＊現在の ASEAN について知りたい読者に。ASEAN 共同体について，分野ごとに分かりやすく解説している。

（湯川　拓）

Column⑨　国際スポーツ大会が映すもの

1964年の東京，1988年のソウル，2008年の北京におけるオリンピックは各国の復興から経済発展，そして国威発揚の華々しい国際舞台として記憶されている。他方，東西それぞれの陣営がボイコットをした1980年のモスクワ大会，1984年のロサンジェルス大会は，オリンピック史の汚点となる後味の悪い大会であった。

オリンピックの地域版であるアジア競技大会，東南アジア競技大会（以下，「競技」を略）も，地域や各国の政治を彩り，また政治指導者の意図を強く反映してきた。独立，国民国家建設の時代と朝鮮戦争やベトナム戦争という冷戦前半のアジアの「熱戦」とが重なり，東南アジアにおける国際スポーツの発展は当初から政治と深く結びついた。

アジア大会は第２回（1954年）がマニラで，第４回（1962年）はジャカルタ，第５，６回（1966，1970年）はバンコクで開催された。すでに冷戦の影響は顕著であり，親米のフィリピンで開催された第２回大会では共産主義諸国が排除された。逆にアメリカと対立したインドネシアで開催された第４回大会では，「新植民地主義の手先」とみなされた台湾とイスラエルが招待されず，アフリカ大陸にあるエジプトに出場が打診された。1955年にアジア・アフリカ（バンドン）会議を主催するなど，スカルノ大統領は欧米のヘゲモニーに対抗する新興国の盟主を目指した。スカルノにとってアジア大会は同様の政治舞台であった。大会の「政治利用」を理由に国際オリンピック委員会から資格停止処分を受けると，インドネシアは対抗して翌1963年に51カ国参加の第１回新興国競技大会を主催してみせた。

北朝鮮との緊張の高まりによってソウルが辞退し，急遽バンコクで開催された第６回大会では，カンボジア代表が迷彩服で入場行進して話題になった。親米のロン・ノル政権は国際的な認知を求めたのである。

1962年のジャカルタ大会は国家建設の華やかなショーケースでもあった。ソ連の支援を得た９万人収容の世界最先端のメインスタジアム，日本の戦後賠償による14階建てのホテル・インドネシア，エレベーターやエスカレーターを備えたサリナ・デパートや主要な道路も整備された。大会開催に合わせて，現在まで引き継がれる首都の中核が作られた。

バンコク大会は，プミポン王（ラーマ９世）の威信と個人崇拝を高める役割を果たした。聖火リレーは国王による仏教儀礼を模した点火に始まり，開会式でも王室の紋章が人文字で描かれた。クーデタで政権を掌握したサリットと続くタノーム首相が，政権の正統性を得るために国王を極端に美化した結果だった。タイ政府はまた，ベトナム戦争の影響で米兵向けの歓楽街が膨張したバンコクを，アジア大会を契機により開かれた観光都市に脱皮させることを企図した。

スカルノもタノームもアジア大会を政治権力の維持強化に利用したが，いずれも３年後には失脚している。短期的な政治目標の達成にはつながらなかった。長らく残ったのは首都のインフラ，そして2016年まで生きたプミポン王の威信であった。

東南アジア大会はタイの主導で1959年第１回大会がバンコクで開かれた。当初は東南アジア半島競技大会の名称で，大陸部の非共産主義諸国で構成されていた。現在では反共の色はなくなり，東ティモールを含む東南アジア全11カ国が参加している。オリンピックとアジア大会のない，奇数年の開催である。

国際的なイベントの経験が浅く，経済規模が小さい国にとっては，東南アジア大会の開催は現在でも国内外の威信をかけた一大イベントであり，首都開発プロジェクトである。2009年にはビエンチャンで第25回，2013年にはミャンマーの新首都ネピドーで第27回大会が開催された。ラオスは初めて，ミャンマーにとってはラングーン大会（第５回）以来，44年ぶりのホスト国だった。両国のイベント遂行能力が不安視され，また中国からの援助への依存が批判されたが，大会が始まると政府の目論見以上の歓喜とナショナリズムに包まれた。

近年，日中韓のアジア大会が地方都市に移ったのと同様に，タイ，フィリピン，インドネシアでは首都以外でも東南アジア大会が開催されている。つまりは地方都市開発とそれに伴う利益誘導の機会となっている。2011年（第26回大会）はジャカルタに加えパレンバンがホスト都市となり，これは2018年の両都市でのアジア大会主催の予行演習となった。ジャカルタで開催された1962年の第４回アジア大会は，首都開発の推進によってそれまで燻っていた首都の移転問題を打ち消す決定打になった。その後のジャカルタは人口集中が進み，都市問題が山積している。奇しくも56年ぶりのアジア大会は，再び首都移転が話題に上り始めたさなかに行われた。

翌2019年４月に大統領選挙を控えた同大会はまさに政治ショーだった。開会式はスクリーン上のビデオと連動して，ジョコ・ウィドド大統領がオートバイで会場に乗り付けるという派手な演出で始まった。大会中には，対立候補のプラボウォ・スビアントも駆けつけ，ともに自国の金メダリストをスタンドで抱きしめるという，麗しきナショナリズムも演じられた。しかしその後の選挙戦は流言飛語が飛び交う，スポーツマンシップとは懸け離れたものだった。

さて，2020年の東京オリンピックはどうだろうか。「東日本大震災からの復興」を招致の大義名分に掲げ，大会前から「レガシー（遺産）」という言葉が連呼された。しかし復興や残すべきレガシーの構想は見えなかった。この国の漂流を如実に示すという意味では，時代を象徴する大会といえるかもしれない。

（見市　建）

第15章
日本と東南アジア

この章で学ぶこと

「近いようで遠い関係」，あるいは逆に「遠いゆえに近い関係」。日本と東南アジアの関係を考えたとき，このような言葉が思い浮かぶ。

1つめの「近いようで遠い関係」とはどういうことか。今日，日本と東南アジアの関係といえば，日本外交の ASEAN 重視は明白で，東南アジア各地には多くの日本企業が進出している。そしてかつては，もっぱら日本から東南アジアへと出かけていた観光客は，近年では東南アジアからも日本に多く訪れるようになり，日本のポップカルチャーも東南アジア各国での人気が定着している。

とはいえその一方で，歴史的に見れば日本と東南アジアの関係はさほど古いものではない。本章で後述するように，第2次世界大戦前の日本と東南アジアの関係は希薄であったし，そもそも「東南アジア」という言葉自体が，日本でも一般的ではなかった。今日のような広範なつながりが形成されたのは，比較的近年になってからだといってよかろう。

それでは逆に，「遠いゆえに近い関係」とは何か。日本から見て地理的，歴史的，そして文化的に近いアジアといえば，何よりも中国，朝鮮半島から成る北東アジアである。しかし，隣接するがゆえに領土や過去の戦争，植民地支配をめぐる問題が生じ，摩擦が起きやすいことは否めないだろう。

北東アジアと比べれば東南アジアは日本から相対的に遠く，そのことが適度な距離を生みだし，日本から見れば東南アジアは，中国や朝鮮半島のような「気疲れ」をしない相手と見える面があるかもしれない。

しかし，本章で見るように日本と東南アジアとの間にも歴史問題が存在するし，日本側では忘却されがちなだけに，それは思わぬ落とし穴になりかねない。現代史を知ることは，東南アジアと付き合う上で不可欠の前提なのである。

1 「南洋」から「大東亜共栄圏」へ

「東南アジア」の登場と日本

この章の冒頭で日本と東南アジアとのつながりは，歴史的に見れば相対的に希薄であったと述べたが，意外なところで深い関係がある。それは「東南アジア」という言葉，あるいは地域概念そのものの誕生と関わる。東南アジアはSoutheast Asia の和訳であるが，Southeast Asia という言葉が公的に用いられたのは，第２次世界大戦中の1943年に，連合国がセイロン（現スリランカ）に東南アジア司令部（Southeast Asia Command）という組織を設けたのが最初だといわれる。その目的は，日本軍に対する反攻作戦を統括することであった。

日本軍の侵攻時，今日，東南アジアと呼ばれる地域は，タイを除けばいずれも欧米列強の植民地支配下におかれていた。言い換えれば植民地帝国によって縦割りにされており，それらを横につなげて「面」「地域」として捉える必要がさほどなかったのである。ところが日本軍がこの一帯を占領したことから，それへの反攻として，初めてこの地域一帯を１つのまとまりとして捉える必要が生じ，Southeast Asia という名称が付されたのである。こうしてみれば，「東南アジア」という地域概念の登場自体が，日本と不可分の関係にあるということになる。

一方で日本では，すでに大正時代から一部の地理教科書で「東南アジヤ」という呼称が用いられていたが，より広く使われていたのは「南洋」という言葉であった。明治以降の日本の対外膨張は，主として朝鮮半島から満州，中国大陸に向けて「国策」として進められ，日清戦争，日露戦争，日韓併合などはその過程で起きた出来事であった。

それに対して南洋は，すでに欧米列強が確固とした植民地支配を確立していたこともあって日本が国策として進出する余地に乏しく，そこに渡った人々は，雑貨商などで生計を立てる，日本という国家の後ろ盾を持たない一般庶民であった。軍や財閥など日本帝国の威信を背景に進出が図られた朝鮮半島や中国大陸とは対照的であったといえよう。

「大東亜共栄圏」の現実

図15-1　日本の占領下の東南アジアで行われた日本語教育
（出所）『決定版昭和史』第10巻，1983年，毎日新聞社。

その南洋に向けて，日本が国策として大々的に南下をしたのは，第２次世界大戦中のことである。一般的に，太平洋戦争は1941年12月の真珠湾攻撃に始まると理解されているが，厳密にいえば真珠湾攻撃よりも数時間早く，日本軍はイギリス領マラヤ（現マレーシア）の東海岸に上陸している。

日本はアメリカ，イギリス，オランダなど連合国に対して宣戦布告し，太平洋での対米戦争と並行して欧米の植民地であった東南アジア一帯を制圧した。日本軍が東南アジアに侵攻した主な目的は，アメリカから禁輸措置を受けていた石油資源の確保であった。オランダ領東インド（現インドネシア）のスマトラ島南部などは，当時，世界的な石油の大産地だったのである。

単一の勢力が東南アジア全域を軍事占領下においたのは，歴史的にも第２次世界大戦時の日本だけである。それが「東南アジア」という地域概念の登場にもつながったのは既述の通りである。

それまで日本では，日本，満州，中国を念頭に「東亜新秩序構想」などが唱えられていたが，東南アジアも制圧したとなると，もはや「東亜」では収まらない。そこで「大東亜」という言葉が登場する。そして東南アジアが欧米の植民地だったことから，日本の戦争目的として，日本帝国の「自存自衛」に加え，欧米列強による支配からアジアを解放するという「使命」が付け加えられることになった。

「大東亜共栄圏」を標榜した日本の東南アジア支配であったが，「共栄圏」の名とは裏腹に，現実には現地を掌握する軍部主導のもと，連合国との総力戦を遂行するための資源や人員の動員が強制的に行われた。各地で徴用された労務者は過酷な労働によって多くの犠牲を出し，「ロームシャ」はインドネシアなどで，そのまま言葉として定着している。シンガポールなどでは中国本国との協力関係を疑われた現地の華人に対する虐殺行為も発生した。

日本による占領は独立をもたらしたか

その一方で日本軍政下の東南アジアでは，インドネシアなどを中心に，兵力補強の目的もあって青年団が結成されて軍事訓練が施され，「アジア解放」の宣撫工作も行われた。訓練を受けた青年らは終戦後の独立運動の担い手にもなっていく。

ただし，ここで注意しておかねばならないのは，日本による占領と終戦後の独立の動きとの関係である。日本軍の侵攻が，永続的にも見えた欧米による植民地支配を瓦解させたのは確かである。しかしそれは東南アジア現地から見れば，日本という新たな支配者の到来を意味した。その日本帝国自体も短期間で敗退したことによって，東南アジアは独立を手にする機会を得たのである。

また，日本の敗戦がただちに東南アジアの独立につながったわけではないことにも注意を払う必要がある。日本の敗戦後，即座に独立が宣言された（1945年８月17日）インドネシアのような国でも，独立獲得に向けた最大の山場は，その後に植民地再建を目指して帰来したオランダとの独立戦争（1945～49年）であった。独立宣言によって大統領の座に就いたスカルノであったが，軍事的に優勢なオランダを相手に苦戦を強いられる。独立戦争の泥沼化が共産主義の広がりに結びつくことを懸念したアメリカの仲介もあってオランダとの協議にこぎ着け，ようやく独立を確たるものにしたのである。

しかしその後もオランダは植民地統治以来の広範な経済的特権を保持し，スカルノは，その回収によってはじめて「独立」が実質化すると考えた。インドネシアなど東南アジアの国々にとって「独立」とは，独立宣言によって一挙にすべてが達成されるようなものではなかったのである。こうしてみれば日本が東南アジアを解放したという見方は，現地からの観点を置き去りにした一面的なものだといえよう。

2　賠償交渉と国交正常化

戦後初期のアジアと日本

敗戦後の日本は連合国の占領下におかれ，外交も不在となった。ついこの前の戦争中まで「アジア解放」を掲げていた日本だが，敗戦と占領という新たな現実を前に，都合の悪い過去を忘却するかのごとく，アジアについて語ることは希となっていた。

一方で第2次世界大戦終結後のアジアは，「戦後」という「長い平和」に移行した日本とは対照的に，新たな戦乱で覆われた。中国内戦（第2次国共内戦，1946～49年），朝鮮戦争（1950～53年），第1次インドシナ戦争（1946～54年），インドネシア独立戦争（1945～49年）と見てみれば，アジア一円で新たな戦乱が勃発したことが見て取れる。そしてその多くは，内戦や独立戦争であった。

戦後初期のアジアがこのように戦乱で覆われることになった全般的な要因として，次の3点を挙げることができる。第1に日本帝国が予想よりも早く降伏したことである。連合国側は「本土決戦」「一億玉砕」を掲げる日本が徹底抗戦するものとみて，1945年秋からの日本本土侵攻作戦を立てていた。だが日本は広島，長崎への原爆投下とソ連参戦を前に8月15日に降伏する。その結果として，日本軍が支配下においていたアジアには突如として，広大な「力の空白」が生まれることになったのである。

第2の要素はこれに関連するのだが，連合国側でアジアについての戦後構想が定まっていなかったことである。一口に連合国といっても，イギリス，フランスなど西欧諸国は植民地再建を当然視していたのに対し，そもそも自国が独立戦争によって建国を果たしたアメリカは基本的には反植民地主義の立場であった。

果たして戦後のアジアで植民地統治は再建されるべきか，否か。戦時中に欧米間で折り合いがつくことはなく，この論点については実質的に棚上げされていた。そこに起きたのが，日本の予想外に早い降伏である。連合国に戦後構想が不在のまま，日本の敗戦によってアジアに「力の空白」が出現したのである。

第3の要素は，アジア各地におけるナショナリズムの台頭とイデオロギー対立である。植民地支配下のアジアでは，かねてからナショナリズムの胎動が見られたが，そこで共産主義は独立を目指すうえで１つの有力な道筋を示すものであった。

果たして国家建設の手段として共産主義モデルを選ぶのか否か。それは独立運動の担い手の間に，しばしば深刻な対立を引き起こすことになった。そのようななかで中国では国共内戦となり，日本の植民地支配から脱した朝鮮半島ではイデオロギー対立から武力衝突，そして朝鮮戦争に発展して大国の介入を招いた。

こうして欧米間でアジアの戦後構想をめぐる合意がないままに日本が予想外に早く降伏し，そこに生じた力の空白をめぐって，内戦や独立戦争が頻発することになったのである。

このように見れば戦後初期のアジアの混乱は決して日本と無関係ではなく，むしろ短期間とはいえアジア一円を軍事支配下においた日本帝国の崩壊・消滅と表裏を成す一面があったといえよう。

サンフランシスコ講和と東南アジア

占領下におかれ，あたかもアジアを忘却したかに見えた日本が，わずか数年前まで支配下においていた東南アジアからの視線に向き合う場となったのが，サンフランシスコ講和会議（1951年）である。

対日講和条約を結び，連合国による日本占領を終結するために開かれたこの会議には，中国や韓国などが招かれなかった一方で，東南アジアからはフィリピンやインドネシアが参加した（ちなみに中国については，アメリカが台湾の蔣介石政権，イギリスが北京の共産党政権の招請を主張してまとまらず，また韓国は，戦時中の亡命政権が対日参戦しており，戦勝国として講和会議に参加する資格があると主張したが認められなかった）。

サンフランシスコ講和会議は，米英が条約の草案を起草して各国に参加を呼びかけるなど，米英主導で進められた。その米英は対日講和に際して日本に過度の負担をかけないことを意図し，賠償を課さない方針であった。朝鮮戦争をきっかけにアジアにも冷戦が本格的に及びつつあるなか，米英の影響下にある日本を弱体化させるのは得策ではないと考えたのである。

また，第1次世界大戦後のベルサイユ講和条約で過酷な賠償を課されたドイツにおいて，やがて「ベルサイユ体制打破」を唱えるヒトラーが台頭したことも，繰り返すべきではない「歴史の教訓」だと考えられた。

この対日無賠償方針に強く異議を唱えたのがフィリピンであった。今日では戦争や植民地支配に関わる問題といえば，もっぱら中国や韓国との事案だと捉えられているかもしれないが，戦後日本が最初に直面した戦後処理は東南アジア諸国とのものであった。なかでも日米間の激戦地となったフィリピンは最大の戦争被害国の1つであり，対日感情にも厳しいものがあった。フィリピンにとって対日無賠償は，とても容認できるものではなかったのである。

結果として講和条約では，戦時中に日本軍の直接占領下におかれた国は日本に賠償を請求できるとされた。ただしそれは，日本経済回復の負担にならない範囲でという条件つきであった。具体的には現金賠償が否定され，役務（労働力などサービスの提供）による賠償が基本とされた。

講和会議においてフィリピン代表のロムロ外相は，日本に次のように訴えた。「あなたがたはわたくしどもに重大な損害を与えられた。言葉でそれを償うことはできないしあなたがたのもっておられる金や富をもってしてもこれを償うことはできない。しかし運命はわたくしどもに隣人としていっしょに生きねばならない，また隣人として平和に生きねばならないと命じた……われわれが許しと友情の手をさしのべる前にあなたがたから精神的悔悟と再生の証拠を示してもらわねばならない」。この演説について日本代表団は次のように書き記した。「（ロムロの演説は）フィリピンの対日怨恨と不信の深さをまざまざと感じさせるもので会議を通じて日本人にいちばん深刻な痛味を感じ」させるものであった。

占領下の日本では，激動のアジアからの情報も限られており，戦争による惨禍についても国内の戦災に目が向きがちであった。そのなかにあってロムロの演説は，戦火で蹂躙された東南アジアの「肉声」を日本人に突きつけるものであった。

難航の末の賠償交渉妥結

こうしてサンフランシスコ講和条約は調印されたものの，それによって即座に日本と東南アジア諸国との関係が回復されたわけではない。賠償交渉の妥結が実質的に国交正常化の条件となることが多く，また，インドネシアのように講和条約に調印しながら，批准をしない国もあった。インドネシアの場合は日本の賠償が役務に限られたことへの不満が議会で噴出し，サンフランシスコ講和条約の批准ができなかったのである。

また，ビルマ（現ミャンマー）のように，サンフランシスコ講和条約は事実上，日米安保条約とセットになるなど，日本をアメリカ主導の冷戦体制に組み込むものだと批判して講和会議に参加しなかった国もあった。

結果としてインドネシアやビルマとは，サンフランシスコ講和条約とは別に国交正常化交渉が行われることになり，講和条約に調印したフィリピン，南ベトナムとも賠償協定のための交渉が行われる。こうして主権を回復した日本にとって，東南アジアとの賠償交渉が最初の主要な外交課題の１つとなったのである。

しかし，賠償交渉は難航を重ねた。１つには日本と相手国との間で想定する賠償額にあまりに大きな開きがあったことである。サンフランシスコ講和条約締結の前後に各国が提示した賠償請求額は，インドネシア172億ドル，フィリピン80億ドル，ビルマ60億ドル，南ベトナム20億ドルと，この４カ国でおよそ332億ドルにのぼったが，これは当時の日本の国内総生産の２倍近くで，日本政府はあまりに非現実的な数字だと捉えた。

加えて日本から見れば交渉相手が複数あり，１つの国との妥協が他の国にも連動しかねないことから，交渉姿勢も慎重になりがちであった。他方で東南アジア各国も，他の賠償要求国とのバランスに敏感になっていた。

そして日本側には，そもそもなぜ東南アジア諸国に賠償を支払う必要があるのかという根本的な疑念があった。すなわち，東南アジアを舞台に日本が戦ったのは米英，オランダなど植民地宗主国であって，東南アジアの人々と戦争をしたわけではないという認識である。そこにはやり方はまずかったにしても，「植民地解放」という大東亜戦争の理念は間違っていなかったはずだという潜在意識を見てとることも可能であろう。

このような日本国内の疑問を払拭するため，日本政府は東南アジアに対する賠償は，いずれ日本国内に環流する投資なのだと強調し，それが相手国に漏れてますます交渉がこじれるという悪循環も見られた。戦後における歴史認識問題の先駆けといえるかもしれない。

償いか，経済進出の「橋頭堡」か

それでも1954年のビルマとの交渉妥結が皮切りとなって，フィリピン（1956年），インドネシア（1958年），南ベトナム（1959年）と交渉は妥結に至る。

妥結の具体的な内容は，ビルマには２億ドルの賠償に5,000万ドルの経済協力，フィリピンには５億5,000万ドルの賠償に経済協力として２億5,000万ドルの借款，インドネシアには賠償２億2,308万ドル，経済協力として借款４億ドル，これに加えてインドネシアが対日貿易で不払いとしていた焦げつき債権１億8,000万ドルあまりの日本側による放棄，そして南ベトナムには賠償3,900万ドルに政府借款750万ドル，経済開発借款910万ドルという内容であった。

これら東南アジアに対する日本の賠償は，サンフランシスコ講和条約で現金賠償が否定されていたことから役務や物品供与が中心となった。また，いずれもが経済協力と抱き合わせとなっているが，そこには日本側と東南アジア側が求める賠償額の開きを経済協力とセットにすることによって近づける意味もあった。

また，各国間のバランスも微妙かつ重要な問題であった。最初に賠償交渉を妥結したビルマとは，妥結の先陣を切ったことに起因する不利益を避けるため，日本と他国との交渉次第では賠償額の再検討を行うとの条項が盛り込まれており，実際に1963年に追加措置として，１億4,000万ドルの無償援助と3,000万ドルの借款供与が行われている。

南北に分断されていたベトナムに対しては，日本は南ベトナム政府に対してベトナム全土への賠償を支払ったという立場をとった。しかし1973年に日本が北ベトナムと国交を樹立した際，北ベトナム政府は日本に対して賠償を要求した。結局この問題は1976年に南北が統一された後，日本は公式には新たな賠償は支払わないものの，南ベトナムへの賠償額に見合うだけの無償援助協力を統一ベトナムに対して支払うことで決着した。

こうして妥結した賠償交渉であったが，実際の賠償支払いは役務の概念を拡大した賠償事業として実施され，その多くが道路やダム，発電所の建設などを日本企業が受注する形で行われた。

それらの施設が完成した後も，メンテナンスなどで日本企業が継続的に関わることになる。戦争の記憶も生々しかった当時，ついこの前まで現地を軍事的に抑圧した日本人が，今度はビジネスで入り込むといっても容易なことではなかった。そのなかで賠償事業は，日本が東南アジアに経済的な再進出を図るうえで格好の「橋頭堡」となったのであった。その反面で賠償が本来持つべき「償い」の意識が日本側で希薄になったことは否めないであろう。

3　東南アジアの転換期と日本

「脱植民地化」から「開発」へ

戦後世界において，アジアほど大きく変化した地域は他にない。戦後，ある時期までアジアのイメージといえば，終わりの見えない戦乱と発展の糸口すら見出せないような貧困と停滞であった。なにしろ「アジア的停滞」という用語があったほどである。

ところが「東アジアの奇跡」と呼ばれた1960年代以降の急激な成長を経て，アジアは21世紀の今日，世界に冠たる「経済成長センター」となった。戦後初期の戦乱と貧困のアジア，これに対して経済成長で語られる近年のアジア。2つのアジアは，全く異なる地域のようである。何がこの巨大な変化を引き起こしたのであろうか。

戦後前半期のアジアを読み解く鍵は脱植民地化である。戦乱と貧困で特徴づけられた戦後初期のアジアだが，政治的には脱植民地化のエネルギーが横溢していた。脱植民地化は特に戦後も植民地が存続していた東南アジアにおいては地域秩序の根幹に関わる問題であった。

例えばマレーシアやシンガポールは1960年代半ばに至るまでイギリスの植民地や保護領であり，それらを統合して新国家・マレーシアが発足するが，隣国インドネシアのスカルノ大統領は，これをイギリスによる「新植民地主義」の策謀だとして対決姿勢をとり，マレーシア紛争が勃発した。また1975年まで続いたベトナム戦争も，脱植民地化と冷戦の入り交じったものであった。脱植民地化というエネルギーが，戦後前半期の東南アジアにおける政治的動乱の根底にあったのである。

だが，脱植民地化は植民地支配という現実が存在すればこそ重要な課題となる。1970年代初頭にはイギリスがシンガポールを含めた「スエズ以東」からの軍事的撤退を決め，ベトナム戦争も1975年には北ベトナムの勝利に終わる。スカルノのような独立と脱植民地化を終生の課題としたような指導者は，植民地主義勢力の撤退とともに，その政治的な基盤を失っていく。

代わって登場するのは，「独立」に代わって「開発」を至上命題とする政治指導者である。典型的な例であるインドネシアでいえば，「独立の父」であるスカルノを追い落として権力を握ったスハルトは，「開発の父」と称されることになる。スハルト政権の発足に伴ってマレーシア紛争は収束に向かい，域内の対立が収束したことによって東南アジア諸国連合（ASEAN）の発足（1967年）も可能になった。今日につながる東南アジアの姿は，この辺りから形成され始めたといえよう。

「開発の時代」と日本

「脱植民地化」から「開発」へという東南アジアの変化を，日本政府は基本的に肯定的なものとして捉えた。例えば，岸信介や池田勇人らが「アジアの連帯」といったアジア主義的な色彩も帯びながら親交を深めたスカルノがクーデタ未遂である９月30日事件（1965年）を契機に失脚すると，佐藤栄作首相は反米親中路線をとるようになっていたスカルノを見限り，アメリカと連携してスハルトの権力掌握を後押しする。

実権を握ったスハルトは非同盟主義を引きつづき標榜しつつも，徹底した反共姿勢をとって国内の共産主義勢力を弾圧し，日米と連携した開発体制の構築に邁進した。軍部が大きな力を持ったスハルト体制のもとで，アメリカは軍部の訓練や経済テクノクラートの育成で大きな影響力を持ち，日本はインドネシアが海外から受けとる援助の３分の１あまりを拠出してスハルト体制を支えた。

日本の東南アジアに対する賠償の支払いは1970年代初頭には終了し，それに代わる形で政府開発援助（ODA）の供与が始まる。前述のように日本の賠償は役務を基本とし，経済協力とセットになっていたことから，それに続くODA による各種事業と連続性の強いものであった。

インドネシアやフィリピンなど東南アジア諸国は，1980年代に供与が本格化した中国などと並んで日本の ODA の主要な供与先であった。日本の ODA はある時期まで，「アジア中心，借款中心，インフラ整備中心」といわれたが，東南アジアでも円借款によるインフラ整備などが進められた。それが現地における産業化の進展に資するものであったのは間違いなかろう。

その一方で，ODA 事業の受注先が日本企業に限られる「ひもつき援助」に対しては欧米から批判も強かった。また，1980年代半ばにフィリピンのマルコス政権が崩壊した際には，日本からの ODA に関わる大規模な贈収賄が発覚し，「マルコス疑惑」として日本の国会などでも ODA の不透明さが追及されることになった。

反日暴動から福田ドクトリンへ

1970年代の東南アジアにおける「開発の時代」の到来は，経済大国として成長著しい日本にとっても輸出の拡大などをもたらした。だが，経済を中心として日本の存在感が急速に増したことは，東南アジアで強い反発を引き起こすことになる。1974年に田中角栄首相が東南アジアを歴訪した際には，タイで学生デモに見舞われ，インドネシアでは首都ジャカルタが騒乱状態に陥る大規模な暴動となり，田中は市内からヘリコプターで空港に向かうことを余儀なくされた。

インドネシアでは政権内の権力闘争も絡んだと見られるが，それだけではなく，日本企業の急激な進出に伴って東南アジア各地でこれを「新植民地主義」的なものだと見なす反日運動や，日本製品不買運動が頻発するという不穏な状況にあった。

また政治的にも，ベトナムからアメリカ，シンガポールからイギリスが軍事的に撤収するなか，第２次世界大戦中には東南アジア一帯を制圧した日本が，経済力伸張を踏み台として，軍事面でも再び勢力を拡大するのではないかという不安も強かった。

1977年に福田赳夫首相が東南アジアを歴訪した際，最後の訪問地であるフィリピンのマニラで行った政策演説は，このような日本に対する懸念を払拭する目的で行われ，「福田ドクトリン」と呼ばれるようになる。

その内容は，①日本は軍事大国にならない，②東南アジアと「心と心の触れあう相互信頼関係」を確立する，③ASEAN 諸国とインドシナ三国との相互信頼を醸成し，地域全体の平和と安定を図るという三本柱を骨子としたものであった。

①は上述のような日本の軍事的台頭に対する不安を，②は田中歴訪時の反日暴動で噴出したような万事，経済優先という日本に対する反感をそれぞれ払拭することを期したもので，③はベトナム戦争終結前後に共産化したベトナム，ラオス，カンボジアのインドシナ三国と，反共を掲げる ASEAN 諸国との融和を日本が後押しし，東南アジアに安定をもたらそうという考えに基づくものであった。「福田ドクトリン」はその後長らく，日本の東南アジアに対する政策の基盤と見なされることになる。

4 「東南アジア」から「東アジア」へ

プラザ合意と経済関係の深化

その後も日本と東南アジアの関係は経済を中心に緊密さを増していくが，それを新たな段階へと深化させることになったのが，1985年のプラザ合意である。これは同年9月にニューヨークで開かれた G5（日本，アメリカ，イギリス，フランス，西ドイツの先進5カ国蔵相・中央銀行総裁による会議）において，ドル高是正のための為替市場への協調介入が合意されたもので，ドル安誘導によってアメリカの貿易赤字を削減し，米国内における保護主義の台頭を抑える目的であった。

これによってプラザ合意の時点では1ドル＝240円前後であったものが，1987年初頭には1ドル＝150円となった。円の急激な上昇は，日本の輸出産業にとって大変な逆風であった。そこで日本企業がとった対策が工場の海外移転であり，東南アジアがその主要な移転先となった。そしてその進出先で生産された製品は北米市場などに向かう一方で，日本に「逆輸入」されることになった。

このような動きが強まることによって，日本と東南アジアとの経済関係は，日本が工業製品を輸出し，天然資源を輸入するといったそれまでの垂直的なものから，工業製品をやり取りする水平的なものへと変化していった。そして東南アジア諸国においては，日本からの ODA，民間投資，さらに貿易が，経済が大きく成長するうえでの重要な契機となった。

これに対して日本国内では輸出産業が円高への対応を迫られる一方，内需向けの産業は円高による原材料価格低落のメリットを享受することになった。1980年代後半には国内向け産業が空前の利益を出し，その内部留保は株や土地への投機へと向けられ，バブル発生の一因となった。日本の金融当局が内需拡大を求めるアメリカの対日圧力を考慮して金融引き締めに及び腰であったことも，バブル経済を長期化させた。

1980年代の日本にとって主要な課題であった対米貿易摩擦は，日米関係にとどまらず，日本と東南アジアの経済関係深化の重要な背景ともなったのである。

「東アジア」と「アジア太平洋」

このように日本と東南アジアとの経済関係が水平的なものとなるにつれ，地域主義的な動きが見られるようになる。そのひとつがマレーシアのマハティール首相が1990年に打ち出した EAEC（東アジア経済協議体，当初は EAEG）構想で，ASEAN 諸国と日本，中国，韓国で貿易や投資促進のための協力を進めようというものであった。

マハティールの構想の背後には，欧州統合や NAFTA（北米自由貿易協定）など，欧米における経済ブロック化への対抗心があったが，同氏がかねてから日本や韓国の集団主義や勤労倫理に学ぼうという「ルック・イースト政策」を掲げていたことも，日本における同構想への注目を高めた。

しかし，アメリカ政府が「太平洋を分断するもの」として同構想に強く反発したことから，日本は EAEC で主導的役割を求めるマハティールとの間で板挟みとなった。結局日本政府は，オーストラリア，ニュージーランドが加入するなら日本も参加の用意があるといった苦肉の策をとることになる。

結局，EAEC 構想は実現しなかったが，北東アジアと東南アジアを包含して広義の「東アジア」とする地域概念と呼称が公的に使われたのは，この EAEC 構想が初めてである。

その一方で，1989年には第1回の APEC（アジア太平洋経済協力）閣僚会議が開かれている。これは日本とオーストラリアが主導し，自由貿易体制の促進を目指して発足したもので，アメリカやオーストラリアも含む地域概念として「アジア太平洋」が掲げられた。その後，近年に至るまで日本と東南アジアをめぐる地域主義は，「東アジア」と「アジア太平洋」という2つの地域概念の間を揺れることになる。

アジア金融危機とASEAN＋3の発足

1997年夏，タイの通貨バーツの暴落をきっかけに起きたのがアジア金融危機で，通貨の暴落はインドネシア，韓国，マレーシアなどアジア各国に波及した。通貨危機は各国の実体経済にも深刻な打撃を与え，インドネシアでは在任30年以上に及んだスハルト大統領が退陣するなど，政治的にも重大事となった。

この危機に際して日本は積極的な支援を展開した。各国への支援策に国別では最大の拠出をするとともに，将来の危機に対処するため，大蔵省が中心となって IMF（国際通貨基金）のアジア版である AMF（アジア通貨基金）構想を提起した。AMF 構想は，IMF との重複などを理由にアメリカが強く反対したこともあって日の目を見なかったが，日本は危機に見舞われた各国に対して危機に対処するための資金として，総額300億ドル規模の「新宮澤構想」（当時の蔵相であった宮澤喜一の名を冠した）を打ち出した。

当時，日本や東南アジア各国には，アメリカが強い影響力を持つ IMF による支援パッケージが硬直的で，事態を余計に悪化させているという不信感が強かった。それがアジアの域内各国による相互支援で事態を乗り切ろうという気運を強め，AMF 構想などの背景となった。

その一方，危機の最中の1997年12月，ASEAN 首脳会合に日中韓の首脳も出席し，はじめての ASEAN＋3首脳会合が開かれた。日中韓首脳の参加は通貨危機の前から決まっていたのだが，結果として，ASEAN＋3で協力して危機に対応することを確認する場となった。1998年の第2回 ASEAN＋3首脳会合では，これを定例化することが決められた。ASEAN＋3が定着することで，かつてマハティールが提唱した EAEC 構想が実質的に実現したと見ることもできよう。

さらに翌1999年の ASEAN＋3会合では，小渕恵三首相の呼びかけで，小渕，

図15－2　東アジアサミットで手を取り合う各国首脳ら

（出所）　jiji.com.

金大中韓国大統領，朱鎔基中国首相による史上初の日中韓首脳会談も開かれ，日中韓サミットも定例化していく。

こうして広義の「東アジア」はアジア金融危機を契機として実質化していくが，ASEAN 諸国にとっては，存在感の大きい日中韓が加わることによってASEAN の主導権が弱まることは潜在的な懸念材料でもあった。

5　21世紀の日本と東南アジア

ASEAN＋3 か，＋6 か

アジア金融危機への対応をめぐって，日本は主役であったといってよかろう。資金面でもそうであったし，小渕首相は日本の支援は社会の底辺で最もダメージを被る人々に届くものでありたいとして，「人間の安全保障」を日本の支援の理念に掲げた。

そのような積極的姿勢は，日本の経済規模（GDP＝国内総生産）が当時，ドル換算で中国の 4 倍あまりと，アジアで圧倒的な規模を持っていたことの反映でもあった。アジアの危機に際して支援に動けるのは日本だという日本政府の自負もあったであろう。

しかしその後，金融システムが比較的閉鎖されていたこともあってアジア金融危機を免れた中国が急速な経済成長をつづけ，2010年には経済規模で日本を追い抜く。その過程では，アジア地域主義をめぐる日本と中国の綱引きが演じられることになる。

ASEAN＋３を発展させて「東アジア・サミット」とする構想が本格化すると，日本は中国の存在を相対化する意図もあってインド，オーストラリア，ニュージーランドの参加を求めたのに対し，中国は ASEAN＋３に限定することを主張した。

結局，2005年に開催された第１回東アジア・サミットには日本の提案にそって ASEAN＋６の国々が参加する一方，中国が推す ASEAN＋３は将来的な東アジア共同体の「主要な枠組み」と位置づけることでバランスがとられた。ASEAN としては，日中どちらの影響力が大きくなりすぎても好ましくない。日中をバランスさせることで主導権を維持するのが ASEAN の意図であった。

「自由と繁栄の弧」から「インド太平洋戦略」へ

このように広義の東アジアを舞台とした地域主義が活性化するにつれ，その将来像として東アジア共同体構想が語られるようになった。日本では民主党・鳩山由紀夫首相が掲げた印象が強く残っているが，自民党の小泉純一郎首相も「東アジアコミュニティ」を提唱していたし，福田康夫首相も東アジア共同体の実現を唱えていた。

他方で，第１次安倍晋三政権の頃から日本で提起されるようになったのが「自由と繁栄の弧」である。民主主義や法の支配といった「価値」を共有する国々との連携を図るという同構想では，日本から東南アジア，そしてインドへと延びる「弧」が想定されていた。

そこで東南アジアは「価値」を共有する一方，中国はそうではないという含みを持ち，また，人口規模などで「世界最大の民主主義国」とも言われるインドが重視されているのも特徴である。中国への対抗を意識した ASEAN＋６に，さらに「価値観外交」が付与されたものといえようか。

「自由と繁栄の弧」は麻生太郎政権でも提唱された。同政権は2009年の総選挙で惨敗し，民主党政権に取って代わられるが，2012年には安倍晋三が総選挙で勝利をおさめ，再登板を果たす。第２次安倍政権では「自由と繁栄の弧」というキャッチフレーズこそ多用されないものの，「法の支配」などを強調し，インドを重視する路線は引き継がれている。

その第2次安倍政権が2016年に打ち出したのが，「自由で開かれたインド太平洋戦略」である。太平洋からインド洋にわたる地域において，法の支配や市場経済などを基本的価値として安定と繁栄を図ることが目的とされている。これは「自由と繁栄の弧」にアメリカやオーストラリアも加えたものだといえよう。それを戦略的思考と評価することもできようが，一方でいよいよアメリカまで引き入れないと中国とのバランスをとることができなくなっていると見ることもできよう。

華々しく打ち上げられた「インド太平洋戦略」だが，ASEAN 諸国からは ASEAN を軽視している，あるいは ASEAN としては，日米と中国との板挟みになることは望まないといった否定的な反応が多かったようである。これも配慮してか，2018年秋頃には日本側で「戦略」という言葉を避け，「構想」や「ビジョン」と表現されるようになっている。

日本と東南アジアの将来は

一連の動き振り返って見ると，ASEAN＋3が発足した頃には，域内経済危機への対応が地域主義的な気運醸成の背景にあったが，日本についていえば，近年では中国への牽制といった政治目的が主たる関心事となっている。また，その過程ではインドやアメリカとの連携が重視される一方，中国とのバランスを考慮して，日本から見れば「どっちつかず」の対応を取りがちな ASEAN 諸国は，結果的に軽視されている印象もある。

とはいえ地域主義についていえば，日中韓や東南アジア，インド，オーストラリアなどを広く包含する RCEP（東アジア地域包括的経済連携）のような動きも健在である。また，現在は専ら中国台頭に目が行きがちな日本であるが，その中国も急速な高齢化に伴って，やがて成長が頭打ちになる可能性も高い。

他方で東南アジアでは相対的に若年層が多く，条件が整えばこれから「伸び盛り」を迎えることになる。日本において，再び東南アジアが脚光を浴びる可能性は十分にあるだろう。

そして日本と東南アジアをめぐる地域概念は，これからも変転を遂げ続けるに違いない。国家としてのシンガポールを文字通り立ち上げた指導者であり，卓越した戦略的識見でも知られたリー・クアンユーは生前，東南アジアは中国の吸引力の強い大陸部と，それに反発する海域部との間で，いずれ分裂していくだろうと予見した。近年ではインドネシアのように，ASEAN 以外に G20 の一員という国際的な「足場」を得る国も出現している。

日本と東南アジアとの関係は，東南アジアという地域が戦中・戦後を通じて形成される過程と表裏をなしてきた。今後の日本と東南アジアとの関係は，地域としての東南アジア自体の変容とも深く結びついて展開していくことになるだろう。

参考文献

矢野暢『南進の系譜――日本の南洋史観』千倉書房，2009年。
波多野澄雄『太平洋戦争とアジア外交』東京大学出版会，1996年。
中野聡『東南アジア占領と日本人』岩波書店，2012年。
吉川洋子『日比賠償外交交渉の研究1949～1956』勁草書房，1991年。
鶴見良行『バナナと日本人』岩波新書，1982年。
波多野澄雄・佐藤晋『現代日本の東南アジア政策』早稲田大学出版部，2007年。
宮城大蔵編著『戦後日本のアジア外交』ミネルヴァ書房，2015年。
大庭三枝『重層的地域としてのアジア』有斐閣，2014年。

本章を学ぶための基本書

後藤乾一『近代日本と東南アジア』岩波書店，1995年。

＊明治から「大東亜戦争」を経て戦後に至る日本の「南進」の実相を跡づける。その過程における沖縄や台湾の役割や，「南進」が東南アジア現地にもたらした複雑な影響について深みのある視座が印象に残る。

宮城大蔵『海洋国家日本の戦後史』ちくま学芸文庫，2017年。

＊各国の解禁された史料に基づき，戦後の海域アジアにおける焦点であったインドネシアに対する米英や日本の関与が複雑に交錯する様相を扱いつつ，東南アジアが戦乱と混乱から開発の時代へと移行していく局面を活写する。

田中明彦『アジアの中の日本』NTT 出版，2007年。

＊冷戦終結がアジアに及ぼした影響に始まり，アジア金融危機や東アジア地域主義の台頭を，日本の関与を中心にバランスよく扱う。それは東南アジアが北東アジアを含めた「東アジア」へと変容していく過程でもあった。

（宮城大蔵）

東南アジア現代史年表

年	東南アジアの出来事		世界・日本の出来事
1511	ポルトガル，マラッカを占領。	1522	マゼランの船団，世界周航に成功。
1565	スペイン，フィリピン植民地化を開始。	1549	日本にキリスト教が伝来。
1602	オランダ東インド会社（VOC）設立。	1603	江戸幕府開府。
1605	オランダ，ポルトガルからアンボンを獲得。		
1619	オランダ東インド会社，バタビアに総督府設置。		
1641	オランダ，ポルトガルからマラッカを奪取。	1641	江戸幕府，鎖国体制を確立。
		1644	明が滅亡，清朝が成立。
1755	オランダ東インド会社，マタラム王国を保護国化。	1648	ウェストファリア条約締結。
		1688	イギリス，名誉革命。
1761	イギリス，スールーと友好通商協定締結。		
1762	イギリス，マニラ占領。		
1764	イギリス，北ボルネオの一部を購入。		
		1776	アメリカ合衆国，独立宣言。
1780	イギリス，ペナンを領有。	1787	アメリカ合衆国憲法制定。
1799	オランダ東インド会社解散。	1789	フランス革命。
1811	イギリス，ジャワを占領（～16）。		
1819	イギリス，シンガポールを領有。	1814	ウィーン会議（～15）。
1824	英蘭条約で互いの勢力範囲が確定。イギリスはマラッカ，シンガポールを獲得。	1823	アメリカ，モンロー宣言。
1824	第1次英緬戦争（～26）。		
1825	ジャワ戦争（～30）。		
1830	オランダの支配がジャワ全域に拡大。強制栽培制度実施。		
1846	イギリス人ジェームズ・ブルック，ブルネイを占領。	1840	アヘン戦争（～42）。

1852	第２次英緬戦争（～53）。	1854	日米和親条約締結。
1855	シャム，イギリスとのバウリング条約で王室独占貿易を廃止。	1856	中国，アロー戦争（～60）。
1858	フランス，ベトナム侵略を開始。	1857	インド大反乱（～59）。
1863	フランス，カンボジアを保護国化。	1861	アメリカ南北戦争（～65）。
1867	イギリス，海峡植民地を直轄化。		
1868	シャム，チュラーロンコーン王（ラーマ５世）が即位，近代国民国家の建設が始まる。	1868	日本，明治維新。
		1869	スエズ運河開通。
1873	アチェ戦争（～1912）。	1871	ドイツ帝国成立。
1883	フランス，ベトナムを保護国化。	1876	日朝修好条規締結。
1885	第３次英緬戦争（～86）。	1884	ベルリン列国会議でアフリカ分割。
1885	フランス植民地支配に対する文紳蜂起発生。		
1886	イギリス，ビルマ全土をイギリス領インドに併合。		
1887	フランス領インドシナ連邦成立。		
1888	イギリス，ブルネイ，サバ，サラワクを保護領化。	1889	大日本帝国憲法公布。
1888	オランダ植民地支配に対するバンテン反乱発生。		
1893	シャム，領土の一部をフランスに割譲。	1894	日清戦争（～95）。
1893	フランス，ラオスを保護国化。		
1896	フィリピン革命始まる。		
1896	英仏協約締結。シャムを緩衝地帯に。	1897	列強の中国租借開始。
1898	アメリカ，米西戦争に関わるパリ講和条約でフィリピン領有権獲得。	1898	米西戦争。
1899	マロロス政府によるフィリピン共和国樹立。アメリカと戦争開始。		
1901	オランダ，東インドで倫理政策を開始。		
1902	アメリカ，フィリピン全土を平定，植民地統治を開始。		
1905	ベトナム，東遊運動始まる。	1904	日露戦争（～05）。
1906	ビルマ，青年仏教会（YMBA）結成。	1905	ロシア第１次革命。
1908	ブディ・ウトモ結成。在オランダ留学生が東インド協会結成。	1910	日韓併合。

1909	シャム，南部スルタン領をイギリスに割譲。		
1911	オランダ領東インド，イスラーム同盟結成。	1911	中国，辛亥革命。
		1914	第1次世界大戦（～18）。
1916	ジョーンズ法（フィリピン自治法）成立。		
1917	シャム，第1次世界大戦に連合国側として参戦。	1917	ロシア革命。
		1919	コミンテルン創立。
1920	ビルマ人団体総評議会（GCBA）結成。反英運動活発化。	1920	国際連盟成立。
1920	インドネシア共産党結成（アジア最初の共産党）。	1921	中国共産党結成。
		1922	ソビエト社会主義共和国連邦成立。
1923	ビルマで両頭制施行。	1923	日本，関東大震災。
1925	ホー・チ・ミン，ベトナム青年革命同志会結成。南洋共産党（マラヤ共産党）結成。		
1926	ナフダトゥル・ウラマー結成。		
1927	シャム，欧米諸国との不平等条約を改正。		
1927	インドネシア国民党結成。		
1928	インドネシア青年会議，「青年の誓い」を採択。		
1930	ビルマ，タキン党結成。ベトナム共産党，シャム共産党，フィリピン共産党結成。	1929	世界大恐慌（～30）。
1932	シャム，人民党による立憲革命。	1931	満州事変勃発。
1935	フィリピン，独立準備政府（コモンウェルス政府）発足。	1933	ドイツ，ヒトラー政権成立。
1937	イギリス，ビルマをインドから分離し，直轄化。	1937	日中戦争勃発。
1938	ピブーン，首相に就任。		
1939	シャム，国名をタイに改称。	1939	第2次世界大戦（～45）。
1940	日本軍，北部仏印に進駐。翌年，南部仏印に進駐。	1940	ドイツ，オランダを占領。フランス降伏。
1941	日本軍，各地を占領し軍政を開始（～42）。タイとは同盟条約締結。	1941	太平洋戦争開戦。
1941	ベトナム，ベトナム独立同盟（ベトミン）結成。		
1942	フィリピン，抗日人民軍（フクバラ		

	ハップ）結成。		
1943	日本軍政下でビルマとフィリピンが「独立」。	1943	連合軍，「東南アジア司令部」設置。
1944	ビルマ，反ファシスト人民自由連盟（パサパラ）結成。		
1945	インドネシア共和国，ベトナム民主共和国が独立を宣言。	1945	日本，無条件降伏。
1945	インドネシア独立戦争（～49）。		
1946	フィリピン共和国独立。	1946	東西冷戦始まる。
1946	第1次インドシナ戦争（～54）。		
1947	ミャンマー，アウン・サン暗殺。		
1948	ビルマ連邦独立。マラヤ連邦発足。		
1949	ベトナム，ラオス王国がフランス連合内で独立。		
1949	ハーグ協定が成立し，オランダからインドネシア連邦共和国に主権委譲。	1949	中華人民共和国成立。東西ドイツ分裂。
1950	単一のインドネシア共和国成立。	1950	朝鮮戦争（～53）。
1951	ベトナム労働党結成。	1951	サンフランシスコ講和条約締結。
1953	ラオス王国独立。		
1953	カンボジア王国が完全独立。		
1954	ジュネーブ協定締結，ベトナムが南北分断。		
1954	東南アジア条約機構（SEATO）結成。	1954	日本，ビルマと賠償協定締結。
1955	インドネシア，初の議会選挙実施。		
1955	バンドンで第1回アジア・アフリカ会議開催。		
1955	マレーシア，初の連邦立法評議会選挙が実施され，連盟党が圧勝。	1956	日本，フィリピンと賠償協定締結。
1957	マラヤ連邦，イギリスから独立。	1958	日本，インドネシアと賠償協定締結。
1957	タイ，サリットによる軍事クーデタ。	1959	日本，南ベトナムと賠償協定締結。
1959	スカルノ大統領による「指導される民主主義」体制開始。	1959	キューバ革命。
1960	南ベトナム解放民族戦線結成。	1961	第1回非同盟諸国会議開催。
1962	インドネシア，マレーシア対決政策を開始。		
1962	ビルマ，ネ・ウィンによる軍事クーデタ。	1962	キューバ危機発生。

1963	サバ，サラワク，シンガポールがイギリスから独立し，マレーシア連邦結成。	1963	アメリカ，ケネディ大統領暗殺。
1964	ベトナム，トンキン湾事件。米軍による北爆開始。		
1965	アメリカ，地上軍を派遣し，ベトナムに直接的な軍事介入を開始。	1965	日韓条約締結。
1965	シンガポール，マレーシア連邦から分離独立。		
1965	インドネシア，９月30日事件勃発。スハルトが翌年に実権掌握。	1966	中国で文化大革命本格化。
1965	フィリピン，マルコスが大統領に就任。	1966	インド・パキスタン戦争。
1967	東南アジア諸国連合（ASEAN）結成。	1967	欧州共同体（EC）発足。
1968	シンガポール，独立後初の議会選挙実施。		
1969	マレーシア，民族暴動５月13日事件発生。		
1970	カンボジア，ロン・ノルによるクーデタ。		
1971	マレーシア，ラザク政権が新経済政策（NEP）発表。		
1971	東南アジア平和自由中立地帯宣言（ZOPFAN）。	1971	ドル危機。中国が国連加盟。
1972	フィリピン，マルコス大統領が戒厳令を布告。	1972	ニクソン米大統領，訪中。日中国交正常化。
1973	パリ和平協定によりベトナムから米軍撤退。	1973	第１次オイルショック。
1973	タイ，学生革命によりタノーム失脚。		
1974	ビルマ社会主義計画党政権が発足。	1974	日本，田中角栄首相のASEAN歴訪。各国で反日運動発生。
1975	ポル・ポトを首班とする民主カンプチア成立。		
1975	サイゴン解放によりベトナム戦争終結。		
1975	ラオス人民民主主義共和国成立，王制が廃止。		
1975	東ティモール独立革命戦線が独立宣	1974	ポルトガル民主化。

	言，インドネシア国軍が侵攻。		
1976	ASEAN 首脳会議，ASEAN 協和宣言と東南アジア友好協力条約（TAC）に署名。		
1976	インドネシア，東ティモールの併合を宣言。		
1976	ベトナム社会主義共和国が成立し南北統一。		
1976	タイ，10月6日「血の水曜日」事件発生。		
		1977	日本，福田赳夫首相が，マニラで「福田ドクトリン」を発表。
1978	ベトナム，カンボジアに軍事侵攻。人民革命党政権と反ベトナム3派連合の内戦に（第3次インドシナ戦争）。		
1979	ポル・ポト政権崩壊，カンボジア人民共和国成立。	1979	米中国交正常化。イラン革命。ソ連のアフガニスタン侵攻。
1979	中越戦争勃発。	1979	第2次オイルショック。
1980	タイでプレーム政権成立。	1980	イラン・イラク戦争。
1981	マハティールがマレーシア首相に就任，ルックイースト政策を提唱。		
1982	民主カンボジア連合政府成立。		
1983	フィリピン，アキノ Jr. 前上院議員暗殺事件発生。		
1984	ブルネイ・ダルサラーム王国独立，ASEAN加盟。		
1986	フィリピン，2月革命でマルコス政権崩壊，民主化。	1985	プラザ合意。
1986	ベトナム，ラオスで市場開放政策始まる。	1986	ゴルバチョフ・ソ連共産党書記長のペレストロイカ開始。
1988	ビルマ，ネ・ウィン議長が辞任。国軍は民主化運動を弾圧し，クーデタで全権掌握。		
		1989	第1回アジア太平洋経済協力（APEC）閣僚会議開催。
1989	ビルマ，ミャンマーに国名変更。	1989	中国，天安門事件。
1989	カンボジアのベトナム軍完全撤退。	1989	ベルリンの壁崩壊。東西冷戦終結。
1990	ミャンマー総選挙で国民民主連盟	1990	東西ドイツ統一。

	(NLD) 圧勝も，軍事政権は無視。		
1991	カンボジア和平のパリ協定成立。	1991	湾岸戦争勃発。ソ連崩壊。
1991	ベトナム，中国と国交正常化。		
1992	国連カンボジア暫定統治機構 (UNTAC) 活動開始。	1992	日本，自衛隊を PKO 部隊としてカンボジアに派遣。
1992	ASEAN 自由貿易地域 (AFTA) 創設に合意。	1992	ボスニア紛争勃発。
1992	タイ，民主化運動を弾圧した「5月流血事件」発生。国王の調停を経て民主化。		
1992	在比米軍基地撤収。		
1993	シハヌーク国王の下でカンボジア王国誕生。	1993	欧州連合 (EU) 発足。
1994	ASEAN 地域フォーラム (ARF) 第1回会合開催。		
1995	ベトナム，アメリカと国交正常化。ASEAN 加盟。	1995	日本，阪神淡路大震災。
1996	第1回アジア欧州会議 (ASEM) 開催。		
1996	フィリピン政府，モロ民族解放戦線と和平合意。		
1997	アジア金融危機。	1997	香港が中国に返還。
1997	ラオス，ミャンマーが ASEAN 加盟。		
1997	タイの民主化をうけた1997年憲法が発布。		
1997	ASEAN＋3首脳会議開催。		
1998	インドネシア，民主化，スハルト体制崩壊。		
1999	カンボジア，ASEAN加盟。ポル・ポト派消滅。	1999	マカオが中国に返還。
		1999	EU，単一通貨ユーロを導入。
1999	東ティモール，住民投票実施，独立派が勝利し国連暫定統治へ。	1999	第1回日中韓首脳会合開催。
2001	タイ，タクシン政権成立。	2001	アメリカ，同時多発テロ (9.11) 発生。アフガニスタン戦争始まる。
2001	フィリピン，大衆デモによりエストラーダ大統領追放。		
2002	東ティモール独立。		
2002	バリ島でイスラーム過激派による爆弾テロ事件。		

2003	ASEAN 首脳会議，ASEAN 第2協和宣言に合意。	2003	イラク戦争勃発。
2003	マレーシアのマハティール首相が退任。		
2004	タイ，タクバイ事件。		
2004	インドネシア，初の大統領直接選挙実施。		
2004	スマトラ島沖大地震・津波が発生。		
2005	インドネシア，アチェ和平協定成立。		
2005	第1回東アジア首脳会議（EAS）開催。		
2006	タイ，軍事クーデタによりタクシン政権崩壊。		
2007	ASEAN首脳会議，ASEAN憲章に調印。		
2008	ミャンマー，大型サイクロン・ナルギスによる大きな被害発生。		
2008	ミャンマー，新憲法成立。	2008	世界金融危機（リーマン・ショック）が発生。
2008	タイとカンボジアの国境地帯でプレアビヒア寺院遺跡の領有をめぐって武力衝突発生。		
2009	カンボジア，ポル・ポト派特別法廷開始。		
2009	ASEAN 政府間人権委員会（AICHR）発足。		
2010	ミャンマー，20年ぶりの総選挙実施。	2011	中東諸国で民主化運動「アラブの春」広がる。
2013	フィリピン，大型台風ハイヤンによる大きな被害発生。	2011	日本，東日本大震災。
2014	フィリピン，ミンダナオ包括和平合意成立。	2014	シリアとイラクで「イスラーム国（IS）」の樹立が宣言される。
2014	タイ，軍事クーデタ，インラック政権崩壊。		
2015	ミャンマー，民主的選挙実施。アウン・サン・スー・チー率いる国民民主連盟（NLD）が圧勝。	2015	中国，アジアインフラ投資銀行（AIIB）を設立。
2015	ASEAN共同体の設立を宣言。		
2016	タイ，プミポン王（ラーマ9世）が死去。	2016	イギリス，国民投票でEU離脱を決定。
2016	ミャンマー，国民民主連盟（NLD）	2016	アメリカ，トランプ政権発足。

	政権が発足。		
2016	フィリピン，ドゥテルテ政権発足。		
2016	ミャンマー，ロヒンギャ住民に対する迫害で大量の難民が発生。		
2017	フィリピン・ミンダナオ島のマラウィをイスラーム急進派が武力占拠。		
2018	マレーシアの与党連合・国民戦線（BN）が選挙で敗北，初の政権交代でマハティールが首相に。		
2018	カンボジア総選挙で与党カンボジア人民党が全議席独占。		
2019	タイ，５年ぶりの総選挙実施。プラユット陸軍司令官が首相に。		

（編著者作成）

人名索引

ア　行

カ　行

サ　行

タ　行

ナ・ハ　行

マ　行

ラ・ワ行

事項索引

ア 行

カ 行

サ　行

タ　行

ナ　行

ハ　行

マ　行

ヤ・ラ・ワ　行

欧　文

執筆者紹介（所属，執筆分担，執筆順〔Column除く〕，＊印は編著者）

＊川中　豪（編著者欄参照，はしがき・序章・第４章・東南アジア現代史年表）

＊川村晃一（編著者欄参照，はしがき・第５章・東南アジア現代史年表・Column③）

高木佑輔（政策研究大学院大学准教授，第１章・Column⑤）

粕谷祐子（慶應義塾大学法学部教授，第２章・Column②）

三重野文晴（京都大学東南アジア地域研究研究所教授，第３章）

小林篤史（京都大学東南アジア地域研究研究所助教，第３章）

木場紗綾（公立小松大学国際文化交流学部准教授，第６章・Column④）

中村正志（アジア経済研究所地域研究センター次長，第７章）

見市　建（早稲田大学大学院アジア太平洋研究科教授，第８章・Column⑨）

岡本正明（京都大学東南アジア地域研究研究所教授，第９章・Column⑧）

日下　渉（名古屋大学大学院国際開発研究科准教授，第10章・Column⑥）

藤田　悟（龍谷大学社会学部教授，第11章・Column⑦）

田村慶子（北九州市立大学法学部教授，第12章・Column①）

青木まき（アジア経済研究所地域研究センター東南アジアＩ研究グループ長代理，第13章）

湯川　拓（東京大学大学院総合文化研究科准教授，第14章）

宮城大蔵（上智大学総合グローバル学部教授，第15章）

《編著者紹介》

川　中　　豪（かわなか・たけし）

1966年　生まれ。

1989年　早稲田大学法学部卒業。

2004年　博士（政治学・神戸大学）。

現　在　アジア経済研究所地域研究センター上席主任調査研究員。

主　著　『東南アジアの比較政治学』（共著）アジア経済研究所，2012年。

「東南アジア諸国の選挙管理」大西裕編著『選挙ガバナンスの実態　世界編』ミネルヴァ書房，2017年。

『後退する民主主義，強化される権威主義――最良の政治制度とは何か』（編著）ミネルヴァ書房，2018年。

川　村　晃　一（かわむら・こういち）

1970年　生まれ。

1993年　早稲田大学政治経済学部卒業。

1995年　ジョージ・ワシントン大学大学院国際関係学研究科修士課程修了。

現　在　アジア経済研究所地域研究センター東南アジアⅠ研究グループ長。

主　著　『東南アジアの比較政治学』（共著）アジア経済研究所，2012年。

『新興民主主義大国インドネシア――ユドヨノ政権の10年とジョコウィ大統領の誕生』（編著）アジア経済研究所，2015年。

「インドネシアにおける民主主義の安定と憲法裁判所」『社会イノベーション研究』第13巻第2号，2018年。

教養の東南アジア現代史

2020年3月31日　初版第1刷発行　　〈検印省略〉

2021年12月30日　初版第2刷発行

定価はカバーに
表示しています

編著者　川　中　　豪
　　　　川　村　晃　一

発行者　杉　田　啓　三

印刷者　坂　本　喜　杏

発行所　株式会社　ミネルヴァ書房

607-8494　京都市山科区日ノ岡堤谷町1

電話代表　(075)581-5191

振替口座　01020-0-8076

冨山房インターナショナル・新生製本

ISBN 978-4-623-08667-2

Printed in Japan